中国法院2025年度案例

国家法官学院　最高人民法院司法案例研究院　/ 编

人格权纠纷

（生命、身体、健康、姓名、肖像、名誉、荣誉、隐私、个人信息保护、一般人格权纠纷）

中国法治出版社
CHINA LEGAL PUBLISHING HOUSE

《中国法院2025年度案例》通讯编辑名单

序

为深入学习贯彻习近平法治思想，落实习近平总书记“一个案例胜过一打文件”的重要指示精神，人民法院始终把完善中国特色案例制度，加强以案释法作为推进全面依法治国、支撑和服务中国式现代化的重要途径。人民法院案例库向社会开放一年多来，最高人民法院始终坚持高标准建设，实现入库案例对常见案由和罪名全覆盖，对于促进法律适用统一，实现严格公正司法发挥了重要作用。

“中国法院年度案例系列”丛书以及时记录人民法院司法审判工作新发展、新成就为己任，通过总结提炼典型案例的裁判规则、裁判方法和裁判理念，发挥案例鲜活生动、针对性强的优势，以案释法，以点带面，有针对性地阐释法律条文和立法精神，促进社会公众通过案例更加方便地学习法律，领悟法治精神，体现司法规范、指导、评价、引领的重要作用，大力弘扬社会主义核心价值观，积极服务人民法院案例库建设，加强对案例库案例的研究，促进统一法律适用，提升审判质效，丰富实践法学研究，增强全民法治意识和法治素养，展现新时代我国法治建设新成就。

“中国法院年度案例系列”丛书自 2012 年编辑出版以来，已连续出版 13 年，受到读者广泛好评。为更加全面地反映我国司法审判执行工作的发展进程，顺应审判执行实践需要，响应读者需求，丛书于 2014 年度新增金融纠纷、行政纠纷、刑事案例 3 个分册，2015 年度将刑事案例调整为刑法总则案例、刑法分则案例 2 个分册，2016 年度新增知识产权纠纷分册，2017 年度新增执行案例分册，2018 年度将刑事案例扩充为 4 个分册，2022 年度将土地纠纷（含林地纠纷）分册改为土地纠纷（含环境资源纠纷）分册。自 2020 年起，丛书由国家法官学院与最高人民法院司法案例研究院共同编辑，每年年初定期出版。在全国各级人民法院的大力支持下，丛书编委会现编辑出版《中国法院 2025 年度案例系列》丛书，共23册。

“中国法院年度案例系列”丛书以开放务实的态度、简洁明快的风格，在编辑过程中坚持以下方法，努力让案例书籍“好读有用”：一是高度提炼案例内容，控制案例篇幅，每个案例字数基本在3000字左右；二是突出争议焦点，力求在有限的篇幅内为读者提供更多有效信息，便于读者快速抓取案例要点；三是注重释法说理，案例由法官撰写“法官后语”，高度提炼、总结案例的指导价值，引发读者思考，为司法审判提供借鉴，为法学研究提供启迪。

“中国法院年度案例系列”丛书编辑工作坚持以下原则：一是以研究案例库案例为首要任务。自2024年起，“中国法院年度案例系列”丛书优先选用人民法院案例库案例作为研究对象，力求对案例库案例裁判要旨的基本内涵、价值导向、法理基础、适用要点等进行深入分析，增强丛书的权威性、参考性。二是广泛选编案例。国家法官学院和最高人民法院司法案例研究院每年通过各高级人民法院从辖区法院汇集上一年度审结的典型案例近万件，使丛书有广泛的精选基础，通过优中选优，可提供给读者新近发生的多种类型的典型、疑难案例。三是方便读者检索。丛书坚持以读者为本，做到分卷细化，每卷案例主要根据案由或罪名分类编排，每个案例用一句话概括裁判要旨或焦点问题作为主标题，让读者一目了然，迅速找到目标案例。

中国法治出版社始终全力支持“中国法院年度案例系列”丛书的出版，给了编者们巨大的鼓励。2025年，丛书将继续提供数据库增值服务。购买本系列丛书，扫描腰封二维码，即可在本年度免费查阅往年同类案例数据库。我们在此谨表谢忱，并希望通过共同努力，逐步完善，做得更好，探索出一条充分挖掘好、宣传好人民法院案例库案例和其他典型案例价值的新路，为广大法律工作者和社会公众提供权威、鲜活、精准的办案参考、研究素材，更好地服务司法审判实践、服务法学教育研究、服务法治中国建设。

“中国法院年度案例系列”丛书既是法官、检察官、律师等法律工作者的办案参考和司法人员培训辅助教材，也是社会大众学法用法的经典案例读本，同时为教学科研机构开展案例研究提供了良好的系列素材。当然，编者们在编写过程中也难以一步到位实现目标愿景，客观上会存在各种不足甚至错误，欢迎读者批评指正。我们诚心听取各方建议，立足提质增效，不断拓宽司法案例研究领域，创新司法案例研究方法，助推实现中国特色司法案例研究事业的高质量发展。

国家法官学院　最高人民法院司法案例研究院

2025 年 3 月

目　录

Contents

一、生命权、身体权、健康权纠纷

二、姓名权纠纷

三、肖像权纠纷

四、名誉权纠纷

五、荣誉权纠纷

六、隐私权、个人信息保护纠纷

七、一般人格权纠纷

一、生命权、身体权、健康权纠纷

1

养老机构紧急救助义务与家属知情同意冲突的处理

——杜某诉某养老中心、某保险公司生命权、身体权、健康权案

【案件基本信息】

1. 裁判书字号

辽宁省沈阳市中级人民法院（2024）辽 01 民终 5126 号民事判决书

2. 案由：生命权、身体权、健康权纠纷

3. 当事人

原告（被上诉人）：杜某

被告（上诉人）：某养老中心

被告（被上诉人）：某保险公司

【基本案情】

戴某某与杜某系母女关系。戴某某于 2016 年 9 月 3 日入住某养老中心，某养老中心与戴某某、杜某签订的《养老机构服务合同》约定："为了戴某某的健康和安全，在戴某某出现紧急情况时，有权在通知戴某某监护人杜某的同时，采取必要的处置措施，包括但不限于转送医疗机构，由此产生的费用杜某承担。在入住期间，戴某某突发疾病或身体伤害事故，某养老中心应及时通知杜某，

及时联系120医疗急救机构；戴某某突发危重疾病时，某养老中心应及时通知杜某并转送医疗机构救治。”双方签订的《急危重病人的抢救处理办法》约定：“养员在某养老中心居住期间，当病情发生变化，限于中心的医疗条件不能进一步诊断与治疗，需要外转时，当班人员以电话形式立即通知家属，同时将入住人转送入住人指定医院。针对戴某某的自理能力，首次护理评估为完全自理老人，商定的护理级别为预防级，预防级别老人的服务标准为每日巡房2次。”

2022年3月3日17时52分左右，戴某某在某养老中心住宿房间内滑倒，中心工作人员于当日18时42分发现老人异常，呼叫护士到场，通过电话联系杜某配偶白某某。工作人员多次询问是否需立即呼叫120送医，但白某某以“摔跤是常事”“叫120无用”为由明确拒绝，并称“等我们到场处理”。工作人员提出“可能磕伤头部存在风险”，白某某仍坚持不送医，仅要求为戴某某垫被褥，并称“120到达比我们还慢”。当日20时10分，杜某及白某某到达现场，自行将戴某某抬至床上后拨打120。当日21时40分，救护车将戴某某送至某医院。经诊断，其病情为急性大面积脑梗死等危重疾病，住院6天后于2022年3月8日死亡。

杜某以老人是在养老中心房间内滑倒，养老院未尽到安全义务和护理责任为由，起诉请求：(1) 养老院赔偿其损失总计499418.53元；(2) 某保险公司按保险合同约定赔偿意外伤害身故险240000元。

【案件焦点】

1. 养老中心的行为是否存在过错；2. 如何认定各责任主体的赔偿比例。

【法院裁判要旨】[①]

辽宁省沈阳市于洪区人民法院经审理认为：关于焦点一。基于戴某某入住某养老中心，与某养老中心存在养老服务合同关系，故本案存在违约责任与侵权责任竞合，杜某有权选择以某养老中心侵害戴某某的生命权、身体权、健康

---

① 本书【法院裁判要旨】适用的法律法规等条文均为案件裁判当时有效，下文不再对此进行提示。

权为由提起诉讼。《中华人民共和国民法典》第一千零五条规定，自然人的生命权、身体权、健康权受到侵害或者处于其他危难情形的，负有法定救助义务的组织或者个人应当及时施救。第一千二百一十九条规定，医务人员在诊疗活动中应当向患者说明病情和医疗措施。需要实施手术、特殊检查、特殊治疗的，医务人员应当及时向患者具体说明医疗风险、替代医疗方案等情况，并取得其明确同意；不能或者不宜向患者说明的，应当向患者的近亲属说明，并取得其明确同意。根据某养老中心与戴某某、杜某签订的《养老机构服务合同》《急危重病人的抢救处理办法》约定，在紧急情况下，戴某某处于无意识状态时，抢救生命系某养老中心的义务。戴某某在入住期间突发疾病，某养老中心应在通知杜某的同时，及时联系120等医疗急救机构。戴某某病情危重且昏迷，虽家属拒绝拨打120急救电话，某养老中心医务人员、工作人员应当充分向家属说明患者病情及医疗风险、替代治疗方案等情况，并取得其明确同意，某养老中心的紧急救助义务不能因家属的不予处置选择权而免责，故某养老中心的行为存在过错。

关于焦点二。《中华人民共和国民法典》第一千一百七十三条规定，被侵权人对同一损害的发生或者扩大有过错的，可以减轻侵权人的责任。某养老中心虽然系收取服务费的提供养老服务的机构，但养老服务事业具有一定的公益性，承担了一定的社会责任，养老服务自身的性质和内容决定了其较高的风险性。且白某某代表杜某两次拒绝某养老中心将戴某某送医的建议，其存在扩大损害的过错。结合责任主体的主观过错、赔偿能力及本案的事实考虑，法院酌情认定杜某对自己的行为自行承担90%责任，某养老中心对戴某某的损害结果的发生承担10%赔偿责任。

关于某保险公司是否应当承担责任问题。某养老中心投保养老机构责任保险，其与某保险公司关于养老机构的责任保险条款记载："下列原因造成的损失、费用和责任，保险人不负责赔偿：……（八）养护对象罹患疾病（包括突发性疾病）、猝死、自然死亡或药物过敏。"监控视频显示，戴某某系直立摔倒，并非在移动中摔倒，某医院诊断戴某某为急性大面积脑梗死等病症，未表述其因摔倒而导致疾病的发生。杜某主张因戴某某滑倒进而导致死亡的事实，未提供证据予以证明，某保险公司不承担赔偿责任。

杜某因此次事故所受到的损失经核算为 320282.5 元，某养老中心承担 10% 赔偿责任，赔偿金额为 32028.25 元。

辽宁省沈阳市于洪区人民法院依照《中华人民共和国民法典》第一千零五条、第一千一百二十七条、第一千一百六十五条、第一千一百七十三条、第一千一百七十九条、第一千二百一十九条，《最高人民法院关于审理人身损害赔偿案件适用法律若干问题的解释》第一条、第六条、第八条、第九条、第十条、第十一条、第十四条、第十五条，《最高人民法院关于适用〈中华人民共和国民事诉讼法〉的解释》第九十条、第九十一条规定，判决如下：

一、被告某养老中心于本判决发生法律效力之日起十日内赔偿原告杜某医疗费、住院伙食补助、营养费、交通费、死亡赔偿金、精神损害抚慰金、丧葬费共计 32028.25 元；

二、驳回原告杜某其他诉讼请求。

某养老中心不服一审判决，提起上诉。

辽宁省沈阳市中级人民法院经审理认为：根据《中华人民共和国民法典》第一千零五条的规定以及案涉《养老机构服务合同》《急危重病人的抢救处理办法》的约定，在紧急情况下，戴某某处于无意识状态时，抢救生命系养老中心作为戴某某养老服务机构的法定义务，养老中心应为此刻养员及时送医的第一责任人，养老中心应当充分向家属说明患者病情及医疗风险、替代治疗方案等情况，并取得家属的明确同意，而本案中养老中心并未提供证据证明其已充分合理尽到上述义务，故其提出的因家属的不予处置选择权而免责主张事实依据不足，一审法院认定养老中心的行为存在一定过错符合本案实际情况。一审法院结合双方的过错情况、赔偿能力、养老服务中心具有的部分公益属性等本案的实际情况，认定养老服务中心承担 10% 的赔偿责任并无明显不当，予以确认。

辽宁省沈阳市中级人民法院依照《中华人民共和国民事诉讼法》第一百七

十七条第一款第一项规定，判决如下：

驳回上诉，维持原判。

【法官后语】[1]

随着老龄化社会的加速到来，养老机构作为老年人生活的重要场所，其紧急救助义务的履行情况直接关系到老年人的生命安全。然而，在实际操作中，家属的不予处置选择权往往会对养老机构的紧急救助工作造成一定的干扰。因此，有必要对这一问题进行研究，以明确双方的权利、义务与责任，减少冲突的发生。

一、养老机构紧急救助义务的法定性

《中华人民共和国民法典》第一千零五条规定，自然人的生命权、身体权、健康权受到侵害或者处于其他危难情形的，负有法定救助义务的组织或者个人应当及时施救。根据《养老机构管理办法》等相关法规，养老机构在老年人突发危重疾病时，应当及时转送医疗机构救治并通知其紧急联系人。这是养老机构的一项法定义务，也是其应尽的社会责任。在紧急情况下，养老机构应当迅速、有效地采取救助措施，以保障老年人的生命安全。本案中，被告某养老中心作为专业养老机构，既是合同约定的服务提供方，亦是法律上对戴某某负有安全保障及紧急救助义务的主体。在戴某某出现危及生命安全的紧急情况时，将戴某某及时送医不仅是某养老中心的合同义务，也是其法定救助义务。

二、家属知情同意与养老机构紧急救助义务的冲突

作为老年人的直系亲属或监护人，在老年人的医疗救治过程中享有知情同意权。然而，家属的这种决策权在紧急情况下可能会与养老机构的救助义务产生冲突。家属可能因为各种原因，如医疗救助等专业知识受限、对现场的紧急情况了解不够、情感因素等，而选择不予处置，不同意养老机构的处置建议，如本案中，家属表示“摔跤是常事”“叫 120 无用”。双方对处于危急中的老人的处置意见冲突主要表现是：一是养老机构在紧急情况下需要迅速采取救助措

① 本书【法官后语】所涉法律问题涉及的法律法规等内容进行了时效性更新，下文不再对此进行提示。

施，而家属指示暂缓处置，如本案中家属表示“等我们到场处理”，导致延误救助时机；二是养老机构在救助过程中需要遵循专业医疗规范，而家属的非专业意见可能会对救助工作造成干扰；三是双方在沟通过程中可能因信息不对称、理解偏差等原因产生误解和矛盾。这可能会对养老机构的紧急救助工作造成一定的阻碍。

三、司法实践的解决方案

对于老人在养老机构发生的人身损害，在个案审理中可以把握以下要点：

一是法定救助义务具有强行性。根据《中华人民共和国民法典》第一千零五条规定，在老人处于危难状态，如昏迷、无意识时，养老机构应当主动施救。同时，一般的养老服务合同会约定，养老机构“有权在通知监护人的同时采取必要处置措施，如转送医院等”。因此，养老机构不得以“需等待家属指示”“家属拒绝”“合同未明确”等为由规避紧急救助责任，需主动采取必要措施保护老人生命健康。

二是根据过错划分责任比例。认定双方过错应当综合以下因素：(1) 损害结果的发生是否与养老机构的设备设施安全和服务瑕疵有关；(2) 老人自身行为和疾病等状况与损害结果的因果关系；(3) 养老机构是否履行了及时救助、风险告知等义务；(4) 家属是否存在延误或不当指示等。

三是保险责任的免责抗辩限制。在养老机构投保责任险的情况下，如果发生保单约定的“疾病、猝死”等免责事由，且保险人据此主张免责的，不能要求保险公司承担责任。

为切实保障老年人的生活质量和身体健康、生命安全，针对养老机构紧急救助义务的法定性与家属知情同意权之间的冲突，从实践操作层面我们建议：一是养老机构应建立健全规范的沟通机制，建立与家属的日常沟通机制，增强彼此的信任，确保双方在紧急情况下能够及时、有效地进行沟通；二是提升养老机构的服务质量和救助专业水平，增强其对紧急情况的应对能力；三是完善细化服务协议条款，明确双方在紧急情况下的权利、义务与责任，预防纠纷的发生，也为解决纠纷提供更明确的合同依据。

编写人：辽宁省沈阳市于洪区人民法院　赵萍

2

“自理级别”老人在养老机构受伤的责任认定

——徐某某诉某养老中心生命权、身体权、健康权案

【案件基本信息】

1. 裁判书字号

江西省宜春市中级人民法院（2023）赣09民终2260号民事判决书

2. 案由：生命权、身体权、健康权纠纷

3. 当事人

原告（上诉人）：徐某某

被告（被上诉人）：某养老中心

【基本案情】

徐某某的父亲徐某甲与叔叔徐某乙均在某养老中心接受养老服务。2021年8月31日，徐某甲入托某养老中心，双方于当日签订《入托协议书》，徐某甲因身体不便，由其侄女徐某丙代为签字。协议中约定护理级别为自理，每月综合服务费为1600元，其中第四条“意外情况”第四款约定：“老年人因骨质疏松，行走时建议使用拐杖，注意安全，若自行跌倒发生骨折等意外，其责任自行负担。”2022年10月11日中午，徐某甲与徐某乙一同下楼吃饭，在下楼过程中，徐某甲不慎摔倒，徐某乙将其搀扶到房间。到了晚饭时间，徐某乙发现徐某甲不舒服，便将这种情况向某养老中心反映，某养老中心随即拨打120电话，由医务人员将徐某甲送往丙医院，后先后转入丁医院和戊医院。2022年11月28日徐某甲死亡，死亡原因：直接死因为急性呼吸衰竭，主要死因为坠积性肺炎，辅助死因为创伤型颅脑损伤。

【案件焦点】

某养老中心是否对徐某甲的死亡存在过错，是否应当承担相应的赔偿责任。

【法院裁判要旨】

江西省樟树市人民法院经审理认为：从受伤的原因来看，死者徐某甲是在下楼梯的过程中不慎摔倒。根据对在场人员徐某乙的调查笔录，当时地面没有水渍，也没有相关的证据证实某养老中心在安全保障上存在过失。从受伤后的处理情况来看，某养老中心在得知徐某甲的身体状况后，第一时间拨打 120 急救电话，徐某某认为某养老中心贻误了救治时间，但没有提供相应的证据证明。徐某乙的证词表明某养老中心知道情况后立即采取了救治措施，徐某某主张某养老中心没有将徐某甲及时送往医院抢救，没有事实依据。从双方签订的协议看，死者徐某甲护理级别为自理，不需要专人陪护，对于上下楼梯的日常行为，某养老中心没有护理的义务。协议内容第四条第四款约定："老年人因骨质疏松，行走时建议使用拐杖，注意安全，若自行跌倒发生骨折等意外，其责任自行负担。"现徐某某要求徐某甲跌倒受伤致死的损失由某养老中心承担，与约定内容不符。综上所述，徐某某要求某养老中心承担赔偿责任，没有事实和法律上的依据，不予支持。

江西省樟树市人民法院依照《中华人民共和国民法典》第一千一百六十五条、《最高人民法院关于适用〈中华人民共和国民事诉讼法〉的解释》第九十条规定，判决如下：

驳回徐某某的诉讼请求。

徐某某不服原审判决，提起上诉。

江西省宜春市中级人民法院经审理认为：某养老中心作为专业的养老机构，应最大限度地保障入住对象的人身安全，如未尽到安全保障义务，造成入住对象人身损害的，应当承担相应的赔偿责任。徐某丙作为徐某甲的侄女代理徐某甲与某养老中心签订《入托协议书》并办理了入住，徐某甲向某养老中心支付了相应费用，故徐某甲与某养老中心之间已形成服务合同关系，双方签订的《入托协议书》合法有效。根据《入托协议书》约定，徐某甲护理级别为自理，某养老中心应为徐某甲提供与约定的护理等级相配套的服务，对徐某甲在入住养老中心期间的人身安全负有合理限度内的安全保障义务。在综合徐某甲的自理护理级别不需要专人陪同行走或护理，徐某乙陈述徐某甲是自行下楼不慎摔倒、摔倒当时楼梯布面没有水渍，某养老中心已对楼梯安装了扶栏和扶手、楼梯布面为防滑布面的情形下，应认定某养老中心尽到了合理限度范围内的安全保障义务。某养老中心在徐某乙报告徐某甲伤情后已及时采取了合理、必要的应对措施拨打急救电话并将徐某甲及徐某乙送往医院，并没有违反《入托协议书》约定，尽到了谨慎注意义务。徐某某仅依据徐某乙的证言及救护车出车记录等证据并不足以证明某养老中心存在违约行为，也没有证据证明某养老中心的行为对徐某甲的救治存在贻误。因此，徐某某主张某养老中心对徐某甲的死亡存在过错，缺乏事实和法律依据。

江西省宜春市中级人民法院依照《中华人民共和国民事诉讼法》第一百七十七条第一款第一项规定，判决如下：

驳回上诉，维持原判。

【法官后语】

作为专业养老机构，应当尽到审慎的注意义务，采取合理的措施，保障老年人的人身健康。在评定级别为自理的入住老人发生意外时，如果养老机构尽到了合理限度内的安全保障义务以及救助义务，行为符合养老合同的约定，则养老机构不需要承担赔偿责任。

一、老年人的自理能力和服务等级是认定养老机构责任需要考量的因素

一般而言，养老机构提供的服务内容与老年人的自理能力相适应。老年人自理能力越差，则养老机构提供的服务等级越高、服务内容越多，相应的安全保障义务更重，护理费用也越高。养老机构对各个老年人提供哪些服务项目，需要根据双方签订的养老服务合同的具体内容，结合老年人实际身体情况分析认定。本案中，徐某甲的护理级别为自理，其在自行下楼时不慎摔倒，应对自己摔倒的行为负责。

二、养老机构是否尽到安全保障义务的认定

在养老服务关系中，养老机构除了依据合同履行对老年人的护理和安全保障义务外，作为专业服务提供者，养老机构对老年人还应承担符合行业规范和社会公众认知的一般安全保障义务，应当为入住老年人提供符合其安全需要的保障措施，特别是环境设施、饮食标准、配套设施、护理措施、日常管理等方面符合养老服务相关标准。本案被托养人徐某甲护理级别为自理，某养老中心为徐某甲提供了与约定的护理等级相配套的服务，在此基础上，应当进一步考察某养老中心是否尽到了一般的安全保障义务。徐某甲摔倒时，某养老中心已对相应的楼梯安装了扶栏和扶手、楼梯布面为防滑布面且没有水渍，在这种情形下，应当认定某养老中心对包括徐某甲在内的入住老人已经尽到了基本的安全保障义务。

三、养老机构是否尽到事后救助义务

在老年人发生人身安全事故后，养老机构负有及时救助义务，包括适当的救治、及时联系120或直接送医、及时通知家属等义务。首先，养老机构应当尽自己所能为受到伤害的老年人提供必要的救治，因延误救治造成老年人损害后果扩大的，养老机构应当对该扩大的损失承担赔偿责任。其次，养老机构应当及时将相关情况通知老年人的家属，以便家属及时探望或安置老年人。本案某养老中心在得知徐某甲伤情后已及时采取了合理、必要的应对措施，拨打了急救电话并将徐某甲送往医院，没有违反《入托协议书》约定的违约行为，适当履行了救治和通知的义务，对于徐某甲的死亡不存在过错。

综上，审理涉养老服务关系案件，应当在保障老年人合法权益与促进养老服务机构健康发展中寻求平衡。让老人在养老机构安享晚年，是老人、家属和养老机构的共同追求。养老机构要注意全面履行合同义务，保障老年人的合法权益，一方面应当不断增强服务设施的安全性、日常生活环境的舒适性；另一方面也要注意规范服务流程、健全服务管理制度等，妥当履行合同约定的和法定的义务，特别是安全保障方面的义务。但是养老机构是一个高龄、高危人群集中居住的高风险服务行业，老年群体因为身体机能退化，摔倒受伤难以避免，如果过分苛责养老机构，令其负担过重，会限制养老机构的发展。重庆市荣昌区人民法院的某甲诉某老年公寓生命权纠纷案①的裁判要旨即明确：在入住老人突发疾病的情况下，如果养老机构尽到了及时救助的义务，行为符合养老服务合同的约定，则养老机构不需要承担赔偿责任。据此，在案件审理过程中应当综合考虑被托养者的护理等级、养老机构安全保障措施等认定责任承担，避免不当加大养老服务机构的服务风险。

编写人：江西省樟树市人民法院　袁青青

3

滑雪者在雪场内野雪区域滑雪致伤的自身应承担主要责任

——张某诉某运动公司、某保险公司生命权、身体权、健康权案

【案件基本信息】

1. 裁判书字号

河北省张家口市中级人民法院（2023）冀07民终1110号民事判决书

2. 案由：生命权、身体权、健康权纠纷

3. 当事人

原告（上诉人）：张某

被告（被上诉人）：某运动公司、某保险公司

【基本案情】

某运动公司系经营高山滑雪项目的经营机构。2021年3月18日，张某购

① 参见人民法院案例库网站，https：//rmfyalk.court.gov.cn/view/content.html？id=40SBkQVHM%252F%252Fgk%252FV6HYd9p71ruDsc1%252FR3JQMFTU2B8F4%253D&lib=ck，2025年3月27日访问。

买门票进入某运动公司滑雪场内滑雪。为了体验某运动公司管控雪道周边更具挑战性的“野雪”区域，张某私自进入该区域滑雪，其间为紧急躲避雪道上露出在外的土石，张某撞在树上受伤。后张某被送往甲医院以及乙医院治疗，经医院诊断，此事故造成张某脾破裂等多处伤情，在住院期间做了全脾切除以及肠粘连松手术。张某回到北京后，在北京市某医院进行后续治疗。张某就此事故曾与某运动公司协商赔偿事宜，对方告知其已为张某以及所有在雪场滑雪的游客购有某保险公司的公众责任险，赔偿金由某保险公司承担，张某可直接联系某保险公司协商理赔事宜。之后张某与某保险公司联系，但双方就赔偿数额未能协商一致。

张某请求法院判令某运动公司和某保险公司赔偿张某医疗费、住院伙食补助费、营养费、护理费、残疾赔偿金、误工费、交通费、精神损害抚慰金等共计766254.93元。

【案件焦点】

雪道外区域滑雪受伤纠纷中的责任分配认定。

【法院裁判要旨】

河北省张家口市崇礼区人民法院经审理认为：某运动公司作为滑雪场的经营者和管理者，在滑雪场的安全管理上存在隐患，未尽到必要的安全保障义务，应对张某的损失承担侵权赔偿责任。滑雪本身是高危险性运动，选择野雪区滑雪的，滑雪者本人更应负高度的注意义务。张某作为经常滑雪的成年人，其应对滑雪运动的风险性或者危险性有明确的认知。在本次事故中，张某明知滑野雪的危险性，却未自行规避风险而在滑雪中受伤，其对损害的发生存在较大过错。综合事件发生的起因、经过以及双方当事人的过错程度，认定某运动公司承担40%的赔偿责任，张某自行承担60%责任。某保险公司作为某运动公司投保的公众责任保险公司，应对张某因滑雪受伤所造成的损失在保险限额内按照40%比例予以赔偿，不足部分由某运动公司予以赔偿。

张某因此次事故造成的合理经济损失共计589926.53元。

基于某运动公司与某保险公司的保险合同关系，为减少当事人诉累，节省司法资源，由某保险公司在保险责任范围内直接赔付张某 589926.53 元×40% = 235970.61 元。

河北省张家口市崇礼区人民法院依照《中华人民共和国民法典》第一千一百七十三条、第一千一百七十九条、第一千一百八十三条、第一千一百九十八条第一款，《最高人民法院关于审理人身损害赔偿案件适用法律若干问题的解释》第六条、第七条、第八条、第九条、第十条、第十一条、第十二条、第十八条，《中华人民共和国民事诉讼法》第六十七条第一款，《最高人民法院关于适用〈中华人民共和国民事诉讼法〉的解释》第九十条规定，判决：

一、某保险公司于本判决生效后十日内赔偿张某医疗费、营养费、住院伙食补助费、护理费、误工费、残疾赔偿金等各项损失共计 235970.61 元；

二、驳回张某的其他诉讼请求。

张某不服一审判决，提起上诉。

河北省张家口市中级人民法院经审理认为：张某不否认其在某运动公司经营的滑雪场内滑野雪是其自主作出的选择，结合其自认，其系在对自己的身体素质、滑雪水平有充分自信的情况下，自主选择滑野雪，应当认为是自甘风险，一审基于该事实作出的责任比例认定恰当。

河北省张家口市中级人民法院依照《中华人民共和国民事诉讼法》第一百七十七条第一款第一项规定，判决如下：

驳回上诉，维持原判。

【法官后语】

本案系涉滑雪运动伤害的典型案例，是滑雪者在正规滑雪场所“滑野雪”时由于场地等原因摔倒受伤引发的纠纷，争议焦点在于责任分配。近年来，随着国家体育强国战略的推行，民众参与冰雪运动的积极性和主动性日趋增强。滑雪运动是在户外开展的，集亲近自然、挑战性、休闲健身性以及趣味性于一体的一项体育运动。作为冰雪运动的明星项目，兼具挑战性和技术性的滑雪一直受到大众广泛的青睐。但即便勇气和技术兼具，滑雪过程中的一些不可控因素仍然会随时转化为现实的风险，造成滑雪者受伤，由此引发的纠纷也不断增多。

传统的滑雪伤害事故一般发生于滑雪场的正规雪道，该类事故的类型和原因迥异。例如，无他人介入的滑雪者因场地设施或者个人滑雪技术等引起的“单人跌倒”受伤，或是有他人介入的因不及时、不规范避让等引起的“多人碰撞”受伤。无论哪种情形，滑雪者的过错一般表现为违反了滑雪运动的安全规范。本案中，张某系在滑雪场的野雪道“滑野雪”受伤，这种“滑野雪”伤害事故与传统滑雪伤害事故所引起的纠纷在当事人法定义务、责任确定和划分上均存在明显不同，因而在司法审判实践中，相应规则的适用和裁判结果的作出应将二者予以适当区分。

首先，要对案发区域的性质进行认定。与正规雪道相比较，认定野雪区要考虑以下三个方面：一是地理环境。野雪区位置相对正规雪道位置偏远且不存在任何经过人工开发的痕迹，其显著特征是有大量原生植被覆盖。二是雪质和雪量。与正规雪道均匀细致的人工造雪有明显不同，野雪区雪质通常保持自然状态；野雪区依赖天然降雪，雪量因不同年份气候不同，变化明显，而正规雪道因人工造雪干预，雪量稳定。三是基础设施和管理。与正规雪道不同，野雪区无缆车、造雪、压雪、防护网等设备，也没有明显雪道标示和日常安全管理、巡逻人员。

其次，应当明确经营者安全保障义务的内容和范围。这是认定野雪区滑雪伤害事故过错及责任的前提。“滑野雪”与“正规区域内滑雪”在活动场地、经营管理等要素特征上存在明显区别。“滑野雪”即“道外”滑雪，指在可供随意出入的纯天然雪景地形下（广义）或者正规滑雪场所的正规雪道外（狭义）进行滑雪运动。在新疆阿勒泰、河北崇礼、东北亚布力等雪场分布较广的地区，不仅有滑雪场内经开发并在规范管理下的正规雪道，周边也存在未经开发管控的野雪区域。相比正规雪道而言，野雪道由于未经人为干预整理，雪道上存有较多障碍物，如露出在外的土石、未经修剪的树枝等，且雪质、雪厚无法像正规雪道那样相对安全可控，“滑野雪”存在更高的危险性。

最后，应当合理认定经营者对所属野雪区域的安全保障义务。滑雪者无论是否具备丰富的滑雪经验和高超的滑雪技术，均能认识、预见到“滑野雪”的高风险以及发生事故后救援的高难度，一旦选择“滑野雪”就意味着其自愿承受“滑野雪”可能带来的风险。因此，野雪滑雪者相较正常滑雪所需的谨慎注意义务，应当尽到更高的注意义务，并分摊更多由此产生的危险后果和责任。对于滑雪场经营者而言，尽管目前尚未有法律法规以及行业规范对“滑野雪”进行规制，但因野雪区域仍属其经营管理范围，其依然需要尽到必要、合理的安全保障义务，如在进入野雪区域的入口设置明确的场地界限、对进入野雪区域滑雪的各类风险进行充分告知和提示、当天气不适合“滑野雪”时及时关闭野雪区域以及在滑雪者受伤时提供及时有效的救助等。若经营者未尽到上述必要的保障义务，则需根据其过错程度承担相应的责任。

编写人：河北省张家口市崇礼区人民法院　刘晓燕

4

先行行为引发的救助义务及侵权责任认定

——李某等诉梁某某生命权、身体权、健康权案

【案件基本信息】

1. 裁判书字号

北京市丰台区人民法院（2023）京0106民初6240号民事判决书

2. 案由：生命权、身体权、健康权纠纷

3. 当事人

原告：李某、李某甲、李某乙、乔某甲

被告：梁某某

【基本案情】

李某乙与乔某乙系夫妻关系，李某、李某甲系二人之子，乔某甲系乔某乙的父亲。梁某某与乔某乙系情人关系，二人在北京共同生活居住期间发生争吵，乔某乙于 2021 年 6 月 27 日因生气走到马路中间，先是冲向一辆行驶的车辆，之后在路中间坐着、站立。梁某某对乔某乙的行为未进行阻拦，后乔某乙因车祸死亡。李某、李某甲、李某乙、乔某甲主张梁某某承担侵权赔偿责任。

【案件焦点】

乔某乙作为完全民事行为能力人，在与情人梁某某发生争吵后将自己陷入危险境遇，此时梁某某有无救助义务。

【法院裁判要旨】

北京市丰台区人民法院经审理认为：行为人因过错侵害他人民事权益造成损害的，应当承担侵权责任。被侵权人对同一损害的发生或者扩大有过错的，可以减轻侵权人的责任。被侵权人死亡的，其近亲属有权请求侵权人承担侵权责任。乔某乙因故死亡，李某、李某甲、李某乙、乔某甲作为乔某乙的近亲属，有权提起本案诉讼。自然人的生命权、身体权、健康权受到侵害或者处于其他危难情形的，具有法定救助义务的组织或者个人应当及时施救。双方争议焦点为梁某某对乔某乙的死亡是否具有过错。首先，梁某某与乔某乙系情人关系，共同居住生活，在二人因故吵架导致乔某乙情绪激动后，乔某乙冲向车行道并朝一辆行驶的机动车奔跑，后乔某乙在车行道内坐卧、停留，且该车行道内有多辆机动车行驶经过，此时的乔某乙已经处于危难情形中，梁某某作为当事人，应该知道乔某乙身处车行道内非常危险，其对自己先前与乔某乙争吵行为引起的危险状态有义务进行救助。其次，根据公安机关讯问笔录可知，虽梁某某在事故发生当晚有过饮用啤酒的行为，但综合梁某某的饮酒量、饮酒时间及共同饮酒人的陈述，本院确定事故发生时梁某某未处于醉酒状态，其有能力对乔某乙进行施救。最后，现场监控录像显示，自乔某乙走向车行道至事故发生，时长约六分钟，其间虽有多辆机动车在该车行道内通行，但行驶速度均较为缓慢，梁某某有时间对乔某乙进行施救。综上，梁某某在对乔某乙具有施救义务，又具有施救能力和施救时间的情况下，其对乔某乙未采取任何的施救行为，故其对乔某乙的死亡具有过错，应对乔某乙的死亡承担相应的赔偿责任。

关于梁某某的赔偿责任比例，公安交警部门已对案涉交通事故的双方责任进行了认定，肇事车辆方负事故次要责任。乔某乙系完全民事行为能力人，应当知晓在车行道内坐卧、停留的后果，其将自身置于危险境遇与案涉事故发生具有较为密切的因果关系，应对此承担主要责任。结合道路交通事故认定书及双方过错情形，法院酌情确定梁某某对乔某乙的死亡承担10%的赔偿责任。

关于赔偿金额，对于死亡赔偿金、丧葬费、精神损害抚慰金，李某、李某甲、李某乙、乔某甲主张的赔偿标准和计算年限均不超过法律规定，本院予以确认。关于被扶养人生活费，本院按照北京市2022年城镇居民人均消费支出45617元的标准计算为433361.5元，以上费用合计2177489.5元，梁某某应承担10%的赔偿责任。

综上，依照《中华人民共和国民法典》第一千零五条、第一千一百六十五条、第一千一百七十三条、第一千一百七十九条、第一千一百八十三条之规定，判决如下：

一、梁某某于本判决生效之日起七日内向李某、李某甲、李某乙、乔某甲支付死亡赔偿金（含被扶养人生活费）、丧葬费、精神损害抚慰金共计217748.95元；

二、驳回李某、李某甲、李某乙、乔某甲的其他诉讼请求。

宣判后，双方当事人均未上诉，一审判决生效。

【法官后语】

日常生活中，无论是朋友，甚至是路人均有可能发生争执、口角、打斗，此时可能因双方的争议使一方陷入危险境遇，另一方应当在其能力范围内履行施救义务，否则一旦产生危害后果，当事人可能承担相应的民事、行政甚至刑事责任。具体到本案中，是否承担相应责任涉及救助义务来源的判断及责任认定。

一、救助义务来源

民法上的违法行为包括作为的违法行为和不作为的违法行为，当行为人对他人负有特定的作为义务而未履行的，构成不作为的违法行为。对他人的特定法律义务主要来源有三种：一是法律的直接规定，二是职务上或者业务上的要求，三是行为人的先前行为。

合法的先行行为引发风险后，会产生行为人的作为义务。理论依据为：社会生活中，每个损害的发生都可以被解释为是某种已经存在的危险状态的最终实现，而制造此种危险状态并允许其继续发展的人应承担消除危险的义务，因为他应当最早认识到风险的存在或应当能够控制风险。若行为人实施一个单独的非侵权性质的行为后，诱发或开启可能危及他人人身或财产的危险状态，制造了一个持续性的损害风险并在之后某个时间实际导致了损害，此种情况下，行为人负有消除该危险状态或者救助因该危险状态而受害之人的义务。若行为人负有作为义务而不作为，应当认定行为人对此具有侵害行为以及过错。因此先行行为产生作为义务应当具备以下两个要件：（1）实施了一个非侵权行为；（2）非侵权行为诱发或者危及他人人身、财产安全。

《中华人民共和国民法典》第一千零五条规定："自然人的生命权、身体权、健康权受到侵害或者处于其他危难情形的，负有法定救助义务的组织或者个人应当及时施救。"根据该规定及前述理论依据，因先前行为导致他人处于危难情形时，行为人有对他人进行施救的义务。具体到本案中，死者与被告系情人关系，二人长期共同居住生活。虽然被告与死者发生争执本身并非侵权行为，但受害人因和被告发生争执导致情绪失控才使自己陷入危险境遇，此时被告兼具特殊身份关系及使对方陷入危险境遇双重因素，故其具有相应救助义务。

二、违反法定救助义务的责任认定

《中华人民共和国民法典》第一千零五条并未明确规定违反法定救助义务应当承担何种责任，在实践中，根据救助义务的情况不同、所涉法律后果不同，既可能引起公法上的责任如刑事责任，也可能引起私法上的责任，具体责任应结合具体案件情况予以认定。《中华人民共和国民法典》第一千一百六十五条第一款规定："行为人因过错侵害他人民事权益造成损害的，应当承担侵权责任。"基于先前行为具有相应救助义务的主体，还要考察其是否具有救助能力，这也是考察当事人是否具有过错的重要标准，法律不能苛责没有救助能力的人必须施以救助。具体到本案中，在死者陷入危险境遇的六分钟内，被告一直在路边坐着，其可以观察到死者身边经过多辆汽车，情况非常紧急。而被告当晚并未醉酒，路边的车流量亦不足以妨碍其履行施救义务，故当时被告具有救助能力。被告在能加以施救却未实际施救的情况下，构成过错，对乔某乙死亡产生的损害应当承担赔偿责任。

三、关于未履行法定救助义务的责任承担

《中华人民共和国民法典》第一千一百七十三条规定："被侵权人对同一损害的发生或者扩大有过错的，可以减轻侵权人的责任。"对于损害后果的发生，需要综合考虑双方甚至多方的过错，根据过错程度确定赔偿责任。本案中，经公安交警部门认定，肇事车辆负次要责任，且肇事方已在30%的责任范围内赔付完毕。其他责任应发生在死者与被告之间，死者作为完全民事行为能力人，仅因与他人发生争执便将自己置于危险境遇，主动实施极其危险的行为，对案涉事故的发生具有明显的放任，有重大过错。而被告虽未履行施救义务，但其对事故的发生不存在故意，过错程度较小。故法院综合案件情况，认定被告承担10%的赔偿责任。

综上，法院结合被告的义务来源、救助能力和各方过错程度，综合认定被告对受害人的死亡具有一定过错，但因过错程度较小，故判决其承担较低的责任比例。

编写人：北京市丰台区人民法院　唐嘉良　郭博伟

5

丧失工伤赔偿请求权的劳动者向用人单位主张人身损害赔偿的处理

——牛某某诉某旅游公司生命权、身体权、健康权案

【案件基本信息】

1. 裁判书字号

北京市第三中级人民法院（2023）京 03 民终 2766 号民事判决书

2. 案由：生命权、身体权、健康权纠纷

3. 当事人

原告（被上诉人）：牛某某

被告（上诉人）：某旅游公司

【基本案情】

2020 年 10 月 28 日，牛某某在工作中不慎从 2 米高台上坠落受伤，随即被送往医院进行住院治疗，其伤情被诊断为腰 1 椎体爆裂骨折、脊髓损伤，共计住院治疗 167 天。牛某某此次事故所受之伤已超过工伤认定期限，其无法从工伤保险基金中获得工伤保险赔偿。双方对于工伤认定逾期原因的意见不一致。

【案件焦点】

劳动者因工伤事故遭受人身损害，在超过工伤认定期限后，是否有权以侵权为由向用人单位主张人身损害赔偿。

【法院裁判要旨】

北京市密云区人民法院经审理认为：超过申请工伤认定的法定期限导致劳

动者丧失工伤赔偿权利，但基于雇佣关系产生的民事赔偿权利义务关系并未消灭，故劳动者诉请用人单位承担侵权责任的，应予受理。本案中，牛某某在工作中受伤致残，本人及用人单位均有权申请工伤认定，某旅游公司作为用人单位，对工伤认定程序理应具有更高的认知和判断，该公司未举证证明逾期未申请工伤认定系牛某某自身原因造成，现牛某某因本次工作事故遭受的损失无法通过工伤保险途径获得赔偿，以健康权受到侵害为由要求某旅游公司承担赔偿责任，予以支持。双方均认可牛某某是在工作过程中坠落受伤，某旅游公司亦认可本次事故系工伤，故某旅游公司依法应对牛某某的损害承担民事赔偿责任。牛某某事发时在高台上工作，某旅游公司作为用人单位应为其工作提供必要的安全保护措施，并对工作设备和工作场所等尽到足够的安全保障义务和更高程度的防范义务，其未尽到上述义务，对本次事故的发生具有过错；而牛某某作为完全民事行为能力人，理应对工作中存在的危险有所预见及判断，高度注意自身安全，其未能尽到对自身安全的谨慎防护义务，对本次事故的发生亦具有过错。法院根据双方的过错程度以及与损害结果发生的原因力大小，酌定某旅游公司承担80%的责任，牛某某自负20%的责任。经核算，牛某某的各项损失共计1480536.45元，由某旅游公司按照80%责任比例赔偿1184429.16元。

北京市密云区人民法院依据《中华人民共和国侵权责任法》第六条、第十六条、第二十二条、第二十六条，《最高人民法院关于审理人身损害赔偿案件适用法律若干问题的解释》第六条、第七条、第八条、第九条、第十条、第十一条、第十二条、第十三条、第十六条、第十七条，《最高人民法院关于适用〈中华人民共和国民法典〉时间效力的若干规定》第一条第二款，《中华人民共和国民事诉讼法》第六十四条第一款规定，判决：

一、某旅游公司于判决生效之日起十日内赔偿牛某某医疗费、住院伙食补助费、营养费、护理费、误工费、残疾赔偿金、精神损害抚慰金、交通费、残疾辅助器具费、取内固定物治疗费等各项损失共计1184429.16元；

二、驳回牛某某其他的诉讼请求。

某旅游公司不服一审判决，提起上诉。

北京市第三中级人民法院同意一审法院裁判意见，依照《中华人民共和国民事诉讼法》第一百七十七条第一款第一项规定，作出如下判决：

驳回上诉，维持原判。

【法官后语】

依法应当参加工伤保险统筹的用人单位的劳动者，因工伤事故遭受人身损害的，依法可以申报工伤进而享受工伤保险待遇。而劳动者以人身损害为由要求用人单位赔偿损失，其主张能否得到支持？《最高人民法院关于审理人身损害赔偿案件适用法律若干问题的解释》第三条规定："依法应当参加工伤保险统筹的用人单位的劳动者，因工伤事故遭受人身损害，劳动者或者其近亲属向人民法院起诉请求用人单位承担民事赔偿责任的，告知其按《工伤保险条例》的规定处理。因用人单位以外的第三人侵权造成劳动者人身损害，赔偿权利人请求第三人承担民事赔偿责任的，人民法院应予支持。"从劳动者请求权角度分析，劳动者享有基于工伤保险关系产生的工伤保险待遇请求权和基于人身损害享有的侵权损害赔偿请求权。当用人单位既是工伤赔偿责任主体又是侵权赔偿责任主体时，发生责任竞合，在这种情形下应如何正确理解与适用《最高人民法院关于审理人身损害赔偿案件适用法律若干问题的解释》第三条之规定，劳动者能否向用人单位主张人身损害赔偿，在实践中存在争议。

在建立工伤保险制度的国家中，对于两种请求权的协调处理存在不同模式。一是选择救济模式，即职工可以选择适用工伤赔偿或侵权损害赔偿，但两者互相排斥，不得同时主张。二是取代救济模式，即以工伤保险取代侵权损害赔偿，职工只能请求工伤保险待遇，保险待遇实现后，不得再向用人单位请求侵权损害赔偿。该模式可以有效减少企业经营风险，但对于劳动者救济不充分。三是双重救济模式，即职工可以同时请求工伤赔偿与侵权损害赔偿，从而获得双重赔偿。该模式使职工得到充分保护，但违背工伤保险创设目的，加重雇主负担。四是补充救济模式，即职工可以同时请求工伤赔偿和侵权损害赔偿，但不得超过所受损失的总额。

我国立法对于采取何种模式未予明确规定，理论与实务界也存在争议。现行法律法规中，《工伤保险条例》对工伤赔偿与侵权损害赔偿的关系问题未予提及，除上述《最高人民法院关于审理人身损害赔偿案件适用法律若干问题的解释》外，仅《中华人民共和国安全生产法》《中华人民共和国职业病防治法》作了相关规定。河南省焦作市中级人民法院的蒋某甲等诉浙江某公司劳动争议纠纷案①的裁判要旨表明，用人单位以外的第三人侵权的，可采用双重救济模式，② 而用人单位为侵权赔偿主体时，原则上采用取代救济模式。其原因在于，国家实行工伤保险制度的目的是保障因工作遭受事故伤害或者患职业病的职工获得医疗救治和经济补偿，促进工伤预防和职业康复，同时分散用人单位的工伤风险。当用人单位既是工伤赔偿责任主体又是侵权赔偿责任主体时，采用取代救济模式更加符合设立工伤保险制度的本意。但存在例外情形，以本案为例，牛某某在工作中受伤致残，本人及用人单位均有权申请工伤认定，但双方均未在工伤认定期限内提出工伤认定申请，导致牛某某丧失请求工伤赔偿权利，但不影响双方基于雇佣关系产生的民事赔偿权利义务关系，法律、法规也并没有规定非因自身原因未进行工伤认定的职工，不能向用人单位提出有关侵权责任赔偿的请求，故丧失工伤赔偿请求权的劳动者诉请用人单位承担侵权责任的，应予支持。

编写人：北京市密云区人民法院　顾斯琪

---

① 该案的裁判要旨：劳动者发生交通事故因工死亡的，产生第三人侵权和工伤保险责任竞合，受害人亲属有权分别起诉，既有权向侵权第三人请求民事损害赔偿，也有权向用人单位请求工伤保险赔偿。劳动者一方因第三人侵权已经获得赔偿的，受害人亲属起诉用人单位要求赔偿工伤保险款项时，其已获得的第三人侵权赔偿不应从用人单位应赔付的工伤保险中予以扣除。

② 但是由医疗保险支付的医疗费，请求权主体是医疗保险机构。

6

涉特种车辆侵权的因果关系判定

——崔某、王某甲诉某工程公司等生命权、身体权、健康权案

【案件基本信息】

1. 裁判书字号

北京市平谷区人民法院（2023）京0117民初592号民事判决书

2. 案由：生命权、身体权、健康权纠纷

3. 当事人

原告：崔某、王某甲

被告：某工程公司、刘某、某保险公司

【基本案情】

王某乙与崔某系夫妻，王某甲是其二人之子。2022年7月15日，刘某驾驶案涉汽车起重机在某镇实施树木修剪作业，在操作起重机大臂时不慎将电缆刮断。后王某乙骑行通过时被电缆缠绕导致车辆侧翻，王某乙摔倒。经双方现场协商，刘某赔偿王某乙500元后王某乙自行离开现场。

次日，王某乙因摔倒后右踝疼痛肿胀、屈伸受限，前往北京市某医院治疗，经CT检查，其伤情诊断为胫骨骨折、右外踝骨折。王某乙在本次摔伤前即罹患胆囊腺癌，摔伤后前往北京市某医院住院五次，进行胆囊腺癌维持化疗。2022年10月14日，王某乙死亡，居民死亡医学证明书中死亡原因一栏载明胆囊腺癌。

庭审中，因双方就王某乙死亡与本次摔伤是否存在因果关系分歧较大，王某甲、崔某申请对王某乙发生此次事故与死亡之间的因果关系、死亡造成的参

与度比例进行鉴定。司法鉴定意见为：被鉴定人王某乙发生此次事故所致损伤与其死亡之间存在一定的因果关系，外伤原因力大小建议为轻微。王某甲、崔某预交鉴定费8000元。但某工程公司、刘某、某保险公司均以未尸检为由不认可此鉴定报告。

某工程公司（甲方）与刘某（乙方）签订机械设备租赁安全协议，约定某工程公司使用案涉汽车起重机，在平谷区进行树木修剪作业。协议另约定随车需配备合格操作手1人，即刘某本人，协议责任期为2022年5月7日起至甲方工程施工完毕止。协议第六条乙方的责任和义务部分约定，设备进入乙方施工现场后，乙方机手应服从乙方施工现场管理人员的调度与指挥，并遵守甲方施工现场的规章制度。应对配备的机手、信号指挥等人员进行作业安全教育，乙方配备的机手、信号指挥等人员应严格按设备操作规程作业，因违章指挥、违章作业、违反劳动纪律发生的安全事故、设备损毁，乙方应积极配合甲方及相关部门调查处理并承担全部责任和经济损失。

案涉汽车起重机在某保险公司投保机动车交通事故责任强制保险及神行车保特种车保险。某保险公司以王某乙受伤与吊车作业不具有时空连续性、刘某改变车辆非营运性质等为由拒绝赔付。就事故发生过程，某工程公司及刘某均称电缆被刮断后，地面劳务人员将垂落的电缆整理后放置于锥桶内，之后发生王某乙骑车通过被电缆缠绕摔倒一事。刘某称将电缆放置锥桶约10分钟后王某乙骑车经过。

【案件焦点】

1. 刘某与某工程公司之间成立何种关系，某工程公司是否应承担赔偿责任；2. 案涉事故是否属于道路交通事故，某保险公司是否应承担赔偿责任。

【法院裁判要旨】

北京市平谷区人民法院经审理认为：对于争议焦点一。刘某与某工程公司签订机械设备租赁安全协议，该协议虽名为租赁，实质为“带人租赁”。因汽车起重机始终处于刘某的控制之下，并未由某工程公司实际占有，车辆保养、维修、加油等日常使用成本也未由某工程公司负担，刘某系利用自己的设备、技术、劳力等为某工程公司提供服务，其交付的是机械设备和驾驶人操作该设备之后的劳动成果，双方之间的关系更符合承揽合同的法律特征，而非租赁关系或雇佣关系。承揽人在完成工作过程中造成第三人损害或者自己损害的，定作人不承担侵权责任。但是，定作人对定作、指示或者选任有过错的，应当承担相应的责任。崔某、王某甲未举证证明某工程公司在定作、指示或选任中具有过错，故其要求某工程公司承担赔偿责任，并无事实和法律依据，不予支持。

对于争议焦点二。虽双方对于案发过程均未提交证据佐证，但刘某本人自认其操作将电缆刮断后，王某乙并非在第一时间骑车经过，某工程公司及刘某均称地面劳务人员对垂落的电缆进行了整理，十分钟之后王某乙才摔倒受伤。由此可见，案涉事故并非发生在特种车辆行驶及作业期间，因果关联在时间和空间上存在中断，故不宜认定为道路交通事故。崔某、王某甲要求某保险公司承担赔偿责任于法无据，不予支持。

刘某在操作起重机大臂将电缆刮断后，即负有整理线缆、维护现场秩序的安全保障义务。刘某虽辩称地面劳务人员已经将垂落的电缆整理后放入锥桶，并未对来往车辆行人造成潜在危险，但未提交任何证据佐证，应自行承担不利后果。另外，王某乙作为完全民事行为能力人，在骑行过程中应谨慎观察路况，及时避险，其对本次事故的发生亦有过错。法院综合事故发生的过程及双方陈述，认定刘某对王某乙因本次事故造成的损失承担60%的赔偿责任，王某乙自负40%责任。就损失数额，法院支持王某乙受伤产生的医疗费、营养费、护理费、交通费、医疗辅助器具费的合理数额，超出部分不予支持。就崔某、王某甲主张的死亡赔偿金及丧葬费，因鉴定机构出具鉴定结论认定王某乙发生此次事故所致损伤与其死亡之间存在的因果关系大小仅为轻微，法院综合相应赔偿标准、原因力大小、双方责任分担认定赔偿数额。因上述事故仅造成王某乙骨折外伤，与王某乙最终死亡仅存在较为轻微的因果关系，崔某、王某甲主张精神损害抚慰金于法无据，不予支持。

北京市平谷区人民法院依据《中华人民共和国民法典》第一千零二条、第一千零三条、第一千零四条、第一千一百六十五条、第一千一百七十九条规定，判决：

一、刘某赔偿崔某、王某甲医疗费、营养费、护理费、交通费、医疗辅助器具费、死亡赔偿金、丧葬费共计 35000 元（已给付 500 元，剩余 34500 元于本判决生效后十日内给付）；

二、驳回崔某、王某甲的其他诉讼请求。

宣判后，双方当事人均未上诉，一审判决生效。

【法官后语】

一、“带人租赁”协议的性质及其与相关合同关系的区分认定

“带人租赁”是在工程机械租赁实践中通常存在的一种惯例，即工程机械所有人在提供设备的同时，一并提供工程机械操作的司机。在此情境下，如何在相关的租赁关系、承揽关系、雇佣关系中选取最符合实践情形和当事人真意的法律关系加以适用，往往是案件争议的焦点，需要根据案涉协议内容、实际履行情况及其他案件事实，对法律关系性质具体界定。

《中华人民共和国民法典》第七百零三条规定：“租赁合同是出租人将租赁物交付承租人使用、收益，承租人支付租金的合同。”租赁合同强调租赁物的转移占有，即使用权、支配权的转移。第七百七十条第一款规定：“承揽合同是承揽人按照定作人的要求完成工作，交付工作成果，定作人支付报酬的合同。”承揽关系下，承揽人的义务是按照定作人的要求，以自己的设备、技术和劳动力完成工作，最终交付的是劳动成果。实践中俗称的带人租赁关系中，承租方的目的不是使用租赁设备，其追求的是获得使用租赁设备完成的工作成果，所以其法律性质应为承揽关系。

租赁合同与带人租赁协议的区分认定，应当查清合同履行期间租赁设备的日常保养、维修、损耗、油耗等使用成本的负担主体、设备的保管主体和控制主体，这些是判断设备提供方与承租方真实法律关系的关键事实。如果设备承租方对于设备的具体使用并不具有支配权，不负担设备使用成本，仅是对于设备的使用结果作出指示，则双方之间不符合租赁关系的法律特征。

如本案中，刘某驾驶起重机按照某工程公司的要求进行树木修剪作业，交付的并非汽车起重机本身，而是机器效能与人力操作附合的劳动成果，符合承揽关系的法律特征。此外，刘某作为特种设备驾驶员，具有操作设备的专业知识，其对劳动任务的完成具有相当的自主性，某工程公司在指定任务后，对于任务具体完成的方式在所不问，只是基于任务完成与否支付相应报酬，这与雇佣关系中“控制、支配、从属”特征具有明显区别，所以本案并未认定双方成立雇佣关系。

综上所述，正确认定法律关系性质是准确认定当事人之间权利义务关系以及责任的前提，涉及“带人租赁”且当事人对协议性质有争议的，需要查明案涉机械设备的实际占有及使用情况、司机在作业中是否具有自主性和专业优势、承租方追求的合同目的及其对于机械设备使用及操作的干预程度、设备使用成本的负担主体等，通过具体细节精准甄别法律关系性质。

二、特种车辆投保人保险赔偿请求权的认定

司法实践中，对起重车辆作业中发生责任事故，投保人请求保险赔偿的，保险公司应当在交强险限额内予以赔偿，其事实基础为，起重车辆行驶或作业本身与损害事故的发生存在因果关系。

本案的特殊之处在于，机动车作业事故发生后，间隔较长时间受害人才骑车经过事发地摔伤，即案涉事故并非发生于投保车辆行驶或作业期间。此时起重车辆本身与损害事故的关联发生时间和空间上的中断，因此二者不存在因果关系。在能否支持特种车辆投保人保险赔偿请求权的问题上，如对出险事故不作时间和空间上的限定，则有可能出现归因层面的显失公平，明显加重保险人的赔偿负担，也不利于相关责任人积极采取措施防范事故发生。至于车辆本身与损害事故在时间、空间上的关联中断到何种程度即可认定二者不具有因果关系，需要结合各方注意义务的履行情况及相关具体案情合理判断。本案中，如果电缆被案涉起重车辆刮断垂落后，在刘某尽到谨慎注意义务也来不及清理的较短时间内，王某乙即经过绊倒，应当认为施工方尚来不及对现场进行清理，王某乙也无法判断路况的突然变化，案涉车辆与损害事故之间的关联持续，二者存在法律上的因果关系，在没有相关免责条款可以排除保险责任的情况下，某保险公司即应承担赔偿责任。

编写人：北京市平谷区人民法院　孙钰　郑坤

7

特种车辆在静止作业期间发生事故是否属于保险理赔范围

——管某某诉姜某某等生命权、身体权、健康权案

【案件基本信息】

1. 裁判书字号

广西壮族自治区桂平市人民法院（2023）桂0881民初4597号民事判决书

2. 案由：生命权、身体权、健康权纠纷

3. 当事人

原告：管某某

被告：姜某某、梁某某、甲财保公司、乙财保公司

【基本案情】

姜某某在某工地操作案涉起重车施工作业，负责将货物从货车上吊下来放到指定位置，管某某负责待吊机把货物吊到指定位置后，解开吊钩钢绳。在2022年8月2日的一次作业过程中，管某某完成解绳后，尚未到达安全距离时，姜某某继续操作吊机准备下一次作业，在吊机钩子升起的过程中碰到绑铁梯的钢丝绳卡扣，导致铁梯侧倒压到管某某。管某某住院治疗后，经鉴定，鉴定结果为：管某某本次损伤致全身多处损伤，其双侧多发肋骨骨折，构成十级伤残；其胸腰椎左侧横突骨折，愈合后遗留腰部活动受限，构成十级伤残；其左股骨粉碎性骨折，临床手术治疗后，其左髋关节丧失功能达25%以上，构成

十级伤残。误工期为290日，护理期为120日，营养期为90日。管某某为此支付鉴定费1900元。

案涉起重车车主系梁某某，姜某某系梁某某雇佣的驾驶员。案涉起重车在甲财保公司处投保了交强险，在乙财保公司处投保了起重机械财产保险，保险包含特种设备责任保险，保额1000000元，事故发生时在保险期间内。

管某某主张姜某某、梁某某、甲财保公司，乙财保公司支付误工费、护理费、营养费、医药费、伙食补助、伤残赔偿金、精神损害赔偿、鉴定费等各项赔偿金合计217531.7元。甲财保公司和乙财保公司均认为本次事故非交通事故，保险公司不应承担保险责任。

【案件焦点】

特种作业车辆在静止作业期间发生事故是否属于保险理赔范围。

【法院裁判要旨】

广西壮族自治区桂平市人民法院经审理认为：姜某某操作特种作业车辆时未尽到应有的安全注意义务，在管某某解绳未到安全距离时就继续开始操作吊机，是造成本次事故的主要原因。而管某某未参加相关安全培训就在工地开展施工工作，未佩戴安全护具及未尽到应有的注意义务，负本次事故的次要责任。依据双方的过错程度，确定民事责任由姜某某承担90%，管某某自行承担10%。梁某某作为案涉吊机的车主，同时也是姜某某的雇主，对姜某某在事故中造成的损失应承担赔偿责任。

关于甲财保公司与乙财保公司应否在保险的范围内承担赔偿责任的问题。特种作业车辆的主要用途是工地作业，并非用于交通通行或运送，该种车辆的特殊性也决定了其使用用途的特殊性，除在通行状态下可能发生交通事故外，更多的事故发生于其发挥特种功能的作业过程中。

广西壮族自治区桂平市人民法院确认管某某的经济损失为：（1）医疗费及医疗辅助器械费26125.04元；（2）住院伙食补助费：500元；（3）营养费：600元；（4）护理费：住院护理费736元，出院护理费3600元；（5）误工费：

31544.8 元；（6）残疾赔偿金：95287.2 元；（7）鉴定费：1900 元，合计 160293.04 元。精神损害抚慰金，酌情确定为 5000 元。

综上所述，管某某的经济损失应先由承保机动车强制保险的甲财保公司在强制保险责任限额范围内予以赔偿；不足部分，由承保机动车商业保险的乙财保公司按照保险合同的约定予以赔偿；仍然不足的，由侵权人赔偿。因此，甲财保公司应在交强险医疗费赔偿限额内赔偿管某某 18000 元，在交强险死亡伤残赔偿限额内赔偿管某某误工费、护理费、残疾赔偿金、精神损害抚慰金、鉴定费合计 138068 元。交强险医疗费分项不足部分的 9225.04 元，由乙财保公司在特种设备责任保险赔偿限额内按 90%的责任赔偿 8302.5 元给管某某。

广西壮族自治区桂平市人民法院依照《中华人民共和国民法典》第一千一百六十五条第一款、第一千一百七十九条、第一千一百九十二条第一款、第一千二百一十三条，《中华人民共和国道路交通安全法》第七十六条、第七十七条，《最高人民法院关于审理道路交通事故损害赔偿案件适用法律若干问题的解释》第二十五条，《最高人民法院关于审理人身损害赔偿案件适用法律若干问题的解释》第六条、第七条、第八条、第十条、第十一条、第十二条及《中华人民共和国民事诉讼法》第六十七条第一款、第一百四十七条规定，判决如下：

一、甲财保公司在承保案涉起重车交强险赔偿限额范围内赔偿经济损失 156068 元给管某某；

二、乙财保公司在承保案涉起重车起重机械财产保险项下特种设备责任保险的责任限额范围内赔偿经济损失 8302.5 元给管某某；

三、驳回管某某的其他诉讼请求。

宣判后，双方当事人均未上诉，一审判决生效。

【法官后语】

特种车辆在静止作业期间发生事故是否属于保险理赔范围，车辆同时投保交强险和商业险的，如何分配保险责任，是本案中值得研究的问题。就该问题目前主要存在两种意见。

一种意见认为，根据《最高人民法院关于审理道路交通事故损害赔偿案件适用法律若干问题的解释》第二十五条规定："机动车在道路以外的地方通行时引发的损害赔偿案件，可以参照适用本解释的规定。"《机动车交通事故责任强制保险条例》第四十三条规定："机动车在道路以外的地方通行时发生事故，造成人身伤亡、财产损失的赔偿责任，比照适用本条例。"案涉起重机的性质决定了其在道路上行驶的时间少于作业时间，如将车辆吊装作业期间给第三人造成的人身损害排除在保险范围之外，则与前述条例及司法解释精神背道而驰。案涉起重机在吊装作业时发生事故致使第三人伤亡的，保险公司应当依据保险合同约定在交强险和第三者责任保险的保险金额内承担赔付责任。

另一种意见认为，《机动车交通事故责任强制保险条例》第四十三条规定："机动车在道路以外的地方通行时发生事故，造成人身伤亡、财产损失的赔偿，比照适用本条例。"交通事故的认定不以是否"在道路上"这一场所限制为要件，而是应当以车辆是否处于通行状态为核心要件。案涉起重机是在静止状态开展起重作业，不处于通行状态，故不属于机动车交强险的理赔范围。

本案采纳了第一种意见。近年来，随着人身损害赔偿标准统一试点工作等侵权审判实践的发展，对交强险制度公益性和强制性的特点应予进一步彰显，以更好发挥其提供救济、增强保障、分担风险之作用。认定特种车辆在静止作业期间发生事故属于交强险理赔范围，有以下三点理由：（1）交强险具有社会保障性以及分担损失和经济补偿的功能，特种车辆在事实上不仅具备行驶功能，还兼具作业功能，且作业是其主要功能。基于特种车辆在功能上与普通机动车的区别，对于"通行"状态的理解应有所区别，特种车辆的"通行"不仅包括行驶，也包括车辆处于启动状态、运动状态下的作业，应当以连续的状态来看，而不能简单地看发生事故时车辆是否在通行。（2）特种车辆交强险保费高于普通机动车，该类车辆在行驶中的出险概率、保额没有显著高于普通机动车，交强险费率制定的原则是不盈利不亏损，如果将特种车辆作业期间发生的事故排除在外，显然不符合权责相当的原则，也不符合《机动车交通事故责任强制保险条例》第四十三条的立法精神。（3）承保时，保险公司未就特种车作业事故约定免责条款，其明知特种车作业事故属于保险范围。且保险合同作为格式合同，在解读有争议的保险理赔条款时，应作对保险人不利的解释。

实践中，与普通机动车一样，特种车辆在投保交强险的同时，也会参保第三者责任商业险，发生保险事故时，对于投保人应当承担的赔偿责任，首先由承保机动车强制保险的保险人在强制保险责任限额范围内予以赔偿；不足部分，由承保机动车商业保险的保险人按照保险合同的约定予以赔偿；仍然不足的，由侵权人赔偿。

编写人：广西壮族自治区桂平市人民法院　李彦锋

8

建筑工程层层分包、违法转包情况下，发包方应与雇主对提供劳务者的侵权行为承担连带责任

——宋某某诉鲁某某等生命权、身体权、健康权案

【案件基本信息】

1. 裁判书字号

北京市第三中级人民法院（2023）京03民终18693号民事判决书

2. 案由：生命权、身体权、健康权纠纷

3. 当事人

原告（被上诉人）：宋某某

被告（上诉人）：甲工程公司

被告（被上诉人）：鲁某某、裴某、李某某

第三人：乙工程公司

【基本案情】

2020年4月，甲工程公司从某建筑公司处承包了电力隧道的土方工程。6

月，甲工程公司将部分拉土工程口头分包给裴某，裴某又将该工程转包给李某某，相关工程款项通过乙工程公司账户给付。后李某某雇佣鲁某某的拖拉机铲土并装车。2020 年 8 月 9 日 4 时 47 分，鲁某某驾驶无车牌号的拖拉机在某公园行驶中，与宋某某骑行的电动自行车发生交通事故，造成宋某某车辆损坏，宋某某受伤。此事故经公安交通管理机关认定，鲁某某负事故全部责任，宋某某无责任。当日，宋某某被送至医院治疗。经鉴定，宋某某构成十级伤残。

北京市某公园夏季开园时间为每日 6 时整至 21 时 30 分。园区严禁社会机动车辆和非机动车进入，包含普通自行车、电动自行车、三轮车、平衡车等。该公园北区涉及的案涉施工项目都在公园内进行，除持有专用车证的车辆进入外，严禁社会车辆进入。鲁某某未取得机动车驾驶证，也未给自己驾驶的车辆投保交强险及商业险。

经法院核实确认，宋某某的经济损失包括医疗费、住院伙食补助费、营养费、护理费、误工费、鉴定费、残疾赔偿金、被扶养人生活费、精神损害抚慰金、残疾辅助器具费、交通费、财产损失费，共计 345952. 5 元。

【案件焦点】

甲工程公司、裴某、李某某是否应对宋某某的损害承担连带赔偿责任。

【法院裁判要旨】

北京市平谷区人民法院经审理认为：案涉拉土工程存在层层转包情形，虽然甲工程公司给付施工费用通过乙工程公司账户，但甲工程公司未与乙工程公司签署分包合同，且乙工程公司在收到工程款后立即转给裴某，再结合甲工程公司法定代表人刘某某在初次庭审中的表述以及裴某与刘某某的聊天记录，综合认定甲工程公司与裴某，裴某与李某某分别形成转包关系。李某某雇佣当时未成年的鲁某某驾驶拖拉机铲土并装车，鲁某某在施工过程中，与宋某某发生交通事故，造成宋某某人身和财产损害。故此，甲工程公司将其承包的土方工程转包给不具有相应施工资质的裴某，裴某又将该工程转包给李某某，李某某雇佣鲁某某执行工作任务造成宋某某损害，甲工程公司、裴某、李某某应当对宋某某的损害承担连带赔偿责任。事故发生后，交警虽认定鲁某某负事故全部责任，但考虑到事发公园闭园期间，宋某某未经允许骑电动自行车进入该园，未尽到必要注意义务，宋某某对自身损害存在过错。故对宋某某的合理经济损失，法院酌情确定甲工程公司、裴某、李某某连带承担75%的赔偿责任，宋某某自行承担25%责任。

北京市平谷区人民法院依照《中华人民共和国安全生产法》第一百条第一款，《中华人民共和国民法典》第一百二十条、第一千一百七十三条、第一千一百七十九条、第一千一百八十三条、第一千一百八十四条、第一千一百九十二条，《中华人民共和国民事诉讼法》第一百四十七条，《最高人民法院关于适用〈中华人民共和国民事诉讼法〉的解释》第九十条、第一百零八条规定，判决如下：

一、甲工程公司、裴某、李某某连带赔偿宋某某各项经济损失共计186864.38元（扣除鲁某某已支付的2600元及李某某已支付的70000元）；

二、驳回宋某某其他诉讼请求。

甲工程公司不服一审判决，提起上诉。

北京市第三中级人民法院经审理认为：本案二审争议焦点在于一审法院认定甲工程公司应当承担连带赔偿责任是否正确。关于甲工程公司主张其系与乙工程公司直接建立的承揽合同关系的上诉意见，甲工程公司的主张与其首次答辩意见不符，存在反言情况，其主张其法定代表人未参与经营、不了解情况，缺乏依据，不予采信。而且，虽然甲工程公司将部分施工费用直接向乙工程公司账户支付，但该款项的支付发生于本案事故之后，在甲工程公司未与乙工程公司签署分包合同，亦无证据显示两公司就合同订立进行磋商的情况下，仅根据该转账事实以及甲工程公司主张的微信聊天记录情况，难以推翻其将工程转包给裴某的自认。因此，结合乙工程公司在收到工程款后立即转给裴某的证据、裴某与刘某某的聊天记录以及各方当事人的陈述内容等，一审法院综合认定甲工程公司与裴某、裴某与李某某分别形成转包关系，并无不当。

对于宋某某案涉人身和财产损害，李某某作为行为人鲁某某的雇主依法应当向宋某某承担赔偿责任。而甲工程公司、裴某存在违法将工程发包给不具备安全生产条件或者相应资质的个人之情况，考虑到本案事故发生于土方工程的生产作业过程中，且事故的发生明显与施工方未谨慎注意作业环境的封闭及施工安全有关，故一审法院认定甲工程公司、裴某因违法分包应对宋某某的损失与李某某承担连带赔偿责任，符合相关法律规定及立法精神，予以维持。一审法院在考虑宋某某个人过错的情况下，认定由其自负 25%的责任，由侵权人承担 75%的赔偿责任，系属合理，予以维持。

北京市第三中级人民法院依照《中华人民共和国民事诉讼法》第一百七十七条第一款第一项规定，判决如下：

驳回上诉，维持原判。

【法官后语】

本案中，李某某与鲁某某系个人劳务关系，鲁某某在完成李某某指定的劳务过程中致人损害，根据《中华人民共和国民法典》第一千一百九十二条规定，应当由李某某承担侵权责任。本案中值得研究探讨的重点问题是：案涉劳务源于违法转包，工程发包方是否应该对提供劳务一方致人损害的行为承担连带责任。

一、我国关于个人劳务关系中的侵权责任的规定

《中华人民共和国民法典》第一千一百九十二条第一款明确了提供劳务一方因劳务造成他人损害的，接受劳务一方承担侵权责任后，可以向有故意或者重大过失的提供劳务一方追偿。《最高人民法院关于审理人身损害赔偿案件适用法律若干问题的解释》（本案例以下简称《人身损害赔偿司法解释》）规定了无偿帮工责任。总之，现行法律没有就个人之间形成劳务关系情况下，提供劳务一方因劳务造成他人损害的，与接受劳务一方承担连带责任的明确规定。

二、实践中对个人劳务关系中的侵权责任规定的法律适用

虽然《中华人民共和国民法典》及《人身损害赔偿司法解释》并没有关于建设工程中，发包方与接受劳务一方就施工行为致人损害承担连带责任的规定。但是，根据《中华人民共和国安全生产法》第一百零三条第一款规定：“生产经营单位将生产经营项目、场所、设备发包或者出租给不具备安全生产条件或

者相应资质的单位或者个人的，责令限期改正，没收违法所得……导致发生生产安全事故给他人造成损害的，与承包方、承租方承担连带赔偿责任。”安全生产的适用范围包含制造、矿山、金属冶炼、建筑施工、运输单位和危险物品的生产、经营、存储、装卸单位等全部生产经营活动，本案中的安全事故就发生在建筑施工行业土方工程的生产作业过程中，甲工程公司、裴某存在违法将工程发包给不具备安全生产条件或者相应资质的李某某之情况，事故发生与施工方未谨慎注意作业环境的封闭及施工安全有关，故可以引用《中华人民共和国安全生产法》的规定，要求发包方与接受劳务一方承担连带赔偿责任。

综上，建筑工程层层分包、违法转包情况下，发包方应与作为实际施工方的雇主对提供劳务者的侵权行为承担连带责任，这样有利于进一步规范发包行为，促进安全生产。

编写人：北京市第三中级人民法院　刘东遥

9

餐厅经营者与同饮者对饮酒人的损害均有过错时的侵权责任承担

——柳某某、巴某甲诉某餐厅等生命权、身体权、健康权案

【案件基本信息】

1. 裁判书字号

甘肃省兰州市中级人民法院（2023）甘 01 民终 3726 号民事判决书

2. 案由：生命权、身体权、健康权纠纷

3. 当事人

原告（被上诉人）：柳某某、巴某甲

被告（被上诉人）：党某某、谢某某、邓某某、蔡某某

被告（上诉人）：某餐厅

【基本案情】

柳某某系巴某乙之配偶，巴某甲系巴某乙之子。

2021年1月25日，受害人巴某乙与蔡某某相约前往某餐厅用餐，巴某乙邀请党某某、谢某某，蔡某某邀请邓某某参加聚会，用餐包厢位于该餐厅二楼。蔡某某自带白酒，用餐期间巴某乙、蔡某某、党某某均有饮酒行为，谢某某、邓某某未饮酒，在聚餐中途离开餐厅。聚餐结束后，蔡某某先行下楼结账，后巴某乙、党某某从包厢走出，巴某乙行至二楼通往一楼的楼梯时，不慎从楼梯摔下。蔡某某拨打120急救电话将巴某乙送往医院，巴某乙因救治无效于次日死亡。死亡证明书记载的死亡原因为酒后摔伤致脑出血。

【案件焦点】

1. 本案的同饮者及某餐厅对巴某乙损害事实的发生有无过错；2. 如何认定本案的同饮者及某餐厅对受害人巴某乙损害责任比例。

【法院裁判要旨】

甘肃省兰州市七里河区人民法院经审理认为：受害人巴某乙系完全民事行为能力人，应对自身身体状况和酒量有充分的了解，应当预见到其酒后控制能力、认识能力、对风险的抵御防范能力均较不饮酒时有所降低，其理应控制自己的饮酒行为以保证其自身的安全。在下楼过程中，应当扶着楼梯扶手，缓慢下行。但是巴某乙在下楼时拒绝他人搀扶，对于损害事实的发生，巴某乙自身具有过错，应当承担主要责任。

在数人共同饮酒的特定环境下，饮酒可能会导致饮酒者在认知、感触觉及行动能力上出现认识不清、反应迟钝的情形，同饮者之间形成了法律上拟制的邻人关系，正是先前的饮酒行为，使饮酒人处于不安全状态，各饮酒人之间都有注意、保护以及护送的义务，违反此义务，构成不作为侵权，应承担相应的

责任。蔡某某作为聚餐的召集者、同饮者及提供白酒的人，应当尽到相对其他饮酒者较高的注意义务和劝诫义务，在离席后应当搀扶、护送受害人到达安全地点，而其先行下楼，未对受害人进行提醒和搀扶，对受害人损害事实的发生存在一定的过错。党某某作为同饮者亦应当尽到一定的注意义务和劝诫义务，下楼时应尽到提醒、搀扶受害人的义务，但其未搀扶受害人，因此对受害人损害事实的发生亦存在一定的过错。谢某某、邓某某虽参加了聚餐，但二人在聚餐过程中并未饮酒且中途离开，对巴某乙的损害事实的发生不存在过错。

某餐厅作为经营者、管理者，对顾客负有法定的安全保障义务，且相较于自然人应具有更高的注意义务，应当保证其经营场所不存在安全隐患，并在楼梯等具有潜在危险的地方设置警示标志、做好防滑措施、尽到必要的提醒义务。而在本案事发时，事发楼梯狭窄、较陡，两个成年男性很难并排通过，楼梯下方放置一个橱柜，未预留合理的缓冲空间，增加了安全隐患，且某餐厅在事发前仅张贴少量警示标志，事发后才加贴了警示标志。故某餐厅对受害人巴某乙损害事实的发生具有过错，虽然其认为该餐厅的设计是原有的，但在事发时餐厅由其经营管理，应当由其承担相应的侵权责任。

结合当事人的过错程度及过错与损害结果的原因力大小，依据侵权责任的过错责任原则、过失相抵原则等，酌情认定受害人巴某乙自行承担80%的主要责任，某餐厅承担13%、蔡某某承担5%、党某某承担2%的次要责任，谢某某、邓某某不存在共同饮酒的先行行为，不承担责任。

对于巴某乙的各项损失，一审法院认定共计745640.29元，某餐厅承担13%即96933.24元，蔡某某承担5%即37282.01元，党某某承担2%即14912.81元。扣除蔡某某、党某某各自已垫付的数额后，蔡某某应再支付18782.01元，党某某应再支付4912.81元。

甘肃省兰州市七里河区人民法院依据《中华人民共和国民法典》第一千一百六十五条第一款、第一千一百七十三条、第一千一百九十八条第一款，《最高人民法院关于审理人身损害赔偿案件适用法律若干问题的解释》第六条、第七条、第八条、第十条、第十四条、第十五条、第二十二条、第二十三条，

《最高人民法院关于确定民事侵权精神损害赔偿责任若干问题的解释》第一条、第七条，《中华人民共和国民事诉讼法》第六十七条第一款规定，判决如下：

一、某餐厅于本判决生效之日起十日内赔偿柳某某、巴某甲各项损失共计96933.24元；

二、蔡某某于本判决生效之日起十日内赔偿柳某某、巴某甲各项损失共计18782.01元；

三、党某某于本判决生效之日起十日内赔偿柳某某、巴某甲各项损失共计4912.81元；

四、驳回柳某某、巴某甲的其他诉讼请求。

某餐厅不服一审判决，提起上诉。

甘肃省兰州市中级人民法院经审理认为：党某某、蔡某某陈述，受害人巴某乙从楼梯摔落下来后头部直接撞在橱柜上，巴某乙的住院病历也显示诊断为闭合性颅脑损伤特重型。某餐厅作为经营者，未尽到安全保障义务，造成巴某乙酒后从餐厅楼梯摔伤致死的损害后果，一审判决认定其应对巴某乙死亡造成的各项损失承担13%的赔偿责任并无不当。

甘肃省兰州市中级人民法院依照《中华人民共和国民事诉讼法》第一百七十七条第一款第一项、第一百八十二条规定，判决如下：

驳回上诉，维持原判。

【法官后语】

本案中饮酒者、同饮者和经营者均对损害结果的发生存在一定的过错，同饮者和经营者产生无意思联络的共同侵权，饮酒者与其二者具有混合过错，应当在查明侵权事实的基础上，认定每个侵权人的过错程度及各侵权人的行为与损害结果之间原因力大小，平衡各侵权人和被侵权人的利益关系，依法合理确定各侵权人的赔偿责任比例。

首先，饮酒者应自负主要责任。饮酒本是情谊行为，饮酒者对于是否饮酒享有自主选择的权利，饮酒者对于自身酒量有完全的判断力和控制力，对于饮酒的后果也具有认知能力。在饮酒行为自由的前提下，饮酒者对于大量饮酒而使自身陷入危险状态具有过错，《中华人民共和国民法典》第一千一百七十三条规定，被侵权人对同一损害的发生或者扩大有过错的，可以减轻侵权人的责任。在无强制饮酒等特殊情形下，同饮者对饮酒者只是未尽到酒后的照顾、救助义务的，饮酒者应自负主要责任；其他同饮者不存在违反注意义务情形的，饮酒者应自负全部责任。

其次，同饮者因在先行为具有对饮酒者酒后的照顾、救助义务。共同饮酒行为是典型的情谊行为，同饮人并不因参与饮酒行为就互负权利义务，但若饮酒者处于醉酒状态，同饮人基于相聚饮酒的在先行为而产生一定的权利义务关系，此时，同饮人的情谊行为有可能转化为“不作为侵权”，并因此承担相应的侵权赔偿责任。共饮期间，同饮者不得强行劝酒、罚酒、斗酒、拼酒，应当尽到提醒、劝阻义务；对于有醉酒状态的饮酒人，同饮者应当尽到照顾、救助义务。《中华人民共和国民法典》第一千一百七十二条规定，二人以上分别实施侵权行为造成同一损害，能够确定责任大小的，各自承担相应的责任；难以确定责任大小的，平均承担责任。在共同饮酒行为中，多个同饮人违反注意义务与损害后果之间形成聚合的因果关系，同饮人对损害后果的发生具有不同的原因力，故在共同饮酒侵权案件中，同饮者的责任形式为按份责任。结合个案的不同事实，在确定赔偿责任比例时，应综合考虑共同饮酒人的身份角色、行为的危险程度、饮酒的时间空间、同饮者已尽到注意义务的情况等因素，合理确定同饮人的赔偿责任比例。

最后，安全保障义务人的侵权责任。第一，安全保障义务的主体包括场所责任主体和组织责任主体，其中场所责任主体又包括经营场所的经营者和公共场所的管理者，组织责任主体指群众性活动的组织者。作为危险源的管理者，法律要求相关主体肩负起保障参与者安全的义务。实践中要注意防止对安全保障义务适用的泛化。第二，是否尽到安全保障义务要结合损害发生时安全保障义务人提供的设施状况、相关警示和防范措施是否到位、损害发生的具体原因等情形予以认定。第三，未尽到安全保障义务导致他人损害的，安全保障义务人承担的是过错责任。受害人自身对损害发生有过错的，可以减轻安全保障义务人的责任，实践中体现为安全保障义务人在其能够防范和制止危害发生的范围内承担一定比例的按份责任。本案中，受害人酒后摔伤致死，除其自身和同饮者具有过错外，事发场所内楼梯设置不符合安全要求，也是导致受害人摔伤的原因之一，经营者应当对其未能及时消除安全隐患或者设置足够明显的安全警示，承担相应的过错责任。

编写人：甘肃省兰州市七里河区人民法院　王菲菲

10

共饮人尽到一般安全注意义务、餐饮经营者尽到安全保障义务的，对饮酒致害不承担赔偿责任

——杨某、张某某诉李某某等生命权、身体权、健康权案

【案件基本信息】

1. 裁判书字号

北京市第二中级人民法院（2023）京02民终13701号民事判决书

2. 案由：生命权、身体权、健康权纠纷

3. 当事人

原告（上诉人）：杨某、张某某

被告（被上诉人）：李某某、胡某、李某

被告：某餐饮公司

【基本案情】

张某某系杨某某之妻，杨某系杨某某之子。2021年12月25日14时许，杨某某经李某某邀请前往某餐饮公司经营的烤鸭店一包间就餐喝酒，李某某令司机胡某携带一坛熊胆酒共同前往。李某某先点了两瓶啤酒，后二人开始喝熊胆

酒，胡某作陪、未喝酒。后李某携半桶酒到席，共同就餐，亦未饮酒。16时许，杨某某突然从椅子上滑落，其余三人上前搀扶，因拉不动，并听到杨某某发出呼噜声，以为杨某某系喝多睡着了，于是让其躺在地上休息。约20分钟后，李某觉出不对，于16时47分拨打120，后报警，并外出购买速效救心丸给杨某某吃下。约17时10分，120到达现场，经查杨某某意识丧失，急救医生给予现场救治后由救护车转往某医院。17时46分到达某医院，诊断：呼吸心脏骤停，直接送往急诊抢救室抢救。18时16分杨某某经抢救无效死亡，出观诊断：猝死，心源性可能性大。当日经公安机关委托鉴定机构行死因鉴定：不排除酒后猝死。张某某、杨某表示认可上述结论。

杨某、张某某主张杨某某应李某某之约就餐饮酒，李某某提供多种酒混喝，且有劝酒、未及时救助情形，对杨某某的死亡存在过错；某餐饮公司作为经营者没有关注包厢内情况，未尽救护、通知等安全保障义务，导致杨某某于烤鸭店内死亡，存在过错；胡某与李某作为共同饮酒者，未提醒、劝阻，未及时救助，存在过错。故主张本案四被告连带赔偿死亡赔偿金、丧葬费、精神损害抚慰金、鉴定费、住宿费，共计2194095.45元。

【案件焦点】

四被告应否对杨某某的死亡承担赔偿责任。

【法院裁判要旨】

北京市丰台区人民法院经审理认为：首先，针对共饮人是否承担责任，通常应从饮酒过程中是否存在过度劝酒行为，及饮酒后是否对过度饮酒人进行必要且合理的照顾义务和及时、必要的救助义务进行考量。本案中，原告提交的照片只能显示李某某与杨某某两人抱在一起，无法看出存在劝酒行为，另公安机关与相关人员的询问笔录亦未显示存在劝酒情况，且包厢内无监控录像，故对原告共同饮酒者过度劝酒的主张不予采信。关于共同饮酒者是否对杨某某尽到了必要、合理的照顾及救助义务。由公安机关相关询问笔录可知，杨某某于喝酒期间并未表现出明显不适，系突然滑倒，并伴有呼噜声，李某某、胡某、李某作为不具有医学专业知识的常人，在此情形下以为杨某某系喝多睡着，让其躺下休息，处置并无不当，符合常人判断标准。且三人考虑杨某某的安全，调整其睡姿让其侧躺，垫高其头部，并于发现异常后及时拨打 120 并报警，为其喂服速效救心丸，已经尽到了合理的照顾及救助义务。

其次，针对某餐饮公司是否尽到安全保障义务。事发当天李某某等人系于包厢内就餐饮酒，且要求服务员于包厢外等待服务，杨某某出现异常后，服务员推门被告知“喝多了，先不要收”，服务员于是退出，该行为系出于对客户隐私和要求的尊重。原告主张服务员应进屋仔细查看，明显是对服务员苛以过高的义务。对于及时救护问题，经理听到呼叫后，及时进屋查看并询问是否拨打 120，得知已经拨打后在旁边等待，该处理亦无不当。原告主张某餐饮公司没有及时通知杨某某亲属，某餐饮公司作为饭店经营者不可能掌握顾客亲属联系方式，原告该项要求明显超出合理限度。

综上，原告主张四被告承担侵权责任，无事实和法律依据，不予支持。

北京市丰台区人民法院依照《中华人民共和国民法典》第一千一百六十五条、第一千一百九十八条，《中华人民共和国民事诉讼法》第六十七条、第一百四十七条，《最高人民法院关于适用〈中华人民共和国民事诉讼法〉的解释》第九十条规定，判决如下：

驳回杨某、张某某的诉讼请求。

杨某、张某某不服一审判决，提出上诉。

北京市第二中级人民法院经审理认为：本案中参与饮酒的人员仅有李某某与杨某某，双方此前彼此熟悉，对对方能否饮酒及酒量多少有一定的了解，但根据现有证据不能认定李某某有劝酒的行为，因此李某某参与饮酒的行为并不能被认定存在过错。李某某、胡某、李某发现杨某某异常后及时拨打 120、报警，并喂服速效救心丸，可以认定三人已经尽到合理的照顾及救助义务，因此李某某、胡某、李某作为共同就餐人不存在明显过错。杨某某作为成年人，对其是否应当饮酒及饮酒的多少完全有判断能力和控制能力，其对饮酒或饮酒过量后可能引发损害负有注意义务，杨某某对事故的发生自身负有相应责任。综上，难以认定李某某、胡某、李某对杨某某的死亡后果承担赔偿责任。

北京市第二中级人民法院依照《中华人民共和国民事诉讼法》第一百七十七条第一款第一项规定，判决：

驳回上诉，维持原判。

【法官后语】

共同饮酒致人损害的案件时有发生，但司法裁判就不同主体承担责任的义务来源及内容方面并未形成统一认识，故本文重点对此问题予以探讨，以期为类案裁判提供指引，塑造和谐良好的饮酒文化。

一、共同饮酒中各行为主体承担责任的义务来源

共同饮酒致人损害案件中，受害人多起诉共饮人，较少起诉提供餐饮服务的经营者。但本案涉及的侵权主体有两类，一是某餐饮公司这一餐饮行业经营者，二是李某某、胡某、李某等共饮人。对此，应当首先判断两类主体承担责任的义务来源，即确定各类主体应当承担何种性质的责任。

（一）餐饮经营者

共同饮酒致人损害案件中，共饮人可能在餐厅、饭店等场所进行饮酒活动。此时，餐饮经营者系向不特定多数人提供场地、菜肴和酒水，并以经营牟利为目的的主体。其身份符合《中华人民共和国民法典》第一千一百九十八条对"公共场所的经营者"定义，承担责任的义务来源应为安全保障义务。

（二）共饮人

共饮人作为共同饮酒致人损害案件的主要主体，现有裁判认定其承担责任的义务来源主要包括以下三类：

1. 安全保障义务

作为侵权责任法上的一个特定概念，承担安全保障义务的主体范围应限定在《中华人民共和国民法典》第一千一百九十八条的范围内。其中，群众性活动应指面向社会公众或不特定公众举办的活动，而共同饮酒侵权案件中共饮人多为少数亲属、朋友、同事等特定人员之间举行的小范围聚会，对于酒局组织者不能认定为"群众性活动的组织者"，更不应苛以前述第一千一百九十八条

规定的安全保障义务。

2. 附随义务

有裁判认定共饮人因“饮酒协议”产生附随义务，对此笔者亦不能赞同。附随义务系合同给付义务之外基于诚信原则而应履行的附加义务，其目的是辅助实现合同的给付利益。共同饮酒本身属于情谊行为，共饮人本无在饮酒过程中受法律约束之意思表示，如果强行将共饮行为认定为达成“饮酒协议”，将难以保证社会交往活动的正常进行。因此在无给付义务存在时，认定共饮人负有附随义务恐难成立。

3. 一般安全注意义务

民法上的注意义务主要包括行为人对危险的预见义务和对危害后果的避免义务。笔者以为，在共同饮酒过程中，大量饮酒行为使饮酒者的认识能力、判断能力和行为能力等较之于饮酒前均大幅下降，此时饮酒者陷入更容易发生危险的境地。基于在先共饮的危险行为，[①] 需要其他共饮人尽到相应的安全注意义务。但共同饮酒本系人际交往和联谊感情的情谊行为，故界定共饮人注意义务的范围不应过于宽泛，应以善良人的一般安全注意义务为标准，否则将有违大众朴素的情感认知。且饮酒者作为具备完全民事行为能力的自然人，其对自身身体状况、酒量大小、酒后反应均最为清楚，系自身安全的第一责任人，应对自身行为负有最高的安全注意义务。故法律在认定共饮人安全注意义务时应以普通人在此情形下的“可预见性”作为共饮人承担侵权责任的法律边界，脱离该边界的法律后果不应该由共饮人承担，否则将有损实质公平。[②]

值得一提的是，实践中诸多被告辩称“我并未喝酒，不应承担责任”，对此笔者认为，一方面未参与饮酒并不能说明当事人未实施积极的劝酒、灌酒等可能的侵害行为，另一方面其作为酒局的参与者仍负有对饮酒者的安全注意义

① 刑法上的先行行为理论为民法所借鉴，可以充当侵权义务的来源。参见汪倪杰：《论先行行为与安全保障义务的关系》，载《法学》2022年第9期。

② 卢昱之、李少伟：《共同饮酒致人损害侵权责任分析》，载《湖北科技学院学报》2023年第6期。

务，故对共饮人应作相对扩大解释，即所有参与酒局的人都应视为共饮人。

综上，本案中，作为共饮人的李某某，以及虽未饮酒但共同就餐的胡某和李某，均应对杨某某负有一般安全注意义务。

二、共同饮酒中各行为主体承担义务的内容

（一）餐饮经营者安全保障义务的内容

共饮活动中，餐饮经营者的安全保障义务首先表现为保障场地、菜肴和酒水的安全，且在顾客饮酒后应负有协助其他共饮人护送、照顾过量饮酒者的义务。若过量饮酒者被遗留在经营场地，餐饮经营者应负有更高的注意义务，其义务内容以确保过量饮酒者人身安全为基本要求。但同时，作为以营利为目的的经营场所，餐饮经营者对于顾客酒量、身体健康状况等情况不甚了解，并且共同饮酒系相对私密的聚会活动，经营者不会也无法过多参与饮酒过程，因此不能将提醒、劝阻饮酒的注意义务强加于经营者。

（二）共饮人一般安全注意义务的内容

根据饮酒所处时间阶段的不同，共饮人安全注意义务的内容也有所不同。首先，在饮酒过程中，共饮人一方面有提醒、劝告受害人切勿过度饮酒的义务，同时也有禁止自身实施过度劝酒、灌酒、罚酒等强迫饮酒行为的义务，目的是尽量避免受害人出现过度饮酒的现象。其次，在饮酒结束后，其他共饮人对饮酒过量者应履行护送、照顾、通知家属等义务，目的是妥善安置饮酒过量者，尽量避免饮酒过量者遭受自身损害或出现侵害他人事件。这里的护送、照顾和通知义务亦应指达到一般善良人的注意程度即可，如有不能预见的因素导致损害发生的，不能将相关责任加诸共饮人。

三、本案中的餐饮经营者和共饮人应否承担赔偿责任

本案中，某餐饮公司作为餐饮行业经营者对在其经营的烤鸭店内聚餐饮酒的人应当承担安全保障义务。案发时，某餐饮公司提供的场地、菜肴和酒水均无问题；服务员在包间外等候随时提供服务，也符合餐饮行业规范要求，在客人正常餐饮过程中要求服务员时常进屋查看情况，明显是对服务员苛以过高的义务。某餐饮公司知道事发后及时进屋查看，了解救助情况，并陪同其他共饮

人等待专业救助，已经尽到相应的安全保障义务，不应承担赔偿责任。

从共饮人来看，在案证据不能证明李某某等人存在劝酒行为。饮酒后，各共饮人最初根据杨某某反应以为其系睡着了，符合常人判断，且在此情形下共饮人帮助醉酒人以合适的姿势躺下并垫高头部，发现杨某某的反应不正常后及时拨打120，并购买速效救心丸喂杨某某服下，已经尽到一般善良人合理照顾、及时救助的安全注意义务，并不存在过错，故不应承担侵权责任后果。

从醉酒者来看，杨某某作为完全民事行为能力人，应当预见过量饮酒可能出现的损害后果，却放任自身过量饮酒，应自担对自身损害后果的责任。

需要注意的是，《中华人民共和国民法典》第一千一百八十六条将公平责任规定为"受害人和行为人对损害的发生都没有过错的，依照法律的规定由双方分担损失"，这就严格限定了公平责任原则的适用情形。一方面，公平责任原则适用的前提系双方均不存在过错，但共同饮酒致人损害案件中，过量饮酒本身一般是因一方或多方过错导致，故应排除公平责任的适用；另一方面，即使出现双方均无过错的情形，因公平责任原则的适用应当以法律明确规定为依据，在《中华人民共和国民法典》及其他法律并未规定共同饮酒致害可适用公平责任的情况下，实践中如果经审查认定共饮人已经尽到酒中劝阻和酒后照顾等一般安全注意义务的，不应适用公平责任判定共饮人补偿受害者。

编写人：北京市丰台区人民法院　魏亚南　柳艾青　周沫言

11

没有直接证据时法官可运用自由心证和高度盖然性原则认定事实

——刘某甲等诉刘某乙生命权、身体权、健康权案

【案件基本信息】

1. 裁判书字号

广东省梅州市中级人民法院（2023）粤 14 民终 1029 号民事判决书

2. 案由：生命权、身体权、健康权纠纷

3. 当事人

原告（上诉人）：刘某甲

原告（被上诉人）：李某甲、李某乙、李某丙、李某丁

被告（被上诉人）：刘某乙

【基本案情】

刘某甲、李某甲、李某乙、李某丙、李某丁的母亲张某某生前与刘某甲共同生活。刘某甲与刘某乙签订口头协议，由刘某乙（无资质）承建刘某甲的农村自建房建设（拆除一部分老屋后重建）。2022 年 8 月 27 日上午，张某某因意外受伤卧倒在刘某甲在建房屋西侧的菜地，被刘某乙及其雇请的两名工人刘某丙、曾某某送往医院抢救，又经转院抢救，因伤势严重，家属放弃治疗接回家中，张某某于当晚去世，刘某甲、李某甲、李某乙、李某丙、李某丁遂报警。经公安局司法鉴定中心鉴定，鉴定意见为：张某某符合头右额颞顶部遭受钝性外力作用致颅骨多发性骨折、颅内出血造成脑疝死亡；张某某腹膜相当于第 2-4 腰椎水平见肌肉筋膜等挫伤出血，出血灶符合接触钝性物体作用所致。事发

时只有刘某乙及其雇请的2名工人在现场，无其他目击者。县公安局经审查后未予立案。张某某昏倒的现场距离在建房屋正面西侧20米左右，位于在建房屋西南角，东南角是他人住宅（距离较远），西面依次是一堆砖和道路、鱼塘；南面依次是废弃杂房、番薯地和临时搭建的厕所，道路和鱼塘；北面依次是在建房屋的大门部分，刘某甲居住的另一部分老屋及门坪。事发时刘某乙及其雇请的2名工人正在为在建房屋拆卸模板，其间房屋周围未设置防护网、围挡等安全防护措施。刘某乙在公安机关询问时提到张某某摔倒时的状态是头部朝下，弓着身子，双手手肘撑在地上；2名工人在询问笔录中都提到拆卸模板过程中，有很大概率会有模板上的材料掉落。刘某甲等主张张某某的死亡是刘某乙拆卸的模板掉落砸伤所致，故要求刘某乙承担侵权损害赔偿责任。

【案件焦点】

1. 刘某乙的施工行为与张某某的死亡结果之间是否存在因果关系；2. 张某某死亡的责任应当如何认定。

【法院裁判要旨】

广东省平远县人民法院经审理认为：关于刘某乙与张某某的死亡结果之间是否存在因果关系。根据刘某乙及其雇请工人在公安机关的询问笔录证实，事故发生时他们在拆卸模板过程中可能会造成拆卸的材料掉落。而张某某的死亡原因经法医鉴定是其头右额颞顶部遭受钝性外力作用所致，结合张某某受伤部位、伤势情况及损伤原因分析，张某某的受伤不符合自行摔倒致伤的特征，而更符合高空坠物致伤的特征，足以推定死者系因刘某乙拆卸模板过程中掉落的物体高空坠落砸伤所致，故依法认定张某某的死亡结果与刘某乙拆卸模板坠落之间具有因果关系，刘某乙应对张某某的死亡承担赔偿责任。经核算，依法认定张某某死亡造成的损失金额合计为399914.91元（含医疗费、丧葬费、死亡赔偿金、精神损害赔偿）。

关于双方的责任划分问题。本案事故发生时刘某乙正在案涉自建房三楼施工，刘某乙在该自建房施工已有一段时间，其会从三楼往一楼扔模板、桁木等物体的行为张某某应当知情，明知具备危险的情况下，张某某仍在刘某乙施工时在自建房楼下行走，且附近简易厕所的搭建位置亦存在较大的安全隐患，故张某某对事故的发生存在一定过错，应对事故的发生承担一定的责任，本院酌情认定由张某某自身承担20%的责任。刘某乙作为施工人，应当预见在没有安装防护网等防护措施的情况下从高空丢掷物体所存在的危险性，却未尽到安全防护义务，存在较大过错，应对本案事故的发生承担较大责任，本院酌情认定刘某乙对事故承担80%责任，即刘某乙应向刘某甲、李某甲、李某乙、李某丙、李某丁支付赔偿款为：399914.91元×80%＝319931.93元。

广东省平远县人民法院依照《中华人民共和国民法典》第一千一百六十五条、第一千一百七十三条、第一千一百七十九条，《最高人民法院关于审理人身损害赔偿案件适用法律若干问题的解释》第一条、第六条、第十四条、第十五条、第二十三条，《最高人民法院关于确定民事侵权精神损害赔偿责任若干问题的解释》第一条、第五条规定，判决：

一、刘某乙应于判决生效之日起二十日内向刘某甲、李某甲、李某乙、李某丙、李某丁支付赔偿款319931.93元；

二、驳回刘某甲、李某甲、李某乙、李某丙、李某丁的其他诉讼请求。

刘某甲不服一审判决，提起上诉。

广东省梅州市中级人民法院经审理认为：关于张某某的死亡与刘某乙在案涉工地拆卸建筑材料的行为之间是否存在因果关系的问题。首先，根据与刘某乙一起拆卸建筑材料的刘某丙、曾某某在公安机关的陈述可知，人工拆卸建筑材料需使用大力气，拆卸时材料振动可能会造成拆卸的建筑材料掉落。而张某某跌倒发生在刘某乙拆卸建筑材料期间，地点为拆卸建筑材料的房屋周围。其次，从刘某乙陈述张某某摔倒时的状态可知，张某某腰背部正中第2-4腰椎接触钝性物体向内凹陷不可能是自身行为造成。再次，曾某某、刘某丙均未称张某某右额颞顶部与附近的砖堆接触，因此，根据现有证据难以认定张某某右额颞顶部遭受钝性外力作为是摔倒并撞上砖堆所致。最后，结合事发当天刘某乙从事拆卸建筑材料的事实，张某某被建筑材料砸到的可能性更大。张某某死亡后果与刘某乙拆卸建筑材料行为之间存在因果关系。一审判决作出的事实认定并无不当。

关于张某某、刘某乙的责任如何划分。刘某甲是否应承担相应责任的问题。刘某甲将拆卸建筑材料的工作交由刘某乙完成，刘某甲不存在选任过错。刘某乙认为刘某甲是提供现场安全防护的义务人，但没有提供证据证明双方约定现场安全防护由刘某甲提供，则其作为施工方应保障施工现场的安全，故刘某乙称刘某甲应承担赔偿责任，依据不足。刘某乙在施工过程中未尽到安全注意义务，对张某某的死亡后果存在主要过错。张某某作为完全民事行为能力人、刘某甲的母亲，应当知道事发现场在拆卸建筑材料，从该处经过可能会存在安全隐患仍从该处经过，其行为对造成自身死亡存在一定的过错。原审判决据此确定刘某乙承担 80%的赔偿责任，张某某对自身死亡损害后果承担 20%责任并无明显不当。

广东省梅州市中级人民法院依照《中华人民共和国民事诉讼法》第一百七十七条第一款第一项规定，判决：

驳回上诉，维持原判。

【法官后语】

在民事审判实践中，没有直接证据的情况下，如何根据证据规则认定事实较为复杂，如果处理不当，简单以证据不足为由驳回诉讼请求，可能有悖实质正义。在无直接证据证明待证事实存在与否的情况下，如何判断行为与损害结果之间是否有因果关系，是侵权案件审判的难点。《最高人民法院关于适用〈中华人民共和国民事诉讼法〉的解释》第一百零五条、第一百零八条，《最高人民法院关于民事诉讼证据的若干规定》第八十五条规定了此类情形的证据审核认定规则，依据这些规定，法官可运用自由心证原则，根据日常生活经验法则、逻辑推理和情理，结合相关事实，综合全案证据进行分析，对证据有无证明力和证明力大小进行判断，形成内心确信，从而推定出具有高度盖然性的案件事实。

所谓法官自由心证，在我国又被称为内心确信制度，是指法官依据法律规定，通过内心的良知、理性等对证据的取舍和证明力进行判断，并最终形成确信的制度。所谓高度盖然性证明标准，是指在证据对待证事实的证明无法达到确实充分的情况下，如果一方当事人提出的证据已经证明该事实发生具有高度可能性，人民法院即可对该事实予以确认。在司法实践中运用法官自由心证和高度盖然性原则有如下意义：一是能充分发挥法官在审判活动中的主观能动性和逻辑思维能力。法官可根据当事人举证、质证、辩论的情况，独立评判证据，衡量证据证明力大小，以证明力较大的证据认定事实，并凭着良心和理性行使自由裁量权。二是有利于法官高效地审理案件，防止外来干预，保证司法审判的公正性和权威性。三是有助于实现公平正义。在民事诉讼中，在一方无法提供直接证据证明其主张的情况下，另一方会极力否认并隐瞒事实的真相，法官通过分析证据和逻辑推理，还原事实真相，从而保障当事人的合法权益。

但也应注意，法官在运用自由心证和高度盖然性原则时，不能违背法定的证据规则，切忌主观臆断，法官所认定的证据必须真实、合法，且要与待证事实有关联性，各证据之间应能够相互印证，运用高度盖然性证明标准定案的依据必须达到确信的程度。

本案审理的难点也就在于刘某乙的施工行为与张某某的死亡结果之间是否存在因果关系。综观全案证据可知，张某某系受伤致死，在司法鉴定意见排除其系自行摔倒致伤的情况下，综合考虑张某某受伤时间及受伤地点与刘某乙拆卸模板的时间、地点具有关联性，刘某乙的施工行为导致建筑材料坠落具有高度可能性，张某某倒地的姿态、受伤部位具备高空坠物所致的特征，本案法官即运用自由心证和高度盖然性原则，综合分析全案证据，利用逻辑推理，确信张某某的死亡与刘某乙的行为之间存在因果关系具有高度盖然性，推定出刘某乙的行为致张某某死亡的事实，故判决刘某乙根据其过错程度承担相应的民事赔偿责任。

编写人：广东省平远县人民法院　赖桂香

12

村干部在履职途中发生意外死亡的补偿责任认定

——王某等诉某镇政府、某村委会生命权、身体权、健康权案

【案件基本信息】

1. 裁判书字号

重庆市第三中级人民法院（2024）渝 03 民终 843 号民事判决书

2. 案由：生命权、身体权、健康权纠纷

3. 当事人

原告（上诉人）：王某、王某乙、吴某某

被告（上诉人）：某镇政府、某村委会

【基本案情】

王某甲与配偶吴某甲共生育王某乙、王某二子女。王某甲于 2022 年 4 月被推选为某村委会委员兼综治专干，按月领取财政补贴。

2023 年 5 月 29 日下午，王某甲受某村委会安排协助某镇政府提交危房改造资料，其驾驶摩托车在途中不慎撞到道路右侧路灯引发交通事故，王某甲受伤。经交巡警大队认定，王某甲负事故全部责任。王某甲当日即被送至当地医院救治，住院至 2023 年 6 月，出院诊断包括脑室出血、多发颅骨骨折、呼吸衰竭等。经区、市两级医院多轮治疗，王某甲伤情未见明显好转。后因抢救无效，于 2023 年 8 月 6 日死亡。

王某甲在多次住院、转院期间支出的自费医疗金额共计 155860.44 元。王某甲治疗过程中，其近亲属收到某镇政府及某村委会组织干部群众的捐赠款项 44000 元，并向某村委会借支 6000 元。

【案件焦点】

1. 王某甲与某镇政府、某村委会是否构成雇佣关系；2. 某镇政府、某村委会对于王某甲的死亡是否应当向其近亲属承担补偿责任。

【法院裁判要旨】

重庆市丰都县人民法院经审理认为：王某甲作为某村委会委员兼综治专干，系由选举产生，与某村委会不存在雇佣关系；其因履职享受当地政府的工作补贴，亦不等同于获得报酬，故对三原告关于按照雇佣关系请求某镇政府、某村委会承担赔偿责任的主张，不予支持。王某甲驾驶摩托车未注意行车安全发生事故是造成本案损失的直接原因，其自身对损害的发生存在重大过失。但王某甲基于在村委会的工作职责，代村委会协助某镇政府开展危房改造相关工作途中发生事故受伤，其死亡后虽不能主张提供劳务者受害的侵权赔偿，但其为了村集体和政府利益遭受的损害理应得到一定的救济。王某甲为某村委会向某镇政府送危房改造相关资料，既是履行村委会工作职责，亦是协助镇政府开展相应工作，某村委会和某镇政府作为受益人，可在受益范围内对三原告给予适当补偿。综合本案损害发生的原因、三原告的实际花费，参考人身损害赔偿的相关标准，本院酌定由受益人某村委会及某镇政府补偿三原告250000元。

重庆市丰都县人民法院依照《中华人民共和国民法典》第十条，《中华人民共和国村民委员会组织法》第二条、第五条、第十一条规定，判决：

一、某村委会、某镇政府于本判决发生法律效力后十日内补偿原告王某、王某乙、吴某某共计250000元；

二、驳回王某、王某乙、吴某某的其余诉讼请求。

王某、王某乙、吴某某及某村委会、某镇政府均不服一审判决，提起上诉。

重庆市第三中级人民法院经审理认为：关于王某甲与某村委会、某镇政府是否构成雇佣关系的问题。受害人王某甲生前为某村委会委员兼综治专干，从其工作来源、工作内容以及工作贴补上均不能认定其与某村委会、某镇政府之间构成雇佣关系。一是从工作来源上看，王某甲系全村村民依照法定程序推举产生，并非某村委会或某镇政府雇佣。二是从工作内容上看，村委会工作人员所从事的工作系为村集体之利益，具有公益性，与乡镇政府之间也只是受其指导并协助开展事务。本案中，王某甲是代表某村委会协助某镇政府完成危房改造工作期间发生意外。三是从工作贴补上看，村委会成员在村委会是没有工资报酬的，而是根据情况给予适当补贴。本案中，王某甲是由丰都县财政每月给予一定金额的补贴。故王某甲生前与某村委会或者某镇政府之间并非劳务雇佣关系。

关于某村委会、某镇政府是否应当承担补偿责任的问题。首先，村民委员会是基层群众性自治组织，所办理的是本村的公共事务和公益事业，是为全体村民利益所为的事务。本案中，王某甲是在送交危房改造相关资料时发生的意外，是村委会为保障全村村民之利益而交付的工作，而工作的受益方是村民委员会乃至全体村民。其次，法律明确了乡镇政府与村委会之间系指导与被指导关系，以及此关系中需由村委会协助乡镇政府开展工作。实践中，乡镇政府落实国家方针、政策，离不开广大村干部、村民的协助、宣传。而本案中的王某甲也正是在协助某镇政府完成危房改造这一事务性工作中遭遇意外，故将某镇政府视作受益方，较为妥当。再次，公平原则要求民事主体从事民事活动时要秉持公平理念，公正、合理地确定各方的权利义务，并依法承担相应的民事责任。本案中，某村委会和某镇政府不是侵权责任人，对王某甲的死亡而言不存在任何过错，与王某甲所受到的损害也没有侵权责任成立上的因果关系；在王某甲与某村委会之间不存在劳动关系或劳务关系的情况下，王某甲因执行职务受到伤害，如何处理，法律并无明确规定，虽然《中华人民共和国民法典》第一百八十三条规定的是因保护他人民事权益使自己受到损害的情形，但依照《最高人民法院关于适用〈中华人民共和国民法典〉总则编若干问题的解释》第一条第三款“民法典及其他法律对民事关系没有具体规定的，可以遵循民法典关于基本原则的规定”的规定，某村委会、某镇政府作为王某甲执行工作任务的受益人，在王某甲完成工作过程中遭遇意外后，给予适当补偿，与前述法律规定的精神是一致的，并无不当之处。如其无法得到任何补偿，对王某甲家人是极不公平的，也不符合社会的普遍认知。最后，《最高人民法院关于适用

〈中华人民共和国民法典〉总则编若干问题的解释》第三十四条规定："因保护他人民事权益使自己受到损害，受害人依据民法典第一百八十三条的规定请求受益人适当补偿的，人民法院可以根据受害人所受损失和已获赔偿的情况、受益人受益的多少及其经济条件等因素确定受益人承担的补偿数额。"王某甲受伤至死亡期间花费医疗费等共计 15 万余元，虽然某镇政府及某村委会组织干部群众捐赠款项 44000 元，但尚不能达到补偿之目的。一审法院根据当地实际和本案具体情况，酌定由某镇政府及某村委会向王某甲近亲属补偿 250000 元，符合社会主义核心价值观、法律精神及案件实际，法院予以支持。

重庆市第三中级人民法院依照《中华人民共和国民事诉讼法》第一百七十七条第一款第一项规定，判决：

驳回上诉，维持原判。

【法官后语】

本案核心在于厘清村干部履职受损的救济路径。根据《中华人民共和国民法典》第一百八十三条之规定，"因保护他人民事权益受损"的补偿规则包含两项适用前提：一是行为具有利他性，二是受益人实际获益。本案中，王某甲作为村委会委员，其协助危房改造的工作既是为了村集体利益，又间接服务于乡镇政府的政策落实。这一履职行为兼具公益属性与利他特征，使得受益人范围事实上拓展为如下双重主体：一为村委会作为村民自治组织直接受益；二为镇政府因政策执行的顺利完成间接受益，二者均属法律意义上的"受益人"范畴。

从法律关系看，根据《中华人民共和国村民委员会组织法》对村干部定位的规定，王某甲作为村委会干部，其身份由村民依法选举产生，其履职权力来源于村民集体授权，而非基于雇佣合同的用工交换；其工作内容具有公益性，不构成劳务管理从属性；其报酬表现为财政补贴，系对其公益服务的适当补助，而非雇佣关系中的工资收入，二者存在本质差异。故王某甲与某镇政府之间并非雇佣关系。

然而，王某甲在履职过程中因交通事故死亡，若完全否定救济，既违背公平原则的价值追求，亦与社会公众对正义的朴素期待相冲突。本案裁判通过参照适用《中华人民共和国民法典》第一百八十三条，将“受益人补偿规则”有条件引入履职风险领域，一定程度弥补了传统侵权责任的局限性，在雇佣关系不成立、过错责任无法适用的情形下，以“风险共担”为价值指引，结合损害结果、地方经济水平及人身损害赔偿标准，合理裁量补偿金额。这一裁判既避免了受益人承担无限责任，又实现了对履职受损者的实质公平。

本案的裁判逻辑提示，法律适用需兼顾形式与实质的统一。村干部作为基层治理的关键力量，既是乡村振兴政策的执行者，又是村民利益的守护者。从危房改造到邻里纠纷调解，其工作贯穿农村治理的全方面。若履职风险缺乏制度保障，不仅挫伤工作积极性，更可能损害村民集体利益。本案判决尝试将个案公平上升为制度启示，建议可从以下三方面完善救济机制：其一，探索建立财政支持的村干部职业保障基金，将履职风险纳入社会保障体系；其二，推动乡镇政府为村干部投保团体意外险，构建“政府补贴+商业保险”双重保障模式；其三，在《中华人民共和国村民委员会组织法》第六条、第十条、第十六条至第二十条规定了履职保障条款，明确基层组织对工作人员的安全注意义务与救助责任。

村委会与镇政府虽无直接隶属关系，但法律明确村委会负有协助政府工作的义务。王某甲正是在履行该义务时发生意外，其行为的双重服务性质决定了补偿责任的共同承担。

编写人：重庆市南川区人民法院　吴越
重庆市第三中级人民法院　侯军

13

电站放水发电与死者溺亡之间因果关系的判定

——罗某某等诉某水电公司生命权、身体权、健康权案

【案件基本信息】

1. 裁判书字号

重庆市第五中级人民法院（2023）渝05民终1522号民事判决书

2. 案由：生命权、身体权、健康权纠纷

3. 当事人

原告（被上诉人）：罗某某、廖某某、罗甲、罗乙

被告（上诉人）：某水电公司

【基本案情】

2022年8月12日上午，罗某某、王某某、罗甲、罗乙一家四口驾车途经一河段附近时，在公路边停车，步行至附近河床戏水纳凉（距离某水电公司运营的案涉电站约1公里）。罗某某停车处的公路边有某镇政府设置的一块高约2.5米的警示牌，警示牌上载明：水深危险区域，严禁游泳、嬉戏，严禁在此河流区域内游泳、洗衣、钓鱼捕鱼捉虾行为，请远离危险水源玩耍等内容。

案涉电站多年来一直执行“18时30分至20时30分时段放水发电”的工作制度。因2022年8月炎热干旱，接主管部门指示，电站在当年8月开始临时执行11时至13时时段放水发电任务。电站没有在附近以张贴告示等方式提醒过往行人两个时段放水发电事宜。当日11时许，电站开机并网发电。由于天气炎热，长时间未下雨，事发河段水位大约20厘米。经现场模拟勘察实验，电站放水发电时，事发河段的水流呈现出由慢到快、水位逐渐上涨的过程，水位最

终上涨至 70 厘米左右，持续时间大约 20 分钟。放水发电时进行了广播预警，经事后现场勘验和模拟实验，事发地点警报声不明显，无法听清楚。

在事发河中滩地处戏水的罗某某一家四人发现水位上涨、水流加速，便向公路一侧河岸撤离。在撤离过程中，罗甲先被罗某某撤离至安全处，随后罗某某、王某某和罗乙均被河水冲倒。王某某、罗乙距上游处的罗某某 10 米左右，王某某随即将罗乙推到河心滩地尾部，后因体力不支，王某某被河水冲向下游方向。11 时 37 分，公安局接到群众报警，出警并通知镇政府。11 时 45 分，电站接到通知后停止放水发电。经镇政府组织搜救，王某某的遗体于当日 19 时左右在河下游被打捞上岸。

王某某的父亲已去世，廖某某系王某某的母亲。罗某某、廖某某、罗甲、罗乙起诉要求某水电公司赔偿死亡赔偿金、被扶养人生活费、丧葬费、精神损害抚慰金、误工费与交通费共计 1208468 元。

【案件焦点】

案涉电站的放水发电行为与王某某溺亡之间是否有因果关系。

【法院裁判要旨】

重庆市綦江区人民法院经审理认为：本案的主要争议焦点系：本案属于一般侵权责任或者高度危险责任；王某某的死亡后果与某水电公司放水发电行为之间是否存在因果关系；如果是一般侵权，某水电公司是否存在过错，双方的责任比例如何划分。

关于争议焦点一。侵权行为属于一般侵权责任或者高度危险责任，应根据侵权行为的性质，并结合相关立法规定和案情进行判断。本案应属于一般侵权责任。具体理由是：第一，从法律规定角度看，认定放水发电为高度危险作业缺乏法律依据。《中华人民共和国民法典》第一千二百三十六条规定，从事高度危险作业造成他人损害的，应当承担侵权责任。该条是高度危险责任的一般条款，明确实行无过错责任原则。《中华人民共和国民法典》第一千一百六十六条规定，行为人造成他人民事权益损害，不论行为人有无过错，法律规定应当承担侵权责任的，依照其规定。无过错责任原则的适用应当遵循责任法定原则，即只有法律明文规定的侵权行为类型方可适用无过错责任原则。其目的在于限制无过错责任原则的泛化，避免对行为自由造成不适当限制。《中华人民共和国民法典》第一千二百三十七条至第一千二百四十三条采取列举方式规定了几种常见的高度危险作业。水电站放水发电是日常生活中常见的行为类型，但民法典未将其明确规定为高度危险作业，说明该类行为与高度危险行为存在本质差异，不宜适用相同的归责原则。第二，从行为性质角度看，放水发电与高度危险作业不具有相当性。民法典规定的高度危险作业的行为特征表现为危险的"高度性"，即具有危险现实化的高度可能性、损害结果上的高度可怕性、损害发生的高度不确定性特征。本案中，案涉电站发电所产生的排水是流入特定的河道，而该河道系历史自然形成的，并不构成对周围环境的高度危险。案涉电站放水发电时，水位呈现缓慢上涨的过程，且最高水位不超过 70 厘米，在危险程度上与民法典规定的高度危险作业明显不具有相当性。综上，不管是从法律规定看，还是从行为的危险性质判断，本案均属于一般侵权责任。

关于争议焦点二。王某某的死亡后果与某水电公司放水发电行为之间存在法律上的因果关系。具体理由是：第一，事发前后，当地严重干旱缺水，除案涉电站放水以外，无其他水源注入事发地河段。因此，事发时水位上涨、水流加速的主要原因是电站放水发电行为。第二，王某某涉水河滩在通常情况下水深未超过普通成年人膝盖，水流速度及水位一般不足以造成成人溺亡。案涉电站放水发电使得下游水位上涨、水流加速，明显增加了常人涉水难度及滑倒的风险。正是因为电站当日上午开始放水发电后，王某某才被河水冲至下游溺亡。因此，王某某溺亡的原因，既与自身忽视安全有关，也与电站放水发电后导致水位、水流变化存在因果关系。

关于争议焦点三。死者王某某在本案中存在重大过错。具体理由是：第一，无视安全警示。罗某某、王某某作为附近居民，罗某某庭审中陈述其知道戏水河段的上游建有水电站。其应当知道水电站存在不时放水发电可能性的情况下，在下游河段戏水存在危险性。加之事发地路口设立了安全警示牌，更应该保持相应警惕，谨慎前往。第二，忽视安全，自愿冒险。事发河段系自然河流，并非公共场所。王某某、罗某某作为两个未成年子女的父母，应当知道带年幼子女到河中戏水本就存在较大的安全风险，尤其是一家四人均不具备游泳技能的情况下，在面临危险时更会增加逃生和救援难度。第三，对水流危险变化情况缺乏警觉。从案涉电站放水发电到水位明显上涨、水流加速，持续时间大约 20 分钟，王某某一家有较为充分的时间撤离危险区域。但在此过程中，其一家未保持警觉性，疏于观察注意水流加速、水位上涨变化情况，危险来临时采取的逃生措施亦缺乏及时性、有效性，最终未能及时安全逃生。

综上，王某某违反安全注意义务，对自身溺亡存在重大过错。某水电公司未完全尽到安全警示义务，亦存在一定过错。具体理由是：第一，未充分尽到安全警示义务。从该路段现状看，某水电公司应当知道该河段存在行人下河戏水的事实。作为生产经营企业，虽然某水电公司不负有制止他人下河戏水的法定义务，但其建立案涉电站截水发电取得经营性收益的同时，在该路段采用合理方式告知警示他人放水发电时的水流变化危险，不会过分增加其义务，反而是其承担防范安全事故社会责任的应有之义，也符合权利义务一致性原则。但从本案实际情况看，某水电公司并未履行相应安全警示义务。第二，未将临时调整放水发电时段予以告知。案涉水电站作为存续多年的电站，长期以来执行特定时段发电，当地群众已形成合理信赖。在不放水发电时，该河段水流不具有特别危险。在临时增加时段放水发电的情况下，从常理判断，群众对此不可能完全知晓。某水电公司未将该临时调整事项采取合理方式告知他人，导致他人无法预判放水发电的危险性，增加了下河戏水的风险。关于双方的责任比例，王某某溺亡的主要原因是其自身忽视安全所致，但也与某水电公司未充分尽到安全警示义务存在联系，故双方在本案中均存在过错。根据双方的过错程度、原因力大小以及本案实际情况，本院酌情确定由王某某自行承担 90%的责任，某水电公司承担 10%的赔偿责任。

根据法律、司法解释相关规定和本案查明事实，认定王某某溺亡造成的原告各项损失共计 1138493. 50 元。该损失由原告自行承担 90%，计 1024644. 15

元；由某水电公司赔偿 10%，计 113849.35 元。

重庆市綦江区人民法院依照《中华人民共和国民法典》第一千一百六十五条第一款、第一千一百七十三条、第一千一百七十九条、第一千一百八十一条第一款，《最高人民法院关于审理人身损害赔偿案件适用法律若干问题的解释》第十四条、第十五条、第十六条、第十七条规定，判决如下：

一、某水电公司于本判决生效后十日内给付罗某某、廖某某、罗甲、罗乙赔偿款 113849.35 元；

二、驳回罗某某、廖某某、罗甲、罗乙的其他诉讼请求。

某水电公司不服一审判决，提出上诉。

重庆市第五中级人民法院经审理认为：关于电站的放水发电行为与王某某死亡有无因果关系的问题，从一审查明的事实看，王某某与家人戏水纳凉的地方距案涉电站距离约 1 公里；从一审法院现场勘验和模拟实验看，王某某并不会因被放水发电前的河水冲走并溺亡；再结合报警记录等证据来看，可以得出王某某的死亡与某水电公司的放水发电具有直接因果关系的事实结论。

关于某水电公司对王某某死亡是否存在过错的问题。法律保障自然人的行为自由，亦保障法人等民事主体的正常生产经营，自然人、法人除依法依规承担相应的法律义务外，还应对自身的行为尽到谨慎合理的注意义务，避免对他人造成伤害。对于本案某水电公司放水发电是否应对下游水域负有安全警示义务，是否承担侵权责任，须结合具体实情加以分析。按一般侵权理论，如因行为人的行为开启了新的危险源、增大了原有的风险，基于谁行为谁负责任的法理，导致行为人负有消除该风险、管控该风险的法定义务，如违反该义务，则会导致其相应的法律责任。本案因某水电公司临时放水发电，必致发电站下游一定区域河道内河水上涨，增大了原有河道出现事故的风险程度，因此某水电公司负有在一定区域内通知、警示等义务，以消除临时放水发电所带来的风险。本案事发地距案涉发电站约 1 公里，受放水发电影响较明显，某水电公司进行广播预警在事发地点警报声不明显，亦未采取其他较有效的通知、警示等方式，因此某水电公司在本案中存在过错，其认为没有法律法规规定其有警示义务从而可以免责的理由不成立，其承担责任与其是否属上级部门指示或正常生产经营亦没有关联。

重庆市第五中级人民法院依照《中华人民共和国民事诉讼法》第一百七十七条第一款第一项规定，判决如下：

驳回上诉，维持原判。

【法官后语】

本案的核心在于电站的放水发电行为与王某某溺亡之间因果关系的判定，厘清因果关系对于审理侵权类案件十分重要，这决定着责任和利益的分配，直接关系到判决结果的公正与否。在审判实践中，应当以双阶层因果关系理论为指导进行因果关系的认定，即严格区分事实因果关系和法律因果关系。第一层面的事实因果关系解决归因的问题，主要通过分析行为与结果之间的关联性、行为对于结果的作用力来判断。第二层面的法律因果关系解决归责的问题，主要通过比较侵权案件中双方对于结果发生的过错大小来分配责任。第一层面事实因果关系的成立是责任划分的前提，若事实因果关系不成立，则不构成侵权，无划分责任的基础。若事实因果关系成立，则在此基础上，第二层法律因果关系得以介入，从而根据双方的过错大小分配责任。

首先，分析行为与结果之间的关联性。电站放水发电和王某某溺亡之间有无关联性决定着两者之间事实因果关系是否成立，主要研判电站放水发电是否为王某某溺亡提供了条件，且该条件对于死亡结果的发生是否起到了作用。这种研判须遵从一定的规则，主要采用时间顺序法和剔除法进行判断。按照时间顺序法来分析，行为先于结果发生，可认定行为和结果之间存在事实因果关系。电站放水发电的行为在时间上先于王某某溺亡的结果，放水发电行为实行不久产生了王某某死亡的结果，两者在时间上紧密联系，具有事实因果关系；按照剔除法来分析，剔除了行为，结果仍旧发生，则行为与结果之间不具有事实因果关系，反之，剔除了行为，结果没有发生，则行为与结果之间具有事实因果关系。假若把电站放水发电的行为剔除，水位就不会上涨，水流不会加速，王某某溺亡的结果也就不会发生，故电站放水发电与王某某溺亡的事实因果关系成立。

其次，评估行为对于结果的作用力。电站放水发电行为对于王某某溺亡的作用力大小应以行为时存在的全部事实为判断基础，如果行为对于结果有较大的作用力就可以说二者之间存在较强的事实因果关系。行为对结果的作用力大小须严格依据客观事实进行判断，切忌主观臆断。而判断的方法可以遵从经验法则、模拟实验等，因为这些方法符合事实因果关系发生的客观性和规律性。经验法则、模拟实验的适用须建立在一定事实条件的基础上，包括事发时间、事发范围、自然因素等，按照这些条件可以得出可重复实现的相同结果，在反复还原事发时的各种条件的情况下能够保证得出相同的结论。本案中，从知识经验和现场模拟实验的情况来看，通常能够发生相同的损害后果。电站放水发电引发水位上涨、水流加速，事发时严重干旱缺水，除电站放水以外，无其他水源注入事发地河段，事发时水位上涨，导致王某某在河中滑倒被水流冲走。因此，电站放水发电行为对于王某某的死亡结果具有较大的作用力，行为和结果之间存在较强的事实因果关系。

最后，在认定电站放水发电和王某某溺亡之间存在事实因果关系的基础上，判断两者之间的法律因果关系，决定责任分配，成为裁判的归宿。判断法律因果关系的关键在于比较双方过错的大小，换言之，过错较大则对于损害结果的发生具有较强的法律因果关系，应承担较大的责任；反之，过错越小，则责任越小。

本案中，死者王某某存在较大的过错。一方面，王某某无视安全警示，在应当知道水电站可能不定时放水的情况下，仍忽视路口警示牌的安全提示，不具备游泳技能仍下水，使面临危险的可能性增加。另一方面，王某某对水流危险变化情况缺乏警觉，从放水发电到水位明显上涨、水流加速，持续时间大约20分钟，有较为充分的时间撤离危险区域。但在此过程中，王某某疏于观察注意水流加速、水位上涨变化情况，最终未能及时安全逃生。因此，王某某对自身溺亡存在重大过错。

而水电站亦未完全尽到安全警示义务，存在较小的过错。从事发现场看，广播预警的声音不明显，不易听清，且电站未将临时调整发电时段予以告知，存在过错，导致他人增加了下河戏水的风险。综合评判来看，死者王某某作为成年人应该对自己的行为负责，其溺亡结果主要是其疏忽大意所致，具有较大过错，应对死亡结果负主要责任，电站已通过积极作为进行预警来减小风险，过错较小，应承担次要责任。

综上，结合行为与结果的关联性以及行为对结果的作用力，电站的放水发电行为与王某某的死亡之间存在事实因果的关系。但从法律因果关系评判，王某某对自身溺亡结果过错较大，负主要责任；电站未完全尽到警示义务过错较小，负次要责任。

编写人：重庆市綦江区人民法院　段尧

14

与关闭中的电动门抢行受伤的物业公司不承担赔偿责任

——马某某诉某物业公司生命权、身体权、健康权案

【案件基本信息】

1. 裁判书字号

北京市第二中级人民法院（2023）京 02 民终 13535 号民事判决书

2. 案由：生命权、身体权、健康权纠纷

3. 当事人

原告（上诉人）：马某某

被告（被上诉人）：某物业公司

【基本案情】

马某某系北京市房山区某小区业主，某物业公司系小区物业管理公司。该小区门口供行人使用的通行门安有感应系统，刷门禁卡或按按钮，大门自动打

开，然后自行关闭。2022 年 7 月 14 日，马某某骑自行车经过该通行门时，未下车刷门禁卡或按按钮，被处于关闭运行中的电动门碰倒摔伤。后马某某于 7 月 22 日至 9 月 6 日先后在社区卫生服务中心就诊、在某医院住院治疗，社区卫生服务中心诊断为颈腰痛、瘀血阻滞症、颈椎病等，医院主要诊断为腰椎峡部裂，其间进行了腰椎滑脱复位植骨融合内固定术、腰椎椎管减压术。

在本案审理过程中，马某某提出鉴定伤残等级、因治疗产生的护理费及营养费、后续治疗费申请，相关鉴定机构分别以“鉴定要求超出技术条件或者鉴定能力”“现有材料不完整、不充分”为由出具《鉴定案件的终止函》《不予受理通知书》。

马某某认为，某物业公司存在管理混乱、电动门未安装警示标志等过错导致其腰部受伤，某物业公司应当承担赔偿责任，故请求某物业公司支付医疗费、交通费、护理费、营养费、住院伙食补助费、精神抚慰金等共计 500000 元。

【案件焦点】

某物业公司应否对马某某的损失承担赔偿责任。

【法院裁判要旨】

北京市房山区人民法院经审理认为：马某某作为案涉小区业主，对于小区通行门的运行方式应是知情的，其在骑自行车通过时，未进行下车刷门禁卡或按按钮等合理操作，而主张物业公司管理混乱、通行门应有警示标志的意见，不予采信。另，马某某在摔倒一周后就医治疗，依据庭审现有证据，无法认定其被通行门碰倒与其所受损伤之间的因果关系，故在马某某未能提交充分证据予以证明的情况下应承担举证不能的法律后果。综上，对马某某要求某物业公司支付医疗费等的诉讼请求，不予支持。北京市房山区人民法院判决如下：

驳回马某某的全部诉讼请求。

马某某不服一审判决，提出上诉。

北京市第二中级人民法院经审理认为：综合分析判断现有证据材料，一方面，马某某作为小区业主和完全民事行为能力人，明知小区通行门运行方式，未下车进行刷门禁卡或按按钮等正规操作，在通行门已经处于关闭过程时，强行骑车通过。马某某被通行门碰撞进而摔倒系其自身不当行为所致，现有证据不足以证明某物业公司未能尽到安全管理义务、具有过失。另一方面，马某某至某社区卫生服务中心就诊时已是本案事故发生七天之后，依据现有证据，无法确定马某某本次伤情与其被小区通行门碰倒之间存在关联性，故马某某关于腰椎损伤系由本次事故造成的主张，难以采信。鉴于上述情况，马某某要求某物业公司赔偿其相应损失，缺乏事实和法律依据，不予支持。

北京市第二中级人民法院依照《中华人民共和国民事诉讼法》第一百七十七条第一款第一项规定，判决如下：

驳回上诉，维持原判。

【法官后语】

《中华人民共和国民法典》第一千一百六十五条第一款规定："行为人因过错侵害他人民事权益造成损害的，应当承担侵权责任。"该条款确立了一般侵权行为的归责原则，即过错责任原则，同时该条款也是相关主体违反安全保障义务的归责原则。过错责任原则与我国社会主义核心价值观所倡导的自由、平等、公正、法治在精神上是高度契合的。在一般侵权案件中，因过错造成他人权益损害的，人民法院在查明侵权事实、损害后果、因果关系的前提下，最终依据行为人主观上是否具有过错及过错程度，判决其是否承担侵权责任及责任范围。没有过错的，不承担侵权责任，以此实现司法公正并引领社会公正，保障社会成员行为自由的同时引导其增强公共意识、规则意识。

《中华人民共和国民法典》第一千一百九十八条对"安全保障义务"作出了明确规定，要求特定主体在特定场所或活动中，负有保护他人人身和财产安全的责任，应当采取合理措施防止他人遭受人身伤害或财产损失。违反安全保障义务的认定，首先应判断造成损害发生的危险是否可归责于义务人，再按照比例原则，结合危险的大小程度、损害的严重程度和危险防范成本等进行综合分析，按照公平正义等一般社会理念进行法律政策考量，以确认安全保障义务的存在。同时，受害人对自身人身和财产安全负有注意义务，应对自身行为的规范性、合理性作出正确判断，不能对安全保障义务人设置过高或者不合理的义务，受害人主张安全保障义务人承担的义务超出合理限度的，不予支持；受害人对于损害的发生有过错的，应对自身行为后果承担责任。

物业服务企业作为物业管理区域的管理者，负有保障物业管理区域内人员的人身、财产安全的义务。物业服务企业的安全保障义务主要包括：(1) 对公共设施设备（如电梯、照明系统、小区道闸门禁等）进行定期检查、维护和保养，确保其正常运行；(2) 对公共区域（如楼道、停车场、小区内道路等）进行安全管理，对可能存在的安全隐患（如地面湿滑、高空坠物、施工区域等）进行告知和提醒，防止意外事故发生；(3) 采取必要的治安防范措施，如安装监控设备、安排人员巡逻、对外来人员及车辆进行登记和管理等，避免治安事件发生；(4) 确保消防通道畅通，消防设备完好可用；(5) 对装修、施工等可能影响安全的行为进行监督和管理等。物业服务企业的安全保障义务边界以合理限度为原则，不能要求其预见和防范所有风险；只有在未尽到合理义务的情况下，才需承担相应的法律责任。通常而言，物业服务企业的安全保障义务以物业服务合同约定为准；若无明确约定，则一般依据相关法律法规和行业标准等确定。如果损害是因物业管理区域内人员自身过错或是自然灾害等不可抗力造成的，物业服务企业通常不承担责任；如果损害是由第三人的侵权行为直接造成的，物业服务企业只在未尽到合理的安全保障义务时，才承担相应的补充责任。

就本案而言，案涉事故虽然发生在某物业公司管理范围内，但作为业主，马某某熟悉小区电动门运作方式，其被电动门撞倒的危险并非来自电动门，而是来自其自身未尽到谨慎注意义务并采取不当行为所致，其行为带来的风险已超出物业公司合理的安全保障义务范围。在普通人只尽到一般注意义务即可保障自身安全的情况下，苛责物业公司安排专人维持人员通行秩序、提示电动门使用风险，只会增加物业公司不合理的人力和经济成本支出，并不必然能杜绝类似事故的发生。故马某某应对自身不当行为负责，加之其无法证明案涉事故与其人身伤害的因果关系，应自担损害结果。

编写人：北京市房山区人民法院　王辉

15

正当防卫构成及其合理限度的认定

——陈某某诉庞某某生命权、身体权、健康权案

【案件基本信息】

1. 裁判书字号

浙江省天台县人民法院（2024）浙1023民初27号民事判决书

2. 案由：生命权、身体权、健康权纠纷

3. 当事人

原告：陈某某

被告：庞某某

【基本案情】

2020年5月5日凌晨，陈某某在天台县某广场与案外人袁某某因催讨债务发生争吵，后用铁制凳子敲击其认为是袁某某所有的停在路边的汽车前挡风玻璃，庞某某从被砸车辆下车，陈某某在知道刚才被砸车辆是庞某某所有的情况下仍用上述铁制凳子敲打庞某某，庞某某见状用手挡住砸向其的铁制凳子，后两人抱住拉扯在一起。在双方短暂拉扯过程中，庞某某将陈某某推倒，陈某某头部后脑着地受伤。后经在场人员劝解，双方离开现场。陈某某回家后仍很生气，从家里拿上铁锤重新回到某广场将庞某某两扇玻璃店门砸碎。

陈某某于2020年5月6日下午到天台县人民医院门诊治疗，后又到其他医院住院治疗。经鉴定，陈某某头部外伤后致两侧额颞顶部慢性硬膜下出血，伴有脑受压症状和体征，构成重伤二级。

对陈某某控告庞某某故意伤害一案，天台县公安局经审查以其他依法不追

究刑事责任的情形为由于2020年9月18日决定不予立案。天台县公安局于2021年7月1日决定给予陈某某行政拘留十日的行政处罚。现陈某某提起民事诉讼，请求法院判令：由庞某某赔偿陈某某医疗费、住院伙食补助费、伤残赔偿金等各项损失共计183448元。法院立案后，委托某司法鉴定中心对陈某某伤残等级、护理期、误工期、营养期、医疗费用合理性进行司法鉴定。经鉴定陈某某颅脑损伤，行开颅术后，构成十级残疾。

【案件焦点】

1. 庞某某的行为是否构成正当防卫；2 庞某某的行为是否超过必要限度。

【法院裁判要旨】

浙江省天台县人民法院经审理认为：因正当防卫造成损害的，不承担民事责任；正当防卫超过必要的限度，造成不应有的损害的，正当防卫人应当承担适当的民事责任；实施侵害行为的人不能证明防卫行为造成不应有的损害，仅以正当防卫人采取的反击方式和强度与不法侵害不相当为由主张防卫过当的，人民法院不予支持。庞某某主观上没有故意伤害陈某某身体的意图，在陈某某用铁制凳子敲击其汽车前挡风玻璃后，又用凳子敲打庞某某的情况下，为防止陈某某继续伤害自己，庞某某将陈某某抱住，在互相拉扯过程中，陈某某被庞某某甩倒在地；双方之间并无其他矛盾纠纷，陈某某的上述一系列行为严重威胁到了庞某某的人身、财产安全。因此，庞某某采用抱、甩等手段制止陈某某用铁制凳子砸其汽车和人身的行为符合正当防卫构成要件。实施侵害行为的陈某某没有提供相关证据证明庞某某上述防卫行为对其造成不应有的损害，庞某某上述防卫行为没有超过必要的限度。

浙江省天台县人民法院依照《中华人民共和国民法典》第一百八十一条，《最高人民法院关于适用〈中华人民共和国民法典〉总则编若干问题的解释》第三十条、第三十一条，《最高人民法院关于适用〈中华人民共和国民事诉讼法〉的解释》第九十条规定，判决如下：

驳回陈某某的全部诉讼请求。

宣判后，双方均未提起上诉，一审判决已生效。

【法官后语】

正当防卫是指为了国家、公共利益、本人或者他人的人身、财产和其他权利免受正在进行的不法侵害，而对不法侵害者实施的制止其不法侵害且未明显超过必要限度的行为。《中华人民共和国刑法》（本案例以下简称《刑法》）第二十条设置了正当防卫条款，但正当防卫并不是《刑法》的专属，《中华人民共和国民法典》对正当防卫同样作了规定，因正当防卫造成损害的，不承担民事责任。同时，《最高人民法院关于适用〈中华人民共和国民法典〉总则编若干问题的解释》进一步明确司法实践中如何认定侵害的性质，即以侵害手段、强度、危害程度和防卫的时机、手段、强度及损害后果等因素判断正当防卫构成，对审判实践具有重要的指导意义。

一、如何区分防卫行为与相互斗殴

防卫行为与相互斗殴具有外观上的相似性，区分两者应围绕是否存在现实的不法侵害行为、不法侵害是否正在进行、主观上是具有防卫的意图还是互殴的故意、有无明显超过必要限度造成重大损害来进行审查。

判断防卫人是否具有防卫意图，需坚持主客观相统一原则，包括对案发起因、冲突升级是否有过错，是否采取明显不相当的暴力，凶器来源等进行综合判断，准确把握行为人的主观状态和行为性质，准确认定相关行为究竟是正当防卫还是相互斗殴。因琐事发生争执，双方均不能保持克制而引发打斗，对于有过错的一方先动手且手段明显过激，或者一方先动手，在对方努力避免冲突的情况下仍继续侵害的，还击一方的行为一般应当认定为防卫行为。冲突结束后，一方又实施不法侵害，对方还击，包括使用工具还击的，一般应认定为防卫行为。防卫人事先准备工具，但现场没有向侵害人明示以阻吓并不影响防卫意图的认定。

二、如何界定民事案件中的正当防卫

构成民事案件中的正当防卫，需要同时满足以下几个条件。第一，必须要有现实存在的不法侵害行为。这是构成正当防卫的现实基础。侵权人已经开始实施侵害行为，并且具有现实致害的高度盖然性；或者侵害行为正在进行，导致权利人开始遭受损害。需要注意的是，民法上的正当防卫针对的不法侵害行为主要是民事侵权行为，相较于《刑法》规定的正当防卫所针对的不法侵害行为，其危险性较低。司法适用中，要准确把握正当防卫的起因条件，既要防止对不法侵害作不当限缩，又要防止将以防卫为名行不法侵害之实的违法犯罪行为错误认定为防卫行为。第二，不法侵害行为必须正在发生。这是构成正当防卫的时间限制。正当防卫具有适时性。不法侵害已经开始且尚未结束是正当防卫权行使的前提。正当防卫权行使即反击行为只有在侵害行为实施期间才具有“适时性”，但同时也需确定违法侵害的着手从而判断正当防卫的开始时间，不能苛求防卫人，而应当根据当时的主观和客观因素全面分析。第三，防卫行为本身属于不法行为，必须针对侵权人本人实施。防卫行为结果上会对他人人身或财产造成一定损害，因此防卫对象仅限于不法侵害人本人，而不能扩至其他人。第四，民法上的正当防卫应当是在公权力来不及救济的情况下实施的行为。正当防卫在制度目的上具有私力救济的制度内涵。而私力救济则应限制在不得已的范围之内。由此，民法上的正当防卫是一种对正在发生的侵害行为来不及公权力救济时，所采取的必要自救行为。

三、如何鉴定防卫行为的必要限度

界定针对某一不法侵害进行的防卫行为是否在必要合理限度内，通常需要考虑以下几个方面：第一，侵害行为可能造成的损害后果。侵害行为可能造成的后果越严重，则防卫行为的自由度越大。由此，侵害行为所侵害的民事权益的位阶亦有判断是否超出必要限度的参考意义。第二，侵害行为的手段与发生的场合。正当防卫是针对正在发生的不法侵害行为的防卫，因此侵害行为的手段与发生的场合也是衡量防卫行为是否在必要限度内的重要依据。通常来说，侵害行为的手段越恶劣，侵害发生得越紧急，那么防卫的必要性就越强，防卫的自由度也就越大。第三，侵害发生时防卫手段的可选择性。如果防卫人针对正在发生的侵害行为有多重防卫手段可供选择消除危险，则防卫人应当采取造成损害最轻的防卫手段。否则就有可能被认定超出了必要的防卫限度，构成防卫过当。这与《刑法》的相关规定有所不同。《刑法》中的正当防卫行为更加紧急，以尽量控制伤害为原则，因此对于防卫手段的选择相较于《中华人民共和国民法典》而言限制更少。本案中，陈某某对庞某某实施的行为有明显故意伤害的目的，其对庞某某的不法侵害已经开始且尚未结束，故庞某某有权行使防卫权。随后，庞某某将陈某某推倒在地，致使陈某某头部受伤。庞某某在陈某某的逼迫中为了保护自身的人身安全，防止不法侵害而被动进行还击，没有超过必要限度。

四、如何认定防卫过当

正当防卫有其必要限度，但并非凡是超过必要限度的，都是防卫过当。只有明显超过必要限度造成重大损害的，才是防卫过当。理解时应当注意：第一，明显超过必要限度意味着防卫行为明显超过了防卫的客观需要，即根据所保护的法益性质、不法侵害的强度与紧迫程度等，防卫行为显然缺乏必要性。第二，造成重大损害是指防卫行为所造成的损害与不法侵害可能造成的损害悬殊、明显失衡，与不法侵害可能造成的损害相比，防卫行为造成的损失过于重大，构成防卫过当。本案中，陈某某对庞某某步步紧逼，具有造成进一步损害的紧迫危险性，不应当苛求庞某某必须采取与不法侵害基本相当的反击方式和强度，庞某某的行为是为保护自身所需要的，对陈某某造成的损害与陈某某不法侵害可能造成的损害相比没有明显失衡，故不属于防卫过当。

正当防卫既是法律赋予公民的一项合法权利，也是每个公民的一项社会义务。这就要求每一个公民，在国家、公共利益或者公民个人的合法权益受到不法侵害的时候，都应该挺身而出，运用正当防卫的法律武器，勇敢同违法犯罪行为作斗争，切实保护合法权利免受侵害。

编写人：浙江省天台县人民法院　张丽阳

16

体育活动侵权案件中可通过“阶层式”递进的方式判断侵权责任的成立及责任的划分

——彭某诉某公司、夏某某生命权、身体权、健康权案

【案件基本信息】

1. 裁判书字号

北京市第二中级人民法院（2023）京02民终16300号民事判决书

2. 案由：生命权、身体权、健康权纠纷

3. 当事人

原告（上诉人）：彭某

被告（被上诉人）：某公司、夏某某

【基本案情】

2021年12月28日，彭某与夏某某参加某公司组织的高尔夫球比赛。比赛期间，夏某某按照规则应向左前方球洞击球，因其击球时偏离轨道，致使高尔夫球击中站在夏某某右前方的彭某，导致彭某左耳受伤。当日，夏某某陪同彭某前往当地医院进行治疗，夏某某支付319.45元医疗费。12月30日，彭某返回居住地河北某医院就诊，诊断为“1. 内耳疾病（内耳震荡）；2. 听力减退；3. 耳廓挫伤（皮裂伤）”，共支付门诊费420元。2022年1月4日，彭某前往河北某医院复查，诊断结果同前，医院建议“自今日起休息90天”。2023年1月31日，彭某前往河北某医院住院治疗6天，共支付治疗费1755.24元。庭审中，彭某提交某美容医院“医疗服务*治疗费”发票4张及左耳缝合照片，证明其因左耳受伤进行整容修复产生医疗费33200元。

某公司已将彭某本人及家属的参赛费6760元予以退还。彭某主张夏某某与某公司应赔偿其医疗费（含疤痕修复费）、住院伙食补助费、营养费、交通费、误工费、精神损害抚慰金共计74048.7元。

【案件焦点】

彭某请求某公司、夏某某赔偿因本次事故造成的损失之主张，能否得到支持。

【法院裁判要旨】

北京市丰台区人民法院经审理认为：夏某某在击球前已经注意到彭某站在其右前方，其自述曾挥杆示意彭某躲避，且球童亦提醒彭某“看球”。虽彭某对此不予认可，但从夏某某自述可见其看到了右前方的彭某，且意识到有可能存在危险。但在彭某未走出其击球射程范围之前，其依然挥杆击球，且击球偏离球道，造成彭某受伤，对此夏某某理应承担过错责任。彭某作为资深选手，应当知晓在等待时需站在球员击球射程范围之外，但事发时其疏于安全防范，站在球员右前方的位置，给自身增加了被击打受伤的风险，亦存在一定过错。考虑到此次事故发生的主要因素系夏某某将球打得严重偏离轨道，故依据《中华人民共和国民法典》第一千一百六十五条、第一千一百七十三条规定，酌定彭某自行承担30%责任，夏某某承担70%责任。某公司作为高尔夫球比赛的活动组织者，彭某未能举证证明其未尽到安全保障义务，且其已退还彭某相关费用，故彭某要求其承担侵权责任的请求，不予支持。关于彭某主张的各项损失，对合理部分予以支持，合计13075.24元，夏某某应承担9152.67元。据此，北京市丰台区人民法院判决如下：

一、被告夏某某于本判决生效之日起七日内支付原告彭某医疗费、住院伙食补助费、营养费合计9152.67元；

二、驳回原告彭某的其他诉讼请求。

彭某不服一审判决，提起上诉。

北京市第二中级人民法院经审理认为：本案争议焦点主要是某公司是否应

当承担责任；一审对彭某、夏某某的责任分配比例是否恰当。

关于争议焦点一。彭某主张某公司组织业余打球者参加活动，应当审查参赛者技术并为参赛者购买保险，缺乏法律及合同依据。一审中，夏某某陈述球童已向彭某提示“看球”，其主张某公司未尽安全保障义务，未能提供相应证据证明。考虑到彭某所举证据不能证明某公司未尽安全保障义务及某公司对彭某相应费用已予以退还等因素，一审法院未判决某公司赔偿彭某的损失并无不当。

关于争议焦点二。高尔夫运动有一定的危险性和自身规则的特殊性，彭某作为了解该运动的人应当知晓站在球员击球右前方的位置带来的风险，在夏某某击球时，仍位于其右前方，对事故的发生存在一定过错。一审根据事故发生的具体情况酌定双方的责任承担比例并无不当。

北京市第二中级人民法院依照《中华人民共和国民事诉讼法》第一百七十七条第一款第一项规定，判决如下：

驳回上诉，维持原判。

【法官后语】

随着物质文明和精神文明的发展，体育活动越来越成为广大人民群众生活的重要组成部分，但体育活动在带给人们强健体魄和愉悦心情的同时，也潜藏着一定风险，活动中不乏出现造成他人受伤的情形。司法实践中，体育活动侵权案件往往存在自甘风险、过失相抵、公平原则等多种制度交错适用的复杂状态。本案关注的重点即在于厘清体育活动中一般侵权责任的认定，特别是运用了“阶层式”递进的方式判断一般侵权责任是否成立及责任的划分问题。

一、责任基础判断：行为是否符合一般侵权责任的构成要件

根据《中华人民共和国民法典》第一千一百六十五条之规定，一般侵权责任以“违法性”“损害结果”“因果关系”“过错”为构成要件，故判断行为人应否承担侵权责任的基础即确认其行为是否符合上述四要件。本案中，原告的主张包括由案涉体育活动组织者承担安全保障义务，但是未能举证证明活动组织者未尽到安全保障义务，所以只能考虑夏某某的击球行为是否构成一般侵权

责任。夏某某在击球前已经注意到彭某某站在其右前方且意识到存在危险，但在彭某仍处于危险中的情况下即挥杆击球，且偏离球道，造成彭某受伤。因此，夏某某主观上具有一定过错，其行为具有违法性，且造成彭某民事权益的损害，符合一般侵权责任的构成要件。

二、阻却事由排除：侵权责任成立的前提下是否存在违法性阻却事由

侵权行为的成立不意味着行为人必须承担侵权责任，如果存在违法阻却事由，则可以否定侵权行为的“违法性”，相应地免除行为人的侵权责任。《中华人民共和国民法典》总则编规定的正当防卫、紧急避险以及侵权责任编规定的受害人过错、自甘风险等均系违法阻却事由。其中与本案相关的是自甘风险，这也是体育活动侵权案件中最常见的抗辩事由。本案中，夏某某即以彭某自甘风险参加高尔夫比赛为由进行抗辩，此时法官应当审查其抗辩能否成立。

《中华人民共和国民法典》将自甘风险规则的适用范围限定于“具有一定风险的文体活动”，这意味着并非所有的文体活动都应当无差别适用自甘风险。体育是以发展体力、增强体质为主要任务的教育，通过参加各种运动来实现。随着现代社会的发展，体育活动的形式越来越多元化，诸如电竞、象棋等都被列入体育活动的范畴。倘若所有的体育活动都能适用自甘风险，意味着将弱化《中华人民共和国民法典》确立的一般侵权责任的规范功能。故通常而言，自甘风险规则应当适用于危险程度较高、具有接触性和对抗性的体育竞技活动中，诸如拳击、篮球、攀岩等体育活动。具体到本案，侵权行为发生于高尔夫比赛中，在一般大众的视角下，高尔夫运动对抗性较小、接触性程度不高，虽有造成人身损害的可能性但概率较小。因此，本案不应适用自甘风险条款，在无其他违法性阻却事由的情形下，夏某某应当承担侵权责任。

三、赔偿责任划分：责任承担是否存在法定减轻责任情形

在侵权人的行为符合一般侵权责任构成要件，且不存在违法性阻却事由情形下，还应当考虑是否存在法定减轻加害人损害赔偿责任之事由，如《中华人民共和国民法典》规定的过失相抵、监护人减轻责任等制度。本案中，夏某某以彭某也存在一定过错为由进行抗辩，法官即应当审查其是否符合过失相抵的

构成要件。值得一提的是，为实现案件审理的实质公平，即使加害人未以过失相抵条款提出抗辩，法官也应当依职权审查是否存在法定减轻加害人损害赔偿责任的情形。

为更好地调整及平衡当事人之间的利益关系，《中华人民共和国民法典》第一千一百七十三条规定在受害人亦存在过错情形下，法官可通过行使自由裁量权相应地减轻行为人责任的过失相抵条款。过失相抵的立法本意在于公平分担责任，不得将因自己的过失所产生之损害转嫁于他人。[①] 就其客观构成要件而言，要求受害人因加害人行为遭受了损害，且受害人与加害人的行为均为损害发生的原因，造成损害结果的同一。就其主观构成要件而言，要求受害人对同一损害的发生或扩大应当具有过错。本案中，彭某作为高尔夫比赛的参加者，应当知晓在其他球员击球时，其应当站在击球射程范围之外等候。但其因疏忽大意，站在击球射程之内，给自身增加了被击中的风险，在球童提示风险的情况下也未及时躲避，因此彭某对于自身的损害也有一定过错，应当减轻夏某某的责任。

在适用一般侵权责任的前提下，当事人责任承担比例的划分要受双方过错程度的约束，过错较大的一方应当承担主要责任。本案中，造成彭某受伤的主要因素系夏某某明知存在风险仍然击球且将球打得严重偏离轨道，故酌定其承担70%责任，由彭某自行承担30%责任。

综上，本案以“阶层式”递进的方式确认了夏某某应当就彭某主张的合理部分损失承担70%过错责任，体现出法律对实质公平的追求与维护。

编写人：北京丰台区人民法院　魏亚南　周沫言　柳艾青

① 陈现杰主编：《中华人民共和国侵权责任法条文精义与案例解析》，中国法制出版社2020年版，第85页。

17

足球运动中受伤是否适用自甘风险的判断

——吴某某诉顾某某等生命权、身体权、健康权案

【案件基本信息】

1. 裁判书字号

江苏省无锡市中级人民法院（2023）苏 02 民终 789 号民事判决书

2. 案由：生命权、身体权、健康权纠纷

3. 当事人

原告（上诉人）：吴某某

被告（被上诉人）：顾某某、沈某、顾某、某中学

【基本案情】

吴某某与顾某某同系某中学高三学生，分属不同班级，吴某某系校足球队队员。2022 年 3 月 6 日（周日），吴某某、顾某某等多名学生自发组织在学校体育场踢足球。17 时 10 分许，一位同学头顶球，足球下落到吴某某和顾某某附近，足球触地后弹起，吴某某和顾某某均做了头顶球的动作，瞬间致顾某某头部与吴某某鼻部右侧相碰撞，吴某某鼻部受伤蹲地，顾某某亦捂住头部蹲下。后吴某某由其他同学陪同去医务室紧急处理，顾某某随后也到医务室。

某中学联系了顾某某父母沈某、顾某，顾某某及其父母随即将吴某某送至医院急诊治疗。医院初步诊断：鼻骨骨折，鼻中隔骨折。吴某某诉请：顾某某、某中学向其道歉，沈某、顾某、某中学赔偿其前期治疗产生的医疗费、住宿费、交通费合计 4214.79 元及精神损害抚慰金 20000 元。

【案件焦点】

1. 顾某某及其父母应否承担侵权责任；2. 某中学应否承担侵权责任。

【法院裁判要旨】

江苏省无锡市锡山区人民法院经审理认为：关于争议焦点一，顾某某及其父母不应承担侵权责任。理由如下：第一，自甘风险规则对于促进文体活动，特别是有一定风险性的体育活动，增强人民体质，促进人民健康，尤其是提高广大青少年的身体素质具有重要意义。第二，足球运动是一项具有群体性、对抗性及人身危险性的运动，在高速奔跑及激烈对抗过程中很容易造成受伤，属于具有一定风险的文体活动。本案中，事件发生时吴某某已年满 16 周岁，虽为限制行为能力人，但参加足球运动并未超越其行为能力；并且，吴某某系校足球队队员，其对足球运动的风险性是明知的，在此情况下，仍自愿参加学生之间自发组织的足球运动，属于自愿参加具有一定风险的文体活动。第三，头顶球是足球运动技术的一种，事件发生时，吴某某与顾某某均系按照足球的落点和运动轨迹作出头顶球的相同判断和技术动作。吴某某主张顾某某系故意、恶意冲撞导致其受伤，但从监控视频中不能反映其主张的上述情况，其也无其他证据证明顾某某存在故意或重大过失，应承担举证不能的不利法律后果。因此，不能认定顾某某对双方碰撞的发生存在侵权行为，顾某某及其父母均无须对吴某某因碰撞所受身体伤害承担侵权责任。第四，吴某某亦未举证证明其所主张的顾某某有讥讽等侵权行为和精神损害后果，故吴某某要求顾某某当庭道歉以及要求顾某某父母承担精神损害抚慰金的请求，缺乏依据，更何况顾某某已在学校主持协调过程中向吴某某进行了道歉。

关于争议焦点二，某中学不应承担侵权责任。理由如下：第一，吴某某与顾某某参加的系学生自发组织的足球运动，某中学并非活动的组织者。第二，某中学对吴某某的受伤并无任何过错。第三，某中学制定了各项规章制度，对学生、老师进行了安全教育和管理，并明文规定了意外伤害事件发生后的应对和处理措施。第四，事件发生时，有值班体育老师进行巡查，吴某某受伤后由同学陪同及时到医务室紧急治疗，并由经某中学通知到场的顾某某父母送往医院治疗，根据医院当天急诊病历载明治疗时距离受伤为1小时，考虑学校到医院的路程以及傍晚的时间节点，已属较为及时送医治疗，某中学的处置并未失当。综上所述，某中学已举证证明其尽到教育、管理职责，故对吴某某要求某中学承担侵权责任的请求，不予支持。

因沈某、顾某明确对其垫付的医疗费不提出反诉，故本案中不予理涉。

江苏省无锡市锡山区人民法院依照《中华人民共和国民法典》第一千一百七十六条、第一千二百条，《中华人民共和国民事诉讼法》第六十七条、第一百五十一条、第一百五十五条规定，判决如下：

驳回原告吴某某的全部诉讼请求。

吴某某不服一审判决，提起上诉。

江苏省无锡市中级人民法院经审理认为：与一般日常生活相比，体育是一个较为特殊的领域。体育运动本身所特有的竞争性决定了在其运行的过程中必然存在对抗，而对抗会导致风险的发生。正是基于风险的存在，使得体育运动不得不与运动伤害相伴。如足球比赛，其具有高强度对抗性及人身危险性，基于这一特点，参与者无一例外地处于潜在的危险之中，其既是危险的潜在制造者，又是危险的潜在承受者。因为参与者系自愿参加这种带有危险性的体育比赛，同时其又对所参与项目的危险性具有充分的认识，应视为“同意甘冒风险”即同意风险自担。因而只要致害人没有侵害受害人的恶意或严重违反比赛规则，参赛者对其引起损害的后果就没有过错，不构成侵权。这也是由体育比赛的特点所决定的，否则将不利于体育比赛的健康发展。上述理论已被《中华人民共和国民法典》所采纳并在第一千一百七十六条中有明确规定。从本案现有证据来看，顾某某并没有侵害吴某某的恶意或严重违反比赛规则，即顾某某并无故意或重大过失，因此，对吴某某的受伤，顾某某无须承担侵权责任。某中学能证明其已经尽到教育、管理职责，无须对吴某某的受伤承担侵权责任。

江苏省无锡市中级人民法院依照《中华人民共和国民事诉讼法》第一百七十七条第一款第一项规定，判决如下：

驳回上诉，维持原判。

【法官后语】

自甘风险原则的核心思想是，如果一个人自愿接受某种风险，那么当风险实际发生时，他不得就因此产生的损害向他人主张赔偿。随着社会发展和体育、娱乐等活动的丰富，司法实践中开始逐步引入自甘风险的理念。法院在一些案件中认定，参与具有一定风险活动的当事人，如果自愿承担风险且对方无重大过错，可以减轻或免除对方的责任。

《中华人民共和国民法典》首次以法律形式明确规定了自甘风险原则，标志着这一原则在我国法律体系中的正式确立，使得自甘风险从司法实践中的隐性规则上升为法律明文规定，为自甘风险的适用提供了法律依据。《中华人民共和国民法典》第一千一百七十六条第一款规定，“自愿参加具有一定风险的文体活动，因其他参加者的行为受到损害的，受害人不得请求其他参加者承担侵权责任；但是，其他参加者对损害的发生有故意或者重大过失的除外”。根据该条规定，结合本案例，适用自甘风险的审查要点主要包括：

第一，适用范围仅限于具有一定风险的文体活动，包括体育比赛、娱乐活动等。体育活动如足球、篮球、滑雪、攀岩等，娱乐活动如跳伞、潜水、蹦极等高风险娱乐活动，参与者通常被视为自愿承担活动的固有风险，对于在活动中受到的人身损害需自行承担风险。

第二，受害人是自愿参加，且需明知其所参加的文体活动具有一定风险。如当事人系被迫或被欺骗而参加，则不适用自甘风险。本案事件发生时，吴某某已年满16周岁，虽为限制行为能力人，但参加足球运动的行为，并未超越其行为能力；并且，吴某某系校足球队队员，其对足球运动的风险性是明知的。在此情况下，其仍自愿参加学生之间自发组织的足球运动，属于自愿参加具有一定风险的文体活动。

第三，损害系因其他参加者的行为造成。一方面，受害人因自身原因导致损害，或者第三人造成损害的，当然排除在《中华人民共和国民法典》第一千一百七十六条规定的自甘风险情形之外。另一方面，损害是因其他参加者的正常行为所致。这种正常行为的界定，应符合所参与文体活动的规则、惯例及社会常识。举例来说，体育比赛中的合理碰撞是正常行为，恶意犯规是不正常行为；登山活动中滑倒连带后面的人摔伤，这种滑倒属于该项活动的固有风险，是正常行为；健身活动中违规使用器械则超出正常行为范围。

第四，其他参加者对事件的发生不存在故意或重大过失。头顶球是足球运动技术的一种，指运动员用头的某一部位顶击球，用于进攻中的传球、射门和防守中的抢断，可用头的正额或额侧，可原地顶或跳起顶。本案事件发生时，吴某某与顾某某均系按照足球的落点和运动轨迹作出了头顶球的相同判断和技术动作，双方碰撞是足球比赛的对抗性带来的固有风险，未超出此类活动的合理风险范围，吴某某也未能举证证明顾某某的行为存在故意或重大过失。因此，不能认定顾某某对双方碰撞的发生存在故意或重大过失，顾某某可基于自甘风险规则主张不成立侵权行为。

综上，经审查符合以上适用条件的，应支持被告适用自甘风险免责的主张。正确适用自甘风险规则对于平衡保护文体活动参加者的利益，促进文体活动，特别是有一定风险性的体育活动发展，增强人民体质，促进人民健康，尤其是提高广大青少年的身体素质具有重要意义。

编写人：江苏省无锡市锡山区人民法院　赵玲洁　沈静

18

对未成年人采取批评教育措施不得违反比例原则

——姜某、冯某某诉刘某某、某文具店生命权、身体权、健康权案

【案件基本信息】

1. 裁判书字号

重庆市第一中级人民法院（2023）渝01民终367号民事判决书

2. 案由：生命权、身体权、健康权纠纷

3. 当事人

原告（上诉人）：姜某、冯某某

被告（上诉人）：刘某某

被告（被上诉人）：某文具店

【基本案情】

姜某、冯某某之子姜某某系合川区某小学六年级学生。2022 年 3 月 18 日中午放学后，姜某某到学校附近的某文具店购买物品，被店员发现其偷拿店内商品，某文具店实际经营者刘某某知晓后，将手放进姜某某的衣服里进行搜身，将姜某某佩戴的口罩摘下，用手指着其额头，进行了二十分钟左右的当众批评教育，并向围观人员宣扬指责姜某某的不当行为。其间系放学人流高峰期，有较多在校学生及其他人在店内购买商品。后姜某某自行离开店铺，乘坐公交车回到其居住小区跳楼身亡。姜某、冯某某以某文具店、刘某某侵犯姜某某生命权、身体权、健康权为由诉至人民法院，请求赔偿丧葬费、死亡赔偿金、精神损失费等。

【案件焦点】

1. 刘某某对姜某某的批评教育行为有无过错及其行为与姜某某死亡后果之间有无因果关系；2. 如刘某某应对姜某某死亡后果承担赔偿责任，其责任比例应如何认定。

【法院裁判要旨】

重庆市合川区人民法院经审理认为：姜某某偷拿某文具店商品，不当行为在先，刘某某对其进行教育本身并无不当，但未充分考虑姜某某系未成年人，当时店铺内人数较多且有姜某某同校学生在场的情况，当众对其进行批评教育，持续时间较长，对姜某某造成心理负担，可能超出了其心理承受能力。刘某某的行为存在一定的过错，应当承担相应的赔偿责任。姜某某虽系未成年人，但受学校多年教育，在面对批评教育后，由于自身心理承受能力等因素而自伤身亡，其本人对死亡后果应承担最主要的责任。综上，刘某某在本次纠纷中应承担次要责任，责任比例确定为 10%，某文具店作为法律规定的民事主体，基于登记具有对外公示效力，因此需与刘某某对此承担共同赔偿责任。

关于刘某某提交的参考案例——江苏省南通市中级人民法院谷某、杜某某与某超市生命权、健康权、身体权纠纷二审民事判决书，[①] 该案中的受害人系成年人且系自身疾病导致死亡，被告即某超市在对自身利益遭受侵害采取自救的同时，劝阻方式和内容均在合理限度之内，且被告难以对受害人身体状况进行判断，事后亦及时处理并施救，被告已尽到安全保障义务，故法院判决该案的被告不需要承担赔偿责任。而本案中，刘某某明知受害人系未成年人，而未充分考虑对方的年龄、心理承受能力、当时的客观环境等因素，采取现场批评教育的方式，对损害后果的发生具有一定的过错，故刘某某提供的案例对本案的处理不具有参考性。

姜某、冯某某的损失经认定，包括：丧葬费 49190 元、死亡赔偿金 870040 元、精神损失费 5000 元。结合双方的责任划分，由刘某某和某文具店承担 96923 元（919230 元×10%+5000 元）。

重庆市合川区人民法院依照《中华人民共和国民法典》第一千一百六十五条、第一千一百六十八条、第一千一百七十三条、第一千一百七十九条、第一千一百八十一条、第一千一百八十三条，《中华人民共和国民事诉讼法》第一百四十五条之规定，作出如下判决：

一、限某文具店、刘某某于本判决生效后十日内支付姜某、冯某某丧葬费、死亡赔偿金、精神损失费等 96923 元；

二、驳回姜某、冯某某的其他诉讼请求。

姜某、冯某某及刘某某均不服一审判决，提出上诉。

重庆市第一中级人民法院经审理认为：关于某文具店与刘某某是否应当承担责任的问题。根据《最高人民法院关于适用〈中华人民共和国民事诉讼法〉的解释》第五十九条第二款规定，营业执照上登记的经营者与实际经营者不一

---

① 参见（2021）苏 06 民终 189 号民事判决书，载中国裁判文书网，2025 年 3 月 25 日访问。

致的，以登记的经营者和实际经营者为共同诉讼人。《中华人民共和国民法典》第五十六条第一款规定，个体工商户的债务，个人经营的，以个人财产承担；家庭经营的，以家庭财产承担；无法区分的，以家庭财产承担。刘某某与某文具店的经营者系母女关系。故某文具店与实际经营者刘某某均应对外承担相应的法律责任。

本案的争议焦点为刘某某的行为有无过错以及其行为与姜某某的死亡结果之间有无因果关系。首先，未成年人的心智发展不成熟，在遇到突发事件后的应急处理能力和心理调节能力有限，容易受到心理创伤引发不良后果。社会每个人对于未成年人应给予更多的宽容和关爱，对待未成年人的方式应具有更高的注意义务，尽到特别保护义务，善待心灵脆弱的未成年人。其次，虽然姜某某偷拿某文具店内商品存在不当行为在先，某文具店的合法权益受到侵害，刘某某有权采取相应措施实现权利救济，但是其采取的措施必须在必要、合理限度之内，所使用的手段与所要达到的目的之间不得违反比例性原则。根据监控视频显示，刘某某对姜某某采取了搜身、摘下口罩并手指额头、当众批评训斥及向围观人员宣扬等行为，整个过程持续二十分钟左右。刘某某明知姜某某系未成年人，但并未充分考虑其年龄、心理承受能力、客观环境的适当性等因素，未采取合理的教育方式、批评程度，刘某某的行为对姜某某死亡这一损害后果的发生存在过错，与姜某某的死亡具有因果关系，应承担相应的赔偿责任。一审认定某文具店、刘某某应承担的责任比例不当，根据刘某某的主观过错以及造成的严重后果等因素，综合本案当事人在事件发生全过程中各种因素，将赔偿责任比例调整为25%，即应赔偿损失为234807.50元（919230元×25%+5000元）。

重庆市第一中级人民法院依照《中华人民共和国民事诉讼法》第一百七十七条第一款第二项规定，作出如下判决：

一、变更重庆市合川区人民法院（2022）渝××××民初××××号民事判决第一项为：限某文具店、刘某某于本判决生效后十日内支付姜某、冯某某丧葬费、死亡赔偿金、精神损失费等234807.50元；

二、驳回姜某、冯某某的其他诉讼请求；

三、驳回刘某某的上诉请求。

【法官后语】

一、对未成年人采取批评教育措施须秉持更高注意义务，不得违反比例性原则

《中华人民共和国未成年人保护法》第四十二条第一款规定："全社会应当树立关心、爱护未成年人的良好风尚。"对于未成年人的不当行为，对其给予批评教育是为了帮助其调整认知、端正行为，如采取措施得当，是一种对未成年人健康成长有益的行为。然而，未成年人的心智发展尚不成熟，在遇到突发事件后的应急处理能力和心理调节能力有限，比较容易受到心理创伤引发不良后果。基于未成年人的这一心理特点，在处理涉及未成年人事项时，尤其是对其不当行为进行批评教育时，我们需要秉持更高的注意义务，坚持保护与教育相结合，给予其更多的宽容和关爱，尊重其人格尊严，审慎选择对待未成年人的方式，要将对未成年人的特殊、优先保护落实到互动的每个细节当中。

本案裁判对刘某某行为的过错性进行了充分的说理论证，明确了在对未成年人的不当行为采取相应措施实现权利救济或进行批评教育时，应充分考虑未成年人的年龄、心理承受能力、环境的适当性、场域的适配性等因素，采取宽和的维权形式、合理的教育方式、适当的批评程度，注意措施的边界与限度，确保所使用的手段与所要达到的目的之间符合比例性原则，符合正当性、适当性、必要性、均衡性标准，使对未成年人权益的限制或损害得以避免或降到最低限度，为未成年人健康成长营造良好的社会环境。

二、不当批评教育与教育对象死亡后果之间有无因果关系的判定

除刘某某行为过错性的认定外，本案审理的另一难点即在于刘某某的不当批评教育措施与姜某某死亡后果之间有无因果关系的判定。因自伤往往被认定为死者自身行为，而本案中虽然发生了刘某某采取不当批评教育措施与姜某某自伤死亡的事实，但能否认定二者之间存在因果关系，尚需进一步论证。因果关系本身是客观存在的，但在法律适用领域，在事实因果关系的基础上，还须

主观地限制因果关系的范围，即不能以偶然的条件行为介入认定二者有法律上的因果关系，而须在通常情形下，依照社会一般见解认定有发生该后果的可能性，才能认定为有法律上的因果关系，此即为相当因果关系理论。该理论认为，在侵权行为法领域，要主张事件与损害之间具有相当因果关系，须满足两项条件：(1) 该事件为损害发生不可欠缺的条件；(2) 该事件实质上增加损害发生的客观可能性。结合上述两项条件，具体的因果关系判断方法为：首先应判断结果发生之条件，是否为损害发生不可欠缺的条件（条件关系之判断)，亦即在认定确实具有事实上因果关系后，再判断相当因果关系存在与否（相当性之判断)。当损害结果的原因事件大大增加了损害结果发生的客观可能性时，两者即具有因果关系。就本案而言，首先，刘某某对姜某某采取的不当批评教育措施引发了姜某某自伤死亡的悲剧，刘某某的行为系导致姜某某自伤死亡的不可或缺的事实上的条件之一，二者具有事实上的因果关系；其次，如上所述，姜某某系未成年人，心智发展尚不成熟，还不具备足够的应急事件处理能力和心理调节能力，刘某某的不当批评教育行为明显超过必要、合理限度，极易使得姜某某受到心理创伤，即因姜某某作为未成年人的特殊状态，刘某某的行为大大增加了姜某某采取过激行为造成损害后果的可能性。结合本案具体情况，综合考量已排除有其他因素导致姜某某自伤，考察姜某某近日学习生活状态均正常以及刘某某实施不当批评教育行为与姜某某自伤死亡的时间间隔较短等因素后，法院认定刘某某的不当批评教育措施与姜某某死亡后果之间具有因果关系。

三、不当批评教育行为致教育对象死亡的责任比例认定

关于刘某某对姜某某死亡后果承担赔偿责任比例的认定，涉及不当批评教育行为对死亡后果原因力大小的考量。一审法院认定姜某某在面对批评教育后，由于自身心理承受能力等因素而自伤身亡，其本人应对死亡后果承担主要的责任，故认定刘某某及某文具店仅承担10%的责任比例。二审法院对事故发生期间的监控视频进行仔细观察研判，对刘某某实施批评教育行为的细节因素均予以考量，结合姜某某作为未成年人的身心特点以及对未成年人须采取特殊、优先保护的原则，最终认定刘某某的行为超过必要、合理限度，再结合其过错及

造成后果、原因力大小等因素综合考量，提高刘某某及某文具店的赔偿责任比例为25%，充分体现了人民法院保护未成年人权益的司法态度，对社会公众行为具有良好的引导、示范效应，切实为未成年人健康成长保驾护航。

四、由本案引发的对未成年人批评教育方式的反思

对未成年人进行批评教育是为了帮助其认识错误、纠正行为偏差，这本应是一个体现尊重和关爱的过程。而本案中刘某某在一定程度上未能合理控制自身情绪，不顾时间场合和姜某某未成年人的身心特点，在对其进行批评教育的同时，亦是在发泄愤怒情绪，以致未能将批评教育措施控制在必要、合理限度之内，引发了悲剧。本案裁判提示，在批评教育未成年人的措施上应充分坚持保护与教育相结合，所使用的手段与所要达到的目的之间不得违反比例性原则。

编写人：重庆市第一中级人民法院　陈欣　李俊冰

19

性侵未成年人案件中精神损害赔偿的法律适用及赔偿标准的认定

——李某某诉余某某生命权、身体权、健康权案

【案件基本信息】

1. 裁判书字号

广西壮族自治区西林县人民法院（2023）桂1030民初2137号民事判决书

2. 案由：生命权、身体权、健康权纠纷

3. 当事人

原告：李某某

被告：余某某

【基本案情】

2023年5月24日凌晨，余某某驾车搭载李某某出行，在某地强行与李某某发生性关系，并用手机对李某某拍摄不雅照片、对李某某进行言语威胁。同日李某某报警。后法院经审理判决余某某犯强奸罪，判处有期徒刑四年九个月。李某某认为，余某某的行为给其造成很大精神伤害，遂起诉至法院，要求余某某赔偿精神损害抚慰金5万元。

【案件焦点】

1. 李某某是否可以主张精神损害赔偿；2. 若李某某可以主张精神损害赔偿，精神损害抚慰金的数额如何确定。

【法院裁判要旨】

广西壮族自治区西林县人民法院经审理认为：根据《中华人民共和国民法典》第一千一百八十三条第一款规定："侵害自然人人身权益造成严重精神损害的，被侵权人有权请求精神损害赔偿。"李某某在受到不法侵害时系未成年人。未成年人心智发育尚未健全，自我保护意识不强，自我修复能力差。侵害行为发生后，余某某还拍摄不雅照威胁李某某，给李某某的成长和发育造成极大的不利影响，留下巨大的精神创伤。因此，基于对未成年人的特殊、优先保护原则，考虑余某某的过错程度、侵权行为的方式和场合、侵权行为造成的后果、余某某承担责任的经济能力以及当地的生活水平等因素，对李某某要求余某某支付精神损害抚慰金5万元的诉讼请求予以支持。

广西壮族自治区西林县人民法院依照《中华人民共和国民法典》第一千一百六十五条第一款、第一千一百八十三条第一款，《最高人民法院关于确定民事侵权精神损害赔偿责任若干问题的解释》第五条规定，判决如下：

余某某于本判决生效之日起十五日内赔偿精神损害抚慰金5万元给李某某。

宣判后，双方当事人均未上诉，一审判决生效。

【法官后语】

司法实践中，对精神损害赔偿范围及赔偿数额并无明确具体的适用标准，导致很多受性侵害的未成年人得不到相应的赔偿，甚至连提起诉讼的勇气都没有。尤其是2021年3月1日《最高人民法院关于适用〈中华人民共和国刑事诉讼法〉的解释》（本案例以下简称《刑诉法解释》）施行后，如何准确地把握精神损害赔偿的法律适用及赔偿标准，是本案例中值得探讨的问题，也是司法实践中亟待解决的问题。

一、特殊情形下，人民法院可以受理性侵未成年受害人精神损害赔偿请求

《刑诉法解释》第一百七十五条第二款规定："因受到犯罪侵犯，提起附带民事诉讼或者单独提起民事诉讼要求赔偿精神损失的，人民法院一般不予受理。"该规定中的"一般不予受理"为司法实践中解决这一问题预留出了合理的空间。

笔者认为，在不同的年龄阶段，性侵害给未成年人带来的身体和心理创伤各不相同，还会对未成年人今后的生活、工作、婚姻等产生较大的影响，并且这种影响的程度很难客观地量化。因此，性侵害未成年人的案件可以理解为《刑诉法解释》第一百七十五条第二款所规定的特殊情形，除给予受性侵害的未成年人人身损害和心理康复治疗等直接物质损失的赔偿之外，还应当给予相应的精神损害赔偿，如此才能更好地体现对未成年人的特殊、优先保护原则。

二、刑事处罚不能代替精神损害赔偿

刑事处罚与精神损害赔偿并非矛盾对立的关系，刑事诉讼本身并不能取代民事诉讼当事人应当获得的救济。人民法院受理性侵未成年人的精神损害赔偿案件后，应当在刑事处罚和精神损害赔偿之间找到一个平衡点，即通过分析判断刑事处罚能够给受性侵害的未成年人带来精神上抚慰的程度，如果刑事处罚仍不足以抚平其精神上的创伤，则应支持其精神损害赔偿请求。

具体到个案，应以未成年人受性侵害后的身心状态为基础来分析。例如，在心理方面，即使受害人意识到罪犯已经受到刑事处罚，但仍不能回归正常的学习生活，经过医学鉴定，受害人长期存在失眠、焦虑、抑郁等情绪，有强烈

的负罪感、羞耻感等；在生理方面，受害人身体或者性器官有创伤性疼痛，终身性器官功能障碍，难以恢复到原来的健康状态。如果存在包括但不限于上述类似情形，应当认定刑事处罚仍不足以抚平受害人精神上的创伤，从而酌情支持其精神损害赔偿请求。因为很多受性侵害的未成年人的家庭经济状况无法承担可能伴随受害人一生的高昂治疗费。人民法院在审判实践中寻求刑事处罚和精神损害赔偿之间的平衡，既能让罪犯付出代价，又能有效地帮助受害人正视和治疗精神疾病，最大限度修复伤害。

三、性侵未成年受害人精神损害赔偿数额的认定标准

司法实践中，如何认定精神损害赔偿数额一直是难点问题，也是司法实务中争议较大的问题。笔者认为，可以从以下三个方面进行综合考虑：一是法官在审查客观证据的同时，还应结合案情形成内心确信。因为实践中很多受性侵害的未成年人，仅从其外表根本看不出受到伤害的程度，但是其潜在的心理创伤以及精神损害极为严重。二是以最有利于未成年人的原则为基础，综合考虑性侵害给被害人的成长和发展所造成的长远影响。三是适用民法典关于精神损害赔偿的规定，结合具体犯罪事实、对受害人造成的损害后果、精神康复治疗的费用、受害人的年龄、双方当事人的财产状况以及当地的经济发展水平等因素，来确定最终的赔偿数额。

本案中，尽管余某某因强奸罪被法院判处四年九个月的有期徒刑，但是刑事处罚无法替代精神损害赔偿。余某某作为一个完全民事行为能力人，利用未成年人心智不成熟，对性的认识、辨别能力较差、交友风险防范意识薄弱等特点，对李某某实施性侵行为后，又拍下不雅照片威胁李某某，给李某某造成巨大的精神创伤。仅对余某某进行刑事处罚并不能客观地抚平李某某的心灵创伤，故余某某应当承担精神损害赔偿责任。综合各方面因素，法院酌情确定由余某某赔偿李某某精神损害抚慰金 5 万元。

性侵未成年人精神损害赔偿是一个复杂而又迫切需解决的社会问题，因此，需要从完善的法律体系、社会各界的支持、学校与家庭的相互配合等方面来加强对未成年人合法权利的保护。对真正受到精神损害的未成年人，尤其是未满 14 周岁

的未成年人，人民法院在审理案件时，应当对未成年人受性侵害后的精神状况和损害程度进行全面调查，酌情支持受害人关于精神损害赔偿的诉讼请求。

编写人：广西壮族自治区西林县人民法院　周晓莹

20

未成年人在校运动比赛中受伤的自甘风险原则适用

——班某某诉甲中学等生命权、身体权、健康权案

【案件基本信息】

1. 裁判书字号

浙江省宁波市镇海区人民法院（2024）浙0211民初23号民事判决书

2. 案由：生命权、身体权、健康权纠纷

3. 当事人

原告：班某某

被告：甲中学、乙中学、周某甲、周某乙、袁某某

【基本案情】

班某某、周某甲分别系乙中学、甲中学的学生。2022年11月2日下午，班某某经乙中学教师带队前往甲中学，参加由两学校共同组织的篮球友谊赛。16时许，班某某在接球上篮过程中与周某甲发生肢体接触，导致班某某摔倒受伤。同日，班某某被送至宁波市第六医院，先后两次住院进行手术治疗。班某某住院共计16天。经司法鉴定，鉴定意见为："1. 班某某因故致右胫骨远端骨折（骨折线累及骺板）伴骺分离，经治疗，评定其致残等级为十级伤残。2. 建议班某某伤后的护理期为90日，营养期为90日。班某某支付鉴定费1900元。"

班某某提出诉讼请求：请求判令被告甲中学、乙中学、周某甲及其监护人

周某乙、袁某某共同赔偿班某某各项损失 222285.34 元。

【案件焦点】

未成年人在参加学校组织的篮球比赛中受伤应当由谁承担责任。

【法院裁判要旨】

浙江省宁波市镇海区人民法院经审理认为：关于周某甲及其监护人的责任承担问题。篮球运动作为一项文体活动，具有一定的对抗性，这种对抗性必然伴随冲撞、抢夺、进攻、防守等基本运动行为，需要较多的身体接触，其性质决定了参与者难以避免面临潜在的人身危险。班某某在上篮过程中与周某甲发生肢体接触致其摔倒受伤，因事发时其已年满 14 周岁，且其作为校篮球队队员，具备相应的认知能力和判断能力，对于参加此项运动的危险和可能造成的损害，应当有所预见。其自愿参赛应属于法律规定的自甘风险行为，在此情形下，只有周某甲对班某某受伤的损害后果存在故意或重大过失时，才需承担侵权责任。篮球运动中球员存在犯规行为十分常见，周某甲的防守行为虽违反规则构成犯规，但现有证据不足以证明其存在故意或重大过失，故对班某某要求其承担责任的诉请，不予支持。

关于乙中学、甲中学的责任承担问题。乙中学、甲中学作为篮球赛的共同组织者，理应对参与球赛的班某某尽到安全保障义务，甲中学作为本场篮球赛的承办单位更应尽到保障场地安全、做好现场管理、对伤员采取及时有效救助等合理注意义务。而事故发生时，乙中学、甲中学在班某某受伤的情况下未在第一时间通知校医到场或是拨打 120 急救电话，而是先将班某某挪至别处，直至班某某明显感到不适后才找来校医查看伤情，此后再拨打 120 送医救治。上述行为既有可能给班某某造成二次伤害，还有可能耽误救治时间，由此可以认定乙中学、甲中学未尽到及时合理的救助义务，对班某某的损害具有一定过错，应当承担相应赔偿责任。

班某某主张甲中学未能提供监控存在过错，因监控本身与班某某受伤之间并无因果关系，不能仅以甲中学未能提供监控为由推断周某甲及甲中学对此存在过错，且根据现有证据基本能够还原案件事实，故对于班某某的该项意见不予采纳。班某某主张甲中学场地存在问题，因甲中学已提供相关的验收合格证明，故对该意见不予采纳。综上，对于班某某的损失本院酌定甲中学、乙中学分别承担 25%、20%的赔偿责任。

班某某的损失包括医疗费 44626.44 元、残疾辅助器具费 139.9 元、护理费 12074 元、营养费 2700 元、住院伙食补助费 1600 元、残疾赔偿金 153380 元、交通费 300 元、鉴定费 1900 元，合计 216720.34 元。

浙江省宁波市镇海区人民法院依据《中华人民共和国民法典》第一千一百七十六条、第一千一百七十九条、第一千二百条，《最高人民法院关于审理人身损害赔偿案件适用法律若干问题的解释》第一条、第六条、第八条、第九条、第十条、第十一条、第十二条、第十三条、第二十三条，《最高人民法院关于确定民事侵权精神损害赔偿责任若干问题的解释》第五条，《中华人民共和国民事诉讼法》第一百四十七条，《最高人民法院关于适用〈中华人民共和国民事诉讼法〉的解释》第九十条规定，判决如下：

一、被告乙中学赔偿原告班某某损失的 20%计 43344 元，另赔偿精神损害抚慰金 1000 元，以上合计 44344 元，扣除其已支付的 16000 元，还需支付 28344 元，于本判决生效之日起十日内履行完毕；

二、被告甲中学赔偿原告班某某损失的 25%计 54180 元，另赔偿精神损害抚慰金 1500 元，以上合计 55680 元，于本判决生效之日起十日内履行完毕；

三、驳回原告班某某的其他诉讼请求。

宣判后，双方当事人均未上诉，一审判决生效。

【法官后语】

自甘风险的价值在于对当事人意思自治和行为自由的尊重，其实质在于自愿参加具有潜在危险活动的人，免除了侵权人对被侵权人的一般注意义务或对其造成损害的免责。针对如篮球、足球、橄榄球等对抗性体育运动，参与者直接的身体接触频率较大、强度较高，比赛的激烈程度也较高。在此类高对抗性的体育运动中，常规性的身体接触只要在竞技角度允许的范围内都属于正常的且应为所有参与者接受的风险，自甘风险规则要求当事人明知运动中存在遭受损害的风险，还主动参加运动并承担可能受到伤害的后果，行为人不具有故意或重大过失的，即可免除侵权责任。具体到未成年人在学校组织的对抗性体育运动中受到人身损害的情形，自甘风险规则的运用需要注意几个方面：

一、行为人对运动风险需具有相应的预见能力

在涉及未成年人的案件中是否适用自甘风险规则，需要综合考虑考量不同年龄阶段对危险的认知程度不同，结合行为人的身心特点、认知能力和对所参与体育运动的了解来综合判断，而且未成年人伤害案件往往涉及监护人是否尽到监护职责、安全保障义务人是否尽到安全保障义务、学校和其他教育机构是否尽到教育管理职责等因素，是一个相对复杂的问题，不能简单地一概而论，需要根据法律规定，结合具体案情以及日常生活经验对于是否适用“自甘风险”进行合理的判断。能够认定未成年人对所参与体育运动的风险能够预见且自愿参加的，行为人才可适用自甘风险主张免责。本案中，事发时原告已14周岁，且其作为校篮球队队员，应当认定其对参加案涉比赛的风险具备相应的认知能力和预见能力，且系自愿参赛，所以具备适用自甘风险规则的前提条件。

二、因常规技术性犯规造成侵害的，不宜排除自甘风险原则的适用

现代文体活动基本上都有一定的规则，活动本身的危险性相对较低，参加者在遵守规则的前提下，相互造成人身伤害的程度基本上都是可以预见、可以接受的。行为人对所参与运动的危险的认知，建立在规则允许动作之上，行为人按照相应的运动规则进行体育运动。因此在规则允许范围内，正常的拼抢行为伤及他人的，显然不应当视为法律上的过错行为，而是运动固有的危险，此时一般应适用自甘风险原则。那么对于体育运动中常见的技术性犯规造成他人损害的，应如何把握？对于如篮球这类较剧烈的运动，很难要求行为人每次在做出下一个动作之前都要经过慎重考虑。特别是在对抗性更强的比赛中，如篮球比赛中，运动员常常采取技术性犯规来阻止对方的有效进攻。有些手段虽然不为规则所允许，但是为了赢得比赛，具有一定的社会相当性和普遍性，这已经被人们认可。在正式赛事中，可以用裁判规则和运动员管理体制来约束，如

果法律采用“违规就是侵权”的观点，比赛也就无法继续进行，这将给司法带来不必要的负担。上海市第一中级人民法院的张某诉韦某生命权、身体权、健康权纠纷案①从自甘风险但书条款适用的角度明确指出，竞技性体育比赛中，参赛者的违体犯规行为致其他参赛者人身损害的，能否适用自甘风险规则主张免责，应当着重审查其犯规行为是否构成侵权法上的故意或者重大过失。违反比赛规则可作为判断行为人是否存在故意或者重大过失的重要参考因素，但不能将体育竞技中的犯规简单地等同于侵权法上的故意或者重大过失。参赛者的犯规行为是为了进行正常防守而非针对其他参赛者人身的，应当综合考虑涉案体育活动的对抗性程度、体育比赛的具体规格等因素，结合促进体育运动发展的目的考量，认定参赛者的犯规行为是否构成重大过失或者故意。本案中，被告虽然有犯规行为，但现有证据不足以证明其存在故意或重大过失，故不能排除自甘风险规则的适用。

三、适用自甘风险规则情形下，教育机构对未成年人所受损害应否承担责任决定于其是否存在过错

自甘风险规则的适用主体仅限为文体活动的参与者，对于活动组织者、经营者的安全保障义务及教育机构的教育、管理职责，并未免除。而且对于活动组织者、经营者及教育机构也未限定在其只有故意或者重大过失时才承担侵权责任，其具有一般过错时也应当承担侵权责任。可见，“自甘风险”并不是完全将活动参加者置于危险的境地而不顾，对于具有一定风险的文体活动，作为组织者具有更强的风险防范和控制能力，应尽到较高的注意义务。本案中，案涉比赛的组织者在原告受伤害后救助行为不及时、不合理，对原告的损害具有一定过错，故应当承担相应赔偿责任。

编写人：浙江省宁波市镇海区人民法院　戴盈盈　沈方楠

---

① 参见人民法院案例库网站，https：//rmfyalk. court. gov. cn/view/content. html？id＝K6dsRNI1ShLFex7CXfd%252Fu5evvIFzhTYX8Vjl%252FRmrt1M%253D&lib＝ck，2025年3月25日访问。

21

未成年人相约游泳，以推搡方式催促同伴前行致溺亡的责任承担

——吴某某、况某某诉何某某等生命权、身体权、健康权案

【案件基本信息】

1. 裁判书字号

重庆市第三中级人民法院（2023）渝 03 民终 2289 号民事判决书

2. 案由：生命权、身体权、健康权纠纷

3. 当事人

原告（被上诉人）：吴某某、况某某

被告（上诉人）：张某、何某某、张某某

被告：薛某某、薛某、谭某

【基本案情】

吴某某、况某某是吴某的父母。何某某、张某某是张某的父母，薛某、谭某是薛某某的父母。张某、薛某某和吴某曾是同学。2023 年 7 月 10 日晚，张某、薛某某与吴某相约一起玩耍。薛某某提出到某江一码头边玩耍（自然水域，因适合游泳自发形成游泳场所）。当日 21 点左右，三人到该码头江边处，张某和吴某先后下水，吴某在前，张某在后，下水过程中，张某有以推搡方式催促吴某前行的动作。此后，二人落入水中，吴某溺亡，张某被他人救起。在此期间，薛某某留在岸边未下水。

2023 年 9 月 14 日，公安局刑警支队作出关于吴某非正常死亡事件不予立案的说明："2023 年 7 月 10 日的吴某非正常死亡事件，经依法调查，张某的行

为涉嫌过失致人死亡罪，因事发时，张某未满16周岁，根据《中华人民共和国刑法》第十七条之规定，对吴某非正常死亡事件不予立案。”

吴某某、况某某与张某、何某某、张某某、薛某某、薛某、谭某对赔偿事宜未能达成协议，吴某某、况某某遂起诉至法院。

【案件焦点】

行为人涉嫌过失致人死亡罪，但因事发时未满16周岁而未予立案的情况下，损害赔偿责任如何分担。

【法院裁判要旨】

重庆市涪陵区人民法院经审理认为：根据公安机关调查和处理决定，可以确定吴某的溺水死亡系张某的侵权行为造成，故张某应当对吴某的死亡承担民事赔偿责任。何某某、张某某是张某的父母，事故发生时张某不到16周岁，属于限制民事行为能力人，根据《中华人民共和国民法典》第一千一百八十八条规定，张某对吴某侵权产生的民事赔偿由张某在其本人财产中先予赔偿，不足部分由何某某、张某某承担赔偿责任。本案为侵权之诉，薛某某未对吴某的溺水死亡有侵权行为，吴某某、况某某诉称薛某某具有救助义务，但不是薛某某的法定义务，且该事件被公安机关确定为刑事案件，故薛某某不承担吴某溺水死亡的民事赔偿责任。吴某死亡造成吴某某、况某某各项损失有死亡赔偿金910180元、交通费700元、丧葬费53483元、精神抚慰金20000元，合计984363元。

重庆市涪陵区人民法院依照《中华人民共和国民法典》第一千一百六十五条第一款、第一千一百七十九条和第一千一百八十八条规定，作出如下判决：

一、在本判决生效后十日内张某在本人财产中赔偿吴某某、况某某因吴某死亡造成的损失984363元，不足部分由何某某和张某某承担赔偿责任；

二、驳回吴某某、况某某的其他诉讼请求。

张某、何某某、张某某不服一审判决，提起上诉。

重庆市第三中级人民法院经审理认为：案涉河流系自然形成，河流中客观存在淤泥、水草、暗流等自然物质及现象，在该水域中游泳、耍水必然存在极大的安全隐患。张某在与吴某相约至案涉河流耍水过程中，明知自身不熟悉水性、吴某不会游泳、二人下水之处为水泥和稀泥交接处以及未系带安全救生设备的情况下，采取手推吴某的方式以催促其前行，未能充分预知其行为的危险性，致吴某站立不稳落入水中，是造成吴某溺水死亡事故的主要原因，张某及其法定监护人何某某、张某某依法应对吴某溺水死亡的各项损失承担相应的民事赔偿责任。吴某在自身不熟悉水性、不会游泳的情况下，未系带安全救生设备即贸然到存在极大安全隐患的自然江河下水玩耍，将自身置于不安全环境中，是造成其溺水事故发生的次要原因，吴某的父母吴某某、况某某作为吴某的法定监护人，对吴某的安全保护、教育管理缺乏有效监护，对吴某的损害亦应承担相应的责任。

结合上述分析，本院对案涉事故责任主体及责任比例确定为：张某及其法定监护人何某某、张某某承担 80%，即 787490.4 元，吴某的法定监护人吴某某、况某某自行承担 20%。

重庆市第三中级人民法院依照《中华人民共和国民法典》第一千一百六十五条第一款、第一千一百七十三条、第一千一百七十九条和第一千一百八十八条，《中华人民共和国民事诉讼法》第一百七十七条第一款第二项规定，作出如下判决：

一、撤销重庆市涪陵区人民法院（2023）渝××××民初××××号民事判决；

二、张某在本人财产中赔偿吴某某、况某某因吴某死亡造成的死亡赔偿金、交通费、丧葬费和精神抚慰金等 787490.4 元，不足部分由何某某、张某某承担赔偿责任；

三、驳回吴某某、况某某的其他诉讼请求。

【法官后语】

现实生活中，未成年人之间相约游泳行为偶有发生。同时，在水中相互推搡、嬉戏的耍水行为也符合未成年人好动、缺乏自制力及对危险隐患存在侥幸心理的天性。因此导致溺亡现象多有发生。这种情况下，当事人责任如何划分，从本案一审、二审的冲突可以看出，是有争议的。而二审与一审相比，既考虑了推搡者的过错，也考虑了受害人一方的责任。

一、以推搡方式催促同伴前行致使同伴溺亡构成侵权

《中华人民共和国民法典》第一千一百六十五条第一款规定，行为人因过错侵害他人民事权益造成损害的，应当承担侵权责任。按照该条规定，侵权人是否承担侵权责任，需要有侵权行为、主观过错、损害后果和因果关系四个构成要件。本案中，吴某某、况某某之子溺亡的损害后果已经得到证据证实。张某虽是未成年人，但年近16周岁，已经能够不断从父母、学校、媒体等各种渠道接受关于擅自到江、河、湖游泳、耍水的危险性等安全知识的教育，不可能不知道在水中推搡、嬉戏的危险性。所以，未成年人明知水中推搡的危险性而为之，造成被侵权人摔倒溺亡，构成侵权责任上的过错。且该推搡的过错与同伴溺亡存在直接因果关系。所以，张某以推搡方式催促吴某前行致使吴某溺亡构成侵权。

二、受害人的监护人未尽到监护职责构成过失相抵

在现代侵权立法和理论下，过错责任原则要求每个民事主体只需为自己行为造成的损害后果承担赔偿责任，而对于与己无关的主体造成的损害后果不用承担责任，除非有特别的法律事由。《中华人民共和国民法典》第一千一百七十三条规定："被侵权人对同一损害的发生或者扩大有过错的，可以减轻侵权人的责任。"该条规定是侵权责任中减轻侵权人责任承担份额的法定依据，即"过失相抵"条款。本案中，吴某某、况某某之子溺亡这一损害后果是由多种因素造成的，既有侵权人在水中推搡的行为，也有监护人疏于管理教育的不作为。吴某某、况某某，与张某某、何某某、张某、薛某、薛某某、谭某之间行为过错程度有显而易见的差别。而责任份额如何确定，主要结合法律规定、日常经验法则等，综合考虑各民事主体的过错程度、导致损害后果的原因力大小等因素来判断。本案中，受害者本人作为一名16岁学生，具有相应的行为能力和风险识别能力，却未在成年监护人的看护下下水游泳，置自己生命于危险之中。其监护人又疏于教育、提醒，与受害人从事前述危险行为，并造成损害后果存在因果关系。但该过错同侵权人的过错相比，程度较轻，可以在裁判时适

当减轻侵权人的责任份额。

三、涉嫌刑事犯罪免予处罚不影响侵权责任的承担

《中华人民共和国民法典》第一百八十七条规定："民事主体因同一行为应当承担民事责任、行政责任和刑事责任的，承担行政责任或者刑事责任不影响承担民事责任；民事主体的财产不足以支付的，优先用于承担民事责任。"根据该条规定，侵权人承担刑事责任、行政责任后，仍不影响民事责任的承担。相反，民事主体因同一行为，未被追究刑事责任，如本案因侵权人未达到刑事责任年龄而不予立案，也应不影响民事责任的承担。因为，刑事责任的追究与民事责任的承担，各有其构成要件。如年龄因素，未成年人侵权，一般要承担侵权责任，但是在刑事责任的构成上，则更加严格。即使致人死亡，因非故意犯罪，也不用承担任何刑事责任。所以，即使侵权人未被追究刑事责任，但符合民事侵权责任的构成要件，仍要承担民事侵权责任。

编写人：重庆市第三中级人民法院　黄琳熹　张景卫

22

未成年人相约游泳溺亡的责任认定

——刘某甲、潘某诉胡某甲等生命权案

【案件基本信息】

1. 裁判书字号

湖北省随县人民法院（2023）鄂1321民初3650号民事判决书

2. 案由：生命权纠纷

3. 当事人

原告：刘某甲、潘某

被告：胡某甲、胡某乙、向某甲、向某乙、刘某丙、某中心

【基本案情】

2023年9月9日12时许，刘某乙（刘某甲和潘某之子）、高某某、胡某乙（胡某甲之子）、向某乙（向某甲和刘某丙之子）四人结伴前往随县某水库游泳，高某某、胡某乙分别乘坐刘某乙、向某乙驾驶的两轮摩托车前往，后将摩托车停放在水库附近，徒步走到水库临近松树林的沙滩处。四人先后下水，刘某乙在岸边浅水区玩耍，高某某、胡某乙、向某乙三人行至稍深水域。高某某、胡某乙试探前方水域时不慎滑倒，被水流带入深水中。高某某几经挣扎后沉入水中。刘某乙、向某乙见胡某乙尚在水中挣扎，均前往施救。刘某乙拉住胡某乙的手，救助过程中不幸陷入水中，向某乙施救无果游回岸边。胡某乙挣扎游回岸边，上岸后身体不适，向某乙对其采取按压等措施。胡某乙与向某乙二人驾驶向某乙的摩托车返回。胡某乙、向某乙二人经商议决定隐瞒刘某乙、高某某溺水的事实，当晚在外游玩归家后未提及事故真相。2023年9月10日11时许，刘某乙的奶奶因寻人未果，报警请求帮忙寻找。当日，刘某乙的遗体被他人发现并打捞上岸。

事故发生时，刘某乙、胡某乙、向某乙和高某某均为限制民事行为能力人。胡某甲与前妻于2014年离婚，胡某乙由胡某甲抚养，胡某甲长期在外务工，胡某乙日常随祖父母生活。

某中心系事业单位法人，为案涉水库的管理单位。某中心在涉事区域设置载有“水深危险 禁止游泳 关爱生命 严禁戏水”字样、图标的警示标志牌。胡某乙、向某乙在公安机关的询问笔录中均陈述事发前已看到上述警示标志牌。

刘某甲、潘某请求胡某甲、胡某乙、向某甲、向某乙、刘某丙、某中心连带赔偿282985.35元。

【案件焦点】

1. 胡某甲、胡某乙、向某甲、向某乙、刘某丙、某中心对刘某乙的溺亡事故是否存在过错；2. 如何评判刘某乙下水救人的行为。

【法院裁判要旨】

湖北省随县人民法院经审理认为：刘某甲、潘某对其子刘某乙依法负有抚养、教育和保护的义务，其疏于安全教育和有效监护，使得刘某乙作为未成年人驾驶机动车辆前往危险区域，最终不幸陷入案涉水域无法摆脱困境，导致悲剧发生，令人惋惜。刘某乙、高某某、胡某乙、向某乙相约结伴前往案涉水库，均系自愿进入涉事水域，相互之间不存在诱导或强迫的情形，刘某乙在胡某乙遇险时亦属主动施救，事故发生并非因侵权行为所致。胡某乙、向某乙虽具备一定的与其年龄、智力相适应的认知、辨别能力，但仍属于限制民事行为能力人，身体、心理与成年人不同，对危险认知能力、风险控制能力客观上存在不足，不能脱离事发时二人所处的情境，无视其挣扎求生后面对危急状态的恐惧、紧张心理，在事后以正常情况下冷静理性、客观精确的标准去评判和苛求其在当时作出合乎情理的选择和判断。胡某乙、向某乙对同伴不具有法律意义上的安全保障和救助义务，对事故发生不具有过错，但其事后商定隐瞒事实，未及时如实告知刘某乙溺水情况，导致刘某乙家人遍寻无果陷入盲目焦急、恐慌状态，直至刘某乙遗体高度腐败漂浮后被他人发现，经公安部门告知方得知真相，胡某乙、向某乙的欺瞒行为加大了事故后果对刘某甲、潘某的精神创伤和损害，根据其行为方式、过错、后果、本地经济实际等酌情其各向刘某甲、潘某赔偿精神抚慰金 8000 元。

刘某乙在无法定义务和约定义务的情况下，主动对陷入险境的同伴施以援手，全力挽救他人生命，作为未成年人，其超过自己能力范围采取危险方法对其他人实施救助的行为虽不应进行倡导，但刘某乙英勇救人的精神和美德仍值得肯定、褒扬和尊重。胡某乙作为刘某乙的救助对象，应当对刘某甲、潘某的损失给予适当补偿。根据刘某乙施救情况、刘某甲和潘某的损失、胡某乙的家庭经济条件等因素，酌定胡某乙向刘某甲、潘某补偿 50000 元。《中华人民共和国民法典》第一千一百八十八条规定：“无民事行为能力人、限制民事行为能力人造成他人损害的，由监护人承担侵权责任。监护人尽到监护职责的，可以减轻其侵权责任。有财产的无民事行为能力人、限制民事行为能力人造成他人损害的，从本人财产中支付赔偿费用；不足部分，由监护人赔偿。”胡某乙、向某乙上述赔偿责任及补偿责任依法由其监护人承担。

案涉水库属水利工程，主要功能为防洪、蓄水灌溉、供水等，并非游泳场所，擅自进入库区水域的危险性属一般性常识，某中心作为管理者的主要义务是确保水利设施健全、功能完好等，其已在涉事水域附近设置安全警示标志，已尽到法律规定的合理限度范围内的安全管理义务，刘某甲、潘某请求某中心承担赔偿责任，不予支持。

湖北省随县人民法院依照《中华人民共和国未成年人保护法》第六条第一款，《中华人民共和国民法典》第二十六条第一款、第一百八十三条、第一千零六十八条、第一千一百六十五条第一款、第一千一百八十三条、第一千一百八十八条，《最高人民法院关于适用〈中华人民共和国民法典〉总则编若干问题的解释》第三十四条，《最高人民法院关于适用〈中华人民共和国民事诉讼法〉的解释》第六十七条第一款、第九十条规定，判决如下：

一、胡某甲于本判决生效之日起十五日内向刘某甲、潘某赔偿精神损害抚慰金8000元；

二、胡某甲于本判决生效之日起十五日内向刘某甲、潘某支付补偿金50000元；

三、向某甲、刘某丙于本判决生效之日起十五日内共同向刘某甲、潘某赔偿精神损害抚慰金8000元；

四、驳回刘某甲、潘某的其他诉讼请求。

宣判后，双方当事人均未上诉，一审判决生效。

【法官后语】

每年暑期期间，未成年人相约游泳溺亡的事故时有发生，通过法律层面对未成年人的行为加以引导，对其权益进行保护，是本案例意义所在。本案涉及一般侵权的过错认定以及因保护他人民事权益受损时受益人的适当补偿责任，分别属于过错责任和公平责任的范畴。

一、未成年人相约游泳溺亡的适用过错责任原则

《中华人民共和国民法典》第一千一百六十五条第一款规定："行为人因过错侵害他人民事权益造成损害的，应当承担侵权责任。"未成年人虽具备一定的与其年龄、智力相适应的认知、辨别能力，但本质上仍属于无民事行为能力人或限制民事行为能力人，身体、心理与成年人不同，危险认知能力、风险控制能力客观上存在不足，要客观评价未成年人在危急状态的恐惧、紧张心理，不能以正常情况下冷静理性、客观精确的标准苛求未成年人在危急情况下作出合乎情理的选择和判断，也不能以此过高的标准评判未成年人在危急情况下所作选择和判断的妥当性。未成年人相约游泳，相互之间无法律上的救助义务，出现溺亡人身损害的，同游者不具有法律意义上过错，不应承担侵权损害赔偿责任。

监护人对其未成年子女具有法定的监护义务，对子女的抚养、教育和保护具有法定责任，未成年人发生意外事故，如本案中刘某乙和高某某不幸溺亡，监护人疏于安全教育和有效监护往往是事故发生的根本原因。监护人应当强化子女的日常安全教育和行为监管，尽可能远离风险，避免意外发生。

亲历意外事件的未成年人虽然对同伴的意外伤亡没有法律上的过错，但是在意外发生后，应当通过报警、求助成年人等方式尽力争取最佳救援时机，及时告知受害人家属同伴发生意外事件的情况，如刻意隐瞒事实或采取其他隐匿措施，导致受害人家属陷入盲目焦急、恐慌状态，加大事故后果对受害人家属的精神创伤和损害的，对于这部分损害，相关未成年人具有主观过错，应当根据其行为方式、过错程度、后果等酌情承担精神损害赔偿责任。

二、对于施救人的损害受益人应当适当补偿

《中华人民共和国民法典》第一千一百八十六条规定："受害人和行为人对损害的发生都没有过错的，依照法律的规定由双方分担损失。"第一百八十三条规定："因保护他人民事权益使自己受到损害的，由侵权人承担民事责任，受益人可以给予适当补偿。没有侵权人、侵权人逃逸或者无力承担民事责任，受害人请求补偿的，受益人应当给予适当补偿。"见义勇为中受益人承担的适当补偿责任是《中华人民共和国民法典》明确适用公平责任原则的情形之一，

实质是根据公平理念合理分担损害，核心在于均衡各方利益，补偿责任的范围要基于利益平衡的公平考量，结合受害人所受损失情况、受益人的获益情况和其经济承受能力综合考虑。本案中，刘某乙在没有法定或约定义务的前提下，为保护他人的人身权益实施救助行为，导致自身受害，如果受害人得不到任何赔偿或者补偿是不公平的，更不利于助人为乐、见义勇为良好社会风尚的形成，也不符合公平正义的法治精神。因此，为了较好地平衡利益、分担损失，根据公平责任原则让受益人适当给予受害人补偿是合情合理的。

编写人：湖北省随县人民法院　陈金金

23

未成年人骑乘“老头乐”引发交通事故致他人损害的责任认定

——陈某某诉付某等身体权案

【案件基本信息】

1. 裁判书字号

河北雄安新区中级人民法院（2023）冀 96 民终 494 号民事判决书

2. 案由：身体权纠纷

3. 当事人

原告（被上诉人）：陈某某

被告（上诉人）：许某某、付某、付某某

【基本案情】

付某某系付某（事发时 15 周岁）之父。2022 年 6 月 11 日 21 时 26 分许，付某驾驶电动四轮车送陈某某回家，行驶到河北省雄县某公司门口时，碰撞公路上堆放的施工材料，造成陈某某受伤及车辆损坏的交通事故。因双方当事人均未及时报警，交警部门因难以调查取证无法出具责任认定书。堆放案涉施工材料的施工方负责人为许某某。事故发生后，陈某某被送往保定市某医院救治，后因伤势较重被送往北京某医院住院治疗，陈某某先后住院共19天，后在雄县某医院、河北某医院进行换药、复查，共计花费医疗费79650.83元，购药支出740.8元。对陈某某伤残等级、护理期、营养期进行了司法鉴定，陈某某支出鉴定费2900元。

【案件焦点】

各方当事人在本案事故中的责任如何划分。

【法院裁判要旨】

河北省雄县人民法院经审理认为：本案事发当晚有降雨，驾驶能见度降低。案涉事故中驾驶电动四轮车的付某未满16周岁，年龄尚小，驾驶操作能力弱且对驾驶过程中的突发情况应对处置并无经验，其父亲付某某在明知付某为未成年人，并无相应驾驶资格的情况下，仍允许其送陈某某回家，未尽到监护人的监护义务，付某存在违规驾驶、驾驶不当等过错，故付某、付某某应对事故的发生承担责任。许某某辩称，其并未将建筑材料堆放于公共道路上而是堆放在公路旁的排水沟上且已设置警示标志，并提供照片用以证实，但其所提供的照片因拍摄角度所限，无法确定具体摆放情况且无法证实照片拍摄时间，又与付某所提供的建筑材料堆放照片及事发时监控视频中所显示的建筑材料堆放位置不一致，故对许某某的该辩称，不予认定，其应当对事故的发生承担责任。根据《中华人民共和国民法典》第一千一百七十三条之规定，被侵权人对同一损害的发生或者扩大有过错的，可以减轻侵权人的责任。事故发生当日，陈某某家长知晓陈某某是由其初中好友付某开车接他出去玩，后陈某某在明知天气较差且付某并无驾驶资格的情况下仍然搭乘其所驾驶的车辆回家，对于事故的发生也有一定过错。

综合各方当事人的过错程度及事故原因力比较，责任比例以付某一方承担50%，许某某承担30%，陈某某承担20%较为适宜。被告各方应按照上述比例对陈某某由此所造成的合理损失依法予以赔偿。因付某为未成年人，本案属于限制民事行为能力人造成他人损害，依法应由其监护人即付某某承担赔偿责任。法院认定陈某某的损失共计 270491.4 元，故付某方应赔付其 135245.7 元，许某某应赔付其 81147.42 元。

河北省雄县人民法院依照《中华人民共和国民法典》第一千一百六十五条、第一千一百七十三条、第一千一百七十九条、第一千一百八十三条、第一千一百八十八条，《最高人民法院关于审理人身损害赔偿案件适用法律若干问题的解释》第六条、第八条、第九条、第十条、第十一条、第十二条、第二十三条，《中华人民共和国民事诉讼法》第一百三十七条规定，判决如下：

一、被告付某某于本判决生效后七日内赔付原告陈某某各项损失共计 135245.7 元；

二、被告许某某于本判决生效后七日内赔付原告陈某某各项损失共计 81147.42 元；

三、驳回原告陈某某的其他诉讼请求。

许某某、付某、付某某不服一审判决，提起上诉。

河北雄安新区中级人民法院经审理认为：本案的争议焦点主要为案由、事故责任大小的确定是否合法合理。

关于案由的确定。陈某某在一审诉状中既未单独以驾驶事故车辆的驾驶人付某为原审被告以交通事故责任为由提起诉讼，也未单独以堆放施工材料的施工方许某某为原审被告以公共道路妨碍通行损害责任等物件损害责任为由提起诉讼，而是将许某某、付某、付某某列为原审被告，并以身体受到案涉事故损害为由要求存在过错的相关责任主体赔偿其损失，一审法院根据陈某某的上述诉请及所依据的事实理由，确定案由为身体权纠纷符合法律规定。

关于事故责任大小的确定。《中华人民共和国民法典》第一千一百七十二条规定："二人以上分别实施侵权行为造成同一损害，能够确定责任大小的，各自承担相应的责任；难以确定责任大小的，平均承担责任。"一审法院以事故车辆驾驶人付某存在违规驾驶、付某父亲付某某未尽到监护义务、施工材料堆放方许某某未尽到注意义务、陈某某对自身安全未尽到谨慎注意义务为由，认定当事人各方在案涉事故中均存在过错，并通过比较三方责任主体的过错程度和原因力，确定由付某一方承担50%，许某某承担30%，陈某某承担20%的责任份额，符合法律规定。陈某某、许某某、付某、付某某均主张其自身承担的责任份额过大，无事实和法律依据，不予采纳。

河北雄安新区中级人民法院依照《中华人民共和国民事诉讼法》第一百七十七条第一款第一项规定，作出如下判决：

驳回上诉，维持原判。

【法官后语】

“老头乐”自2009年左右上市起，便凭借其低廉的价格，简单易上手的驾驶操作，无须上牌之便利等特点，成为部分老年人出行的首选交通工具。“老头乐”虽经济便捷，但潜在的安全风险不容忽视。本案审理难点是在交警部门无法出具交通事故责任认定书情况下，如何认定各方当事人是否需要承担责任及承担责任比例问题。

一、案涉“老头乐”电动四轮车的特点及法律属性

“老头乐”电动车的合法性需要根据车辆是否符合国家标准、地方政策及是否完成登记备案等条件综合判断。如果“老头乐”电动车符合《纯电动车乘用车技术条件》标准，出厂时带有3C认证，[①] 并被列入工信部《道路机动车辆生产企业及产品》公告目录，则属于合法的老年代步车，可以办理正规的新能源电动汽车号牌，驾驶员取得驾驶证后即可上路。

案涉“老头乐”电动车未经国家机动车产品主管部门许可生产，不属于工业和信息化部公告《道路机动车辆生产企业及产品》范围，其生产安全技术标准低，往往存在制动、转向上的设计缺陷，且其无法以投保交强险或商业险为使用者出行提供一定保障，往往给道路、生命、财产安全造成重大安全隐患。

---

① 3C认证，全称中国强制性产品认证（China Compulsory Certification），是中国政府为保护消费者人身安全、国家安全及环境，依据法律法规实施的强制性产品合格评定制度。

"老头乐"电动车驾驶员大多没有接受过专业的驾驶技术培训和系统的交通安全常识培训，普遍缺乏安全意识与驾驶经验，加之此类电动车未上车牌号，一些驾驶员存在侥幸心理，容易导致交通事故。本案中，未成年人为了方便而选择驾驶家中"老头乐"在夜雨下护送同学回家，监护人忽视安全隐患放任孩子无证驾驶"老头乐"上路、受害人乘坐未成年人驾驶的车辆，导致交通事故的发生。

《中华人民共和国道路交通安全法》第一百一十九条规定，交通工具分为机动车与非机动车。另外，"超标电动车"属于机动车。"老头乐"作为电动车，其在车速、车身自重等方面超过电动车参数范围，其法律属性属于机动车。但是按照电动车管理规定，"老头乐"电动车又无法在交管局注册登记，没有牌照和保险，一旦发生交通安全事故，属于"老头乐"电动车一方的责任将由车主自己承担。

二、"老头乐"电动车交通事故引发的侵权纠纷适用过错责任原则

因骑乘电动车发生的交通事故，侵权责任纠纷占比较高，根据《中华人民共和国民法典》侵权责任编相关规定，其中的侵权纠纷属于一般侵权责任，适用过错责任原则。

过错是指行为人在进行侵权时其自身所体现出的意志，是认定侵权责任的基石。过错责任原则系我国侵权责任领域中的基础性归责原则，其立法目的是对侵权行为主体不符合价值观甚至是违背社会秩序的行为进行制裁，以达到警戒他人，规范社会秩序的良好效果。人民法院认定当事人的过错时，将主观过错与客观行为相结合才能更好地还原行为人实施行为时的主观状态，对行为人的行为进行正确评价。从主观的角度来看，需要对于行为人能否预见进行衡量，从而能够发现当时的情况下是否可以选择更为恰当的行为；分析客观原因，则需要根据理性人的具体行为规矩进行判定，从而评判行为人是否履行了其应该履行的义务。本案中，未成年人为了方便而选择驾驶家中"老头乐"在夜雨下护送同学回家，家长为了省事而忽视安全隐患放任孩子无证驾驶"老头乐"上路、受害人不顾自身安全乘坐未成年人驾驶的车辆，施工方忽视给行人带来的交通安全隐患占道摆放建筑材料，对本案事故的发生均有过错，应当根据各自

的过错程度分担责任。

三、在交通部门无法出具交通事故责任认定书情况下的责任承担

在审理涉及交通事故所致的民事损害赔偿案件中，公安机关交通管理部门出具的交通事故认定书对于认定案件事实和划分民事赔偿责任具有重要的证据作用，能够帮助法院更好地厘清交通事故中的各方责任。但本案中因事故发生时在场当事人均系未成年人，二人突遇事故后未及时报警处理，导致交警部门虽然接警但无法进行事故认定和责任划分，只能依据《道路交通事故处理程序规定》第六十七条规定作出交通事故证明而非交通事故认定书。

人民法院在审理仅有交通事故证明的民事赔偿类案件时，首先，应关注交通事故证明的各项信息，其作出过程中交警部门对事故当事人进行了调查询问、事故地实地走访、技术勘验鉴定等工作，能够对事故发生的大致过程有客观陈述，所以审理时应充分利用好交通事故证明中对于事发经过的描述，严格审查事故证明的证据效力，从事故证明中提取相关案件事实。其次，应根据事发时不同角度的监控视频并结合各方所提交的在案相关证据及各方陈述，综合确定各方的过错程度及对造成事故的原因力大小。本案中，陈某某、付某的家长均知晓二人均为未成年人，但仍未对其孩子雨夜骑乘“老头乐”的行为加以制止，未尽到应有的监护义务；而许某某作为完全民事行为能力人理应认识到建筑材料堆放在公路上的危险性，却仍图方便占用公共道路堆放石材且未设置任何警示标识和安全设施，本案各方当事人均存在一定的过错。依托交通事故证明并结合事发时附近的监控视频及其他在案证据，结合日常生活经验法则和逻辑，综合比较各方对于此次事故发生的原因力大小，确定三方当事人的责任比例，才能作出符合大众心理预期的一般判断。

综上，本案事故由多方过错造成，但凡任何一方承担起自身的注意义务，都会避免事故的发生。人民法院在审理此类案件时应全面分析各方当事人的过错程度，合理确定各方责任，保障各方当事人的合法权益。

编写人：河北省高级人民法院　张俊翠

河北省雄县人民法院　贾宇涵

24

开锁匠未尽核实义务上门开锁致屋内人员遭受不法侵害，开锁公司应当承担赔偿责任

——陈某甲等诉某开锁公司等生命权案

【案件基本信息】

1. 裁判书字号

江苏省宿迁市中级人民法院（2023）苏 13 民终 4101 号民事判决书

2. 案由：生命权纠纷

3. 当事人

原告（被上诉人）：陈某甲、张某、骆某某

被告（上诉人）：某开锁公司

被告（被上诉人）：顾某某、吴某

【基本案情】

陈某乙、耿某某系朋友，二人居住于陈某乙承租的案涉房屋。王某、耿某某原系男女朋友关系，后分手，王某多次骚扰、威胁耿某某，并产生杀死耿某某的想法。2021 年 9 月 14 日晚，王某趁陈某乙、耿某某外出之机，拨打某开锁公司电话，要求提供开锁服务。某开锁公司员工顾某某、吴某至案涉房屋后，王某告知该房屋是其对象家，因二人吵架，锁被换了。顾某某、吴某未要求王某出示房产证、租房合同等材料即进行开锁。案涉房屋门锁为“指纹密码锁+机械锁”，顾某某打开机械锁并更换锁芯，并不影响指纹密码锁的使用。换锁后，王某通过微信向顾某某提供的名称为“某开锁公司”收付款码扫码支付 400 元。顾某某没有登记王某身份信息，也没有录入系统。

顾某某、吴某离开后，王某进入案涉房屋躲藏在陈某乙居住卧室外的空调设备平台。次日凌晨，待陈某乙、耿某某回家入睡后，王某先后进入陈某乙和耿某某房间实施侵害行为，致陈某乙死亡、耿某某受伤。

陈某乙出生于1990年8月，出生后不久被陈某甲、张某夫妻抱养并随陈某甲、张某共同生活，未办理收养手续。陈某乙结婚后又离婚，育有骆某某。

王某因犯故意杀人罪，被判处死刑。现陈某甲、张某、骆某某将某开锁公司、顾某某、吴某诉至法院，要求其赔偿死亡赔偿金、丧葬费。某开锁公司认为陈某乙系被王某的不法侵害致死，其不应当承担赔偿责任。

【案件焦点】

某开锁公司应否对因陈某乙死亡给其近亲属造成的损失承担赔偿责任。

【法院裁判要旨】

江苏省沭阳县人民法院经审理认为：本案的主要争议焦点是：陈某甲、张某的原告主体资格是否适格；顾某某、吴某对陈某乙死亡是否存在过错；如存在过错，其与某开锁公司对案涉损失承担的赔偿责任及责任比例如何认定。

关于争议焦点一。陈某甲、张某为本案的适格原告。1984年8月30日施行的《最高人民法院关于贯彻执行民事政策法律若干问题的意见》第二十八条规定："亲友、群众公认，或有关组织证明确以养父母与养子女关系长期共同生活的，虽未办理合法手续，也应按收养关系对待。"陈某乙被陈某甲、张某收养的事实发生在1999年4月1日起施行的《中华人民共和国收养法》之前，陈某甲、张某与陈某乙之间的收养关系成立，故陈某甲、张某为本案适格原告。

关于争议焦点二。某开锁公司应当对因陈某乙死亡给张某、陈某甲、骆某某造成的损失承担赔偿责任，责任比例酌情确定为30%。首先，顾某某、吴某系履行职务行为。王某自述其联系的是某开锁公司的工作人员开锁，顾某某出示的微信收款码名称为"某开锁公司"，某开锁公司亦认可顾某某、吴某系其工作人员，应认定顾某某、吴某为王某开锁系履行职务行为，其行为造成的后果应当由用人单位即某开锁公司承担。其次，顾某某、吴某对陈某乙的死亡后果存在过错，宜由某开锁公司承担 30%赔偿责任。《江苏省特种行业治安管理条例》第二十五条第一款规定："经营开锁业的，还应当遵守下列规定：(一)承接开锁业务，应当确认委托人拥有闭锁物的所有权或者使用权，不能确认的应当拒绝，发现有违法犯罪嫌疑的，应当立即向公安机关报告；(二)现场开锁时，应当如实填写《开锁服务记录单》，由委托开锁人、开锁技术人员分别签名、注明联系方式，并留存备查……"顾某某、吴某作为开锁从业人员，核实顾客对闭锁物是否享有所有权或使用权系其最基本的职业要求。而顾某某、吴某承接王某开锁业务时，未确认王某对房屋享有所有权或者使用权，仅听王某陈述，甚至没有核实王某的身份信息，即为王某对陈某乙承租的房屋开锁，使房屋内的财产及人员安全遭受重大安全风险，为王某杀害陈某乙提供了便利条件。顾某某、吴某在开锁过程中未尽必要的审查义务，存在过错，其后果应由用人单位即某开锁公司承担。综合本案的实际情况、陈某乙的死亡原因及顾某某、吴某的过错程度，酌情确定某开锁公司承担 30%赔偿责任。

经依法确定，张某、陈某甲、骆某某的损失数额合计 1330190 元，由某开锁公司赔偿 30%即 399057 元。

江苏省沭阳县人民法院依照《中华人民共和国民法典》第一千一百六十五条第一款、第一千一百七十二条、第一千一百七十九条、第一千一百八十一条第一款、第一千一百九十一条第一款规定，判决：

一、某开锁公司于判决发生法律效力之日起十日内赔偿陈某甲、张某、骆某某损失 399057 元；

二、驳回陈某甲、张某、骆某某的其他诉讼请求。

某开锁公司不服一审判决，提起上诉。

江苏省宿迁市中级人民法院经审理认为：侵权行为、损害事实、主观过错和因果关系是侵权责任成立的四个构成要件，陈某乙死亡的损害事实是客观存在的，且各方对该损害后果及损失金额均无异议，判断某开锁公司是否应当承担赔偿责任的关键在于看该公司是否存在侵权行为，有无主观过错，其行为与损害后果之间是否存在因果关系。

首先，某开锁公司存在侵权行为。住宅是公民居住、生活和休息的场所，和人们的自由、隐私、人身安全、财产安全等权益密切相关。公民住宅不受侵犯是公民的基本权利之一。除法律另有规定外，未经住宅所有权人或使用权人允许，任何人不能随意进入他人住宅。违背住宅内成员的意愿或无法律依据进入公民住宅或进入公民住宅后被要求退出而拒不退出的行为，均构成侵权。案涉房屋由陈某乙承租，由陈某乙、耿某某二人居住，故未经陈某乙、耿某某允许或同意，任何人不得随意进入该住宅，违背其意愿进入该住宅的行为，均可认定为侵权。顾某某、吴某作为特种行业从业人员，在得到住宅所有权人或使用权人授权或委托的情况下，从事开锁服务，当然不构成侵权。但王某显然不是住宅的所有权人或使用权人，故顾某某、吴某虽然是在王某的授权或委托下从事案涉住宅的开锁业务，但因其并未取得住宅所有权人或使用权人同意，其开锁行为仍应当被认定为侵权行为。

其次，某开锁公司对开锁行为存在过错。根据《江苏省特种行业治安管理条例》第二十五条第一款规定，确认委托人拥有闭锁物的所有权或者使用权，是开锁从业人员承接开锁业务的前提条件。顾某某、吴某作为开锁从业人员，核实顾客对闭锁物是否享有所有权或使用权系其最基本的职业要求，而顾某某、吴某承接王某开锁业务，并未确认王某对房屋享有所有权或者使用权，仅凭王某陈述，甚至没有核实王某的身份信息，即为王某从事开锁服务，顾某某、吴某显然并未尽到必要的审查义务，足以认定其存在过错。

最后，某开锁公司的侵权行为与陈某乙死亡的损害后果之间存在因果关系。本案有别于单一侵权案件，属于“多因一果”的侵权类型，存在数人侵权，且数人之间并无意思联络，不存在共同的故意，故对其因果关系的认定较为复杂。纵观本案的案情，主要存在两个侵权行为，一是某开锁公司的开锁行为，二是王某所实施的侵害陈某乙生命权和身体权的行为，两个行为共同造成同一损害后果，即陈某乙死亡。某开锁公司的开锁行为虽然并不必然导致陈某乙死亡的损害后果，不是导致陈某乙死亡的直接原因，但其开锁行为导致房屋内的财产及人员安全遭受重大安全风险，为王某杀害陈某乙创造了便利条件，是导致陈某乙死亡的间接原因，正是两人行为的间接结合才导致陈某乙死亡这一损害后果的发生。故某开锁公司关于开锁行为与损害后果之间无因果关系的上诉主张，不能成立。

综上，一审法院综合本案的实际情况、陈某乙的死亡原因及顾某某、吴某的过错程度，酌定由某开锁公司承担30%的赔偿责任，并无不当，予以确认。

江苏省宿迁市中级人民法院依照《中华人民共和国民事诉讼法》第一百七十七条第一款第一项规定，判决如下：

驳回上诉，维持原判。

【法官后语】

本案系开锁匠被犯罪分子利用致他人损害的典型案例。

开锁匠作为特种行业从业人员，利用其自身掌握的开锁技能可以轻松进入他人住宅，如不能对开锁行业实施有效监管，将给社会带来巨大的安全隐患。现实生活中，部分开锁匠不能规范运用开锁流程，很容易被犯罪分子利用，给公民的生命财产带来威胁。本案的核心在于，对于开锁匠违规操作为犯罪行为创造便利条件的行为如何评价，对于损害后果如何适用侵权法律认定民事责任。

首先，本案既涉及刑事法律关系，又涉及民事法律关系，系一起刑事犯罪与民事侵权交叉案件，在适用法律时应当遵循“刑民并行”的原则，即刑事责任与民事责任的认定应当并行不悖。对于犯罪分子犯罪行为涉及的刑事责任，刑事判决已作出评价；但与此同时，对于开锁匠及开锁公司而言，虽然没有犯罪动机，不是故意杀人罪的共犯，尚未触犯刑事法律规范，不能对其处以刑事责任，但也不意味着开锁公司及开锁匠可以“随意开锁”，在民事领域仍有独立评价其行为性质并施以民事责任的必要。

其次，关于如何评价开锁匠违规开锁行为的问题。根据《中华人民共和国民法典》第一千一百六十五条第一款规定和相关民事侵权责任理论，当同时满足侵权行为、损害后果、因果关系及主观过错四个构成要件时，民事主体即应当承担民事侵权责任。开锁行业作为特种行业，各地都将其纳入治安管理，如《江苏省特种行业治安管理条例》对开锁行业及开锁匠的行为进行了特别规定，开锁公司在提供开锁服务时，有核实客户身份、按相关流程规范操作的义务，亦有保护客户隐私与住宅安全的义务。本案中，顾某某、吴某作为开锁从业人员，在承接王某的开锁业务时，并未确认王某对房屋享有所有权或者使用权，仅凭王某陈述，甚至没有核实王某的身份信息，即为王某进行开锁服务，显然未尽到基本的审查义务，足以认定其存在过错。虽然开锁行为并不必然导致陈某乙死亡的损害后果，但导致房屋内的财产及人员安全遭受重大安全风险，为王某杀害陈某乙创造了便利条件，如果没有开锁匠的违规操作，犯罪分子就难以进入屋内实施犯罪，正是开锁行为与犯罪行为的结合才导致陈某乙死亡这一损害后果的发生。因此，开锁匠违规开锁系侵权行为，应当承担侵权责任。

最后，关于责任认定的问题。《中华人民共和国民法典》第一千一百七十二条规定，二人以上分别实施侵权行为造成同一损害，能够确定责任大小的，各自承担相应的责任。本案有别于单一侵权案件，存在数人侵权，属于“多因一果”的侵权类型，即开锁匠的违规开锁与犯罪分子的犯罪行为共同导致了同一损害后果的发生，且数个侵权人之间并无意思联络，不存在共同的故意，故应按照各自责任大小承担责任。综合本案的实际情况及开锁匠的过错程度，本案酌定由某开锁公司承担30%的赔偿责任。

本案的裁判结果不仅是对个案当事人权益的救济，更是对开锁业等特种行业的一次警示，既体现了对受害人及其家属的关怀，也彰显了对特殊行业规范管理的重视。本案的审理可为类似案件的解决提供参考，同时有利于规范开锁行业的管理，强化从业人员的法律意识和责任意识，为开锁行业的健康发展和维护社会公共安全提供了司法保障。

编写人：江苏省宿迁市中级人民法院　张大亮　侯小青　周伟豪

25

合伙人执行合伙事务时死亡，各方均无过错的，其他合伙人应否分担损失

——葛某某等诉黄某某生命权案

【案件基本信息】

1. 裁判书字号

湖南省湘潭市中级人民法院（2023）湘 03 民终 1620 号民事判决书

2. 案由：生命权纠纷

3. 当事人

原告（上诉人）：葛某某、胡某某、田某甲、田某乙

被告（上诉人）：黄某某

【基本案情】

黄某某与案外人王某某共同经营一重型半挂牵引车、重型自卸半挂车的货车运输业务，雇佣田某丙为该车辆驾驶员，后三人协商，由田某丙以其应得未付工资为合伙资金入股，替代王某某的合伙份额。根据相关协议，将该车 40% 股份转让给田某丙，黄某某持有 60% 股份，2022 年 10 月 1 日前的安全、效率、交通违法由黄某某负责，之后由黄某某与田某丙两人共同负责。田某丙继续驾驶该车辆，运输总价款的 18% 作为报酬，剩余价款扣除油费、维修等成本由黄某某、田某丙按股份比例分配，资金由黄某某统一管理，按月结算。

2022 年 12 月 19 日晚，田某丙驾驶上述车辆载运相应货物至某水泥厂，并在车内休息，第二天 8 时许被发现已死亡。经鉴定，田某丙符合冠心病急性发作致心源性猝死，过度劳累、各种精神情绪因素可为冠心病的常见诱发因素。

田某丙、葛某某系再婚，共同生育一女田某乙，田某丙再婚前育有一子田某甲，田某丙之母胡某某育有五个子女。田某丙死亡后，双方因就赔偿事宜无法达成协议，葛某某、胡某某、田某甲、田某乙诉至法院，请求判令黄某某赔偿死亡赔偿金等各项损失718800.3元，并承担本案诉讼费。

2022年10月1日，田某丙与胡某（黄某某妻子）签订《车辆股份转让协议》，其主要内容：现有车辆为黄某某所有，经黄某某与田某丙协商，将该车40%股份转让给田某丙，黄某某持有60%股份，2022年10月1日前的安全、效率、交通违法由黄某某负责，之后由黄、田共同负责。协议签订后，田某丙继续驾驶该车辆，双方约定合伙经营方式为：运输总价款的18%作为田某丙报酬，剩余价款扣除油费、维修等成本由黄某某、田某丙按上述股份比例分配，资金由黄某某统一管理，按月结算。

2022年12月19日晚8时许，田某丙驾驶上述车辆载运相应货物至某水泥厂，当时工厂已下班无人对货物称重，田某丙即在车内休息，第二天8时许被发现已死亡。经当地派出所确认排除他杀可能，后经司法鉴定：田某丙符合冠心病急性发作致心源性猝死，过度劳累、各种精神情绪因素可为冠心病的常见诱发因素。原告方支付鉴定费18000元。2023年1月3日，田某丙遗体在市殡仪馆火化，支付相关费用5240元。田某丙、葛某某系各自离婚后于2017年5月办理结婚登记，并共同生育一女田某乙，田某丙再婚前育有一子田某甲，田某丙之母胡某某育有包括田某丙在内的五个子女。

田某丙死亡后，黄某某与田某丙妻子葛某某就合伙期间报酬、利润分配及车辆补偿等事宜在某镇人民调解委员会的主持下达成一揽子调解协议，2022年12月29日两份协议的主要内容：田某丙工资27671元，分红14619元，扣除已支取的10200元，向葛某某微信账户支付32090元；因双方在田某丙死亡赔偿一事上不能达成协议，先由黄某某先垫付死亡丧葬费40000元，后可作抵法院判决的赔偿金，此次垫付的40000元包括提前支取车辆处置金额中田某丙的车辆股份分配份额。2023年1月9日协议的主要内容：车辆原价138000元，双方协商作价100000元，其中黄某某分得60000元，田某丙分得40000元，在上一份协议中已预支20000元，另20000元由黄某某支付葛某某。上述协议达成后黄某某已将相应款项支付给葛某某。原告方就田某丙死亡赔偿事宜诉至法院。

据清单及调解协议记载，双方合伙后2022年10月运输收入52229.51元、漏算617元、成本支出34463元；11月运输收入（清单记载）61686元、漏算5580元、成本支出39716元；12月运输收入（清单记载）29477.81元、漏算3362元、成本支出14201元。总收入为152952.32元，总成本为88380元。经双方结算，漏算的田某丙工资2000元（10车×200元/车）、分红3200元计入总数后，田某丙工资为27671元、分红为14619元。

根据原告提交证据及相关规定，对案涉损失审核认定如下：（1）死亡赔偿金946020元；（2）丧葬费，原告主张按城镇非私营单位就业人员年平均工资计算，被告则认为应按城镇私营单位就业人员年平均工资计算，考虑到原告提交的殡仪馆收费凭证并结合本地实际，本院认定丧葬费42719元（85438元/年÷12个月×6个月）；（3）被扶养人生活费，田某乙148511.83元［24083元/年×（12+4÷12）年÷2］、胡某某24083元（24083元/年×5年÷5）；（4）精神抚慰金50000元；（5）鉴定费18000元；（6）交通费2000元，原告未提出关于该项损失的事实和理由，也未提交依据，本院不予认可。以上共计各项损失1229333.83元。

【案件焦点】

1. 黄某某对田某丙的死亡结果是否具有过错；2. 黄某某是否需要向葛某某等人承担责任。

【法院裁判要旨】

湖南省韶山市人民法院经审理认为：田某丙在与黄某某合伙从事运输业务中因冠心病急性发作致心源性猝死，两人均无过错，黄某某作为合伙事务的受益人，基于公平原则，应给予适当的经济补偿，分担部分损失。根据葛某某与黄某某对双方合伙期间运输收入、成本、报酬及利润的分配情况，黄某某所获利益为全部运输收入14.57%，故酌定黄某某按损失总额的15%即184400元补偿，已支付 20000 元，还需支付 164400 元。

湖南省韶山市人民法院判决：

一、由被告黄某某在本判决生效之日起十日内补偿原告葛某某、胡某某、田某甲、田某乙 164400 元；

二、驳回原告葛某某、胡某某、田某甲、田某乙的其他诉讼请求。

原、被告双方均不服一审判决，提起上诉。

湖南省湘潭市中级人民法院经审理认为：关于黄某某对田某丙的死亡结果是否具有过错。第一，田某丙与黄某某合伙经营货车运输业务，两人地位平等、各有分工，并约定运输报酬。田某丙对工作内容、强度等都参与决策，这与雇主向雇工发放固定工资并管理支配工作内容的雇佣关系具有本质区别。第二，田某丙死亡的直接原因是其自身疾病，并非工作中受到伤害而产生。鉴定意见认为过度劳累、各种精神情绪因素可为冠心病的常见诱发因素，但无法确认是何种原因导致，亦无明确证据证明田某丙是因工作原因导致其过度劳累进而诱发冠心病急性发作猝死的结果。第三，即便黄某某、田某丙的合伙体与田某丙之间存在雇佣与被雇佣关系，双方之间系劳务关系，而非劳动关系。黄某某承担责任的前提是存在过错，葛某某等人未提出证据证明黄某某对田某丙的死亡结果存在相应过错。

关于黄某某是否需要向葛某某等人承担责任，二审法院同意一审法院意见，予以确认。

综上，葛某某等人及黄某某的上诉理由和请求均不能成立，应予驳回。一审判决认定事实清楚，适用法律基本正确，应予维持。

湖南省湘潭市中级人民法院依照《中华人民共和国民事诉讼法》第一百七十七条第一款第一项规定，判决如下：

驳回上诉，维持原判。

【法官后语】

本案系合伙人在执行合伙事务时死亡，其他合伙人是否承担责任的问题。对于合伙人的死亡结果，两位合伙人均没有过错，过错责任原则、无过错责任原则都不适用，而公平责任原则可以弥补两者的不足。

法律的生命力在于实施，法律的权威也在于实施。《中华人民共和国民法典》（本案例以下简称《民法典》）第一千一百八十六条是指引性规定，明确"依照法律的规定"可以适用公平责任原则，但现有相关民事法律未明确规定本案情形可以适用公平责任原则。该条规定对于只要双方均无过错法官就容易滥用自由裁量权随意适用公平责任原则的情况有了较大改善，但实践中应当警惕过分限缩解释而机械司法导致该法条陷入"沉睡"。经分析，本案情形应当适用公平责任原则。

首先，从本质上看，公平责任是以公平的观念作为一种价值理念，公平是一个比较的概念，只有在两相比较情形下人们才有是否公平的感触或体会。公平责任原则不同于过错责任原则、无过错责任原则，它并非一种归责原则，而是损失分担的一种特殊情形。其次，《最高人民法院关于贯彻执行〈中华人民共和国民法通则〉若干问题的意见（试行）》第一百五十七条就公平责任原则适用情形表述为"一方是在为对方的利益或者共同的利益进行活动的过程中受到损害的"，虽该文件已经失效，但其所代表的法律精神符合人民群众对公平观念的朴素期待，因此适用公平责任原则的前提仍然是"为对方的利益或者共同的利益"这一点是毫无争议的。再次，《民法典》第六条确立了公平原则，这是所有民事活动都应当遵循的基本原则，虽然裁判中不能直接适用基本原则，但《最高人民法院关于适用〈中华人民共和国民法典〉总则编若干问题的解释》第一条第三款规定："民法典及其他法律对民事关系没有具体规定的，可以遵循民法典关于基本原则的规定。"因此，法律没有明确规定并不必然导致不能适用，也就是说，并不禁止在遵循公平原则的前提下适用公平责任原则。需要注意的是，公平责任原则的适用应当进行严格审查，不应将"依照法律的规定"直接扩大解释为《民法典》第六条的规定，从而将公平原则变相成为再次滥用自由裁量权的借口。最后，因紧急避险、见义勇为等情形下法律明确规定受益人给予适当补偿，理论界与实务界普遍认为上述情形适用公平责任原则。众所周知，合伙的特点是"共享利益、共担风险"，因此，合伙人实际上是合同约定的共同受益人，根据举轻以明重原则，同为受益人的合伙人应当在其受益范围内分担损失。

编写人：湖南省韶山市人民法院 胡翠

26

业主依法正当行使权利引发业委会代表情绪激动并猝死的责任认定

——杨某甲、杨某乙诉贾某等生命权案

【案件基本信息】

1. 裁判书字号

广东省珠海市中级人民法院（2023）粤04民终4971号民事判决书

2. 案由：生命权纠纷

3. 当事人

原告（上诉人）：杨某甲、杨某乙

被告（被上诉人）：贾某、邱某、林某某

【基本案情】

杨某甲、杨某乙的父亲杨某某及贾某、邱某、林某某均为某小区业主，杨某某为该小区前任业主委员会主任。2022年9月3日晚，某小区召开业主会议，针对当时小区物业问题由业主委员会与有疑问的业主进行现场沟通，会议有十几人参加，杨某某作为业委会代表参会，贾某、邱某、林某某作为业主代表参会。会议期间，贾某对小区费用支出及公共收益补偿款的使用问题向业委会质疑，导致其与业委会委员发生争执。后有其他业主和林某某、邱某先后参与争执，现场矛盾激化，杨某某情绪激动大声质问贾某，随后双方互相大声指

责对方，杨某某有拍桌子、大声说脏话等行为。争吵过程持续约两分钟，杨某某离开会议室后即身体不适晕倒，经 120 抢救无效死亡，杨某某死后未进行尸检。《珠海市院前急救病情告知书》载明：杨某某初步诊断为心脏骤停；公安机关出具的《居民死亡医学证明（推断）书》中记载杨某某的死亡时间为 2022 年 9 月 3 日，死亡地点为某小区物业服务中心，死亡原因为体表未见致命损伤。杨某甲、杨某乙支付杨某某当日抢救医疗费 2551.4 元。

事发前，在业主群里贾某曾提出一些质疑，邱某曾辱骂杨某某。

杨某某的父母均先于杨某某去世，杨某某生前已离婚。

杨某甲、杨某乙起诉请求贾某、邱某、林某某赔礼道歉并赔偿各项损失共计 1328349.61 元。

【案件焦点】

1. 贾某、邱某、林某某在业主会议上对业委会质疑的言行以及在微信中的言论与杨某某的死亡结果之间是否存在因果关系；2. 在有老年人参与的公共事务管理活动中，其他参加人对老年人是否应尽一定的注意义务。

【法院裁判要旨】

广东省珠海市香洲区人民法院经审理认为：贾某、邱某、林某某是否需承担侵权责任，关键是需要判定其行为是否存在过错，与杨某某的死亡之间是否存在因果关系。

首先，本案事故发生时杨某某和贾某、邱某、林某某均在小区物业会议室开会，该会议已提前通知业主可来旁听并质疑。贾某、邱某、林某某作为业主参与会议并对小区费用收支质疑，该行为本身并不具备违法性。杨某甲与杨某乙虽主张贾某、邱某、林某某多次在微信群聊和业主私聊中恶意中伤杨某某，但其提交的证据不足以证实贾某、邱某、林某某言论系直接针对杨某某个人且对杨某某的身体状况造成影响，亦不能证实贾某、邱某、林某某存在故意侵害杨某某生命、健康的故意。

其次，根据事发时的现场视频，在会议正常进行时，贾某、邱某、林某某并没有针对杨某某的个人行为进行质疑和评论，其质疑行为本身不会造成杨某某死亡的后果。而在其他业主情绪激动拍桌子并大声发言后，会议现场秩序失控，先是杨某某起身与贾某大声争吵，随后邱某与杨某某争吵，争吵期间杨某某拍桌子并说脏话。贾某扔水瓶、邱某拍桌子都是针对其他业主，邱某也不是第一个拍桌子故意激化矛盾的一方。林某某并未参与吵架。综上，贾某、邱某、林某某的言行并未超过必要合理限度，贾某、邱某、林某某亦均未与杨某某发生肢体冲突。而杨某某在争吵时情绪激动、语言激烈，在未能控制自身情绪的情况下，突发昏厥并死亡，其身体突发状况超出贾某、邱某、林某某可预见范畴，贾某、邱某、林某某在主观上不存在过错。

最后，因杨某某的遗体未尸检，具体死亡原因不明，杨某甲与杨某乙所提供的证据不足以证明贾某、邱某、林某某的言行与杨某某的死亡结果之间存在法律上的因果关系。

广东省珠海市香洲区人民法院依照《中华人民共和国民法典》第一千一百六十五条、《中华人民共和国民事诉讼法》第六十七条及《最高人民法院关于适用〈中华人民共和国民事诉讼法〉的解释》第九十条规定，判决如下：

驳回杨某甲、杨某乙的全部诉讼请求。

杨某甲、杨某乙不服一审判决，提起上诉。

广东省珠海市中级人民法院经审理认为：贾某、邱某、林某某作为业主，在参与小区共有部分管理和物业管理过程中，有依法提出建议、质疑、批评的权利。贾某在业主会议中质疑业委会挪用公共资金是基于业委会公开的信息而提出，并非恣意捏造或者歪曲事实，即使反映的情况不实或者不完全属实，也仍在其行使业主权利的合理范围内。杨某甲与杨某乙提交的微信聊天记录等证据不足以证明杨某某遭受了贾某、邱某、林某某长期的污蔑、侮辱与诋毁，且相关微信聊天记录与杨某某突发疾病去世相隔相当时间，依常理难以认定贾某、邱某、林某某在微信聊天中的相关言论在相当时间之后会造成杨某某事发当天心脏骤停。贾某、邱某、林某某发表的相关言论从内容上看属于其业主权利的合法行使，且本案并无证据显示杨某某具有引发心脏骤停的特定疾病且贾某、邱某、林某某知晓，杨某某在争吵后突发昏厥并死亡超出贾某、邱某、林某某可预见范畴。综上，贾某、邱某、林某某的言行并未违反公共讨论中对老年人负有的注意义务，其行为不存在过错，杨某某的死亡与贾某、邱某、林某某的行为之间缺乏证据证实具有相当因果关系。一审判决对杨某甲、杨某乙的诉讼请求不予支持并无不当，予以维持。

广东省珠海市中级人民法院依照《中华人民共和国民事诉讼法》第一百七十七条第一款第一项规定，判决如下：

驳回上诉，维持原判。

【法官后语】

本案涉及业主在参与小区共有部分管理和物业管理过程中，行使权利的行为边界判断，以及在有老年人参与的公共事务管理活动中，其他参与人对老年人的注意义务范围界定，对业主参与小区公共事务管理的行为自由及老年人权利保护具有一定意义。本案的发生源于业主参加业主大会时对业委会质疑，进而引发业主和业委会代表之间激烈争吵，后参与争吵的业委会代表突发疾病猝死的事件。本案生效判决对业主在该争吵过程中的言行、业主大会召开前行为人在微信中发表的言论是否具有过错，业主行使权利的行为与业委会代表猝死之间是否存在因果关系，以及参与公共事务管理的其他人对一同参与公共事务管理的老年人的合理注意义务范围进行了充分论证。本案的审理充分保护了业主在合理范围内行使权利的行为自由，对审理类似案件具有参考价值。

一、业主在参与小区共有部分管理和物业管理过程中行使权利的行为边界

《中华人民共和国民法典》第二百七十一条规定："业主对建筑物内的住宅、经营性用房等专有部分享有所有权，对专有部分以外的共有部分享有共有和共同管理的权利。"《物业管理条例》第六条第二款规定了业主在物业管理活动中享有的十项权利。依据上述规定，业主在参与小区共有部分管理和物业管理过程中，有提出建议、质疑、批评的权利，有权监督业主委员会的工作。但是，权利的行使并非没有边界，任何权利的行使都必须在合法合理的范围之内，不得以行使权利为名侵犯他人合法权利。具体而言，行为人不得歪曲事实或恣

意捏造虚假事实对他人进行指控，言论内容不得违反法律、行政法规的强制性规定，也不能违背公序良俗。业主对业主委员会的工作质疑时，言行尚在合法合理范围之内，即便因为业主质疑、发生争吵，甚至因此引发对方人身损害，业主的行为也不具有过错，不构成侵权行为。

二、在有老年人参与的公共事务管理活动中，其他参与人对老年人应尽到的注意义务范围

实践中，很多老年人退休后积极参与社会公共事务管理活动。但由于老年人身体机能下降，在社会生活交往中，较其他人更容易受到身体损伤。尊老敬老是中华民族传统美德，因此，按照常情常理，在社会交往活动中，参与者应对老年人尽到更高的注意义务和适当的照顾义务。但是，这种注意义务也是有限度的，不能超出对普通的、通情达理的人的注意义务范围的要求。在公共事务的管理过程中，对公共事务的讨论不可避免，难免发生激烈的讨论甚至带有攻击性的争吵，这种讨论和争吵只要不明显超出合理的限度，不涉及直接的人身攻击或违反社会管理秩序，基于平衡公共利益与个人权利的要求，参与公共事务管理的人通常应予容忍，并通过事先制定的议事规则排除不合理的冲突行为。要求参与者能够预见到参与公共事务管理的老年人更易因情绪激动引发可能导致死亡的疾病，要求有老年人参与的讨论不能发生冲突，已经超出了对普通的、通情达理的人的注意义务范围的要求，不仅会不合理地限制普通人参与社会公共事务治理的积极性、能动性，也会反面引导社会公众以身体原因为由不合理地将老年人排除出社会公共事务治理的范围。这有违有能力参与公共事务治理的老年人的意愿。

三、业主依法正当行使权利引发业委会代表情绪激动并猝死的一般不构成侵权

本案中，一方面，贾某在业主会议上虽然提出了业主委员会挪用公共资金的质疑，但并未直接指认杨某某个人挪用公共资金。虽然因杨某某作为前任业主委员会主任且尚在继续参与业主委员会工作，贾某的此项质疑会让人联想杨某某是否应对此事负责，但该项质疑仍然是基于贾某作为业主依法享有的参与

共有部分管理和物业管理的权利，是基于业主委员会公开的相关资金使用情况及相关人员的解释而提出，并非恣意捏造或者歪曲事实进行指控，即使反映的情况不实或者不完全属实，也仍在其行使业主权利的合理范围内。各方就此产生的争议也仍可以通过法律规定的程序解决、澄清。贾某、邱某、林某某发表的相关言论，从内容上看属于其业主权利的合法行使，不存在过错。

另一方面，杨某某是常年热心参与事发小区公共事务管理的老年人。公共事务的管理涉及业主的切身利益，应当允许业主在法律允许的范围内自由发表意见，才能有助于公共事务的良好治理。贾某、邱某作为业主参加业主大会并对业主委员会使用小区公共收益的情况质疑，是法律赋予的正当权利，而杨某某作为业主委员会的代表，在对小区公共事务管理的过程中理应对业主质疑的行为予以容忍，并通过适当的方式澄清质疑。在双方因小区公共事务管理事宜发生分歧甚至激烈争吵，杨某某情绪激动的情况下，若杨某某具有引发心脏骤停的特定疾病且贾某、邱某知晓，则贾某、邱某负有回避与杨某某争吵的注意义务，但本案并无证据显示杨某某具有引发心脏骤停的特定疾病且贾某、邱某知晓。因此，本案中贾某、邱某的言行并未违反公共讨论中对老年人负有的注意义务，杨某某即便因此而情绪激动并引发疾病，因行为人对此并无过错，依法无须承担侵权责任。

编写人：广东省珠海市香洲区人民法院　蒙秋仲

27

房屋托管机构对改造分租住房安全性的合理注意义务

——宋某某诉某公司生命权案

【案件基本信息】

1. 裁判书字号

广东省深圳市福田区人民法院（2023）粤 0304 民初 23863 号民事判决书

2. 案由：生命权纠纷

3. 当事人

原告：宋某某

被告：某公司

【基本案情】

2019 年 5 月，宋某与某公司签订《房屋代理租赁合同》，约定某公司作为房屋托管机构，将位于某小区 B 房屋 A 房间出租给宋某，租赁用途为居住，每月租金、维修金、服务费合计 2732 元。2020 年 2 月 3 日，宋某从 A 房间坠楼身亡。公安机关经现场勘查及多方走访调查，最终无法明确宋某是自伤还是意外坠落。调查材料反映，B 房屋由某公司受托管理后进行改造分租，该房屋的另外两间房原本即为卧室，故房间配备卧室凸窗及带露台的落地窗，均有护栏，宋某租住的 A 房间原为客厅的一部分，改为卧室使用，租金较其他房间略低，该房间的窗户为与墙面一体的平面窗，窗口面积较大，床的位置紧贴着窗户所在的墙面，床面在垂直距离上离窗口约 50 公分，没有护栏，系宋某坠落的位置。

宋某某系宋某的父亲，案外人叶某某系宋某存在抚养关系的继母，叶某某同意由宋某某一人主张本案所涉诉讼权利。宋某身故时尚未婚育。

【案件焦点】

在经房屋托管机构改造分租的房屋发生人身安全事件的，如何认定托管机构是否承担侵权责任。

【法院裁判要旨】

广东省深圳市福田区人民法院经审理认为：宋某因高处坠落死亡，公安机关经现场勘查及走访调查后最终无法明确宋某是自伤还是意外坠落。在此情况下，本案作为民事案件必须依据在案证据对于案涉坠落地点本身是否存在安全隐患及其与死亡结果是否存在一定因果关系作出认定。根据调查材料，案涉房屋系经改造后分租，宋某租住的 A 房间系部分客厅面积经改造后作为卧室使用，该改造方式不符合《商品房屋租赁管理办法》第八条关于出租住房应当以原设计房间为最小出租单位的规范性要求；改造后房间内带有面积较大的平面窗户，未加装护栏，成人身体能够轻易通过，而卧床的位置紧靠窗户所在墙面，床面距离大窗口仅约 50 公分，按照生活常理足以判断存在安全隐患，实际亦为本案中宋某所坠落的具体位置。某公司作为房屋管理人及出租人，在对案涉高层物业进行改造分租时，对于与该行为结果具有紧密联系的人身安全事项负有基本注意义务，应以合理的标准防范潜在危险，从案涉窗户的安全隐患程度、一旦发生危险的后果，对比加装护栏的较低成本而言，其以分租为目的进行改造后未加装窗口护栏的行为，构成过错，与宋某由此处坠落身亡的损害结果具有一定的因果关系，应承担侵权责任。同时，宋某作为完全民事行为能力人，未对自身生命安全施以足够的重视，对同一损害的发生亦有过错，依法减轻侵权人的责任。酌情认定某公司对损害后果承担 30%的责任。本次事件产生的损失金额依照法定规则认定为 1387055. 50 元（含死亡赔偿金、丧葬费、精神损害抚慰金），按责任比例，由某公司赔付 416116. 65 元。

广东省深圳市福田区人民法院依照《中华人民共和国侵权责任法》第二条、第六条、第十六条、第十八条、第二十二条、第二十六条，《中华人民共和国民事诉讼法》第六十七条第一款、第一百四十七条，《最高人民法院关于适用〈中华人民共和国民法典〉时间效力的若干规定》第一条，《最高人民法院关于审理人身损害赔偿案件适用法律若干问题的解释》第十四条、第十五条，《最高人民法院关于确定民事侵权精神损害赔偿责任若干问题的解释》第五条规定，判决：

一、某公司应于本判决发生法律效力之日起十日内向宋某某赔付416116.65元；

二、驳回宋某某的其他诉讼请求。

宣判后，双方当事人均未上诉，一审判决生效。

【法官后语】

不动产权利人将房屋委托给代管机构进行管理及出租，在房地产租赁市场中属常见。受托管理机构在批量管理房屋过程中，将较大面积居住用途房屋进行分租的情形，亦为人口、就业密集度较高地区有利于物尽其用的一种租赁形式。对此类业务的实施，房屋托管机构应当遵循法律、规范性文件中具体规则的指引，并对与人身安全相关的各类事项尽到合理注意义务，以减少人身损害的风险，避免不必要的侵权责任纠纷。

在改造分租的过程中，如未改变房屋整体规划用途，亦未进行影响房屋主体结构、承重等涉及建筑物安全的改造行为，在不违反法律、行政法规强制性规定的情况下，租赁关系合法有效。本案所涉及的分租方式未能符合《商品房屋租赁管理办法》第八条关于出租住房应当以原设计房间为最小出租单位的规范性要求，但该办法性质属于部门规章，相关租赁合同关系不能据此认定为无效。然而，房屋托管机构在进行分租业务时，仍然应当严格遵循部门规章等规范性文件对具体租赁业务的指引，以原设计房间作为最小出租单位。因在发生人身损害的场合下，受害人往往选择侵权之诉，而非选择合同之诉。如未能遵循相关规范性指引，且该事项又与相应人身损害结果具有因果关系的，则将被认定符合侵权责任的构成要件。

相关责任成立与否的认定，关键在于侵权责任法归责原则在个案中的运用。

归责原则，是确定侵权人承担侵权损害赔偿责任的一般准则，它是在损害事实已经发生的情况下，为确定侵权人对自己的行为所造成的损害是否需要承担赔偿责任的原则。[①]《中华人民共和国民法典》第一千一百六十五条第一款规定，行为人因过错侵害他人民事权益造成损害的，应当承担侵权责任。该条款规定的是一般侵权责任场合下的归责原则。经房屋托管机构改造分租的房屋内发生人身安全事件而受害人请求托管机构承担侵权责任的，属于一般侵权责任，依法应适用过错责任原则，只要同时满足以下条件，行为人就应承担侵权责任：一是行为人实施了某一违法或不当行为，包括作为和不作为；二是行为人行为时有过错；三是受害人的民事权益受到损害，即要求有损害后果；四是行为人的行为与受害人的损害之间有因果关系。以上构成要件中，过错是确定行为人是否承担侵权责任的核心要件，也是案涉此类情形下的争议焦点。

对于房屋托管经营者是否存在侵权责任构成要件要求的过错，首先应当据以衡量的因素便是相关改造分租的行为过程中是否存在违反法律、行政法规、规范性文件具体规则的情形。案涉托管机构便违反了规范性文件中关于以原设计房间为最小出租单位的规范性要求，系成立其过错要件的首要事实。其次可通过对引起损害后果的致损因素进行解构分析，来判断是否构成过错。包括：(1)安全隐患可能引发危险的可预见性；(2)该危险的后果严重性；(3)防范该危险的可行性及成本；(4)产生该安全隐患之行为本身的目的等。如在本案中，改造后的房间平面窗户面积、高度足以通过成人身体却未加装护栏，且位于高楼层。按照以上分析方法，即可解构为：(1)按照一般生活常理应当能够预见安全隐患；(2)该隐患的可能性后果严重程度相当高；(3)防范该危险的措施完全具有可行性且成本较低(即加装护栏)；(4)产生该隐患的行为原因是为了提高盈利空间。通过解构后的综合分析，可据以认定房屋托管机构在改造分租过程中，对于与人身安全相关的事项，是否尽到了合理的注意义务，如未尽合理注意义务，则应认定构成侵权责任要件中的核心要素，即过错。

人身安全事关重大。从消费者角度，在选择分租式的房屋时，有权要求房

---

① 杨立新：《侵权法论》(第五版)，人民法院出版社2013年版，第163页。

屋托管机构对安全隐患部位采取修缮、配置设施等措施。从房屋托管机构而言，应严格遵循规范性文件对具体租赁业务的指引，以谨慎的注意保障他人人身安全。同时，政府主管部门亦可通过对房屋托管机构进行备案、风险提示、规范指引等措施，构建对消费者生命、身体、健康安全的风险预防机制。

编写人：广东省深圳市福田区人民法院　吴爽

28

新业态劳动者行为“与工作相关”的判断及保险合同特别约定条款的效力认定

——孙某某诉郭某某等健康权案

【案件基本信息】

1. 裁判书字号

安徽省滁州市中级人民法院（2023）皖11民终477号民事判决书

2. 案由：健康权纠纷

3. 当事人

原告（被上诉人）：孙某某

被告（上诉人）：郭某某

被告（被上诉人）：某电子商务公司、甲保险公司、乙保险公司

【基本案情】

郭某某系某电子商务公司旗下某外卖团骑手。2021年10月22日10时40分许，郭某某驾驶两轮电动车沿定远县某镇某大道由东向西行驶，行驶至某路路口50米处撞倒孙某某。事故造成孙某某受伤，郭某某车辆受损。交警部门认定郭某某负事故的主要责任，孙某某负次要责任。孙某某受伤后到定远县总医

院住院治疗13天，经诊断为“右小腿皮肤挫裂伤、左桡骨远端骨折”。孙某某支付医疗费5589.10元。治疗结束后，经鉴定，鉴定结论为孙某某不构成伤残等级，伤后误工期以120日、护理期以60日、营养期以90日为宜。孙某某支付鉴定费1800元。某电子商务公司在甲保险公司、乙保险公司分别投保了雇主责任保险。根据某电子商务公司排班表，郭某某案发日排班为晚班。

【案件焦点】

1. 郭某某是否在履行工作职责过程中发生事故；2. 保险合同中特别约定条款是否有效。

【法院裁判要旨】

安徽省定远县人民法院经审理认为：郭某某驾驶二轮电动车撞倒行人孙某某，致孙某某受伤，经交警部门认定郭某某负事故主要责任，本院予以采信，酌定郭某某按照70%的比例承担民事责任。根据某电子商务公司排班表，郭某某事发日排班为晚班，但案涉事故发生在当日10时40分许，不是在郭某某从事雇佣活动中发生。对于孙某某的损失，某电子商务公司不承担赔偿责任，因而为该公司承保雇主责任险的甲保险公司、乙保险公司也不承担赔偿责任。

对于孙某某主张的可以获得赔偿的项目和各项的具体数额，经核定损失计52042.90元，由郭某某赔偿36430.03元。

安徽省定远县人民法院依照《中华人民共和国民法典》第三条、第一百七十六条、第一百七十九条第一款第八项、第一千零四条、第一千一百六十五条第一款、第一千一百七十九条，《最高人民法院关于审理人身损害赔偿案件适用法律若干问题的解释》第一条、第六条、第七条、第八条、第十条、第十一条，《中华人民共和国民事诉讼法》第一百四十七条规定，判决如下：

一、郭某某于判决生效后十日内赔偿孙某某损失36430.03元；

二、驳回孙某某对某电子商务公司的诉讼请求；

三、驳回孙某某对甲保险公司的诉讼请求；

四、驳回孙某某对乙保险公司的诉讼请求；

五、驳回孙某某的其他诉讼请求。

郭某某不服一审判决，提起上诉。

安徽省滁州市中级人民法院经审理认为：本案的争议焦点是应当由谁承担孙某某所受损失的赔偿责任。关于案涉事故赔偿责任应否由郭某某个人承担的问题。一审中，郭某某提交的排班表显示其为晚班，排班时间为18时至次日6时，某电子商务公司称排班表没有具体意义，骑手只要上线可以全天随时接单，一审法院仅以事发当天郭某某排班表显示晚班为由直接认定案涉事故非发生于雇佣活动中有欠妥当。郭某某称事发时其在外卖平台上线并前往商家较多的区域等待订单派送，某电子商务公司也认可事发当天郭某某有上线记录。某电子商务公司与甲保险公司签订的保险合同约定的保障期间为“骑手排班期间或骑手订单配送期间，扩展上下班前后2小时及订单结束后2小时，但每张保单保障期间最长不超过24小时，理赔时需要提供订单记录或者排班记录”。案涉排班表虽显示为晚班，但结合排班表时间、骑手工作灵活性、骑手上线记录、保险保障期间等综合情况来看，郭某某诉称其个人不应当承担责任的理由成立。

关于甲保险公司出具的电子保单中的“特别约定”内容的性质和效力问题。甲保险公司辩称根据电子保单记载的特别约定，其仅应当承担医疗费和部分误工费。《中华人民共和国保险法》第十七条规定：“订立保险合同，采用保险人提供的格式条款的，保险人向投保人提供的投保单应当附格式条款，保险人应当向投保人说明合同的内容。对保险合同中免除保险人责任的条款，保险人在订立合同时应当在投保单、保险单或者其他保险凭证上作出足以引起投保人注意的提示，并对该条款的内容以书面或者口头形式向投保人作出明确说明；未作提示或者明确说明的，该条款不产生效力。”甲保险公司述称的关于赔偿范围的特别约定属于免责格式条款，其应当作出足以引起投保人注意的提示及明确说明义务，但其并未尽到该义务，因此，其辩称的理由不能成立，案涉保险责任成立。根据案涉保险合同约定，乙保险公司仅需对超出甲保险公司保险赔偿限额的部分承担补充保险责任，故在本案中无须承担赔付责任。

安徽省滁州市中级人民法院依照《中华人民共和国民事诉讼法》第一百七

十七条第一款第二项规定，判决如下：

一、维持一审判决第二项、第四项、第五项即“二、驳回孙某某对某电子商务公司的诉讼请求”“四、驳回孙某某对乙保险公司的诉讼请求”“五、驳回孙某某的其他诉讼请求”；

二、撤销一审判决第一项、第三项即“一、郭某某于判决生效后十日内赔偿孙某某损失 36430.03 元”“三、驳回孙某某对甲保险公司的诉讼请求”；

三、甲保险公司于判决生效起十日内赔偿孙某某损失 36430.03 元。

【法官后语】

近年来，平台经济迅速发展壮大，其中以需要高速度和高频率驾驶非机动车辆的外卖骑手为典型代表，其从事的是高风险的工作。这意味着相关职业可替代性高，从业者的议价空间被压缩，容易诱发过度劳动，增加安全风险，骑手群体发生交通事故的概率很高。保障骑手等新业态从业者工作安全已成为亟须重视的问题。但当下，骑手等新业态就业人员尚无明确的用人单位为其登记缴纳工伤保险。实践中，用人单位多使用雇主责任险为骑手提供职业伤害的兜底保障，商业保险成为用工企业或劳动者个人分散职业风险的首要选择，由此引发的保险理赔争议日益增加，本案对于明晰保险责任、保护新业态从业者合法权益，推动新业态和保险行业良性互动具有一定参考意义。

一、新业态中“与履行工作职责相关”的理解和判断

本案保险事故并非常见的发生在送餐途中，而是在待命期间前往等单途中，引申出判断“与工作相关”的新问题。众所周知，雇主责任险赔付的前提是雇员在从事“与工作相关”的业务时遭受损害或致人损害，但在新业态用工模式下，数字技术使工作时间和工作地点相对灵活自由，生活和工作的界限不像传统劳动形式中那么泾渭分明，[①] 故如何合理界定“与工作相关”成为新难题。按照字面意思，“与工作相关”是指“与履行工作职责相关”的体力或脑力劳

① 朱晓峰：《数字时代劳动者权利保护论》，载《浙江大学学报（人文社会科学版）》2020 年第 1 期。

动，但一旦代入劳动场景，会感到其实际内涵并不清晰，如外卖骑手接单送单属于与工作相关，那么骑手在APP[①]自由上线后“待命”是否属于“与配送工作”相关？劳动者在待命状态下能否享受工时保护，不仅决定着劳动者与劳动强度相关的人身权利保护，而且影响着劳动报酬蕴含的财产权利保护。

关于待命时间与工作时间的关系，有实际劳动说和指挥命令说。前者认为，工作时间即为劳动者实际给付劳动的时间。后者是指劳动者处于用人单位指挥命令下的时间，不要求劳动者实际给付劳动。以在外卖平台工作为例，它包括登录、候单、接单和退出的四个状态。一般认为，登录和退出可以作为生活和工作的界限，候单和接单则是待命和配送的分界。骑手的候单时间有以下三个特点：一是骑手在待命时间中处于半休息状态。根据日常生活经验，每日7时至10时、11时至13时、17时至20时，是相对固定的送单量峰值，其余时间段骑手的待命时间相对较长，骑手可原地休息、休闲娱乐或前往别处等待接单。二是骑手待命期间仍受到平台的指挥和控制。三是骑手在待命时间一般只服务十一家平台。故结合骑手工作随时处于可以被平台和服务对象联系、支配和监控的特点，候单时间不应被法定工时时长僵化限制，实践中亦倾向于采前述指挥命令说，劳动者在家备班期间的活动范围、身体状态均受一定限制，从保护劳动者角度考虑，可扩大解释为工作时间的延伸。骑手“等待”是其“接单”的必要环节，故其候单待命属于从事与工作相关的事务，应视为“工作时间”。

如何判断“与工作相关”，从文义解释来看，“从事订单派送工作”与“从事与投保人业务相关工作”是包含与被包含的关系，后者范围大于前者，仅对接送单工作进行保险保障限缩了保险责任范围，也不符合通常理解。但是如何理解“与工作相关”？最高人民法院公报案例“陈某某不服某区人力资源和社会保障局社会保障行政确认案”认为，“与工作有关的预备性或者收尾性工作”是指根据法律法规、单位规章制度的规定或者约定俗成的做法，职工为完成工

① App是Application的缩写，广义上指所有客户端软件（包括桌面端和移动端），但狭义上专指移动设备上的第三方应用程序。下文不再提示。

作所做的准备或后续事务。[①] 这表明在判断“与履行工作职责相关”时应考虑事发时劳动者正在从事的行为与完成其工作目标之间的关联性大小，根据相关规定、双方约定或者行业习惯，该行为是否属于劳动者为完成工作所必需，而不应机械地以事故发生的时间、空间为标准进行判断，认定中不应过于严苛或宽泛，否则可能造成保险人的保险责任畸轻畸重，破坏保险合同的可期待性。

具体到本案，某电子商务公司为餐饮配送企业，郭某某作为外卖骑手是其雇员，主要工作内容是外卖配送，为完成工作任务（提高接单量），在待命期间需要进行预备性工作（驾驶交通工具前往商业区），对其开展配送工作至关重要，直接关系到后续接单、送单行为的实施且符合受雇行为的形式外观要件，属于完成工作的准备阶段。这也是骑手工作流动性强的原因。因此，郭某某在待命期间前往商业区应认定为受雇过程中从事投保人业务有关工作的行为，途中发生的事故属于案涉保险责任范围。

二、保险合同特别约定中免责格式条款的效力认定

保险合同特别约定是指由投保人和保险人协商确定，在保险条款之外满足保险人、投保人和被保险人利益的个性化内容，属于对保险条款的补充或变更，其生效的核心要求在于“合意”。一般而言，特别约定已经双方发出新的要约、作出新的承诺，可以视为就合同条款进行了平等磋商，保险人没有提示说明的必要。但在实践中，特别约定出现了异化。为提高保险交易率，降低履行提示及说明义务的成本，保险人多利用其单方设计保险产品、制定保险合同条款的优势地位，将部分限缩或减轻保险责任的条款放在“特别约定”板块，使保险人免责条款具有一定的隐蔽性。滁州辖区法院审结的涉新业态商业保险纠纷多与本案类似，以特别约定设置有限赔付条款，包括：将住院伙食费、护理费、营养费、交通费等项目列为“除外责任”，在医疗费中扣除一定比例的非医保用药，误工费扣除绝对免赔天数等，但投保人却对此种内容不知情或不理解。因此，法院有必要对该类条款的性质和效力进行实质性审查，实现投保人和保

---

① 陈某某不服某区人力资源和社会保障局社会保障行政确认案，载《最高人民法院公报》2013年第9期。

险人之间权利义务的公平分配。

综合理解《中华人民共和国民法典》第四百九十六条第二款和《中华人民共和国保险法》第十七条规定，保险人对免责或者减轻责任的格式条款应当以合理的方式履行提示说明义务，若未履行，则该条款不应成为合同内容，不能产生约束力。判断保险人应否就“特别约定”条款履行提示说明义务，需要特别审查相关条款的性质和条款的订立过程。

（一）保险责任范围与有限赔付条款的关系

保险合同作为一个整体，要根据争议条款与其他条款之间的关系及其在整个合同中的地位进行解释，以此探求当事人缔约时的真实意图。保险责任条款主要涉及保险人负有赔偿义务的内容，免责条款则涉及保险人不承担保险赔偿责任的项目，这两类条款从正反两面对保险责任进行限定。责任免除条款有两类，一是通过特定触发情形，将本身属于保险责任范围中的部分责任进行剔除；二是对某些本身就不属于保险责任范围的事项进行特别强调和解释，防止投保人、被保险人或受益人产生误会，此类条款即使不生效，也不会影响保险责任，但第一类不生效则会导致原意定保险责任范围被扩大。本案中，甲保险公司主张仅赔付第三人医疗费和部分误工费，扣除15%的非医保用药的医疗费，但事故实际造成孙某某住院伙食补助费、营养费、护理费、交通费、鉴定费等经济损失，故该有限赔付条款是从事故结果角度进行责任免除，属于第一种免责条款，其不生效可能扩大保险责任。

（二）双方与有限赔付有关的意思表示

对争议条款进行性质识别时，不能仅局限于字面含义，应当综合分析订立过程中的意思表示。保险实务中，投保人会使用出具保险需求或投保申请函的方式与保险人协商订立保险合同，并将投保单或保险单上的约定作为保险合同的组成部分，以明确真实投保意思表示。但是本案中投保单或保险单上的均无关于事故发生后甲保险公司承担有限赔付责任的内容，投保人某电子商务公司和被保险人郭某某亦对上述内容表示不知情，而未经合意达成的条款即使被冠以“特别约定”的名义，也不能视为双方均认可该条款的效力。

（三）保险人和投保人、被保险人的主观状态

案涉保险条款及特别约定属于格式条款，其中未对案涉保险保障范围的限缩原因予以明确解释，且无法通过合同其他条款对保险人有限承担保险责任进行推导解释。从合同目的解释看，保险实践中用人单位之所以主动参保，就在于为骑手在服务过程中因自己的过错造成自己或他人损害提供责任保障。本案中，并无证据证明肇事骑手在事故发生中存在重大过失或故意；医疗活动以最有利于病人为原则开方给药，而非药品是否在医保名录中；住院伙食费、护理费、营养费、交通费等与人身伤害密切相关，也是人身损害中的法定赔偿项目。如果允许保险公司以特别约定条款作为有限赔付的依据，明显违背生活常理，而且使当事人通过参保分散责任风险的合理期待几乎落空。

三、涉保险合同特别约定中免责格式条款效力认定的举证责任承担

举证责任的分配应当遵循法律规定，由于保险合同属于附和合同，保险人在经济地位和举证能力上均高出普通投保人，法律以举证责任倒置维护投保人的权利，投保人或被保险人初步举证证明保险关系成立、保险事故发生以及事故损失即可。以下事项应当由保险人承担举证责任：

一是双方就特别约定的协商过程、同类保单的特别约定不完全一致，特别约定模块的篇幅、内容是否合理等。本案中，甲保险公司仅辩称争议条款为特别约定，但该内容系其预先拟定并重复使用，未提交记录投保流程、确认投保人身份等相关音频视频、电子数据等电子证据证明与投保人在充分协商的基础上达成，且内容设定属于提供格式条款一方责任、加重对方责任、排除对方主要权利的免责条款。

二是保险人尽到提示说明义务。如是否采用便于识别的明显标记、有无对免责条款相关内容进行说明、投保人有无提交认可的凭证等。本案诉争条款仅在“特别约定”栏中以普通字体列明，未以加粗、下划线等足以引起投保人注意的形式进行标志，显然无法证明甲保险公司在投保时尽到了提示说明义务，故案涉免责条款不应成为合同内容，甲保险公司应全额赔付。

编写人：安徽省滁州市中级人民法院　张玉格　孙莉莉

29

民事纠纷中正当防卫的“必要限度”判断

——张某某诉郝某某健康权案

【案件基本信息】

1. 裁判书字号

江苏省徐州市鼓楼区人民法院（2023）苏0302民初3173号民事判决书

2. 案由：健康权纠纷

3. 当事人

原告：张某某

被告：郝某某

【基本案情】

2021年10月29日21时左右，张某某在回家时走错单元，错将郝某某的A1室当作自己租住的B1室，并用钥匙开门。郝某某开门发现不认识张某某，便推开张某某并关门。张某某继续用钥匙开门，郝某某第二次开门后，张某某执意进入房间，郝某某手推张某某拒绝其入内。在郝某某用力推开张某某后，郝某某报警，张某某倒地，头部碰到墙壁。

11月2日，张某某至某医院住院治疗，入院诊断：头部损伤；癫痫。张某某住院10天，花费医疗费12482.21元。经鉴定，鉴定意见为：“张某某头部无明显外伤性改变，故癫痫因外伤所致依据不充分，依据《人体损伤程度鉴定标准》相关规定，对被鉴定人张某某不宜评定损伤程度。”

张某某诉至法院，请求郝某某赔偿其因受伤产生的医疗费、误工费、护理费、营养费、住院伙食补助费、交通费，合计35882.21元。

【案件焦点】

郝某某的行为是否构成正当防卫。

【法院裁判要旨】

江苏省徐州市鼓楼区人民法院经审理认为：对于正当防卫是否超过必要的限度，人民法院应当综合不法侵害的性质、手段、强度、危害程度和防卫的时机、手段、强度、损害后果等因素判断。

关于是否构成正当防卫的问题。住宅，在老百姓观念中是“家”的载体，在一定意义上，“住宅”和“家”的语义是共通的。从法律意义上讲，住宅是公民安定生活的基本场所，住宅也是公民人身和财产安全的自然屏障，因此我国法律明确规定公民的住宅不受侵犯。《中华人民共和国民法典》第一千零三十三条规定：“除法律另有规定或者权利人明确同意外，任何组织或者个人不得实施下列行为……（二）进入、拍摄、窥视他人的住宅、宾馆房间等私密空间……”本案中，张某某晚上9点多钟未经同意试图闯入郝某某住宅，侵害了郝某某的住宅权，使郝某某及其家人的人身、财产面临不可预知的危险。即使张某某在主观上是误以他人住宅为自己住宅，在他人拒绝进入的情况下，也不能改变张某某不法侵害他人合法权益的性质。郝某某为了维护自己及家人的合法权益免受正在进行的不法侵害，采取推开张某某阻止其进入住宅的行为，符合社会大众的一般认知，于情于理，无可指责，符合法律规定的正当防卫构成要件，故确认郝某某的行为系正当防卫。

关于是否防卫过当的问题。郝某某在张某某执意进入自己住宅的情形下，两次用手推张某某阻拦其进入，第二次推开致张某某倒地受伤，郝某某的推阻行为不构成防卫过当。第一，防卫时机无误，推阻行为实施于张某某试图闯入住宅时，不法侵害正在发生。第二，防卫手段正当，仅仅用手推开张某某，未采取其他暴力等过度措施。第三，行为强度合理，在张某某试图闯入住宅时，郝某某用力将张某某推在门外。如果郝某某所施力量不足以推开对方，则无法阻止其进入房内。要求郝某某在那时那刻既推开张某某，还要确保不能推倒，实为强人所难，有悖常理。第四，未造成严重损害后果。考察张某某的病案材料及治疗过程，其既无明显头部外伤，所治疗癫痫经鉴定也非外伤所致，故郝某某的正当防卫未造成严重损害后果。综上，郝某某的推阻行为不构成防卫过当。

江苏省徐州市鼓楼区人民法院依照《中华人民共和国民法典》第一百八十一条、第一千零三十三条，《最高人民法院关于适用〈中华人民共和国民法典〉总则编若干问题的解释》第三十条、第三十一条，《中华人民共和国民事诉讼法》第六十七条规定，判决如下：

驳回原告张某某的诉讼请求。

宣判后，双方当事人均未上诉，一审判决生效。

【法官后语】

所谓正当防卫，是指行为人为了保护社会公共利益、自身或者他人合法权益免受正在进行的不法侵害，在必要限度内采取的防卫措施。《中华人民共和国民法典》第一百八十一条规定："因正当防卫造成损害的，不承担民事责任。正当防卫超过必要的限度，造成不应有的损害的，正当防卫人应当承担适当的民事责任。"正当防卫本身具有正当性，是一种合法行为，因此在符合正当防卫构成要件的前提下，造成损害的，防卫人不承担赔偿责任。

一、民事正当防卫的权利性质

民事正当防卫作为"私力救济"的一种手段，是法律赋予公民同违法犯罪行为作斗争的一种正当的合法的权利，是公民个人在紧急情况下保护相关合法权益的一项紧急性权利，具有双重属性，即体现在目的和途径两个方面，目的是救济权的实现，途径是自由权的行使。就其来源而言，是一种自然权利，但一经法律确认，就转化为一种法律权利，民事正当防卫应视为法律赋予的一种权利。每个人都享有要求他人尊重自己合法权益的权利，同时也负有尊重他人合法权益的义务。民事正当防卫的本质是权益保护，从防卫人的角度来说，民事正当防卫是对防卫人的一种法益保护，它是保证公民消极自由（免予他人干涉的自由）得以实现的必要前提，同时也体现了我国民法的"禁止权利滥用"原则。因此，正当防卫不仅具有个人自卫性，而且具有维护法秩序的功能。

二、民法上正当防卫的认定

《中华人民共和国民法典》第一百八十一条虽就正当防卫以及防卫过当情形下的民事责任承担作了规定，但并未明确何种情形属于正当防卫。就正当防卫含义而言，民法意义上的正当防卫与刑法意义上的正当防卫并无本质区别，只是针对的责任形态不同。立足司法实践经验并在吸收《中华人民共和国刑法》第二十条第一款规定的基础上，《最高人民法院关于适用〈中华人民共和国民法典〉总则编若干问题的解释》第三十条对正当防卫的含义作了较为明确的规定，即“为了使国家利益、社会公共利益、本人或者他人的人身权利、财产权利以及其他合法权益免受正在进行的不法侵害，而针对实施侵害行为的人采取的制止不法侵害的行为，应当认定为民法典第一百八十一条规定的正当防卫”。正当防卫应当同时具备以下要件：(1) 是为了使国家利益、社会公共利益、本人或者他人的人身、财产权利以及其他合法权益免受不法侵害而实施的。(2) 有不法或其他侵害合法权益的行为发生。(3) 针对的是正在进行的不法侵害。(4) 是国家利益、社会公共利益、本人或他人的人身权利、财产权利以及其他合法权益遭受不法侵害，且来不及请求有关国家机关救助的情况下实施的防卫行为。(5) 是针对不法侵害者本人实施的行为。本案中，张某某在晚上9点多钟未经同意执意闯入郝某某住宅，侵害了郝某某的住宅权，使郝某某及其家人的人身、财产面临不可预知的危险，郝某某为了维护自己及家人的合法权益免受正在进行的不法侵害，在来不及诉诸公权力解决的情况下，采取推开张某某的行为，符合正当防卫的构成要件。

三、正当防卫必要限度的判断

正当防卫的正当性之一，在于防卫行为在必要的限度内，对于正当防卫是否超过必要的限度，应当综合不法侵害的性质、手段、强度、危害程度和防卫的时机、手段、强度、损害后果等情节，考虑双方力量对比，立足防卫人防卫时所处情境，结合社会公众的一般认知作出判断。“必要限度”的判断，需要考虑如下因素：一是侵害行为可能具有的致害程度和严重性。比如本案，陌生人在晚上闯入他人私宅，一般人会认为权利人的人身、财产面临着较高程度的危险。二是侵害行为的手段与场合。正当防卫行为针对的是正在发生的不法侵害，侵害行为的手段与场合对于判断防卫行为是否在必要限度内具有重要意义。本案发生于郝某某家门口，张某某连续强行进入郝某某的住宅，一般人都难以接受。三是防卫的时机、手段、强度、损害后果。防卫时机要适当，本案中郝某某的推阻行为实施于张某某试图闯入住宅时，特别是导致张某某摔倒的推阻行为发生于张某某第二次试图闯入住宅时，不法侵害正在发生且侵害危险性增加；防卫手段需正当，本案防卫人郝某某仅仅用手推开张某某，未采取其他暴力等过度措施；行为强度应合理，即行为强度能够起到保护合法权益的作用又不至于给侵害人造成过度的损害，如本案，如果郝某某所施力量不足以推开张某某，则无法阻止其闯入房内，虽然使张某某倒地头部碰到墙壁，但无明显外伤。综上，郝某某的推阻行为在防卫的必要限度内，不构成防卫过当，无须对张某某承担赔偿责任。

本案判决明确地对侵入他人住宅实施侵害他人人身自由、生命健康等违法行为进行了否定性评价，肯定了正当防卫是公民依法享有的与不法行为作斗争的重要法律武器，回应了人民群众维护自身以及家庭人身权益和财产安全的法治期待，凸显了民法典正当防卫制度的社会引导价值，对于类案裁判有一定参考价值。

编写人：江苏省徐州市鼓楼区人民法院　张邈　王涵

30

无因管理人死亡，受益人适当补偿的金额认定

——魏某甲诉路某某等无因管理案

【案件基本信息】

1. 裁判书字号

河南省南阳市中级人民法院（2023）豫13民终6279号民事判决书

2. 案由：无因管理纠纷

3. 当事人

原告（上诉人）：魏某甲

被告（上诉人）：路某某、魏某丙

被告（被上诉人）：某供电公司

【基本案情】

魏某甲的父亲魏某乙与路某某、魏某丙夫妻为同村村民，双方系亲属关系。事发的牛棚及牛为路某某、魏某丙所有，该牛棚在魏某乙房屋后边，距路某某、魏某丙的房屋较远。

2023年7月3日凌晨4时许，魏某乙（时年68岁）听到房屋后路某某的牛棚内有牛在惨叫，遂出门查看，发现牛棚内已积水，牛已倒地，便上前解拴在钢管上的牛绳，被电击倒趴在钢管和牛槽边，后经抢救无效死亡。魏某甲支出救护车费用212元。经镇卫生院居民死亡医学证明书证明魏某乙死因为：电击伤后心跳呼吸骤停。经调查，因路某某私自把电线拉到牛棚里，下雨致牛棚内电扇浸泡漏电；又因配电箱未安装漏电保护器，致使魏某乙被电击死亡。

【案件焦点】

魏某乙的行为是否构成无因管理以及路某某、魏某丙、某供电公司是否承担赔偿责任。

【法院裁判要旨】

河南省南阳市宛城区人民法院经审理认为：法律上之所以设立无因管理制度，就是要奖励善行，鼓励人们实施互助行为。但也应兼顾个中的价值调和，期冀受益人与管理人之间的利益平衡。为保护受益人，《中华人民共和国民法典》将符合受益人真实意思确立为适用无因管理的构成要件之一，建立受益人事后追认制度，规定管理人的继续管理义务、通知与等待指示义务、报告与转交义务等从给付义务；为保护管理人，《中华人民共和国民法典》建立管理人的必要费用偿还、适当补偿请求权等，进而促进人们互助。《中华人民共和国民法典》中有关无因管理的法条分别体现了对管理人或受益人利益的保护，以及对“禁止干预他人事务”原则和“鼓励人类互助精神”原则的践行。魏某乙无约定和法定的事由，为避免路某某的牛受损失而进行管理，构成无因管理，魏某乙因管理路某某的事务而被电击死亡，可以请求路某某给予适当补偿。魏某甲请求的赔偿数额为一般侵权案件造成死亡应当赔偿的损失，本案中路某某承担的是“适当补偿”的义务。结合当地的经济水平、魏某乙无被扶养人的实际情况、路某某家庭收入的实际情况，酌定路某某补偿魏某甲 10 万元。对于魏某丙的责任，魏某丙与路某某为夫妻，事发牛棚内的牛应当是为其家庭收入而饲养，应认定为家庭共同财产，故魏某丙应当与路某某共同承担补偿责任。对于某供电公司的责任，本案为无因管理纠纷，某供电公司不是受益人，不应承担责任。

河南省南阳市宛城区人民法院依据《中华人民共和国民法典》第一百八十三条、第九百七十九条规定，判决：

一、限路某某、魏某丙在本判决生效之日起三十日内补偿魏某甲 100000 元；

二、驳回魏某甲的其他诉讼请求。

魏某甲、路某某、魏某丙均不服一审判决，提起上诉。

河南省南阳市中级人民法院经审理认为：魏某乙在无约定义务、法定义务的情况下，听到路某某、魏某丙牛棚的牛一直在叫，为避免路某某、魏某丙的损失而去其牛棚排除险情的行为，有为避免路某某、魏某丙利益受损失而管理的意思，符合法律有关无因管理的构成要件，故一审判决认定本案为无因管理并无不当。在一审已认定魏某乙的行为构成无因管理的情形下，魏某甲上诉称应依据侵权责任予以赔偿缺乏依据，不予支持。在事发之后，公安部门对相关人员进行调查询问，询问笔录是事发后公安机关在第一时间询问时形成的，可信度较高，可以证实魏某乙是在听到路某某、魏某丙的牛叫后前去查看情况、实施管理行为。魏某乙为管理路某某、魏某丙的事务，和村民一起查看并进入路某某的牛棚也符合邻里之间互助的道德风尚。魏某乙为管理路某某、魏某丙事务而受到的损失，应由路某某、魏某丙承担相应的补偿责任。一审法院结合当地的经济水平及案件实际情况，酌定路某某、魏某丙补偿魏某甲10万元并无不当。路某某、魏某丙上诉称不应承担责任的主张缺乏依据，不予支持。本案为无因管理纠纷，某供电公司不是无因管理中的受益人，对于魏某甲、路某某、魏某丙上诉称某供电公司应当承担相应的责任，不予支持。

河南省南阳市中级人民法院依照《中华人民共和国民事诉讼法》第一百七十七条第一款第一项规定，判决如下：

驳回上诉，维持原判。

【法官后语】

实务中，无因管理纠纷案件的处理较难。无因管理制度在于赋予管理人在一定条件下管理他人事务的合法性，并鼓励这种行为，还赋予管理人有请求受益人对其损失进行适当补偿的权利。但对于费用如何确定、补偿的程度如何把握尚无明确的法律规定。在审判实践中，应当兼顾价值调和，尽量达到受益人与管理人之间的利益平衡。

一、无因管理制度的基本设计

无因管理涉及对他人事务的处理，为保护受益人，《中华人民共和国民法典》将符合受益人真实意思作为无因管理的构成要件之一，建立受益人事后追认制度，规定管理人的继续管理义务、通知与等待指示义务、报告与转交义务等从给付义务。同时，无因管理又是处理他人事务的善举，为保护管理人，《中华人民共和国民法典》建立管理人的必要费用偿还、适当补偿请求权等，进而促进人们互助。从受益人的角度而言，首先，作为独立并自我负责的法律主体，其事务应由其自身来管理，其事务非由他自己而由其他人来管理并具有正当性者，要么基于其意思，要么基于法律明确规定。在无此两方面依据的情况下，法律所应保障的是其事务不被他人干预。此即“禁止干预他人事务”原则或“干涉他人之事为违法”原则。从管理人角度而言，原则上其固然只应管理自己事务，但若管理他人事务并非为自己利益而是襄助他人，乃至见义勇为，此种助人的义行应受嘉许鼓励。此即“鼓励人类互助精神”原则。无因管理制度的设计即调和这两项原则，以兼顾双方当事人的利益。

二、是否构成无因管理的认定

无因管理是指没有约定和法定义务，为避免他人利益受损失而对他人的事务进行管理或者服务的行为。其包含两个方面的含义：(1) 没有约定和法定的义务；(2) 为避免损失而对他人的事务进行管理。没有约定和法定的义务而作出的管理必定是出于善意，目的是避免他人受到损失。这样的行为本身是善行，是应当倡导的社会风尚。本案中，魏某乙在无约定义务、法定义务的情况下，听到路某某牛棚内牛的叫声，为避免路某某的损失，不顾自身年龄较高和天气不利等因素，去牛棚排除险情的行为，是为避免路某某利益受损失而进行管理，也符合路某某的真实意思，具备法律关于无因管理的构成要件，故魏某乙的行为构成无因管理。

三、管理人在管理他人事务过程中受损时补偿数额的确定

管理人因管理他人事务受到损失的，可以请求受益人给予适当补偿，何谓适当，需要在个案中综合管理人的损失程度、各方的过错、当地的经济水平、受益人的受益范围等因素，确定受益人应当承担的补偿数额。为兼顾管理人和受益人的利益平衡，管理人的损失程度和受益人的受益范围是酌定补偿数额的

重要考量因素。

本案中，管理人魏某乙因管理他人的事务而失去生命。生命是无价的，且在其实施管理行为后也未能避免相对方路某某的利益受损失，即使能够避免路某某的利益免受损失，路某某的受益也只是一头或数头牛的价值，魏某乙的生命和路某某的受益二者之间无可比性，本案中的无因管理人的损失和受益人的受益很难平衡。由于法律并不要求管理人行使补偿请求权以受益人实际收益为前提，本案综合当地的经济水平、魏某乙无被扶养人的实际情况、路某某家庭收入的实际情况酌定路某某对魏某乙亲属的补偿数额，以此体现无因管理制度鼓励善行的价值功能。

编写人：河南省南阳市宛城区人民法院　刘琳波　朱丰秋

二、姓名权纠纷

31

公序良俗原则对姓名自由的限制

——冯某某诉冯甲姓名权案

【案件基本信息】

1. 裁判书字号

上海市第二中级人民法院（2024）沪02民终2482号民事判决书

2. 案由：姓名权纠纷

3. 当事人

原告（上诉人）：冯某某

被告（被上诉人）：冯甲

【基本案情】

冯甲与冯某某的父亲冯乙系姐弟关系。冯乙与案外人王某系夫妻关系，在其夫妻关系存续期间，王某生育一子某丙，目前与冯乙、王某共同生活。冯甲称某丙系王某与他人生育，冯乙对此予以认可。

冯乙与冯甲的父亲于2023年2月去世，冯甲操办父母墓碑制作事宜。冯乙与冯甲多次沟通老人墓碑署名事宜，冯乙坚持署名“冯乙、王某率孙辈敬立”或“冯乙率全家敬立”；冯甲不同意，双方未达成一致意见。后老人墓碑背面冯乙家庭署名部分载明：子冯乙，媳王某，孙女冯某某，后又修改为“子冯乙，孙女冯某某”。为此引发本案争议。

2023 年 11 月 12 日，冯某某向法院提交一份《情况说明》，载明：“（1）此次我与冯甲的姓名权纠纷，是我自己出于维护自己合法权益的真实意愿，并非像冯甲辩称的‘不是我本人意愿’；（2）在墓碑刻字之前，我的诉讼委托代理人冯乙已经通过电话和微信等各种方式通知冯甲不要在我爷爷奶奶墓碑落款处刻我的姓名，但冯甲故意无视他人的合法权益，擅自作出侵权行为，并且一再拒绝调解，所以我只能通过提起诉讼的方式来解决问题，由此产生的一切相关费用和损失（包括但不限于诉讼费、重修墓碑费等）都由冯甲承担；（3）根据《中华人民共和国民法典》的相关规定，冯甲的行为显然已侵犯了我的合法权益，故本人希望冯甲立即停止侵权，把代表我身份和姓名的‘孙女冯某某’这五个字从我爷爷奶奶墓碑落款处去除。”

冯乙称，如果冯甲不同意在墓碑上刻上妻子王某和儿子某丙的名字，则应当刻上“子冯乙率全家”；如果冯甲仍然不同意，则应当将“孙女冯某某”字样删除。

冯乙与冯甲的母亲汤某某述称，本案诉讼其知情。其表示：（1）墓碑现状其同意并认可，这是家庭协商一致的结果，也是丈夫生前和汤某某协商一致的结果。（2）孙女冯某某之前与爷爷感情很好，但现在孙女都不来看望奶奶，又去法院起诉，汤某某很难过；如果要在墓碑背面落款处去除名字，不同意只去除“孙女冯某某”字样，同意把“子冯乙，孙女冯某某”的名字一并去掉。（3）不同意冯乙在墓碑上的落款改成“子冯乙携全家”。（4）某丙不是冯乙亲生的，不同意把他的名字加进墓碑落款处，亦不同意把王某的名字加上去。（5）因为这场诉讼，其丈夫至今尚未落葬，其很伤心，希望冯乙考虑到逝者为大，也希望法院尽快处理，让逝者早日落葬为安。

【案件焦点】

未经他人同意在亲人墓碑上刻上他人姓名是否侵害他人姓名权。

【法院裁判要旨】

上海市虹口区人民法院经审理认为：根据《中华人民共和国民法典》第一千零一十二条的规定，自然人享有姓名权，有权依法决定、使用、变更或者许可他人使用自己的姓名，但是不得违背公序良俗。本案中，双方争议在于冯甲在老人墓碑背面落款处刻上“孙女冯某某”字样是否侵犯了冯某某的姓名权。冯某某认为，其享有姓名权，任何组织或者个人未经其允许不得擅自使用其姓名，侵害其姓名权；冯甲却认为，冯某某作为老人的孙女，既享有对老人的祭奠权，也享有晚辈的署名权，且不应当放弃署名，在墓碑上署名亦是爷爷生前和奶奶协商一致的结果，故不同意去除“孙女冯某某”的署名。

首先，从一般人格权侵权的构成要件看，作为侵害他人人格权的行为，侵犯姓名权也需符合一般侵权行为的构成要件，即行为的违法性、行为人主观上有过错、有损害事实的存在以及行为与损害后果之间存在因果关系。就本案而言，冯甲在冯某某爷爷奶奶的墓碑上刻上“孙女冯某某”字样系对冯某某与墓碑使用人关系的客观真实描述，属于合理使用的范围，行为不具有违法性；从冯甲与冯乙的微信协商过程来看，本案纠纷事出他因，而非单纯因墓碑落款处刻上“孙女冯某某”字样引发纠纷，现冯甲尊重爷爷奶奶意愿在墓碑上使用孙女冯某某的身份和姓名，并无不当使用或者侵害冯某某姓名权的主观过错；另外，冯某某亦未提供证据证明冯甲在墓碑落款处刻上“孙女冯某某”字样对冯某某造成了何种损害结果，或冯某某所称的损害结果与冯甲的刻字行为存在何种因果关系。故难以认定冯甲的行为对冯某某的姓名权构成了侵犯。

其次，从公序良俗原则的含义来看，公序良俗是指民事权利主体实施民事法律行为的内容及目的不得违反公共秩序和善良风俗。根据我国传统的伦理观念和长期形成的民间风俗习惯，墓碑不仅是逝者安葬地的标志，也是承载亲属对逝者悼念和寄托哀思的纪念物，墓碑的署名体现着署名者与逝者特定的身份关系，符合公序良俗和传统习惯。本案中，冯甲出于尊重墓碑使用人的真实意愿，考虑到冯乙家庭内部关系的现状，在墓碑上刻上“孙女冯某某”字样符合中华民族传统的伦理观念和公序良俗，并无不妥。这亦是冯某某应当承担的对亲人合理使用其姓名的容忍义务。

再次，从法律对弘扬优良家风及孝亲敬老的倡导来看，《中华人民共和国民法典》第一千零四十三条明确规定，家庭应当树立优良家风，弘扬家庭美德，重视家庭文明建设。逝者入土为安是中华民族自古以来的传统。孝老爱亲，是家庭美德之先。本案双方作为两位老人的子女、孙辈，均属于老人最为亲近的人，本应相互体谅、帮扶，如今却对簿公堂，致使原定于2023年清明节落葬的逝者难安，更令生者痛心，这与法律法规提倡的互谅互让、和睦团结的优良家风相背。因此，墓碑文字保持现状更有利于逝去老人早日落葬为安，亦符合墓碑使用人之一汤某某的意愿，长远来看亦有利于防范今后因祭奠问题可能引发的其他纠纷，有利于维护家庭共同体乃至社会共同体的和谐共赢。

最后，虽然冯某某向法院表达了其不愿在墓碑上署名，且本案诉讼系其真实意思表示，但综合考虑其为未成年人，因墓碑上所刻内容引发纠纷均系其法定代理人冯乙与冯甲反复协商不成所导致，且冯某某与爷爷生前关系较为融洽以及保障其对长辈的祭奠权等因素，将“孙女冯某某”字样保留在爷爷奶奶的墓碑落款处更为适宜。

综上，本案中，在墓碑上系争署名处保留“子冯乙，孙女冯某某”字样比起去除全部或部分署名，更契合社会公序良俗与家庭伦理观念，亦更体现逝者为大、入土为安等朴素情感，且兼顾了法律与情理相统一，故对原告的诉请，依法不予支持。

上海市虹口区人民法院依据《中华人民共和国民法典》第八条、第十条、第一千零一十二条、第一千零四十三条规定，判决：

驳回原告冯某某的全部诉讼请求。

冯某某不服一审判决，提起上诉。

上海市第二中级人民法院经审理认为：本案的争议焦点在于冯甲将冯某某的名字刻在墓碑上是否侵犯冯某某的姓名权。姓名权侵权责任的成立应符合一般侵权责任构成要件，即行为违法性、主观过错、损害后果和因果关系。

首先，关于行为违法性。冯甲系墓碑使用人的女儿，其受汤某某的委托办理墓碑制作事宜，冯乙对此并无异议。冯某某是墓碑的使用人的孙女。冯甲在墓碑上刻上“孙女冯某某”是对冯某某和爷爷奶奶之间亲属关系的客观记载和真实呈现，在长辈的墓碑上刻上子孙后代的姓名也是老百姓普遍接受的丧葬习俗，该习俗表达了晚辈对长辈的追思和悼念，也是中国传统伦理道德和尊老爱亲的家族情感的体现。因此冯甲在墓碑上刻上“孙女冯某某”，是对冯某某姓名的合理、正当使用，符合社会善良风俗，即使未经冯某某及其法定代理人的同意，亦不具有违法性和可归责性。相反，冯某某要求将已刻在墓碑上的姓名去除，与社会大众的朴素情感和善良认知不符。

其次，关于主观过错。冯甲将冯某某的名字刻在墓碑上是基于墓碑使用人的意愿，不具有营利性，也不违反公序良俗，因此冯甲不具有侵犯冯某某姓名权的主观过错。

最后，关于损害后果和因果关系。冯某某未举证证明冯甲在墓碑背面刻上“孙女冯某某”对其造成何种实际损害，也就无须再考察因果关系。

上海市第二中级人民法院依照《中华人民共和国民事诉讼法》第一百七十七条第一款第一项规定，判决如下：

驳回上诉，维持原判。

【法官后语】

人格权是最基本、最重要的一类民事权利。在人格权理论的研究中，姓名权的研究相对处于边缘位置，与此形成鲜明对照的是，姓名权争议数量不断增多，类型也复杂多样，在实践中所造成的影响也越来越大。在亲人墓碑上谁应署名、如何署名，我国现行法律并无规定，但墓碑署名自由属于姓名权的法律范畴。墓碑署名自由与公序良俗原则的冲突与协调为本案的审理难点之一。

一、姓名权纠纷案件裁判概况①

经检索梳理，2021 年至 2024 年上海法院审结的姓名权纠纷案件有 279 件。经人工阅读筛选，原告诉请、被告答辩或法院裁判理由中明确提出或适用《中

---

① 数据来自 C2J（Court to judge）法官智能辅助办案系统。

华人民共和国民法典》第一千零一十二条的案件为 48 件。可以发现存在以下特点：

（一）姓名权与相关权利的聚合或竞合较为常见

可以发现，单纯关于姓名权侵权的争议并不多见，原告诉请所涉侵权行为常常侵犯包含姓名权在内的多重权利客体，比如滥用姓名、盗用姓名或者是对姓名进行有损人格的使用，此类案件有 6 件；或者以假冒署名、擅自使用署名等侵害著作人格权、不正当竞争的形式出现，此类案件有 11 件；或者姓名权与肖像权、名誉权、隐私权等人格权共同作为争议出现等情形较多，此类案件有 28 件。

（二）具体保护上，人身属性的保护优先于财产性的保护

由于姓名权具有人身属性，在原告诉请或法院支持性裁判结果上，均有停止侵害、赔礼道歉或精神损害赔偿等人身属性的保护措施，财产损失即使有所主张，支持的金额和比例均较低。

（三）具体法律适用上，综合多部门法律规定

裁判文书中适用法律规定具有综合性，除了民法典人格权编的规定，亦有适用民法典侵权责任编、《中华人民共和国反不正当竞争法》《最高人民法院关于适用〈中华人民共和国反不正当竞争法〉若干问题的解释》《最高人民法院关于审理商标授权确权行政案件若干问题的规定》等相关法律规定进行处理。

（四）调撤率低，上诉再审率高

经梳理 48 件姓名权纠纷案件，可以发现，一审或二审以调解或撤诉方式结案的案件合计 4 件，占比 8.3%，远低于一般民商事案件的调撤率；一审判决后当事人提起上诉的案件数合计 16 件，一审或二审后当事人申请再审的案件合计 3 件，上诉再审率达 39.58%，远高于一般民商事案件的上诉和再审率。

二、墓碑署名自由与公序良俗原则的冲突与协调

任何权利都有义务与其相对，姓名权也不例外。《中华人民共和国民法典》第一千零一十二条明确规定自然人姓名权行使的一般限制为“不得违背公序良俗”。司法实践中，法院往往根据社会公众的认知、风俗习惯、传统伦理道德

等多种因素，援引公序良俗原则来判断侵权人的行为是否构成对权利人权利的侵犯，并对人格权的自由行使加以适当限制，以实现权利自由与公序良俗之间的协调平衡。

（一）公序良俗原则

公序良俗是公共秩序和善良风俗的合称，公序良俗原则是民法的一项基本原则。《中华人民共和国民法典》第八条①对公序良俗作了明确规定，赋予司法者在司法裁判中弥补法律漏洞的权力限制为不得违背公序良俗。民法规范作为伦理性规范，不能无视公序良俗的要求和影响。② 上海法院近三年审结的姓名权纠纷案件中，涉及姓名权行使与公序良俗原则的冲突与协调案件共有15件。在此类案件中，公序良俗体现了两种不同的司法功能：一是被用来限制民事行为，即作为判断民事行为效力的行为规则，或限制规范适用，即作为限制习惯适用的裁判规则，发挥“限制”的司法功能；二是被直接适用，即作为司法裁判的直接依据，发挥“适用”的司法功能。

（二）公序良俗原则对墓碑署名自由的限制功能

在亲人墓碑上谁应署名、如何署名，我国现行法律并无法律规定，而是由伦理、亲属关系上的社会传统习惯来调整，在民法意义上，此属于社会公德即公序良俗调整的范畴，故墓碑署名问题，应遵循公序良俗原则。

亲属之间基于亲属身份关系，有互为表明亲属身份的权利。就墓碑署名而言，除了表明逝者身份和生者对逝者的评价外，更寄托了立碑者对逝者的哀思，并成为亲属表达哀悼思念之情的物质载体，是一种特定的、不可替代的纪念物品。中华民族历来就有在长辈去世后，晚辈亲属在长辈的墓碑上篆刻姓名以示尊敬、哀悼、怀念的风俗，是人们在长期的实践中所形成的内心确认和行为认同，也是中国传统伦理道德和尊老爱亲的家族情感的体现，属于民法典规定的公序良俗的一项内容。署名人的姓名自由不能违反一般人内心基于公序良俗的

① 《中华人民共和国民法典》第八条规定：“民事主体从事民事活动，不得违反法律，不得违背公序良俗。”

② 赵万一主编：《公序良俗问题的民法解读》，法律出版社2007年版，第5页。

判断，行为人应当以公序良俗原则作为权利行使的基本准则。

另外，墓碑署名还应尊重逝者生前意愿，当逝者生前已经对关于自己死亡后近亲属的祭奠权行使和墓碑署名问题作出安排时，应当尊重逝者生前的意愿。本案中，墓碑使用人均对墓碑署名和署名范围作出了明确的安排，应予以尊重。除此之外，墓碑署名还应遵循协商原则。一般情况下，逝者近亲属为数人，近亲属就共同享有在墓碑上署名、对墓碑使用人寄托哀思的相关权利，近亲属之间应当出于对逝者进行悼念、安葬、祭奠之目的，合理、平等地协商墓碑署名权的行使。

本案中，墓碑制作人在墓碑上署名不违背公序良俗，且尊重了墓碑使用人的真实意愿，并在数名近亲属之间进行了多次协商，各方均未反对原告在墓碑上进行署名。故，冯某某虽享有姓名自由，但应当承担对长辈合理使用其姓名的容忍义务，这就是公序良俗原则对权利行使的限制功能的体现。可见，处理这类民事案件引入公序良俗原则，既便于当事人理解和接受，又为法院裁判此类案件提供了可行的原则。①

三、互相谅解是对逝者最好的祭奠

自古都说清官难断家务事，亲属间因老人墓碑署名和祭奠产生纠纷而对簿公堂，显然不是解决问题和行使权利的最好方式。本案在一、二审期间均多次组织双方当事人进行调解、庭审释明和释法答疑，但均未调解成功，最终以二审终审判决的方式结案。一审法院在判决书后附上法官寄语寄托对双方当事人的期待，彰显司法温度。

二审判决生效后，亲属对逝去的老人及时进行了落葬仪式，双方当事人均到场参加，并共同和平完成了送葬事宜。相信这才是对逝者最好的祭奠。

编写人：上海市虹口区人民法院　张宏毅　曹艳梅

---

① 田成有：《民俗习惯在司法实践中的价值与运用》，载《山东大学学报（哲学社会科学版）》2008年第1期。

32

冒用股东姓名办理工商登记的责任认定与裁判路径

——叶某诉甲公司等姓名权案

【案件基本信息】

1. 裁判书字号

北京市第三中级人民法院（2022）京 03 民终 1473 号民事判决书

2. 案由：姓名权纠纷

3. 当事人

原告（上诉人）：叶某

被告（被上诉人）：甲公司、姜某某、李某某、乙公司、秦某

【基本案情】

甲公司系由乙公司、丙公司合作设立的中外合资企业，经营期限自 1999 年 8 月 26 日至 2019 年 8 月 25 日。叶某系丙公司委派至甲公司的董事，姜某某、李某某、秦某系乙公司委派至甲公司的董事。

叶某提交某鉴定中心出具的《司法鉴定意见书》，显示 2019 年 8 月 8 日甲公司形成当日举行关于甲公司营业期限延长及修改公司章程的董事会决议（以下简称“诉争决议”），但未通知作为董事的叶某参加，诉争决议上“叶某”的签字也并非其本人所签。《司法鉴定意见书》亦为 2019 年 8 月 8 日甲公司董事会决议签署页上“叶某”签字处的“叶某”签名字迹与样本叶某签名字迹不是同一人的笔迹。各方当事人对于叶某提交的《司法鉴定意见书》均无异议。

甲公司、李某某、姜某某提交微信聊天记录，显示 2019 年 8 月 8 日的董事会未现场举行，董事签字均采用传签的方式，甲公司已将涉诉董事会决议通过

邮寄，于 2019 年 6 月发送给任某某（甲公司与丙公司的联络人），要求任某某联系叶某签字，任某某确认已经收到该邮件并将决议书返回给甲公司，只是现在甲公司找不到返回的邮件单据了。叶某对此不予认可，表示任某某收到不意味着叶某及丙公司收到过诉争决议，甲公司员工与任某某就之前丙公司与甲公司事宜沟通的记录与本案无关。乙公司及秦某表示知悉甲公司经营延期事宜，但不清楚具体的签字过程，姜某某和李某某表示应该是其二人签完字后由秦某签字，二人签字前决议上尚未有叶某签字。

叶某起诉请求：甲公司、乙公司、秦某、姜某某、李某某对盗用其姓名一事公开书面道歉。

【案件焦点】

1. 叶某的姓名权是否被侵犯；2. 如被侵犯，侵权主体是谁以及责任应如何承担。

【法院裁判要旨】

北京市顺义区人民法院经审理认为：虽然涉诉董事会决议上并非叶某本人签字，但基于叶某对此明知且同意，应当认为该签字已得到叶某的认可，叶某主张对其姓名权构成侵权没有法律依据。再退一步讲，结合甲公司董事会决议传签的惯例，以及甲公司提交的证据，能够认定案涉董事会决议亦采取传签的方式进行，甲公司已将传签文件发送给丙公司的联络人，依据目前的证据无法认定甲公司系实施侵害叶某姓名权的主体，叶某也未提交乙公司及姜某某、李某某、秦某存在侵权行为的证据，故叶某的请求无事实及法律依据。

北京市顺义区人民法院依照《中华人民共和国民法典》第一千零一十四条，《最高人民法院关于适用〈中华人民共和国民法典〉时间效力的若干规定》第二条规定，判决：

驳回叶某的全部诉讼请求。

叶某不服一审判决，提起上诉。

北京市第三中级人民法院经审理认为：本案侵权事实发生在《中华人民共

和国民法典》施行前，根据《最高人民法院关于适用〈中华人民共和国民法典〉时间效力的若干规定》第一条第二款之规定，应适用《中华人民共和国侵权责任法》《中华人民共和国民法总则》等相关规定，一审法院适用《中华人民共和国民法典》相关规定，法律适用错误，依法予以纠正。

叶某作为丙公司委派到甲公司的董事，根据《中华人民共和国中外合资经营企业法》和甲公司的章程相关规定，其有权出席甲公司董事会会议进行表决并在决议上签字确认。叶某的姓名专属于其本人，其姓名权依法受法律保护，其因姓名权与甲公司等主体发生争议，系适格当事人，故其有权对甲公司董事会决议上“叶某”的签名是否为其本人所签提起民事诉讼。

首先，关于叶某的姓名权是否被侵犯。根据《司法鉴定意见书》，诉争决议上“叶某”的签名非其本人所签，即叶某的姓名被冒用这一事实成立。虽然甲公司、姜某某、李某某抗辩叶某对于甲公司营业期限延长一事是明知且同意的，但其亦认可诉争决议上“叶某”的签名不是叶某本人所签这一事实。叶某对甲公司营业期限延长是否认可关乎诉争决议的效力问题，与其姓名是否被冒用不是同一法律关系。即使根据现有证据可以认定叶某同意甲公司经营期限延长一事，也不意味着其同意未经其许可使用其姓名即冒名使用其签名，在叶某本人对诉争决议上签名不予认可，且提交《司法鉴定意见书》对此进行佐证的情况下，本院认定叶某的姓名被冒用，叶某的姓名权受到侵犯。至于甲公司关于根据现有证据可以认定叶某同意延长甲公司经营期限的抗辩，该事实仅可作为损害后果轻重的考虑因素予以对待。

其次，关于本案的侵权主体。经查，诉争决议制作主体为甲公司。根据证人邹某出庭所述，其受到甲公司的指示，与任某某对接甲公司决议传递给叶某确认一事，其邮寄给任某某时已经有姜某某、李某某、秦某三人的签名。对于邹某的证人证言，甲公司予以认可。根据邹某的证人证言及在案证据，可以推定诉争决议上“叶某”签名为甲公司所为或其允许他人所为，但无法认定姜某某、李某某、秦某以及乙公司假冒叶某在诉争决议上签名，故甲公司为本案姓名权纠纷的侵权主体。

最后，关于本案的责任承担。虽然诉争决议“叶某”签名不是其本人所签，给其造成了一定影响，但是现有证据无法认定给其造成了严重的影响和损害后果，故综合考虑本案侵权行为的影响、主观过错以及损害后果等因素，对叶某的诉讼请求，部分予以支持。一审法院以叶某同意甲公司经营期限延长作为否定其姓名权受到侵害的阻却理由，混淆了姓名权客体，以致认定事实和适用法律出现偏差，予以纠正。

北京市第三中级人民法院依照《中华人民共和国民事诉讼法》第一百七十七条第一款第二项，判决如下：

一、撤销北京市顺义区人民法院（2021）京××××民初×××××号民事判决；

二、甲公司于本判决生效之日起七日内就姓名权侵权向叶某进行书面赔礼道歉，道歉内容须经北京市顺义区人民法院审核；

三、如甲公司不履行本判决第二项义务，北京市顺义区人民法院可在全国发行的报刊上刊登判决主要内容，相关费用由甲公司负担；

四、驳回叶某的其他诉讼请求。

【法官后语】

本案系未经股东本人同意，擅自在公司董事会决议上冒用股东姓名用于公司工商变更登记的典型案例。姓名是自然人借以相互区分的文字符号，同时也是在社会生活中的代表性标志。自然人的姓名不仅具有自我认识和社会识别的意义，而且能给自然人带来一定的经济利益、精神利益和特别情感。姓名权如被侵害，必然产生相应的侵权责任。

一、姓名权的基本内容

《中华人民共和国民法典》第一千零一十二条规定，自然人享有姓名权，有权决定、使用、变更或者许可他人使用自己的姓名，但是不得违背公序良俗。根据该规定，姓名权主要包括三个方面的内容：

一是姓名决定权。指自然人决定其姓名的权利，刚出生时的姓名决定权往往由父母或者其他监护人行使，待权利人具备相应行为能力后，可以对自己的姓名加以变更，也可以决定自己的艺名、笔名、化名、别名，但是不得违背公序良俗。

二是姓名使用权。指自然人依法使用自己姓名的权利，包括积极和消极两个方面。署名、标志自己的姓名和向他人介绍自己的姓名，都属于姓名权能的积极行使；而不署名、不介绍自己的姓名或不标志自己的姓名，则是姓名权能的消极行使，均受到法律保护。

三是姓名变更权。指自然人依法改变自己姓名的权利，有完全民事行为能力的自然人，可依自己的意志改变自己的姓名，他人不得干涉或制止。[①]

本案中，叶某的姓名专属于其本人，其姓名权依法受法律保护，其有权决定使用自己的姓名以及如何使用自己的姓名，他人不得干涉。叶某因姓名权与甲公司等主体发生争议，有权对甲公司董事会决议上"叶某"的签名是否为其本人所签提起姓名权之诉。

二、侵害姓名权的构成要件

结合姓名权的基本内容，并根据侵权责任理论，侵害股东姓名权的构成要件应该包括侵害行为、行为人存在过错、损害后果及侵害行为与损害后果之间存在因果关系。

（一）侵害行为

根据《中华人民共和国民法典》第一千零一十四条的规定，侵害姓名权的行为一般由作为的方式构成，其中最主要、最常见的行为就是干涉、盗用和假冒他人的姓名。一是干涉他人决定、使用和变更自己的姓名。干涉他人姓名就是针对他人姓名实施某种积极行为，阻挠他人行使自己的姓名权。二是盗用他人姓名。未经权利主体的同意或授权，擅自以权利主体的名义进行民事活动或从事不利于权利主体、不利于社会公共利益的行为，即盗用他人姓名的行为。盗用他人姓名，行为人通常出于某种不正当目的，行为的结果则直接损害他人或社会利益。三是假冒他人姓名。指冒名顶替、冒充他人姓名进行活动。[②] 如

---

① 魏振瀛主编：《民法》，北京大学出版社 2016 年版，第 634 页。

② 最高人民法院民法典贯彻实施工作领导小组主编：《中华人民共和国民法典人格权编理解与适用》，人民法院出版社 2020 年版，第 200 页。

近年来时有发生的冒用股东姓名办理工商登记的情形。

（二）行为人存在过错

对于行为人过错的认定，以侵害股东姓名权的诉讼为例，股东完成案涉签名非本人所签的初步举证后，公司应就签字流程的合规性承担举证责任，否则就可以认定公司使用股东姓名有过错。

（三）损害后果

侵害姓名权的违法行为和损害事实合而为一，行为人只要实施了盗用、冒用他人姓名的行为，就可以认定已经造成了损害后果。

（四）侵害行为与损害后果之间存在因果关系

侵害姓名权的行为与损害后果之间的因果关系与一般侵权构成要件中的因果关系并无实质差别，但是由于侵害姓名权的违法行为和损害事实的关联性，受害人只要证明行为人实施了侵害其姓名权的行为，即可认定侵权行为与损害后果的因果关系成立。

三、本案中公司是否侵害股东姓名权的认定及责任承担

本案中，双方的争议在于，叶某对于诉争董事会决议事项明知且同意的情况下，甲公司能否不经叶某同意直接在董事会决议上签署叶某的姓名。本案认为，叶某对甲公司董事会决议事项是否认可决定的是决议的效力问题，不意味着其同意甲公司在董事会决议上代为签署其姓名，也就是说同意决议效力与同意公司使用姓名不是同一法律关系。在叶某本人对案涉签名不予认可，且甲公司不能举证证明叶某同意在董事会决议上签署其姓名的情况下，应当认定叶某的姓名被冒用，叶某的姓名权受到侵犯，甲公司应当承担侵权责任。因现有证据无法认定甲公司的侵权行为给叶某造成了严重的影响和损害后果，考虑到叶某对于诉争决议一事系知晓的，故综合考虑甲公司侵权行为的影响、主观过错以及损害后果等因素，法院判令甲公司就姓名权侵权向叶某进行书面赔礼道歉。

编写人：北京市第三中级人民法院　陈晓东　樊思迪

三、肖像权纠纷

33

侵害英雄烈士等人格利益的可适用损害赔偿

——区人民检察院诉郭某某等英雄烈士保护民事公益诉讼案

【案件基本信息】

1. 裁判书字号

杭州互联网法院（2023）浙 0192 民初 9622 号民事判决书

2. 案由：英雄烈士保护民事公益诉讼

3. 当事人

公益诉讼起诉人：区人民检察院

被告：郭某某、何某某、付某某

【基本案情】

2022 年 10 月至 2023 年 7 月，郭某某（账号粉丝量 2.8 万）、何某某（账号粉丝量 356 万）、付某某（账号粉丝量约 0.5 万）通过各自的自媒体账号制作并发布介绍历史负面人物的短视频，在视频中将某英雄烈士的照片用作某历史负面人物的头像。相关视频在互联网上被大量浏览转发，造成恶劣社会影响。2023 年 8 月，英雄烈士的家属发现上述情况，向区人民检察院反馈。后区人民检察院提起民事公益诉讼。

事发后，前述案涉短视频已删除，相关网络账号亦被平台查封。

某英雄烈士为争取民族独立和人民解放、成立新中国作出杰出贡献，于我国首次将官授衔仪式上被授予少将军衔，并获颁一级独立自由勋章、一级解放勋章。

【案件焦点】

1. 被控侵权行为是否侵害英雄烈士的肖像、名誉、荣誉，损害了社会公共利益；2. 若被控侵权行为成立，行为人应承担何种民事责任。

【法院裁判要旨】

杭州互联网法院经审理认为：根据《中华人民共和国民法典》第一百八十五条规定，侵害英雄烈士等人格利益民事责任的构成要件为：行为侵害对象为英雄烈士等的人格利益；侵害了英雄烈士等姓名、肖像、名誉、荣誉四项人格利益；侵害英雄烈士等人格利益的行为损害了社会公共利益。

一、侵权行为的认定

第一，《中华人民共和国民法典》第一百八十五条所保护的对象为“英雄烈士等”，包括为了人民利益英勇斗争而牺牲，堪为楷模的人，还包括在保卫国家和国家建设中作出巨大贡献、建立卓越功勋，已经故去的人。故，在谋求民族独立自由、人民解放、成立新中国的伟大斗争中，作出巨大贡献、建立卓越功勋的已故杰出人士当然也包括在《中华人民共和国民法典》第一百八十五条的适用范围之内。本案中的英雄烈士作为革命先驱，为争取民族独立和人民解放、成立新中国作出杰出贡献，曾被授予“一级独立自由勋章”“一级解放勋章”，当然属于《中华人民共和国民法典》第一百八十五条“英雄烈士等”所涵盖的保护范畴。

第二，三被告案涉言行分别侵害了作为英雄烈士等的肖像、名誉、荣誉三项人格权益。三被告在网络中私自盗用转发某英雄烈士的肖像照片，侵害其肖像；在介绍负面形象历史人物的视频中，将某英雄烈士的照片用于某负面形象历史人物的头像，还称其为“叛徒”，使社会公众将某英雄烈士与叛徒联系在一起，进而降低对某英雄烈士的社会评价，侵害了其名誉。某英雄烈士作为革命先驱，为争取民族独立自由和人民解放作出重要贡献，其为一级独立自由勋章、一级解放勋章获得者，而三被告将一个保家卫国的英雄张冠李戴在革命叛徒的介绍中，诋毁、亵渎了某英雄烈士因其为民族独立自由和人民解放作出突出贡献而获得的荣誉，侵害其荣誉。

第三，三被告实施案涉行为时存在过错。三被告作为具有较多粉丝量、有一定社会影响力的自媒体博主，在制作发布案涉视频时，理应对视频内容真实性客观性严格把关。且案涉视频内容涉及“叛徒”，一旦信息错误，极易造成他人人格权益受损。但三被告为赚取网络流量，未能审慎核实视频内容，即公开发布于大型网络社交平台，在主观上存在过错。

第四，三被告案涉言行已经损害了社会公共利益。《中华人民共和国民法典》第一百八十五条的核心要义是维护社会公共利益。英雄烈士的人格利益具有双重属性，既具有公共利益的属性，又具有私人利益的属性，《中华人民共和国民法典》第一百八十五条侧重保护的是已经成为社会公共利益重要组成部分的英雄烈士的人格利益，即保护的是社会公共利益。社会公共利益内涵具有不确定性和开放性，在不同领域和不同情形下，其内涵会存在一定的差别，《中华人民共和国民法典》第一百八十五条“英烈条款”中公共利益的内涵是指，民族的共同记忆、共同情感和民族精神；社会主义核心价值观；尊崇英烈、扬善抑恶的社会风气。英雄烈士是中华民族最优秀群体的代表，英雄烈士和他们所体现的爱国主义、英雄主义精神，是我们国魂、民族魂、党魂、军魂的不竭源泉和重要支撑，是中华民族精神的集体体现。英雄烈士的事迹和精神是中华民族的共同记忆，是社会主义核心价值观的重要体现。英雄人物的个人名誉、荣誉总是与一定的历史背景相关联，也与近现代中国历史紧密相关，更与我国的社会共识和主流价值观相关。抹黑这些代表性的英烈群体、人物，既是对社会主义核心价值观与革命英雄主义精神的否定和瓦解，也是对民族信仰的消弭和民族根基的侵蚀，容易对社会公众尤其是年轻人的价值取向造成恶劣影响、冲击，不仅损害了广大人民群众的民族情感，也会消解民族意志，更污染了社会风气和社会公共道德。某英雄烈士的英雄事迹是人民军队誓死捍卫民族独立、人民解放的缩影，是中华民族精神的内核之一，也是社会主义核心价值观的重要体现。三被告错误地将某英雄烈士的肖像用于负面形象的历史人物的头像，是对某英雄烈士肖像、名誉、荣誉的严重侮辱、诋毁、贬损和亵渎，伤害了大众的共同情感和民族精神，也是对英雄事迹所代表的抗战史、解放史的曲解，不利于民族、国家共同记忆赓续、传承，更是对社会主义核心价值观的严重背离，其行为已构成对社会公共利益的侵害，应承担侵权责任。

二、民事责任的承担方式

关于赔礼道歉。三被告的违法行为，侵害了某英雄烈士的肖像、名誉、荣誉等人格利益，在社会中造成极大的负面影响，损害了社会公共利益，公益诉讼起诉人请求判令三被告就其各自行为分别在全国性的新闻媒体上公开向社会公众赔礼道歉、消除影响，符合法律规定，应当依法予以支持。

关于赔偿公益损害赔偿金。首先，三被告发布的案涉虚假信息在互联网上广泛传播，造成极其恶劣的社会影响，扰乱了广大社会公众对于英烈伟大革命事迹和精神的认知，而公众错误认知一旦形成无法自行扭转，需要付出时间、经济成本予以修复，三被告应当就各自侵权行为造成的社会公共利益损失进行赔偿。其次，三被告虽均认为自己没有从侵权行为中获利，但三被告事实上均希望通过发布案涉视频博取网民关注，达到吸引眼球，赚取流量的目的。案涉视频也实际为三被告各网络社交账号带来了巨大流量，三被告均从各自侵权行为中直接或间接获得了相应利益。最后，虽然三被告的侵害行为获利金额客观上难以查清，但三被告均自愿表示同意赔偿公益诉讼起诉人提出的公益损失诉请。本院综合考虑以上因素，同时结合三被告案涉侵权行为的过错程度、影响范围、侵害情节等具体区别，本院对公益诉讼起诉人请求判令三被告赔偿公益损害赔偿金的诉讼请求亦依法予以支持。三被告赔偿的公益损害赔偿金将专门用于某英雄烈士等革命英雄的纪念、缅怀及保护等社会公益事项。

杭州互联网法院依照《中华人民共和国民法典》第一百七十九条、第一百八十五条，《中华人民共和国英雄烈士保护法》第二十二条、第二十五条第二款，《中华人民共和国民事诉讼法》第五十八条，《最高人民法院 最高人民检察院关于检察公益诉讼案件适用法律若干问题的解释》第十三条规定，判决如下：

一、被告郭某某、何某某、付某某于本判决生效之日起三日内分别在《×××报》向社会公众刊发赔礼道歉声明（道歉声明的内容须经法院审核），相关费用由被告郭某某、何某某、付某某负担；

二、被告郭某某于本判决生效之日起七日内赔偿公益损害赔偿金100000元，被告何某某于本判决生效之日起七日内赔偿公益损害赔偿金40000元，被告付某某于本判决生效之日起七日内赔偿公益损害赔偿金10000元。

宣判后，双方均未上诉，一审判决已经生效。

【法官后语】

该案是保护英烈人格权益民事公益诉讼的典型案例。维护先烈的名誉、荣誉等人格尊严，义不容辞、刻不容缓。网络不可能成为逃避责任的代名词，社交平台不可能成为谣言的扩散器，每个人都需要为自己的言行负责。本案认为，对于损害英烈人格者，不仅要赔礼道歉，消除已经产生的不良影响，亦要承担损害赔偿责任，修复被损害的公共利益。

就英雄烈士保护民事公益诉讼案件是否可以适用损害赔偿请求权存在一定争议。一种观点认为，民事公益诉讼属于民事侵权诉讼，起诉主体可以主张停止侵害、排除妨碍、消除危险、恢复原状、赔偿损失等侵权请求权。另一种观点认为，民事公益诉讼还是要与个人私益诉讼的请求权相区分，民事公益诉讼的诉请范围应该限于公共利益保护本身的需要，金钱给付性质的赔偿性请求权不应在英雄烈士保护民事公益诉讼中适用，该类案件更多的是精神层面的损失，无法落脚到经济赔偿。

前述两种观点都有一定道理。那么民事公益诉讼究竟要不要与普通侵权纠纷的请求权进行区分或者不同民事公益诉讼之间有没有必要区分？纵观我国民事公益诉讼的各个领域，立法和司法解释明确赋予赔偿性请求权的只有生态环境和资源保护。《人民检察院公益诉讼办案规则》第九十八条明确检察机关可以在民事公益诉讼中提出损害赔偿请求，但该条第二款列举了三种不同类型的民事公益诉讼，在明确前两种类型可以提出损害赔偿的情况下，却在英烈人格利益保护案件中未提及可以提出损害赔偿。在此前的英雄烈士保护民事公益诉讼案件中，也确实未见检察机关提出损害赔偿的诉请。两相比较，似乎得出金钱给付性质的赔偿性请求权不应在英雄烈士保护民事公益诉讼中适用的结论。

但是英雄烈士保护民事公益诉讼案件应当可以适用损害赔偿。理由主要有：一是从法律上看，民事公益诉讼属于民事侵权案件，适用相关民事侵权请求权没有法律障碍。《人民检察院公益诉讼办案规则》第九十八条第二款亦用“等”字为实践留有余地。虽然有关法律和司法解释并未直接赋予英雄烈士保护民事公益诉讼的起诉主体以提出赔偿性诉讼请求的权利，但也没有否定，应理解为可根据不同案件的侵权情况适用不同的责任承担方式，并未排除损害赔偿的适用。二是从结果上看，本案案涉三名网络博主发布的虚假信息在互联网上广泛传播，造成了极其恶劣的社会影响，扰乱了广大社会公众对于英烈伟大革命事迹和精神的认知，而公众错误认知一旦形成无法自行扭转，需要付出时间、经济成本予以修复。侵权人支付公益损害赔偿金用于修复其行为对社会公共利益造成的损失完全必要。且英烈近亲属本就可以通过自主诉讼方式主张损害赔偿。根据《中华人民共和国英雄烈士保护法》第二十五条规定，检察机关提起公益诉讼的前提是英烈没有近亲属或近亲属不提起诉讼，故也不会出现重复赔偿的问题。三是从效果上看，该类案件仅判决公开赔礼道歉不足以弥补损失，也无法对此类行为起到有效震慑。网络博主之所以传播虚假信息，根本目的是通过发布虚假信息博取网民关注，达到吸引眼球，赚取流量的效果。本案三被告均从各自侵权行为中直接或间接获得了相应利益，应当承担赔偿责任。且承担经济赔偿才能够更好地使网络博主对保护他人合法权益心存戒律，更有利于网络博主主动承担起其发文前的审查核实责任，从根源上营造清朗网络空间。虽然三被告的侵害行为获利金额客观上难以查清，公共利益受损也无法用金钱衡量，但基于前述理由，该案结合三被告案涉侵权行为的过错程度、影响范围、侵害情节等有所不同，判决三被告分别承担1万元至10万元金额不等的公益损害赔偿金。该案宣判后，三被告按时履行了赔偿义务，公益损害赔偿金已转交某英雄烈士将军纪念室所在的浙东抗日根据地纪念馆，用于某英雄烈士等革命英雄的纪念、缅怀及保护等社会公益事项。该案对此类案件适用经济赔偿进行了有益探索，具有参考意义。

互联网时代下，人人都是自媒体，人人都能发声。因而网络博主应承担与其身份性质、影响范围相适应的注意义务。公开发文前，对发文内容应做必要的核实。互联网发言要坚持实事求是，不搞哗众取宠，让生产权威、真实、正能量的优质内容，成为自媒体的共同价值追求。网络博主应正本清源，摒弃片面追求“点击率”的不正之风，力避断章取义、张冠李戴，做积极传播社会主义核心价值观、弘扬社会正气的发声者，不做失实新闻的制造者和传播者。各网络社交平台的网络服务提供者也要切实担负起平台的社会责任，对于侵害英烈人格权益，损害社会公共利益的内容要积极审查核实，及时删除虚假信息，从源头入手治理网络谣言，建设清朗网络空间。

编写人：杭州互联网法院　柯敏杰

34

“AI 换脸”侵犯肖像权的识别与责任承担

——吴某诉某科技公司肖像权案

【案件基本信息】

1. 裁判书字号

河南省郑州市中级人民法院（2023）豫 01 民终 17147 号民事判决书

2. 案由：肖像权纠纷

3. 当事人

原告（被上诉人）：吴某

被告（上诉人）：某科技公司

【基本案情】

吴某系有一定知名度的网络视频创作者、博主，在抖音、快手、微博等平台拥有较高的人气量，其肖像具有一定的辨识度和商业使用价值。某科技公司在未经吴某许可的情况下，在其运营的名为“F×××A××”的一键制作“AI 换脸”特效视频 APP 中，将吴某的肖像视频上传为模板，且大量使用吴某的艺术照片，并面向不特定的抖音用户以会员充值的方式进行营利活动。吴某发现侵权行为后通过司法联盟链申请办理数据保全公证，将某科技公司侵权的视频进行取证并刻录到光盘中。吴某认为某科技公司的行为侵害其肖像权，包括对自己肖像的制作权利、使用权利和维护肖像的完整权利，同时对其造成精神困扰以及较大的经济损失，故诉至法院请求：（1）判令某科技公司立即删除侵权视频、断开链接，停止侵害原告肖像权的行为；（2）判令某科技公司向吴某赔礼道歉，并在其运营的“F×××A××”小程序首页显著位置连续 30 天刊登对原告的致歉声明，内容需经法院同意；（3）判令某科技公司赔偿吴某经济损失及合理维权费用合计 50000 元。

【案件焦点】

“AI 换脸”是否构成侵犯肖像权以及赔偿责任认定。

【法院裁判要旨】

河南省郑州市上街区人民法院经审理认为：肖像是通过影像、雕塑、绘画等方式在一定载体上所反映的特定自然人可以被识别的外部形象。自然人的肖像权受法律保护，未经肖像权人同意，不得制作、使用、公开肖像权人的肖像。行为人因过错侵害他人民事权益造成损害的，应当承担消除影响、恢复名誉、赔礼道歉等民事责任。本案中，某科技公司未经吴某授权或同意，在其运营的“F×××A××”APP 中上传使用其肖像作品，并以此进行营利活动，侵犯了吴某的肖像权，不仅是对吴某肖像人格利益的不尊重，也破坏了肖像的个人专属性。某科技公司虽已采取删除侵权视频、断开链接等措施停止侵权，但侵权行为已经造成一定范围内的不良影响，应当对吴某的损失进行赔偿，并在其运营的

“F×××A××”小程序发布声明公开向吴某赔礼道歉，发布致歉声明的时间酌定为15日。吴某提供的致歉声明内容，经审核并无不当，某科技公司可以此内容为参考，最终发布内容须经法院审核。吴某主张的经济损失、精神损害抚慰金及合理维权费用的诉请，结合吴某的社会知名度、某科技公司的过错程度、侵权行为持续的时间、范围及影响力、获利等因素综合考量，酌定吴某经济损失及合理维权费用15000元，精神损害赔偿金额5000元，共计20000元。

河南省郑州市上街区人民法院依照《中华人民共和国民法典》第一百七十九条、第九百九十八条、第一千条、第一千零一十八条、第一千零一十九条、第一千一百六十五条、第一千一百八十二条、第一千一百八十三条，《中华人民共和国民事诉讼法》第六十七条第一款、第一百四十七条规定，作出如下判决：

一、某科技公司于本判决生效后十日内在其运营的“F×××A××”APP首页显著位置连续15日发布致歉声明，向吴某赔礼道歉、消除影响（致歉内容以吴某提交的内容为参考，最终发布内容须经法院审核，如逾期不履行，本院将依据吴某的申请，在全国公开发行的报纸上公布判决主要内容，费用由某科技公司承担）；

二、某科技公司于本判决书生效后十日内赔偿吴某20000元；

三、驳回吴某的其他诉讼请求。

某科技公司不服一审判决，提起上诉。河南省郑州市中级人民法院经审理后，判决：

驳回上诉，维持原判。

【法官后语】

“AI换脸”既体现了深度合成技术演进发展，背后也涉及个人信息安全、肖像权保护等法律问题。

一、“AI换脸”视频中的身体形象能否作为肖像权的客体

传统肖像权理论认为，肖像仅指自然人面部的、可为他人辨认的形象特征，《中华人民共和国民法典》第一千零一十八条第二款将肖像定义为通过影像、雕塑、绘画等方式在一定载体上所反映的特定自然人可以被识别的外部形象，明确肖像应

当具备“可以被识别”的本质特性，除了自然人的面部形象外，身体形象等其他可以被识别为特定主体的外部形象也受肖像权的保护。“AI换脸”是指利用人工智能合成技术，将某人的面部深度伪造为他人的面部，保留装饰装束、身体形象及场景环境等特征，并在此基础上形成高度逼真且难以甄别的图像、视频。在判断“AI换脸”后身体形象的可识别性时，一方面要考虑案涉视频本身的可识别性，另一方面要考虑在去除面部特征的情况下，一般社会公众能否将案涉视频反映的外部形象与特定主体建立对应关系。本案中，吴某作为具有一定知名度的网络视频博主，其外部形象为公众所识别的可能性更高，对比原视频素材，普通公众仍能通过原视频未被修改的相应场景、装饰装束、动作形态等，将该外部形象与吴某相关联，具有充分的指向性，即可认定为达到具有可识别性的程度，故吴某对案涉模板视频及“AI换脸”后视频中对应形象的人物肖像享有肖像权。

二、利用“AI换脸”侵犯肖像权的表现形式

任何组织或者个人不得以丑化、污损，或者利用信息技术手段伪造等方式侵害他人的肖像权。利用“AI换脸”侵犯肖像权的表现形式，主要是利用信息技术手段伪造等方式侵害他人肖像，未经肖像权人同意制作、使用、公开其肖像。在客观方面，“AI换脸”利用深度合成技术等信息技术手段，将特定自然人的面部形态等身份识别要素进行算法剥离，生成可以被识别为“同一人”的效果，构成对他人肖像的“伪造”。此种解构伪造行为破坏了肖像与身份主体的同一性，属于对他人肖像权的侵害，被侵权人有权拒绝将其面部移转至他人身体形象中，亦有权拒绝其身体形象被冠以他人之面目。在主观方面，不要求行为人具有营利目的，即便没有营利目的，未经权利人同意或授权，擅自使用“AI换脸”技术合成他人肖像甚至广泛传播，破坏了肖像权的专有性，也具有侵害他人肖像权的违法性，主观上过错明显。

三、“AI换脸”程序运营者侵权责任的认定

在“AI换脸”的应用场景下，明星、网红等公众人物因具有一定知名度、辨识度，提供“AI换脸”服务的程序运营者主动上传或者放任用户自行上传使用含他人肖像的视频素材模板，通过会员充值、吸引流量等牟取利益，构成对

他人肖像权的侵害，应当承担相应的侵权责任。此类案件在确定具体的责任承担时，应结合侵权人的过错程度、侵权行为的持续时间、范围和后果以及对被侵权人的影响等因素进行综合认定。特别是“严重精神损害后果”的判断标准需要进一步明确，综合考虑侵权人过错、情节严重程度等因素判断是否支持精神损害赔偿。本案中，法院判决某科技公司向吴某赔礼道歉并赔偿吴某的经济损失及精神损失，充分保护新业态从业人员的人格权益，倒逼短视频平台等深度合成技术程序运营者使用相关应用时充分考虑法律风险，促进“AI换脸”等深度合成技术的健康合规发展。

编写人：河南省郑州市上街区人民法院　刘晨辰　闫梦琪

35

“AI换脸”等深度合成技术应用场景下肖像权侵权的认定

——林某某诉某科技公司肖像权案

【案件基本信息】

1. 裁判书字号

江苏省南京市江北新区人民法院（2023）苏0192民初590号民事判决书

2. 案由：肖像权纠纷

3. 当事人

原告：林某某

被告：某科技公司

【基本案情】

林某某系网络平台博主，其通过某短视频平台注册账号，昵称为“林××”，粉丝人数25.4万，日常会通过该账号发布含有其本人肖像的短视频作品。某科技公司系运营“AI视频换脸”微信小程序的账号主体。2021年11月6日，林某某在某短视频平台发布一段名为《#国风××#芙蓉××#花期××》的短视频，后其在“AI视频换脸”微信小程序的“古风××”模块中，发现含有案涉短视频中外部形象的视频要素合成模板，分类标识为“古风××147”。点击播放该模板视频时，下方显示“花费50金币，实现换脸”。同时查明，用户在“AI视频换脸”微信小程序中使用视频模板，需以购买充值套餐（20元充值2000金币，50元充值5200金币）的形式向某科技公司支付服务费。2022年10月31日，案涉微信小程序因违反《微信小程序平台运营规范》被封禁下架，某科技公司在2022年1月至10月累计盈利9690元左右。林某某认为某科技公司的行为侵害其肖像权，诉至法院，要求某科技公司赔礼道歉并赔偿损失。

【案件焦点】

身体形象能否作为肖像权的客体，擅自使用他人身体形象的责任应当如何认定。

【法院裁判要旨】

江苏省南京市江北新区人民法院经审理认为：“AI视频换脸”实质上系基于人工智能的人体图像合成技术。对于换脸前的视频，林某某以古风妆容并着汉服出镜，可从其面部形象、体貌特征等对其主体身份进行识别。该视频被上传至“AI视频换脸”微信小程序作为模板供用户使用时，因视频内容未作更改，故未发生主体形象不可识别的情形。对于换脸后的视频，林某某仅留存身体形象，但对比原视频素材，仍能通过未被修改的装饰装束、肢体动作及场景细节识别出该身体形象所对应的主体系林某某，故林某某对案涉视频要素模板和“AI换脸”后视频中所对应的身体形象均享有肖像权。某科技公司未经林某某同意，擅自将含有林某某肖像的视频存储在“AI视频换脸”微信小程序中作为可供用户选择使用的合成视频要素模板，系利用“AI”信息技术手段编造或者伪造他人肖像的行为，侵害了林某某的肖像权，应承担相应的侵权责任。

关于林某某诉请某科技公司公开赔礼道歉的方式和范围。案涉侵权行为发生在某科技公司运营的微信小程序中，鉴于案涉微信小程序已被下架停止运营，结合侵权行为的持续时间、影响范围及后果，酌情判令某科技公司向林某某书面赔礼道歉，内容需经法院审核。关于林某某诉请的经济损失和合理维权费用，林某某在网络平台具有一定知名度，其肖像权具有相应的商业利用价值。人格权商业利用价值难以准确计算，所造成的经济损失可以按侵权人获利情况或被侵权人受损情况予以酌定。现有证据仅能证明某科技公司因案涉“AI 视频换脸”微信小程序获利 9690 元，但无法证明其因案涉视频要素模板的具体获利情况，林某某亦未提交相应证据证明其具体的经济损失，因此，综合考量林某某网络知名度、某科技公司过错程度、侵权行为持续时间及影响范围等情节因素，酌定某科技公司赔偿林某某经济损失及合理维权费用 1000 元。关于林某某诉请的精神损害抚慰金，因肖像作为自然人的外部形象，代表自然人的人格特征和精神风貌。不同形式和目的的肖像使用会给权利人带来不同的社会评价，从而影响其精神利益。某科技公司以营利为目的，利用“AI”信息技术手段将他人的面部形象移转到林某某身体形象之上，该种侵权行为足以使林某某不可避免地产生内心恐慌、焦虑之感，造成其精神损害，故酌情判令某科技公司赔偿精神损害抚慰金 500 元。

江苏省南京市江北新区人民法院依照《中华人民共和国民法典》第一千条、第一千零一十八条、第一千零一十九条、第一千一百八十二条、第一千一百八十三条第一款，《中华人民共和国民事诉讼法》第六十七条第一款、第一百四十五条规定，判决如下：

一、某科技公司于本判决生效之日起七日内向林某某书面赔礼道歉（内容须经本院审核）；逾期拒不履行的，本院将在江苏省内发行的报纸上刊登本判决书主要内容，费用由某科技公司承担；

二、某科技公司于本判决生效之日起七日内赔偿林某某经济损失及合理维权费用 1000 元；

三、某科技公司于本判决生效之日起七日内赔偿林某某精神损害抚慰金 500 元；

四、驳回林某某的其他诉讼请求。

宣判后，双方当事人均未上诉，一审判决生效。

【法官后语】

《中华人民共和国民法典》第一千零一十八条第二款将肖像定义为通过影像、雕塑、绘画等方式在一定载体上所反映的特定自然人可以被识别的外部形象，打破了肖像权客体仅限于自然人面部形象的局限，身体形象等外部形象亦可被纳入肖像的范围。但并非所有的外部形象均可构成肖像，肖像的核心在于可识别性，只有足以具有指向性或可识别性的外部形象才构成肖像权意义上的肖像。

本案所涉"AI换脸"是利用人工智能等信息技术手段，操纵、修改视频、影像数据，将肖像权人的面部更换为他人的面部，但保留权利人身体形象、动作等躯干特征，并在此基础上形成高度逼真的图像、视频等。"AI换脸"将个体的身份特质进行分解，面部形象、体貌特征甚至声音语调等各自分离，又与他人的身份特质相融合，进而重构身份特征。该技术给社会公众带来新鲜体验的同时，也将公众从真实场景中切换带入到虚实难辨的新场景中，打破了"人脸即真实"的传统认知和社会共识，造成视觉效果"失真"。生物识别信息的"真实性"被不断消解，社会公众陷入信息安全和人身权利被侵害的风险之中。

"AI换脸"所形成的人物实际上由不同主体的面部形象和身体形象构成。"AI换脸"应用场景下，通常可以结合视频的场景细节、人物肢体动作、装饰装束以及特殊印记等进行综合判断。但是相较于面部形象，身体形象的可识别性较弱，判断是否属于肖像权人的形象有一定难度，一般可结合以下方式及证据进行识别：(1) 在法庭上对原视频与新视频进行对比；(2) 举证情况能否证明被诉侵权视频中的大量细节、元素指向肖像权人；(3) 来自一般理性人提供的经其自主识别的判断是否认为二者相似；(4) 群体调研数据是否显示一般社会公众可以通过被诉侵权视频所载的外部形象识别出肖像权人；(5) 肖像权人的举证能否证明侵权人有意利用肖像权人的肖像从事该种行为，从而推定其具有可识别性。如果一般社会公众能够将某一身体形象与特定主体建立起对应关系，则该身体形象可作为肖像权的客体，受肖像权制度保护。

有别于传统的肖像侵权行为，“AI换脸”作为具有价值取向的算法模型，其侵权行为主体具有多重性。程序运营者主动上传或者默许、放任用户自行上传含他人肖像的视频素材并存储在模板界面供有偿使用，普通公众超出肖像权的合理使用范围或者未及时删除自行上传的视频素材，导致该视频素材被其他不特定用户使用，网络服务提供者未对用户发布的视频内容进行审查管理、风险提示或者在用户通知删除相关侵权内容并提供初步证据证明而未立即采取措施的，均应承担相应的侵权责任。

本案判决实现了“AI换脸”等深度合成技术应用场景下对肖像权人身体形象的延伸保护，依据民法典的相关规定打破了肖像即面部的传统认知，明确具有可识别性的身体形象属于肖像权的客体，厘清了肖像可识别性的判定方式，合理划定了侵权人的责任边界，有利于保护肖像权人的人格利益，督促技术开发者在投入使用相关应用时充分考虑法律风险和市场风险，促进技术健康合规发展。

编写人：江苏省南京市江北新区人民法院　潘振飞

江苏省南京市中级人民法院　周温涛

36

“AI换脸”技术应用场景下自然人肖像权的保护

——田某某诉某文化公司肖像权案

【案件基本信息】

1. 裁判书字号

上海市徐汇区人民法院（2023）沪0104民初4673号民事判决书

2. 案由：肖像权纠纷

3. 当事人

原告：田某某

被告：某文化公司

【基本案情】

田某某系网红博主，在某短视频平台的相关账号拥有百万粉丝。2022 年 1 月 7 日和 7 月 7 日，相关摄影师分别在某短视频平台发布以田某某古装装扮为主题的两条视频。其一系通过名为“国某”的短视频平台账号发布，时长为 8 秒；截至 2023 年 7 月 27 日，该账户点赞 4325 个，评论 139 条，转发 818 条。其二系通过名为“某某汉服”的短视频平台账号发布一条视频，时长 14 秒，视频中穿古装人员为田某某；截至 2023 年 7 月 27 日，该账户点赞 3.3 万个，评论 1563 条，转发 4103 条。

2022 年 8 月 28 日，田某某发现某文化公司在其运营的换脸 APP“脸某”上，未经许可，擅自使用上述两个视频，并制作视频模板，提供给付费会员使用。其中一个推荐视频模板时长 8 秒，其人物脸部特征与田某某存在细微差别，其余人物穿着及背景与前述 2022 年 7 月 7 日发布的相关视频完全一致；另一个推荐视频模板时长约 6 秒，其人物脸部特征与田某某存在差别，其余人物穿着及背景与前述 2022 年 1 月 7 日发布的相关视频完全一致。案涉“脸某”APP 系“一键制作 AI 换装特效视频”，开发者为某文化公司；截至 2022 年 8 月，其安装次数为 12 万次，现已下架。

田某某认为，某文化公司使用的视频经与原视频对比可清晰辨别视频中的人物为自己。某文化公司在未取得田某某同意或者授权的情况下使用载有田某某肖像的视频，且目的明显带有商业宣传的属性，已构成对田某某肖像权的侵害，应承担相应侵权责任。

某文化公司辩称：其并未发布涉田某某肖像的视频作品，且案涉视频并非本公司发布，系平台用户发布，平台作为网络服务提供者，已尽到合理审核义务；案涉“脸某”APP 用户较少，社会影响小；根据在案证据，无法证明田某某系案涉短视频平台账号所有人，且案涉视频经过诸如时长剪辑、人脸部特征等方面的加工处理，属于二次制作，具有原创属性，故不构成侵权。

【案件焦点】

某文化公司通过技术手段对田某某面部特征进行处理后再使用涉田某某视频的行为，是否侵害田某某的肖像权。

【法院裁判要旨】

上海市徐汇区人民法院经审理认为：某文化公司是否存在侵害田某某肖像权的行为，应从某文化公司是否侵害了田某某“可被识别的外部形象”来认定。根据在案证据，田某某具有一定的社会知名度，结合案涉视频，田某某的相关整体形象具有一定的可识别性。某文化公司未经田某某许可，擅自使用案涉视频制作视频模板给付费会员使用，虽然某文化公司通过技术手段对人物的面部特征进行了调整，但经比对原视频素材，仍能通过未被修改的相应场景和细节识别出身体形象对应的主体为田某某，故某文化公司未经田某某同意，通过技术手段提取涉田某某肖像视频，并擅自放置其运营的 APP 中供付费用户选择使用，其行为已侵害田某某的肖像权。关于田某某主张的经济损失，根据田某某知名度，某文化公司的过错程度，肖像被使用的方式、范围、用途等情况，酌情认定 2000 元；关于田某某主张的合理费用，凭据确认 349 元。

上海市徐汇区人民法院依照《中华人民共和国民法典》第一百七十九条、第一千零一十八条、第一千零一十九条、第一千一百六十五条规定，判决如下：

某文化公司应于判决生效之日起十日内赔偿田某某经济损失 2000 元及合理费用 349 元。

宣判后，双方当事人均未上诉，一审判决生效。

【法官后语】

根据《中华人民共和国民法典》的规定，肖像的界定标准为“可以被识别的外部形象”，本质上为一种可识别的个人数据，故本案背后蕴含的是如何有效保护个人数据的价值判断，即对擅自使用他人可识别的个人数据进行流通谋取商业利益的行为，应如何认定其性质，如何予以规制。随着数据要素市场的互联互通，网红经济飞速发展，个人通过发布涉自身短视频方式以提升个人知名度，且通过他人转发或使用其肖像的方式进一步提升流量进行定向营销，并围绕网红 IP 衍生出各种消费市场。此运营模式下，“可以被识别的外部形象”在受到肖像权保护的同时，蕴含该形象的数字作品将增附“商品”属性。故他人擅自使用该可被识别的外部形象在客观层面上可能会提升其知名度，但又似乎将与个人数据保护的传统内涵相违背。因此，在数字时代下，如何做到个人数据保护与促进数据互联互通两者间的动态平衡，成为裁判者必须考量的因素。本案从网红形象出发“举轻以明重”，以期在鼓励数据要素流动前提下，依法保护个人数据的来源者和合理利用，实现个人权益保护和数据资产开发的双重提升。

第一，明确界定可识别的个人数据范围。根据民法典规定，肖像已经从单纯自然人的面部形象扩展到其他可被识别的外部形象，即只要能够呈现出特定自然人的外部形象，且可以使他人清楚识别出该外部特征属于某个特定的自然人，则该外部形象就属于肖像。因此，“可识别性”成为肖像等个人数据界定的首要标准。在部分案例中，还包括自然人的声音。

第二，围绕“可识别性”，从构成要件判断是否侵害个人肖像。以本案为例，某文化公司并未直接使用田某某的面部形象，而是通过深度合成算法对田某某的面部特征进行了调整后再使用涉田某某的视频，因此不宜直接认定案涉田某某形象具有可识别性，而需要进一步比对原视频素材与案涉推荐视频模板，通过未被修改的相应场景和细节进行综合判断，具体包括视频时长、人物装饰装束及肢体动作、人物声音语调、背景音乐等，再结合田某某作为网红相较于其他个人，存在于其发布作品中的外部形象具有为更多公众知晓的“可识别性”特征，故可识别出案涉推荐视频模板中人物身体形象对应的主体为田某某，进而认定田某某对该身体形象享有肖像权。而某文化公司擅自将含有田某某肖像的视频作为推荐模板提供给付费用户使用，其行为侵害了田某某肖像权。

第三，在裁判尺度上应当有利于促进数据的互联互通。数字的本质在于互联互通，通过数据的有效传播可以提升其所附带的社会经济价值。因此，针对个人可识别的形象背后所蕴含的数据本身，在坚持保护个人合法权益基础上，应当通过裁判规则的制定，鼓励数据要素流动。尤其在由网红经济等特定新型商业模式延伸出的此类客观层面上有助于数据要素流动和价值挖掘的案件中，在裁判标准上，应当区别于普通侵害肖像权案件，不宜过于严厉。以本案为例，针对田某某主张的损失，法院最终根据田某某知名度，某文化公司的过错程度，肖像被使用的方式、范围、用途等情况，酌情认定2000元。

通过上述三个层面的考量，构建个人可识别信息保护的裁判规则，在“AI换脸”等技术应用场景下，既实现个人可识别数据保护与鼓励技术创新的动态平衡，又促使技术开发者对新技术充分评估其市场风险及法律风险，促进数字经济的规范、有序发展。

编写人：上海市徐汇区人民法院　戚垠川

37

某短视频平台账户等虚拟财产账户使用权归属的认定

——黄某甲诉某商行、郑某肖像权案

【案件基本信息】

1. 裁判书字号

广西壮族自治区东兴市人民法院（2023）桂0681民初1034号民事判决书

2. 案由：肖像权纠纷

3. 当事人

原告：黄某甲

被告：某商行、郑某

【基本案情】

2021 年 7 月，黄某甲用其名下尾号 2203 的手机号码登录注册了某商行的某短视频平台账户。11 月，黄某甲与郑某及案外人黄某乙各自出资 10 万元合作运营某短视频平台店铺，在郑某母亲对该账户进行实名认证后，利用该账户直播销售红木摆件并由黄某甲担任主播对商品进行宣传展示。合作期间，部分消费者购买红木摆件后在某短视频平台店铺下评价，配图采用黄某甲的直播带货截图，截图可见黄某甲正脸。2023 年 2 月，某短视频平台店铺向某短视频平台官方提交关店申请，黄某甲等三人合作结束并完成清算，但对某短视频平台账户的归属产生争议，经讨论一致决定放弃该账户的使用权并将账户注销。

后郑某擅自撤销某短视频平台店铺关店申请，将某短视频平台账户绑定的手机号码及账户头像进行变更，并登录使用该账户发布红木摆件宣传视频、进行直播销售。

黄某甲得知后，起诉至法院，请求：(1) 某商行注销某短视频平台账户并删除与黄某甲有关的图片、视频；(2) 某商行出具经法院审查的书面道歉信并向黄某甲公开道歉；(3) 某商行赔偿黄某甲经济损失 4641.3 元及精神损害抚慰金 6 万元；(4) 郑某以家庭财产对某商行的上述债务承担责任。

【案件焦点】

1. 如何确认案涉短视频平台账户等虚拟财产使用权的归属；2. 某商行是否侵犯了黄某甲肖像权。

【法院裁判要旨】

广西壮族自治区东兴市人民法院经审理认为：案涉短视频平台账户系具备一定人身属性的虚拟财产，根据某短视频平台官方平台规则，某短视频平台账户所有权属于平台，用户仅享有账户使用权。对于账户使用权的归属，应尊重当事人的意思自治。黄某甲、郑某已约定注销案涉某短视频平台账户，一致放弃该账户的使用权。郑某擅自变更账户信息，将账户使用权据为己有，视为违反约定。黄某甲诉请某商行注销某短视频平台账户，有法律依据，予以支持。

某短视频平台店铺评论所配图片，系在黄某甲与某商行合作经营期间生成且为消费者自行添加，某商行没有权限对消费者评论进行限制或删除，同时黄某甲提供的证据未能证明某商行在合作结束后仍继续使用其相关视频及图片，黄某甲请求某商行删除其相关视频、照片，理据不足，不予支持。消费者购买商品自行配图评论的行为，不构成某商行对黄某甲肖像权的侵犯，黄某甲请求某商行公开道歉、赔偿经济损失及精神损害抚慰金，无法律依据，不予支持。

广西壮族自治区东兴市人民法院依照《中华人民共和国民法典》第三条、第五条、第七条、第一百二十七条规定，判决如下：

一、被告某商行于本判决生效之日起十日内注销某短视频平台账户；

二、驳回原告黄某甲的其他诉讼请求。

宣判后，双方当事人均未上诉，一审判决生效。

【法官后语】

短视频平台账户作为互联网经济发展中衍生的虚拟财产，其权益客体主要表现为账户本身的使用价值，以及在账户使用、经营过程中产生的添附于账户之上的财产性内容，如粉丝量、曝光度等可变现的价值。短视频平台账户在注册认证、视频创作、价值输出等方面与特定的使用者息息相关，具备较强的人身依附性，属于人身属性和财产属性兼具的虚拟财产，因此，不能单凭有形财产的物权确权原则确定短视频平台账户的权利归属。

《中华人民共和国民法典》第一百二十七条规定："法律对数据、网络虚拟财产的保护有规定的，依照其规定。"在上述法律条文中，对虚拟财产的取得、处置等问题并未进行明确规定。而根据某短视频平台官方平台规则及其与用户签订的协议显示，某短视频平台账户所有权属于平台，用户仅享有对账户的使用权，且账户遵循"一号一证"规则，即一个手机号码仅能注册一个账户，一个身份信息仅能对一个账户进行实名认证，即使用户有多个手机号码可以注册多个账户，也只能选择其中一个账户进行实名认证，且身份信息认证完成后不可修改。因此，在多方主体合作运营同一短视频平台账户的情况下，应以保护虚拟财产为原则，在不突破短视频平台官方平台规则的基础上，结合当事人之间的约定及各方对账户的参与度、贡献值综合认定账户的使用权归属。

本案中，某短视频平台账户的合作经营者黄某甲与郑某等已达成约定，一致放弃该短视频平台账户的使用权并对账户进行注销。该约定是当事人意思自治的体现，不违反法律、行政法规的强制性规定，应当予以认可和尊重。郑某事后违反约定，擅自变更账户信息，将案涉账户使用权据为己有，违背了诚实信用原则，黄某甲依据原合作各方关于账户处理意见的协议诉请某商行注销某短视频平台账户，符合法律规定，应予支持。

同时，由于某短视频平台账户主要用于直播带货，需要主播通过直播镜头向消费者宣传展示商品，将商品信息传递给消费者，进而带动商品销量。从消费者的角度来看，主播不仅仅是销售者，也是代言人。由于带货方式及主播身份的特殊性，主播对消费者在消费场景下、合理限度内使用其肖像应负有一定的容忍义务，不能仅以未经主播同意为由，对消费者使用主播肖像一概认定为肖像权侵权。本案中，虽然部分消费者未经黄某甲同意，使用其直播带货截图在某短视频平台店铺下评价，但并未对其肖像进行丑化、贬损，配图评价范围也仅限于某短视频平台店铺下，只在商家及消费者间进行公开，所以消费者不构成肖像权侵权。而且该行为是部分消费者个人的行为，某商行没有权限对消费者评论进行限制或删除，黄某甲也未提供证据证明在双方合作结束后某商行仍存在使用其相关视频及图片的行为，故对黄某甲主张某商行侵犯其肖像权并要求删除相关视频、照片，不予支持。也正是因为某商行的行为不构成对黄某甲肖像权的侵犯，其关于某商行公开道歉、赔偿经济损失及精神损害抚慰金的诉讼请求无从谈及，不予支持。

编写人：广西壮族自治区东兴市人民法院　胡家铭　施慧勤　汪源

38

商业化利用他人姓名或肖像的共同侵权认定及酌定赔偿规则

——陈某某诉某传媒公司、某食品公司肖像权案

【案件基本信息】

1. 裁判书字号

重庆市第一中级人民法院（2023）渝01民终9424号民事判决书

2. 案由：肖像权纠纷

3. 当事人

原告（被上诉人）：陈某某

被告（上诉人）：某传媒公司

被告：某食品公司

【基本案情】

陈某某系某娱乐集团旗下演员、歌手。某食品公司的经营范围为食品生产、销售。

某传媒公司在其制作的《影视资源推广手册》中，宣称其拥有授权影视作品的复刻权及宣传推广权，通过品牌与电影结合，可以使品牌获得大片和明星一样的关注，且能近乎达到平面代言的效果，并附注大量其他明星的类似宣传案例，均使用了“某影片某主演明星携手助力某品牌”的字样和明星照片，其中包括陈某某。

2020年1月15日，某食品公司与某传媒公司签订《品牌宣传推广合作协议》及《补充协议》，约定由某传媒公司以15万元的价格，为某食品公司提供营销策略和品牌推广相关服务。该协议约定：某传媒公司赠送给某食品公司某

影视剧（主演陈某某）影片的高清版DVD、宣传图片和海报，作为某食品公司品牌产品随机赠品宣传推广之用。在某传媒公司的范例指导、帮助支持及对产品包装设计审核下，某食品公司将陈某某照片应用于其所生产某系列速食即食产品外包装图案，并配文“某影视剧（主演陈某某）携手助力某品牌——购买本品将可获赠某影视剧DVD高清电影光盘”。截至2020年8月24日，某食品公司通过网络平台售出的产品包括23个品类，数量超过25万件。

陈某某认为某食品公司及某传媒公司未得到其同意，以营利为目的，擅自将其肖像及姓名用于商业经营中，共同实施了侵犯其肖像权及姓名权的行为。陈某某为制止侵权行为，产生公证费、时间戳取证费、申请财产保全担保保险费等支出。

【案件焦点】

1. 某食品公司及某传媒公司的行为是否构成共同侵害陈某某的姓名权及肖像权；2. 在侵权成立的前提下，某食品公司及某传媒公司应承担何种民事责任；3. 如某食品公司、某传媒公司应承担损害赔偿责任，如何确定具体的赔偿金额。

【法院裁判要旨】

重庆市合川区人民法院经审理认为：肖像与姓名均为自然人的外在表征，彰显自然人的社会存在，依托于肖像和姓名而存在的肖像权和姓名权，是自然人所享有的对自己肖像和姓名所体现的、以人格利益为核心内容的具体人格权。

一、共同侵权的认定

第一，某食品公司将陈某某照片应用于其产品的外包装，使用的图片系陈某某在某影视剧中的剧照，照片展示了陈某某面部正面形象，具有高度识别性。同时，在产品外包装上还使用了“某影视剧（主演陈某某）携手助力某品牌”等文字表述，该行为系直接使用陈某某的肖像和姓名进行宣传，极易使他人误认为陈某某与某食品公司之间存在代言关系。某食品公司的上述行为意在凭借陈某某在相关市场群体中的品牌影响力与产品号召力直接推广其产品，其利用陈某某的知名度获得经济上收益的意图明显，符合以营利为目的使用明星肖像和姓名的法律特征，应认定其行为侵犯了陈某某的肖像权和姓名权。从《品牌宣传推广合作协议》及《补充协议》的内容来看，某食品公司获得的授权仅系其可以选用某影视剧的高清典藏版DVD及相关宣传图片和海报作为其品牌产品的随机赠品宣传推广之用。某食品公司未能举证证明其使用陈某某肖像及姓名获得了陈某某的许可授权，其行为存在明显的主观过错。

第二，某传媒公司以“影视作品的复刻权及宣传推广权”的名义，向他人推广使用包括陈某某在内的众多明星的姓名及肖像，其实质是在明知没有陈某某授权的情况下，以推广电影作品为名，将陈某某的肖像和姓名作为交易对象，吸引某食品公司使用并收取高额对价，属于以营利为目的，擅自使用陈某某的肖像及姓名，其行为构成对陈某某肖像权、姓名权的侵犯。某传媒公司在整个行为过程中，不仅向某食品公司提供了使用范例指导和帮助支持，还对其产品包装设计进行了审核，并且在其印制的《影视资源推广手册》中亦表明其熟悉并长期从事类似行为，因此足以判定，某传媒公司既具有明显的主观过错，同时又直接参与了具体侵权行为的实施过程。

第三，关于某食品公司及某传媒公司所承担的侵权责任形态。某食品公司及某传媒公司以使用陈某某的姓名、肖像获取营利为目的形成共同意思联络，并以对陈某某照片、姓名的共同制作与直接使用为具体行为方式，共同造成了同一损害结果。可以判定，某食品公司及某传媒公司在侵害陈某某合法权益上具有共同的主观认知、在行为的实施上具有高度结合的紧密性，在造成的损害结果上具有同一性，因此某食品公司及某传媒公司的行为具有法律上的共同性和不可分割性，就其非法利用陈某某肖像、姓名来获取经济利益的侵权行为，应当共同承担民事责任。

二、民事责任的承担

民事主体在姓名权、肖像权等人格权遭受侵害并导致损害时，可适用人格权请求权要求停止侵害、赔礼道歉，也可同时适用侵权损害赔偿请求权主张财产损害赔偿。某食品公司、某传媒公司应当承担相应的民事责任，当事人的肖像权、姓名权承载了人格、伦理、道德、经济等多个维度的价值与利益，故在决定其责任承担的内容时，人民法院应当从具体损害情况、行为手段、公众情感、经济发展形势等多种综合因素予以判定，并且应当在确定具体责任内容时适用相应的法律规则作为指引。

第一，以使受害人获得有效保护为原则适用停止侵害责任。某食品公司未举示证据证明确已将侵权商品予以销毁，故对陈某某提出的判令某食品公司、某传媒公司停止使用陈某某肖像或姓名并销毁库存侵权商品的诉讼请求予以支持。某传媒公司未举示证据证明已将《影视资源推广手册》予以销毁，对陈某某提出的判令某传媒公司销毁《影视资源推广手册》的诉讼请求予以支持。

第二，以弥补受害人精神创伤为原则适用赔礼道歉责任。陈某某就其属于精神性人格要素的姓名和肖像被不法侵害的后果，诉请判令被告赔礼道歉。道歉是表达道歉者对受害人的尊重，是极为有效的补救性措施，予以支持。

第三，以受害人精神损害的严重程度为标准判定赔偿精神损害抚慰金的责任。根据法律规定，侵害他人人身权益，造成他人严重精神损害的，被侵权人可以请求精神损害赔偿。案涉照片内容并无侮辱、贬低、丑化陈某某人格的实际后果，难以认定二公司的行为给陈某某造成严重精神损害，故对该项诉求不予支持。

第四，以依法、对等、合理为原则适用赔偿损失责任。对被侵权人的实际财产损失，应当采用完全赔偿原则，对被侵权人的间接财产损失，应当采用合理赔偿原则；同时，在难以确定损失的情况下，可以将侵权人的获利作为确定赔偿金额的参考。

三、赔偿金额的确定

首先，从陈某某的损失角度来考量。陈某某系演艺明星、流行歌手，一旦将其肖像、姓名用于商业领域，必然会带来商业利益。从经济利益角度分析，某食品公司、某传媒公司假借影视宣传推广之名，将陈某某照片及姓名用于产品外包装上的行为，获得了名人代言的商业利益。且本案中，陈某某的上述权利并非正常授权使用，而是处于侵权状态下被使用。该商业利益是否通过经营行为而最终获利，仅是作为赔偿标准的参考依据之一，实际上无论经营者是否盈利，都应当向代言人支付相应对价，在发生侵权行为的情况下，赔偿额至少不应低于该对价。陈某某提供的其代言案外某品牌所签订的“服务合同”所披露的品牌代言交易金额，可在一定程度上给本案中陈某某代言利益受损的情况以参考。但将陈某某所举示的其获得代言报酬的被代言企业，与本案生产者即某食品公司在经济体量及生产效益上进行比较，显然难以按照相同的标准进行处理。

其次，从某食品公司及某传媒公司获利角度来分析。按照陈某某从网络平台的售出数量和价格来计算，只能计算出某食品公司的收入，但是从生产到销售还有多个环节的支出，销售金额不能等同于获利金额。从双方提供的证据来看，均不能证明某食品公司因侵权行为获利多少，但从查明的事实来看，某传媒公司在本案中因侵权行为所获收益为 15 万元，该获利应当作为赔偿金额的考量因素之一。

最后，从权利救济的角度分析，本案中，人格权商业化利用的价值难以准确计算，根据相关规定，被侵权人因人身权益受侵害造成的财产损失或者侵权人因此获得的利益无法确定的，人民法院可以根据具体案情在 50 万元以下的范围内确定赔偿数额。陈某某为制止侵权行为，产生的公证费、时间戳取证费、申请财产保全担保保险费，可以认定为其为制止侵权行为所支付的合理开支，且陈某某提供了相应的支付凭证，故陈某某要求某食品公司及某传媒公司支付该部分支出，有事实和法律依据。关于律师费，虽然陈某某未提供律师费相关票据，但其确已委托律师出庭参与维权诉讼，并对侵权证据进行了保全，故对律师费的请求酌情予以考虑。综合侵权人的过错程度、侵权情节、经济体量，陈某某的知名度、代言金额等因素，以实现民事责任的预防功能、复原功能及惩罚功能为目的，酌定某食品公司及某传媒公司共同赔偿陈某某各项经济损失和合理费用支出合计 25 万元。

重庆市合川区人民法院依照《中华人民共和国民法典》第一百七十八条第一款、第一百七十九条第一款、第九百九十八条、第一千条、第一千零一十九条、第一千一百六十五条、第一千一百六十八条、第一千一百八十二条,《最高人民法院关于审理利用信息网络侵害人身权益民事纠纷案件适用法律若干问题的规定》第十二条,《最高人民法院关于适用〈中华人民共和国民法典〉时间效力的若干规定》第一条,《中华人民共和国民事诉讼法》第一百四十五条规定,判决如下:

一、某食品公司立即停止在其产品外包装上使用陈某某的肖像或姓名,并于本判决生效后三十日内销毁全部库存侵权商品,某传媒公司负连带责任;

二、某传媒公司于本判决生效后三十日内销毁全部含有陈某某的肖像或姓名的《影视资源推广手册》;

三、某食品公司、某传媒公司于本判决生效后十日内在全国性报纸上发布致歉声明,声明内容须经本院审核;

四、某食品公司、某传媒公司于判决生效后十日内赔偿陈某某各项经济损失和合理费用支出合计25万元,某食品公司及某传媒公司互负连带责任;

五、驳回陈某某的其他诉讼请求。

某传媒公司不服一审判决,提起上诉。

重庆市第一中级人民法院经审理认为:某传媒公司虽与某食品公司签订了相关协议并主张因某食品公司的行为超出协议约定的内容而侵权,与某传媒公司无关,但某传媒公司应当知晓并注意向他人推广使用包括陈某某在内的众多明星的姓名及肖像时需要得到授权。某传媒公司的经营行为实质是在明知没有陈某某授权的情况下,以推广电影作品为名,将陈某某的肖像和姓名作为交易对象,吸引某食品公司使用并收取高额对价。某传媒公司对案涉产品的包装设计进行了审核,且在其印制的《影视资源推广手册》中亦表明其熟悉并长期从事类似行为,一审法院认定其存在主观过错并构成侵权并无不当。

重庆市第一中级人民法院依照《中华人民共和国民事诉讼法》第一百七十七条第一款第一项规定,作出如下判决:

驳回上诉,维持原判。

【法官后语】

根据人格权与人身的关联程度，可以将人格权分为物质性人格权和非物质性人格权。物质性人格权是指自然人对于其生命、身体、健康等物质性人格要素享有的权利，是具有基础性地位的权利，法律应当对其加强保护，适用严格的保护规则。生命权、健康权、身体权之外的人格权为非物质性人格权。非物质性人格权并非一种严格绝对权，其主体一定程度上应容忍第三人在合理范围内使用。诸如姓名权、肖像权等非物质性人格权侵权认定及损害赔偿标准的确定，很大程度上需要人民法院在准确适用法律规范的基础上，结合个案具体情形确定。

一、商业化利用他人姓名或肖像的共同侵权认定参考因素

行为人是否构成侵权是人格权侵权责任认定的前提。《中华人民共和国民法典》第九百九十八条规定："认定行为人承担侵害除生命权、身体权和健康权外的人格权的民事责任，应当考虑行为人和受害人的职业、影响范围、过错程度，以及行为的目的、方式、后果等因素。"该规定采取动态体系论立场，给法院提供了较大的裁量空间。法官应对上述诸多因素存在的范围、程度以及它们的相互关系，作出综合、动态的评估，实现由规范到个案正义。依据上述动态系统论的裁判立场及方法，法院在认定本案二行为人（某食品公司、某传媒公司，下同）是否构成共同侵权时，综合考虑了以下因素。

（一）行为人的意思联络

与认定其他共同侵权相同，在共同侵犯姓名权、肖像权等非物质性人格权的认定中，首先应当认定行为人之间是否具有意思联络。分析本案二行为人的意思联络，可分两个步骤：一是行为人是否存在过错；二是行为人的过错是否存在关联性。第一，某食品公司仅凭某传媒公司的书面许可，未审查某传媒公司是否经过陈某某授权，是否可以转授权，径行对陈某某的肖像及姓名进行商业化使用，其未尽到谨慎审查授权许可的义务，可认定存在明显过错。某传媒公司在明知没有陈某某授权的情况下，以推广电影作品为名，将陈某某的肖像和姓名作为交易对象，吸引其他行为人使用并收取高额对价，属于以营利为目

的，擅自使用陈某某的肖像及姓名，存在明显过错。第二，在某传媒公司未取得陈某某授权，某食品公司未审查某传媒公司是否获得陈某某授权的情形下，二行为人即达成陈某某肖像与姓名的商业化使用合意，可认定为默示的意思联络。

（二）行为人和受害人的职业

姓名权、肖像权等非物质性人格权主体对他人在合理范围内的使用具有一定容忍义务。如何判断合理使用的限度，以及如何确定容忍的界限，是认定是否构成侵权不可忽视的一环。进行上述判断时，行为人和受害人的职业是重要参考因素。本案中，陈某某作为知名的公众人物，对他人使用其人格利益应当具有较高的容忍度。但是，二行为人作为商事主体未经陈某某授权许可即对其姓名、肖像进行商业化使用，则超出其容忍范围。

（三）行为的目的、方式、后果

姓名权、肖像权等非物质性人格权常常蕴含财产性利益，如通过对肖像、姓名的使用，达到营销目的。对于此类人格利益的使用亦应当通过目的、方式和后果三方面进行合法性、正当性评价。本案中，二行为人对陈某某的姓名、肖像的使用是出于商业目的。从目的上看，追求商业利益本属正当，并非为法律必然禁止。从行为上看，二行为人均未获取陈某某的授权许可，不具有合法性、正当性。从后果上看，因陈某某的肖像及姓名蕴含较大的财产价值，二行为人未支付使用对价，造成陈某某可得利益的损失。

二、法院酌定赔偿规则

姓名权、肖像权等非物质性人格权的客体具有无形性，行为人侵害他人人格权通常并不会造成直观的损害。权利人即使证明遭受了损失，也难以证明损失的具体数额。对损害赔偿责任的确定相对复杂，法院需要按照一定的标准裁量，在此着重分析对非物质性人格权的损害赔偿的裁判原则和标准。

（一）损失填补规则

人格权损害赔偿的请求权基础是权利人的人格利益受到损失。因此，在认定赔偿金额时，应当首先以权利人的损失为赔偿依据。其中，经济损失包括两个部分：实际财产的折损或可得利益损失。如果权利人能够证明实际财产的折损数额，则可采取实际财产折损的标准，如果权利人难以证明实际财产的折损数额，还可运用可得利益损失衡量的方法进行裁判。

一是实际财产的折损。权利人在证明其财产折损时，既要提供假设行为未发生时的财产状态，又要证明行为发生后的财产状态。二者的差额即为实际财产折损的具体数额。本案中，陈某某没有证据证明其财产的实际折损，但是诸如公证费、取证费等实际附带损失可据实主张。

二是可得利益损失。对于可商业化利用的人格权，因为客体的无形性，侵权造成的实际损害并不体现于客体本身的价值减损，而是集中显现在所失利益部分，亦即按照事物的惯常运行，可能预期得到的利益。行为人在利用他人人格利益时，原则上应当经过许可，并支付相应的许可使用费。行为人未经许可而擅自利用他人人格权益，客观上节省了相应的拟制许可使用费支出。《中华人民共和国民法典》人格权编虽然规定了人格利益许可使用规则，但对于许可使用的对价，有赖于当事人进行个别磋商，人格利益并不像财产权那样具有客观的市场价格。① 可以结合受害人的知名度、侵权行为的方式、持续时间、权利人许可其他经营相同或类似业务、经营体量具有可比性的商家使用费标准等，确定拟制的许可使用费数额，受害人也可提供人格利益许可使用合同，供法院酌定赔偿数额时参考。本案中，陈某某提供了与其他商家的肖像及姓名许可使用协议，但由于商家与某食品公司之间在经营业务、市场占有、经营体量等方面不具有较大可比性，法院降低了对该因素的参考程度。

（二）预防性规则

大多数侵犯非物质性人格权尤其是商业化运用的行为是侵权人以获利为目的而有意为之。在权利人受到侵害但难以证明损害标准，也无拟制许可标准可供参考的情形下，如果依据证据规则不予支持权利人的损害赔偿请求，或者酌情支持的损害赔偿标准低于行为人因侵权获取的利益，则将对侵犯人格权行为

---

① 王叶刚：《论侵害人格权益财产损失赔偿中的法院酌定》，载《法学家》2021 年第 3 期。

起到激励作用。因此，从预防类似侵权的目的来看，应当将行为人的过错程度、获利情况等作为酌定赔偿标准的参考，且酌定赔偿金额不能低于行为人因侵权获利的金额。法院在依职权确定行为人的获利数额时，可根据行为人侵权持续时间、侵权的范围与规模等因素确定行为人大致的获利数额，而不需要对获利数额进行精确计算。如果行为人本可获利而因为其他原因并未获利时，仍应当考虑其可能获利的情形，才能充分发挥人格权损害赔偿的预防功能。本案中，法院即根据某食品公司的销售情况，将某传媒公司所获收益15万元作为损害赔偿的参考因素，并最终判决不低于该金额损害赔偿金，就是遵循预防性规则的具体体现。

编写人：重庆市合川区人民法院　王萍

39

侵犯肖像权的责任构成与损害赔偿数额认定

——尹某某诉某科技公司、郑某某肖像权案

【案件基本信息】

1. 裁判书字号

广东省深圳市中级人民法院（2023）粤03民终25850号民事判决书

2. 案由：肖像权纠纷

3. 当事人

原告（被上诉人）：尹某某

被告（上诉人）：某科技公司、郑某某

【基本案情】

某科技公司在其运营的某平台店铺售卖一款玩偶移动电源，该产品的图片

展示中附有尹某某的肖像图片并附相关文字。尹某某主张某科技公司未经其授权许可，擅自使用其肖像、姓名进行虚假代言广告，推广、销售移动电源，牟取非法利益，严重侵犯了其肖像权及姓名权。

案外人某甲公司与案外人某乙公司签署的《影视宣传物料使用许可合同》约定，某乙公司向某甲公司提供影视剧《某某湖》的海报、剧照等宣传物料。某科技公司与某甲公司签署的《委托销售协议书》约定，由某科技公司销售案涉产品共计500个。

某科技公司提供上述《影视宣传物料使用许可合同》《委托销售协议书》以及其获取案涉尹某某肖像图片的相关微信聊天记录，用以证明其使用尹某某案涉肖像图片具有合法来源。尹某某称，某科技公司使用的案涉肖像图片并非电影《某某湖》的宣传资料，而是尹某某在2018年入驻某场馆时拍摄的宣传照片。

某科技公司为有限责任公司（自然人独资），股东为郑某某。

【案件焦点】

1. 某科技公司是否侵犯了尹某某的肖像权；2. 肖像权侵权赔偿数额如何判定；3. 案件是否应当作为经济犯罪案件移送公安机关处理。

【法院裁判要旨】

广东省深圳市福田区人民法院经审理认为：某科技公司主张其使用的案涉肖像图片有相关授权，但结合尹某某提交的证据，某科技公司关于图片有合法来源的抗辩不成立。关于经济损失，综合考虑尹某某的知名度、某科技公司侵权行为的过错程度、案涉图片被使用的时间、数量及范围等，酌情确定某科技公司向尹某某赔偿60000元。此外，案涉图片已经删除，故停止侵权的诉请不予支持。关于尹某某请求召回、销毁所有案涉产品，缺乏依据，不予支持。关于郑某某的责任问题，其作为某科技公司的唯一自然人股东，未提交证据证明其财产独立于公司财产，故应承担连带清偿责任。广东省深圳市福田区人民法院判决：

一、某科技公司应于判决生效之日起十日内在其运营的某平台店铺首页发表致歉声明，向尹某某赔礼道歉，该声明保留七天，致歉内容须经法院审核；如逾期不执行上述内容，法院将依据尹某某的申请选择一家全国范围内公开发行的报纸刊登判决主要内容，刊登费用由某科技公司负担；

二、某科技公司应于判决生效之日起十日内向尹某某赔偿经济损失60000元；

三、郑某某对某科技公司上述第二项债务承担连带清偿责任；

四、驳回尹某某的其余诉讼请求。

某科技公司和郑某某不服一审判决，提起上诉。

广东省深圳市中级人民法院经审理认为：对于争议焦点一。肖像权具有绝对性、专属性、排他性等特征。本案中，某科技公司在所售产品中使用印有尹某某肖像的图片，并未以许可授权的方式获得尹某某的同意，也并非基于肖像权合理使用抗辩中的个人合理理由和社会公共目的，故某科技公司、郑某某关于其未侵犯尹某某肖像权的上诉主张不能成立。

对于争议焦点二。本案中，虽然某科技公司、郑某某关于实际销售侵权产品的数量仅为100个左右的主张不足采信，但根据案涉《委托销售协议书》，某甲公司向某科技公司供应的货物数量为500个。即使某科技公司将500个侵权产品全部销售一空，其所能获得的最大利益仅为27750元［150元×5%+（198元-150元）×500个］。一审判决将本案的损害赔偿数额酌定为60000元，明显超出自由裁量权的合理范围，应予以纠正。综合本案侵权人的过错程度、具体侵权行为方式、造成的后果影响以及侵权人可能获利的上限等因素，酌定赔偿数额为25000元。

对于争议焦点三。本案系尹某某与某科技公司、郑某某之间发生的肖像权纠纷，双方当事人之间的法律争议属于民事纠纷，并未涉嫌犯罪。同时，某科技公司、郑某某亦知晓某甲公司已经以某乙公司涉嫌刑事诈骗为由报案。故某科技公司、郑某某关于本案应当作为经济犯罪案件移送公安机关处理的上诉主张不能成立，不予支持。

广东省深圳市中级人民法院依照《中华人民共和国民法典》第一千一百八十二条、《中华人民共和国民事诉讼法》第一百七十七条第一款第二项规定，判决如下：

一、维持广东省深圳市福田区人民法院（2022）粤××××民初×××××号民事判决第一项；

二、撤销广东省深圳市福田区人民法院（2022）粤××××民初×××××号民事判决第三项、第四项；

三、变更广东省深圳市福田区人民法院（2022）粤××××民初×××××号民事判决第二项为：上诉人某科技公司应于判决生效之日起十日内向被上诉人尹某某赔偿经济损失25000元；

四、上诉人郑某某应对上诉人某科技公司在本判决第三项中的损害赔偿义务承担连带赔偿责任；

五、驳回被上诉人尹某某的其他诉讼请求。

【法官后语】

随着网络时代发展以及人工智能的广泛应用，公众人物肖像权比此前更易受到侵犯，侵权的方式也更加便捷，渠道更为多元，呈现出“迭代”侵权的特点。[①] 侵权方式的“迭代”使得保护公众人物肖像权的需要更为迫切，如何准确界定肖像权侵权以及明确判定侵犯肖像权的损害赔偿金额对于完善肖像权保护法律制度具有重要意义。

一、走出误区：把握肖像权与著作权的区别

一个具体的肖像作品一般承载着双重权益：肖像作品著作权人所享有的著作权、肖像权人所享有的人格权益。[②] 正源于此，司法实践中常常出现肖像权侵权与著作权侵权的混淆。把握两者的不同，可以从以下几方面入手：

---

① 马忠法、任成：《从实证角度再议艺人肖像权侵权问题》，载《大理大学学报》2020年第9期。

② 程啸、杨明宇：《肖像权与肖像作品著作权冲突的研究》，载《四川大学学报（哲学社会科学版）》2000年第3期。

从权利属性来看，在我国，肖像权属于人格权范畴，由民法加以规范和保护。《中华人民共和国民法典》专设第四编第四章对肖像权进行规范和保护，著作权属于知识产权范畴，其保护的对象为作品；《中华人民共和国著作权法》第三条对“作品”的定义及基本范畴予以明确，摄影作品、视听作品均属于著作权法的保护对象。

从权利特质来看，肖像权具有人格权共有的绝对性、专属性、排他性等特征，侧重于对人的尊严与自由的保护；著作权作为知识产权，具有客体的无形性、可复制性，权利的专有性、时间性和地域性等特征，侧重于对思想表达形式的保护。在肖像权人与肖像作品权利人为不同主体的情况下，肖像作品权利人虽享有肖像作品的著作权，但未经肖像权人同意，其使用或者公开肖像权人的肖像的权利也受到限制。

从权利抗辩来看，《中华人民共和国民法典》第一千零二十条规定了肖像合理使用的特殊免责事由，即“合理使用抗辩”；《中华人民共和国著作权法》第五十九条第一款规定了著作权的“合法来源抗辩”。

本案中，某科技公司试图以著作权法上的合法来源抗辩作为对抗尹某某关于肖像权受到侵犯的主张，依法不能获得支持。

二、核心界定：“未经肖像权人同意”的意涵

肖像权侵权的责任构成要件与一般侵权责任的构成要件并无二致，主要应从侵权行为、主观过错、损害结果和因果关系四个方面进行分析判断。就本案而言，双方当事人的核心争议在于某科技公司是否具有主观过错，即其使用尹某某的肖像是否经过或者可以视为经过肖像权人同意。一般来说，肖像权人的同意，包括明示，也包括默示。

明示的同意一般是指订立书面肖像权使用许可合同，依据合同约定，可以认定肖像权人已明示同意授权被许可人使用其肖像，但此种授权范围应当严格按照合同约定进行界定，往往会有使用品类范围、使用期限、使用地域等限制。如果合同当事人对于许可使用的条款（包括范围、期限或区域等）有不同的理解，根据《中华人民共和国民法典》第一千零二十一条应作出有利于肖像权人

的解释。①

默示也是作出意思表示的方式之一，可以根据一般社会观念或者相关行为来认定默示构成同意。在信息化、数字化蓬勃发展，视频图片等数据信息获取更为便捷、侵权方式更为隐蔽的当下，《中华人民共和国民法典》第一千零二十一条关于有利于肖像权人的解释，很大程度上压缩了默示同意的适用空间。

一般而言，未经肖像权人同意即构成肖像权侵权，但《中华人民共和国民法典》规定了不以经肖像权人同意与否认定行为性质的三类例外情形：一是无论肖像权人是否同意，该行为一发生即构成肖像权侵权，主要表现为“以丑化、污损，或者利用信息技术手段伪造等方式侵害他人的肖像权”。二是虽未经肖像权人同意，但法律另有规定的，不构成侵权。三是虽未经肖像权人同意，但属于合理使用的，不构成侵权。合理使用的规定体现了肖像权作为个人权利与社会公共利益发生冲突时的平衡。

本案中，一方面，某科技公司在所售产品中使用印有尹某某肖像的图片，并未获得尹某某的明示或者默示的同意，侵害了尹某某作为肖像权人依法享有的制作、使用、公开肖像的专属权利。且本案并无充分证据显示尹某某已就其肖像权使用授权给某科技公司的相关交易方。另一方面，某科技公司使用尹某某肖像的行为并不属于“合理使用”的情形，不具有特殊免责事由，故应当认定某科技公司的行为侵权了尹某某的肖像权。

三、责任承担：肖像权侵权案件财产损害赔偿数额的判定

《中华人民共和国民法典》第一千一百八十二条规定：“侵害他人人身权益造成财产损失的，按照被侵权人因此受到的损失或者侵权人因此获得的利益赔偿；被侵权人因此受到的损失以及侵权人因此获得的利益难以确定，被侵权人和侵权人就赔偿数额协商不一致，向人民法院提起诉讼的，由人民法院根据实际情况确定赔偿数额。”值得注意的是，前两种财产损失计算方法为自由竞合，并无适用顺序之别，即无论被侵权人有无损失，损失大小能否确定，均可主张按侵权人所获利益赔偿，亦可根据举证情形主张按具体损失赔偿，以实现其损

---

① 王绍喜：《〈民法典〉时代肖像权保护解释论》，载《法律适用》2021 年第 11 期。

害赔偿救济的利益最大化，也体现出对被侵权人的权利保护，对侵权行为更大的打击力度。

因被侵权人损失与侵权人获利在一定程度上均难以证明，而双方也往往难以就赔偿数额达成一致，故交由法院予以酌定的情形占比最大。《中华人民共和国民法典》第一千一百八十二条只是规定由人民法院根据“实际情况”确定赔偿数额，但“实际情况”具体包括哪些因素以及各项因素之间的内在关联如何，该条并没有作出细化规定。法院酌定普遍适用性与规则简略性之间的矛盾，造成司法实践中数额确定之难。①

在肖像权财产损害赔偿的酌定计算标准上，除考虑侵权的主观过错、行为方式、损害结果、被侵权人知名度、影响范围等非量化因素外，可以考虑坚持底线思维和上限意识，将酌定数额控制在可预期、可计算的量化范围内，以提升裁量结果的可预期性和准确度。

底线思维是指酌定的赔偿数额不得低于案件能够确定的被侵权人实际损失或侵权人实际获利的数额。法院在酌定计算肖像权侵权损害赔偿数额时，应当坚持以在案证据可计算的被侵权人实际损失或侵权人实际获利为基准线，在此标准上予以裁量。本案中，某科技公司认可其实际销售侵权产品的数量为100个左右，侵权获利约为5550元，故最后判定的赔偿数额应当高于5550元。

上限意识是指针对赔偿数额的自由裁量不能超过合理范围。第一，自由裁量应当受到当事人诉讼请求的约束。本案中，尹某某诉请某科技公司赔偿经济损失（含维权合理支出）25000元，法院裁判不能超越当事人意思表示之范畴。第二，自由裁量不能超出现有证据能够证明的侵权人侵权的最大获利范围。本案中，虽然某科技公司认可的销售侵权产品的数量可能少于其实际的销售数量，但根据某甲公司与某科技公司签署的《委托销售协议书》，某甲公司向某科技公司供应的货物数量为500个。即使某科技公司将500个侵权产品全部销售，其所能获得的最大利益仅为27750元，故法院裁判时不得超出该侵权最大获利范围。第三，自由裁量不能超出肖像权人同类许可使用之许可费用。若肖像权

① 孙娟：《人格权中经济利益侵权的损害赔偿金酌定》，载《河北法学》2023年第5期。

人能够提供证据证明此前有同类许可使用的情况下，相关的许可费用可以作为法院自由裁量时的考量上限，即不得超出同类许可费用范围。

编写人：广东省深圳市中级人民法院　张丁方

广东省深圳市宝安区人民法院　翟墨

40

影视演员剧照被擅自使用的侵权认定与损失计算

——刘某诉某商行等肖像权案

【案件基本信息】

1. 裁判书字号

河南省郑州市二七区人民法院（2023）豫 0103 民初第 13831 号民事判决书

2. 案由：肖像权纠纷

3. 当事人

原告：刘某

被告：某商行、甲食品厂、乙食品公司、袁某某

【基本案情】

刘某系我国具有较高知名度的影视演员。某商行在某平台经营的店铺“某食品行”未经刘某同意，在其销售的产品包装上使用刘某参演过的某电视剧宣传剧照作为包装图案，该剧照上有刘某的肖像。经公证处公证，前述产品背面委托方处为甲食品厂、制造商和食品生产许可证备案单位为乙食品公司、联系电话为某商行经营者联系方式。某印刷公司出具的情况说明显示，其自 2023 年 1 月 31 日起接受乙食品公司委托加工案涉产品外包装袋，委托方为甲食品厂，制造商为乙食品公司。

乙食品公司为一人有限责任公司，袁某某为该公司唯一股东。

刘某认为从未授权案涉侵权产品的销售、经营、生产方使用其肖像进行案涉产品的生产、经营、销售及商业宣传，亦未与该产品销售、经营、生产方存在任何商业合作关系。某商行、甲食品厂、乙食品公司的上述行为已对刘某造成严重的不良影响，扰乱了刘某的商业代言秩序，侵犯了刘某的肖像权，故主张某商行、甲食品厂、乙食品公司和袁某某立即停止生产、销售、回收并销毁所有印有刘某肖像的案涉侵权产品，在全国公开发行的报纸上就擅自使用刘某肖像进行商业宣传一事澄清事实并向刘某公开赔礼道歉，向刘某赔偿经济损失60万元及维权成本、合理开支等。

【案件焦点】

1. 演员对其参演影视作品的剧照是否享有肖像权；2. 若享有肖像权，侵权所造成的经济损失该如何计算。

【法院裁判要旨】

河南省郑州市二七区人民法院经审理认为：未经肖像权人同意，不得制作、使用、公开肖像权人的肖像。人格权受到侵害的，受害人有权依照民法典和其他法律的规定请求行为人承担民事责任。本案中，案外人余某系甲食品厂的法定代表人，其同时是乙食品公司的实际经营者、控制人，甲食品厂作为委托方、乙食品公司作为制造商委托某印刷公司印刷案涉产品外包装，该包装上印有刘某的剧照，某商行作为唯一的销售方销售上述产品。三被告未经刘某及影视作品著作权人的同意擅自使用具有刘某肖像的剧照用于案涉产品外包装，该行为已经侵犯了刘某的肖像权，三被告的行为构成共同侵权。被告表示案涉产品已经停止生产、销售，且刘某并无证据证明被告仍在生产和销售案涉产品，另根据案涉产品特点（零食），刘某要求被告立即停止生产、销售、回收并销毁所有印有刘某肖像的案涉侵权产品，本院仅予以支持被告立即销毁所有印有刘某肖像的案涉侵权产品（含成品和包装袋）的诉请，并且向刘某公开赔礼道歉。

关于刘某主张的经济损失。案涉产品上印刷的照片系2013年已播出的电视剧剧照，在客观表现上，案涉侵权照片直接指向的是影视剧人物，该照片上还有该剧其他演员，从一般消费者的认知来看，并不会将该剧照与刘某的形象直接关联或产生混同，基于识别指向关系的中断，三被告的侵权程度较轻，对刘某造成的影响也较小。刘某虽然提交了29家网店的侵权截图用于证明侵权数额之大、范围之广，但其并未能证明除“某食品行”之外的28家网店的实际经营人为三被告，且三被告均否认该28家商铺是其经营，故本院仅认定“某食品行”销售的侵权产品为三被告共同侵权的产品。三被告侵害了刘某的肖像权，但是刘某因此受到的损失或者侵权人因此获得的利益难以确定。被告已销售的商品不完全使用了具有刘某肖像的剧照，因此，本院酌定该部分经济损失为10000元。刘某为维护自身合法权益所支付的2437.80元维权费用属于合理开支，于法有据，予以支持。

因被告袁某某现仍为乙食品公司的唯一股东，其并未提供证据证明公司的财产独立于其个人财产，故按照相关法律规定，其应当对公司债务承担连带责任。

河南省郑州市二七区人民法院依照《中华人民共和国民法典》第一百七十九条、第九百九十一条、第九百九十五条、第一千零一十九条、第一千一百六十八条、第一千一百八十二条，《最高人民法院关于审理利用信息网络侵害人身权益民事纠纷案件适用法律若干问题的规定》第十二条，《中华人民共和国公司法》第六十三条，《中华人民共和国民事诉讼法》第六十七条规定，作出如下判决：

一、被告某商行、甲食品厂、乙食品公司立即销毁所有印有原告刘某肖像的案涉侵权产品（含成品和包装袋）；

二、被告某商行、甲食品厂、乙食品公司于本判决生效后十日内在全国范围内发行的报刊上连续十日向原告刘某公开赔礼道歉，若被告某商行、甲食品厂、乙食品公司逾期未履行上述义务，将由本院经原告刘某申请、选择在全国范围内发行的报刊上登载判决书主要内容，费用由被告某商行、甲食品厂、乙食品公司负担；

三、被告某商行、甲食品厂、乙食品公司于本判决生效后十日内赔偿原告刘某经济损失 10000 元、合理维权开支 2437.80 元，共计 12437.80 元；

四、被告袁某某对被告乙食品公司上述债务承担连带责任；

五、驳回原告刘某其他诉讼请求。

宣判后，双方当事人均未上诉，一审判决生效。

【法官后语】

本案审理的重点是关于影视演员剧照被擅自使用造成侵权行为的认定标准与损失计算问题。肖像的判断标准不应当局限于自然人的面部特征，而应拓宽至具有可识别性的肖像载体，即他人认为肖像载体可以指向特定自然人。侵权损失的计算不能随意扩大范围，而应当根据证据确定侵权主体，在此基础上结合案件具体情况确定经济损失。

一、侵犯影视演员肖像权的认定标准

肖像权是以人格尊严为基础的人格权，保护肖像权的核心目的在于保护自然人的精神利益，肖像权受到侵犯的后果是因肖像被歪曲、丑化、侮辱以及他人擅自使用而带来的社会评价的降低，从而导致自然人的精神受损。从这一根本属性出发，判断是否使用他人肖像，离不开他人的心理评价这一客观体现。肖像是特定自然人外部形象通过一定载体的客观再现，而外部形象则是自然人基于思想或感情活动产生的一种视觉效果。因此，剧照、卡通形象、轮廓等肖像载体是否具有可识别性，是判断该肖像载体能否受到肖像权保护的关键。

本案中，某商行、甲食品厂、乙食品公司将刘某饰演的影视剧剧照印刷在其产品外包装袋上。从一般社会公众的视角来看，该剧照可以清晰地识别出刘某的样貌特征，具备“可识别性”，即当社会公众在购买该产品时，通过外包装袋上所印制的刘某剧照，能够让一般社会公众自然地与刘某本人联系起来，这里剧照中的角色形象便属于演员刘某的肖像再现，从这一点来说，演员刘某对包装袋上印制的剧照角色形象享有肖像权；该肖像权具有人身隶属性，非经肖像权人同意，不得擅自使用，否则将构成侵权。反过来说，若该包装袋上印制的剧照在观感上难以得出与现实中刘某存在较高一致性，从一般社会公众视角来看，就不能认为具备“可识别性”，那么针对刘某相应的权利主张可能较难得到支持。这是作为特定身份的演员的肖像权益与一般公众的肖像权益在司法认定上的区别。

二、侵犯影视演员肖像权的损失计算

擅自使用他人的肖像给他人造成财产损失的，需要承担损害赔偿责任。《中华人民共和国民法典》第一千一百八十二条规定：“侵害他人人身权益造成财产损失的，按照被侵权人因此受到的损失或者侵权人因此获得的利益赔偿；被侵权人因此受到的损失以及侵权人因此获得的利益难以确定，被侵权人和侵权人就赔偿数额协商不一致，向人民法院提起诉讼的，由人民法院根据实际情况确定赔偿数额。”本案中，刘某因某商行、甲食品厂、乙食品公司的侵权行为受到的损失以及侵权人所获得的利益难以确定，法院在确定赔偿数额时考虑到，案涉侵权照片直接指向的是影视剧人物，该照片上还有该剧其他演员，从一般消费者的认知来看，并不会将该剧照与刘某的形象直接关联或产生混同，因此侵权剧照对案涉商品的商业价值并非全部是因为使用了刘某的肖像，同时该剧照拍摄的时间较为久远，受影视剧作品流传度的影响，消费者并不当然将该侵权产品与刘某本人联系到一起。在案证据仅能认定“某食品行”销售的侵权产品为三被告共同侵权销售的产品。因此，结合案情，并考虑三被告已经售卖的商品数量及金额、侵权程度、侵权范围等因素，最终酌定某商行、甲食品厂、乙食品公司赔偿刘某经济损失10000元及合理维权开支。

本案通过对演员肖像权益的保护，提醒商家不得在商品包装上印制他人剧照或擅自使用他人肖像，否则可能侵犯他人的肖像权，要对肖像权人承担赔礼道歉、损害赔偿等责任。

编写人：河南省郑州市二七区人民法院 井柏年 韩旭

41

肖像权纠纷中赔礼道歉的适用

——张某诉林某某肖像权案

【案件基本信息】

1. 裁判书字号

广东省汕头市潮阳区人民法院（2023）粤 0513 民初 2494 号民事判决书

2. 案由：肖像权纠纷

3. 当事人

原告：张某

被告：林某某

【基本案情】

张某是某平台博主，经常通过个人账号（昵称：×××吖）发布个人穿搭照片和视频（含商业推广）。经公证，该账号的粉丝数 27.7 万，累计获赞与收藏 169.3 万个。林某某在某网站注册经营“×× studio”店铺，经公证，该店铺销售的商品“夏季××套装”链接中，使用含张某肖像的图片和视频，销售页面显示月销量 8 件，已售 11 件。庭审中，张某陈述上述图片和视频，其有在个人账号（昵称：×××吖）发布；林某某自认其店铺未经肖像权人同意使用了上述图片和视频，该店铺现已删除案涉含有张某肖像的照片和视频。据此，张某请求法院判令林某某在案涉店铺首页显著位置连续十五天发布致歉声明，消除影响，并赔偿张某经济损失及合理维权费用共计 50000 元。

【案件焦点】

未经同意将他人发布在平台的肖像用于另一平台的商品推广、宣传，肖像权人能否主张行为人赔礼道歉和赔偿损失。

【法院裁判要旨】

广东省汕头市潮阳区人民法院经审理认为：自然人的肖像权受法律保护，未经肖像权人同意，不得制作、使用、公开肖像权人的肖像。本案中，林某某未经张某授权，在其注册并经营的网店销售的商品链接中使用含张某肖像的图片和视频，用于其销售商品的商业推广、宣传，侵犯了张某的肖像权，张某有权要求林某某承担相应责任。虽然林某某存在未经允许使用含有张某肖像的照片和视频为其商品销售进行宣传的行为，但该宣传行为并不存在贬损张某形象的情况，且该行为没发生在张某经常使用的网络平台，显然不会对张某构成负面影响，林某某也已经删除侵权信息，故对张某提出的赔礼道歉的诉请，不予支持。此外，针对张某主张在综合考量其以往在网络平台授权许可使用视频获取的收益约为七八万元，发生的维权费用包括律师费 6000 元、公证费 1000 元，以及林某某的主观恶意等因素，提出赔偿经济损失及合理维权费用共计 50000 元，法院结合张某知名度、林某某过错程度、侵权行为的范围及影响、林某某获得利益等因素综合考量，酌定林某某赔偿张某经济损失及合理维权费用共计 2000 元。据此，广东省汕头市潮阳区人民法院判决如下：

一、林某某应于本判决生效之日起十五日内赔偿张某 2000 元；

二、驳回张某的其他诉讼请求。

宣判后，双方当事人均未上诉，一审判决生效。

【法官后语】

本案涉及肖像权侵权责任的承担问题。行为人未经肖像权人同意，擅自将后者发布在平台的肖像用于另一平台的商品推广，应如何适用侵权责任方式、肖像权人主张赔礼道歉是否能够得到支持、损害赔偿范围如何认定，这些是本案中值得研究探讨的问题。

肖像是通过影像、雕塑、绘画等方式在一定载体上所反映的特定自然人可以被识别的外部形象，直接关系到自然人的人格尊严及其形象的社会评价。尤其是对于影视艺人等具有一定知名度的公众人物而言，其肖像具有一定公众辨识度，是艺人价值的重要实现途径。同时，肖像带来经济价值的背后亦需要时间和经济成本，未经授权使用或传播他人肖像可能给他人带来经济或名誉损失。故肖像权受到侵害的，肖像权人有权视侵权情况要求侵权人承担相应的侵权责任，包括停止侵害、消除影响、赔礼道歉、赔偿损失。本案中，林某某未经张某授权，在其注册并经营的网店销售的商品链接中使用含张某肖像的图片和视频，用于其销售商品的商业推广、宣传，侵犯了张某的肖像权，张某有权要求林某某承担相应责任。但在审理过程中，林某某已将案涉图片和视频从商品链接中删除，可视为已停止对张某的肖像权的侵害。因此，本案的关键在于，肖像权人请求侵权人赔礼道歉，能否得到支持？肖像权人请求侵权人赔偿经济损失，具体金额应如何确认？

关于赔礼道歉问题。赔礼道歉作为一种民事责任承担方式，在履行过程中往往涉及侵权人本身的真实意思表示。故在具体案件中，应对赔礼道歉作出更为适当和准确的把握，赔礼道歉的方式应与侵权的具体方式和所造成的影响范围相当。此外，在肖像权纠纷中，可识别性是肖像的核心特征，即该外部形象能否被人们指认为特定的某个人。在可识别性的判断上，既要考虑社会一般人的识别标准，也要考虑特定群体的认知。通俗来说，对在某领域有较高知名度的个人，其肖像在该领域的可识别性一般高于其他领域，相应地，肖像在该领域受到侵害造成影响的严重程度亦高于其他领域。本案中，林某某使用张某肖像的宣传行为，并不存在贬损张某形象的情况，更为关键的是，案涉宣传行为主要发生在某网站，而该网站并非张某日常发表肖像且拥有一定粉丝数的网络社交平台，浏览该网站的人群通过张某肖像识别出张某个人身份的可能性较低，故林某某的行为对张某构成负面影响的可能性较低。而公开赔礼道歉是为了消除对受害人名誉的影响，恢复其名誉，在侵权行为已经停止，且肖像权人未能证明侵权行为对其造成负面影响的情况下，不宜适用赔礼道歉的责任方式，故对张某提出赔礼道歉的诉请，法院不予支持。

关于损害赔偿范围。肖像权侵权纠纷中，若肖像权人具有一定的知名度，则其肖像具有相应的商业价值，在认定赔偿数额时，往往会考虑肖像权人知名度、侵权行为持续时间、侵权程度、造成的损害、侵权手段、主观过错等因素综合认定赔偿金额。若肖像权人系普通公众，肖像利益难以量化，在无证据证明经济损失、精神损害的情况下，一般考虑停止侵害等诉求。但如果该肖像被用于具有营利性质的商业行为，则要综合考量侵权人的过错程度、侵权方式、造成的影响等因素，确认损害赔偿范围。本案中，使用张某肖像的商品销售数量 11 件，可推断林某某销售该商品的获利并不高，结合张某知名度和林某某过错程度，侵权行为的范围及影响、林某某获得利益等因素综合考虑，法院判决林某某赔偿张某经济损失及合理维权费用 2000 元，并无不当。

编写人：广东省汕头市潮阳区人民法院　曹思漫　姚静云

42

具有可识别性的身体部位图片属于肖像权保护范畴

——刘某诉某家政公司网络侵权责任案

【案件基本信息】

1. 裁判书字号

北京互联网法院（2022）京 0491 民初字 9305 号民事判决书

2. 案由：网络侵权责任纠纷

3. 当事人

原告：刘某

被告：某家政公司

【基本案情】

刘某为知名运动员。某家政公司是微信公众号“无×××”（微信号：wu××××××××g）的认证及运营主体。

2015年5月8日，某家政公司在其运营的微信公众号发布题为《普通也伟大，平凡也×××》的配图文章，其中使用了9张图片，分别为面部特写图片1张，头部、四肢、躯干等身体部位特写图片8张（包括：左眼特写1张，嘴部特写1张，右耳特写1张，手部特写1张，脚部特写2张，胸部特写1张，背部特写1张），上述图片均贴有文字。文章开头有“他13岁接触××，××奥运，他夺冠破纪录……又以××××打破‘世界纪录’，让所有的黄种人扬眉吐气！”等文字描述，文章底部有“不只是刘某，我们每个劳动者，每个普通人都是这样”等文字描述。文末附有“m.5××××××.cn/w2××××××8 无×××网，找保姆无忧 数万名保姆、月嫂、育儿嫂在线等候挑选”等宣传内容及微信二维码等信息。

截至2022年4月28日，案涉文章已删除。经比对，案涉文章发布图片与N×××微博账号于2015年4月7日发布动图内容一致。

【案件焦点】

如何认定自然人头部、四肢、躯干等身体部位的特写图片是否侵犯他人肖像权。

【法院裁判要旨】

北京互联网法院经审理认为：肖像权是作为特定自然人外部形象最明显的标志，反映特定自然人的外部形象特征，彰显其社会存在，与人格尊严密切相关，是自然人依法享有的具体人格权，任何组织或个人不得侵害。《中华人民共和国民法典》第一千零一十八条第二款“肖像是通过影像、雕塑、绘画等方式在一定载体上所反映的特定自然人可以被识别的外部形象”之规定，明确了肖像界定的三个要素为“外部形象”“载体反应”“可识别性”，其中最关键的是“可识别性”。第一千零一十九条第一款规定，未经肖像权人同意，不得制作、使用、公开肖像权人的肖像，但是法律另有规定的除外。本案中，某家政公司使用案涉图片共9张，其中1张为面部特写图片，清晰反映了刘某的外部形象，明显具有可识别性，构成对刘某肖像权的侵犯。

对于头部、四肢、躯干等身体部位的8张特写图片是否侵犯刘某肖像权的认定。肖像是自然人呈现的可被识别的外部特征，不局限于面部形象，但仍以可识别性为判断是否属于肖像的核心。以图片为载体的肖像，其可识别性在于该载体是否再现了特定自然人的外观相貌综合特征，并能使一般人凭直观清晰辨认相关内容属于特定自然人。本案中，综合考虑案涉8张图片使用方式、结合图片上所附文字内容，能够使社会公众识别出图片内容对应刘某本人。理由是：首先，案涉文章使用了1张完整面部肖像，文字中亦提到肖像中的人物奥运夺冠、破世界纪录的信息，在文末指出了刘某姓名，加之刘某属于公众人物，加强了相关图片对刘某本人的指向性。在“已使用完整面部肖像+文字描述人物特征”的情况下，案涉的左眼特写（包括左脸眉毛以下、嘴巴以上部位）作为刘某的面部特征，已经足以使一般人认识到图片对应刘某本人，可识别性已经达到肖像所需要的可识别性要求。其次，案涉身体部位图片，包括手、脚、胸腔、背部等部位的特写，在单独使用的情况下一般不足以使社会公众清晰辨认相关部位属于特定自然人，但综合考虑案涉文章篇幅不长、案涉图片风格统一、文字描述内容指向性明确等因素，一般社会公众在阅读案涉文章时，足以产生系列图片均为刘某本人的认知，已达到具有可识别性的程度。综上，某家政公司在案涉文章中使用的图片构成对刘某肖像权的侵权。

北京互联网法院依照《中华人民共和国民法典》第一百一十条、第一百七十九条、第一千条、第一千零一十八条、第一千零一十九条、第一千一百八十二条，《中华人民共和国民事诉讼法》第六十七条，《最高人民法院关于适用〈中华人民共和国民事诉讼法〉的解释》第九十条，《最高人民法院关于适用〈中华人民共和国民法典〉时间效力的若干规定》第一条规定，判决如下：

一、被告某家政公司于本判决生效之日起十日内在其微信公众号“无×××”

（微信号：wu×××××××××g）连续登载声明向原告刘某赔礼道歉，致歉内容连续保留十日（致歉内容须经本院审核，如逾期未履行，本院将根据原告申请，选择一家全国范围内公开发行的报纸，刊登本判决主要内容，费用由被告负担）；

二、被告某家政公司于本判决生效之日起十日内赔偿原告刘某经济损失 5000 元；

三、驳回原告刘某的其他诉讼请求。

宣判后，双方当事人均未上诉，一审判决生效。

【法官后语】

《中华人民共和国民法典》对肖像权的规定坚持以人为本的基本原则，侧重于保护肖像权人的合法权益，这是《中华人民共和国民法典》加强对人格权保护的体现，也是我国民事立法日益完善的有力例证。在社会生活纷繁复杂、肖像使用形式丰富的当下，对肖像权侵权的认定需要结合具体案情具体判断，对此笔者提出两步判断法，一是区分考虑案涉情形是否满足肖像“外部形象”“载体反应”“可识别性”的三个要素，即明确行为人是否实施了肖像使用行为；二是分析合理使用的可能及是否取得合法授权，即明确行为人使用肖像行为的正当性。

传统的认定思路以面部特征作为肖像可识别性的认定标准，本案在可识别性的认定标准方面适用民法典的相关规定，更有利于自然人肖像权实质性和完整性保护。肖像是通过影像、雕塑、绘画等方式在一定载体上所反映的特定自然人可以被识别的外部形象。用哪种方式反映特定自然人的外部形象仅是表现形式的差异，判断是否属于应受保护的肖像时，核心问题是判断这一外部形象足以使社会公众识别其所对应的特定权利主体。对于包含自然人面部肖像的图片，一般可以认定具有可识别性，可以按照肖像权进行保护。身体部位图片是以自然人背部、胸腔部位、腿部、脚部等形象为主要展示内容，因其没有完整的面部特征，如果单独使用此类图片，缺乏可识别性，很难按照肖像权予以保护。但是对于不包含自然人面部肖像但配图文字描述内容具有较强可识别性，当文字描述所指向的人物具有明确具体的人物特征且限定性较强时，社会公众可以通过反映人物特征的文字描述进行“精准画像”，进一步增强了身体部位肖像的可识别性。如果是单纯的未包含面部形象的身体部位特写，事实上仅有极少数对于刘某特定身体部位或照片原图非常熟悉的人才能识别出对应的特定自然人，对于一般社会公众而言可识别性不强。但是“身体部位特写+人物特征描述”的使用模式，会有更多对该特定自然人情况有所了解的人能够识别出该特定自然人，再结合具体案情中的使用场景，即将含有面部特写的照片与其他特定身体部位特写以九宫格的方式一起使用，一般社会公众结合文字描述和图片整体风格，足以达到肖像所需要的可识别性要求，可以认定具有明显的可识别性。

综上，在判断肖像的可识别性时，一方面要考虑案涉载体本身的可识别性，另一方面要考虑肖像载体所配文字、图片等其他内容是否会增强肖像的可识别性，使得一般公众将案涉载体反映形象与自然人相关联。身体部位特写图片在单独使用的情况下一般不足以使社会公众清晰辨认相关部位属于特定自然人，但综合考虑载体使用形式中的配图、文字描述等因素，足以使一般社会公众产生该特写图片为特定自然人本人的认知，即可认定为达到具有可识别性的程度。

编写人：北京互联网法院　赵晓畅　张帆

43

通过互联网侵犯个人肖像权行为的认定和处理

——李某诉蒋某某、某信息公司网络侵权责任案

【案件基本信息】

1. 裁判书字号

上海市第二中级人民法院（2023）沪02民终1354号民事判决书

2. 案由：网络侵权责任纠纷

3. 当事人

原告（被上诉人）：李某

被告（上诉人）：蒋某某

被告：某信息公司

【基本案情】

李某系某医院某科主任医师。某信息公司系某点评平台运营主体。2021年12月10日，蒋某某以匿名用户身份在某点评平台发布点评，内容为：周末去看某科医生少，等候时间长；医生叫号过号快，后面的人抢先就诊；检查技术差，患者感到疼痛；与患者发生言语冲突等。下方配发四张照片，包括医院内就诊环境照片、李某背影照片、就诊票据照片及诊室门口电子屏照片，其中电子屏照片上载明有医师介绍，包含预约中患者姓名，李某的姓名、职称及李某的照片，蒋某某对预约中患者姓名进行了全部的覆盖涂擦，对李某的照片进行了手动的五官涂画。

本案诉讼中，案涉点评中“李某”字样已经作星号隐藏，四张照片亦予隐藏。截至一审判决作出时，案涉点评“点赞”数量为2，“收藏”数量为1。

【案件焦点】

1. 案涉点评内容是否构成对李某名誉权及肖像权的侵害；2. 侵权责任主体及侵权责任承担方式如何认定。

【法院裁判要旨】

上海市杨浦区人民法院经审理认为：关于侵权行为之认定。从案涉点评的指向性来看，其中载明了蒋某某方的诊疗经过，直接披露了李某的音同姓名，且配图中有李某的照片及姓名，文字内容与配图结合阅读，可以明确点评内容系针对李某；从点评的内容来看，案涉点评主要是对服务本身的感受，因消费感受因人而异，且医疗诊治过程亦会存在因患者专业知识欠缺或沟通不畅所产生的认识误差，故仅从目前证据无法认定案涉点评本身为虚构事实的诽谤、侮辱，亦无法证明蒋某某的行为导致李某的社会评价降低。故蒋某某不构成对李某名誉权的侵害。对于案涉点评所配发的照片是否构成对李某肖像权的侵害。诊室门口的电子屏照片由院方对外公开展示，便于病患了解候诊进度及医生信息，其上有李某的个人照片、姓名、职称，李某对相关照片享有肖像权。从行为上来讲，蒋某某使用李某照片并未获得允许，其在照片上进行涂鸦，并在评论中配发恶意的言论，可见其主观上存在恶意，并在客观上造成丑化李某的后果，其行为已经构成对李某肖像权的侵害。

关于承担侵权责任主体之认定。网络服务提供者承担责任的前提是网络用户利用网络服务实施侵权行为。李某就案涉点评向某信息公司进行投诉，某信息公司对照片进行了屏蔽处理，对文字内容中涉及李某姓名部分作隐名处理，尽到了网络服务提供者的责任。在案涉评论无法确定为侵权的情况下，某信息公司未应李某的要求采取删除点评措施，并不违反法律规定，难以认定构成侵权。蒋某某作为直接侵权人，应承担相应的民事责任。

关于侵权责任承担方式之认定。关于李某赔礼道歉之诉求，赔礼道歉的范围一般应与侵权所造成不良影响的范围相当，案涉照片仅在案涉商户平台上发布，相关图片的受众限于浏览该商户平台的用户，蒋某某通过该平台赔礼道歉足以消除不利影响，无须借助其他媒体。关于侵权赔偿金及合理维权费用的诉求，法院根据李某的知名度、蒋某某的过错程度、侵权行为的情节、本案的难易程度等因素酌情确定。

上海市杨浦区人民法院依照《中华人民共和国民法典》第一百七十九条、第九百九十条第一款、第九百九十五条、第一千条、第一千零一十八条、第一千零一十九条第一款、第一千零二十四条之规定，判决如下：

一、蒋某某应于本判决生效之日起十日内在案涉平台某医院商户下对侵犯李某肖像一事赔礼道歉，连续保留七日，内容须经本院审核同意；

二、蒋某某应于本判决生效之日起十日内赔偿李某侵权赔偿金、合理维权费用共计 3000 元；

三、李某的其余诉讼请求不予支持。

蒋某某不服一审判决，提起上诉。

上海市第二中级人民法院经审理认为：根据案涉点评文字内容，可认定蒋某某实施涂鸦行为存在主观恶意，构成对李某肖像权的侵害，而是否造成大范围的影响并非肖像权侵权责任的构成要件。蒋某某认为其发帖并未在更大范围内造成影响、其不存在恶意的上诉意见，不予采纳。

关于蒋某某所称其行为属于肖像权的合理使用。医院虽为公共环境，但蒋某某公开诊室照片时，可以有效避免使用李某的头像，但其并未避免，还进行了涂鸦，不属于法律规定的对他人肖像的合理使用。一审法院说理详尽，判决蒋某某向李某赔礼道歉，并结合李某的知名度、蒋某某的过错程度、侵权行为的情节等因素酌定的侵权赔偿金、合理维权费用，并无不当，予以维持。需要指出的是，互联网不是“法外之地”，个人在互联网发表意见时，应当秉持客观理性的态度，增强守法意识，尊重他人人格权，共同营造和谐清朗的网络环境。

上海市第二中级人民法院依照《中华人民共和国民事诉讼法》第一百七十七条第一款第一项规定，判决如下：

驳回上诉，维持原判。

【法官后语】

本案系平台用户在网络平台随意发布经恶意涂鸦的他人照片，侵犯他人肖像权的典型案例，其审理涉及数字经济案件中通过网络对他人肖像恶意涂鸦行为的认定、对个人网络肖像权的司法保护、网络服务平台的法定义务等问题，对同类案件的处理具有参考意义，有助于加强网络言论空间治理，净化网络空间，依法维护公民合法权益和网络空间公共秩序。

一、通过网络手段侵犯他人肖像权行为的认定

肖像是自然人外部形象的再现，往往会和自然人的品格、魅力等属性相关联。肖像权是人格权的重要组成部分。任何组织或者个人不得以丑化、污损，或者利用信息技术手段伪造等方式侵害他人的肖像权。未经肖像权人同意，不

得制作、使用、公开肖像权人的肖像，但是法律另有规定的除外。日常生活中，以互联网作为侵权行为的载体的典型的侵权行为有以下几种方式：(1) 恶作剧式地丑化、污损或利用信息技术手段伪造他人肖像。丑化、污损与“美化”相对，主要指通过艺术加工和改造的方法，把美的事物歪曲、诬蔑、贬低为丑的，是一种人身攻击的手段，典型的如对肖像的涂鸦添附，看似恶作剧，实则具有极大的主观恶意；利用信息技术手段伪造等方式，典型的如商家用修图软件或者人工智能换脸技术制作明星代言广告海报等。(2) 未经他人同意而将他人肖像公开发布于互联网端。例如，当下流行的各种街拍视频，虽未对肖像进行丑化、污损，有时甚至存在技术美化，但不论是对除肖像权以外的第三人还是肖像作品权利人，若未取得肖像权人同意而发布于互联网端，仍属于对肖像权的侵犯。同时，此种侵害肖像权行为人的主观形态表现为故意，一般情况下不存在因为不注意的心理状态而误用他人肖像的情形。

二、评论自由与肖像权保护的利益平衡

患者在医院就医对诊疗过程享有知情权，医院将医生的信息、照片予以公开正是考虑到患者的这一需要。医务人员在医疗过程中面临各种挑战和压力，其肖像权等权益应当受到患者应有的尊重和保护。本案中，蒋某某作为成年人本应客观理性表达就医消费体验，然发布点评时却采取涂抹丑化医生肖像的方式进行处理，此举并不可取。个人在上网过程中应注意自身的言辞表达，采取理性、恰当的方式提出诉求、解决矛盾，以免再行增加不必要的纷争。

三、对个人网络肖像权的司法保护

侵害他人肖像权的，应承担消除影响、恢复名誉、赔礼道歉、赔偿经济损失和精神损害抚慰金等民事责任，对应责任应当与行为的具体方式和造成的影响范围相当。肖像遭受网络侵害的被侵权人，有权通知网络服务提供者采取删除、屏蔽、断开链接等必要措施，网络服务提供者在接到权利人的有效通知后，承担“通知—反通知—删除”义务，未及时采取必要措施的，权利人可以请求网络服务提供者承担连带责任。本案中，某信息公司在收悉李某的投诉后，及时采取信息屏蔽措施，避免了损害后果的扩大，积极可取。相关消费平台运营者更应该承担相应的社会责任，进一步深化网络空间协同治理，促进相关行业健康有序发展。

编写人：上海市杨浦区人民法院　孙幸冬　胡凤麟

四、名誉权纠纷

44

村民通过微信群进行监督与侵犯名誉权的界定

——朱某某诉赵某某名誉权案

【案件基本信息】

1. 裁判书字号

山东省淄博市中级人民法院（2023）鲁 03 民终 2903 号民事判决书

2. 案由：名誉权纠纷

3. 当事人

原告（上诉人）：朱某某

被告（被上诉人）：赵某某

【基本案情】

朱某某系某村的党总支书记、村委会主任，赵某某系该村村民。该村村委会在另一案中起诉赵某某，要求其缴纳在村里建设厂房的租金，而赵某某认为朱某某作为村领导应当带头缴纳租金，且其想进行舆论监督，因此赵某某于 2023 年 2 月 9 日 22 时 11 分至 26 分之间在村民群等四个微信群发布了同一条微信，主要内容为："本人经建设许可后，在村里建设厂房。但在 2022 年，朱某某说本人占用村土地，要求我们签订合同，缴纳租金……像这种情况朱某某本人实际控制的公司的情况要更加严重，朱某某从未缴纳过租金。本人也向村委会表明态度，只要朱某某带头缴纳租金，公平公正处理问题，本人就缴纳租金，但村委会未作回复……我强烈要求召开村民大会，将第二次改制的合同公示，让广大村民了解合同内容……希望我们大家一起齐心协力！”该微信发布后，上述四个群中无人进行评论、转发等。

朱某某认为，赵某某将捏造歪曲的事实散布在几百人的微信群中，贬损其名誉，侵害了其合法权益，要求赵某某停止侵害、消除影响、恢复名誉、赔礼道歉，并支付精神损害赔偿1元。

赵某某认为，其在四个微信群中发布的涉及朱某某的内容系行使公民的监督权。因此赵某某认为其不存在侵犯朱某某名誉权的行为，请求驳回朱某某的诉讼请求。

【案件焦点】

1. 赵某某在微信群中发表言论的行为是否侵犯朱某某的名誉权；2. 村民行使监督权与侵犯名誉权的界限认定。

【法院裁判要旨】

山东省淄博市博山区人民法院经审理认为：民事主体享有名誉权。任何组织或者个人不得以侮辱、诽谤等方式侵害他人的名誉权。名誉是对民事主体的品德、声望、才能、信用等的社会评价，对这种社会评价的贬损才导致对自然人和法人名誉权的侵犯。损害自然人名誉权，一般是以捏造事实公然丑化他人人格，以及用侮辱、诽谤等方式损害他人名誉，造成一定影响，使得社会公众对被侵害人的社会评价降低。是否构成侵害名誉权，应当根据受害人确有名誉被损害的事实、行为人行为违法、违法行为与损害后果之间有因果关系、行为人主观上有过错来认定。同时认定行为人承担侵害除生命权、身体权和健康权外的人格权的民事责任，应当考虑行为人和受害人的职业、影响范围、过错程度，以及行为的目的、方式、后果等因素。本案中，赵某某作为某村村民，因缴纳租金一事在村民群等四个群中发布案涉微信，其并未提供证据证明其所发表言论的客观真实性，即使有相关事实发生，其亦应通过合法途径解决，故赵某某发布案涉微信的行为违法且主观上存在过错。但朱某某作为村委会主任，赵某某作为本村村民，双方之间存在管理、监督等身份关系，赵某某虽是在四个群中发布了案涉微信，但所涉范围及人群较为固定，且该微信内容发布后，并未有人对此进行评论及转发等。再者，从微信内容及事件起因来看，赵某某微信中所涉内容不足以引发群内其他成员对朱某某猜测和误解，也不足以损害村民对朱某某的信赖，更不足以造成社会公众对朱某某的社会评价降低。即赵某某发布微信的行为虽然违法，但是情节显著轻微，其主观恶意较小，朱某某主张赵某某侵犯其名誉权，其提供的证据不足以证明存在名誉被损害的事实，不符合名誉权侵权的全部构成要件。朱某某要求赵某某停止侵害、消除影响、恢复名誉、赔礼道歉以及要求赵某某支付精神损害赔偿的诉讼请求，不予支持。

山东省淄博市博山区人民法院依照《中华人民共和国民事诉讼法》第六十七条，《最高人民法院关于适用〈中华人民共和国民事诉讼法〉的解释》第九十条、第九十一条的规定，判决：驳回原告朱某某的诉讼请求。

朱某某不服一审判决，提起上诉。

山东省淄博市中级人民法院经审理认为：法律保护名誉权的目的在于维护受害人的社会评价不被侵害，保护受害人的社会交往能正常进行。对名誉权侵害必须是行为人所实施的侵害名誉行为，影响受害人社会评价，应以公众对受害人的社会评价降低为标准。本案中，朱某某与赵某某之间存在管理、监督等身份关系。赵某某与朱某某乃至村委产生纠纷，本应通过合法途径予以解决，然赵某某在村民群等群聊中发布案涉信息，其行为确实有失妥当，但结合事件起因、群聊性质以及微信内容来看，案涉微信群聊所涉范围有限、涉及人群相对固定，案涉信息发布后未引起恶意评论或转发，微信中所涉内容亦不足以造成公众对朱某某的社会评价显著降低。

山东省淄博市中级人民法院依照《中华人民共和国民事诉讼法》第一百七十七条第一款第一项规定，判决如下：

驳回上诉，维持原判。

【法官后语】

在网络通信高速发展的当下，微信作为常用社交软件，微信群的群聊功能是人们信息沟通交流的重要方式。在农村基层组织中的村民微信群，成为广大农村基层干部与村民沟通交流、组织活动的重要平台，村民也通过微信群了解、参与、监督村里公共事务。本案中，赵某某因在微信群发表涉及村干部的言论而被起诉侵犯名誉权，赵某某以其行为属于行使监督权进行抗辩，那么如何认定村民的监督是否构成侵害他人名誉权？

一、村民进行监督的正当性

《中华人民共和国村民委员会组织法》规定，村民委员会是村民自我管理、自我教育、自我服务的基层群众性自治组织，实行民主选举、民主决策、民主管理、民主监督。村民委员会是基层群众性自治组织，虽然不是政府机构，但其处理村里的日常事务，解决邻里纠纷，在维护村民权益、促进农村发展方面发挥着重要作用。村民委员会的权力来源于村民的授权和委托，行为也要接受村民的监督和制约，村民对集体财产等事项享有知情权和监督权。

二、村民监督与名誉权保护的冲突

村民进行监督的目的，在于保障村民委员会及其成员依法行使法律赋予的权利，最大程度地维护公共利益。同时，我国法律规定，民事主体享有名誉权。村民与村民委员会、村民委员会成员之间，会因村里的公共事务管理情况、村民委员会成员的履职情况等发生争议，进而通过微信群发布言论、向有关部门投诉等方式，反映、披露、批评某一个或一类问题、事项，或对村民委员会成员进行道德上的评价。此时，村民行使监督发表言论的行为容易侵害他人的名誉权。

三、村民监督与名誉权保护的界定

对名誉权保护与村民行使监督权边界的认定，现行法律法规并无明确规定。司法实践中，主要适用《中华人民共和国民法典》总则编和人格权编关于民事主体名誉权的一般规定、侵权责任编关于认定侵权行为及责任承担的一般规定等，同时结合村民监督行为是否正当合理，内容是否客观真实，是否存在侮辱、诽谤行为，导致社会评价降低的程度等进行综合评价。

（一）发布的言论主观上是否具有正当性

村民为了行使民主监督权而发布的相关言论，主观上是否具有正当性可以从言论内容的真实性、是否存在明显的贬低性言辞等方面进行审查。朱某某作为村委会主任，在行使管理职责的同时，有义务接受村民的批评、质疑、建议及监督，赵某某作为村民，有行使批评、质疑、建议及监督的权利，但相关言论若涉及个人私生活的披露或对个人私德的评价，则存在侵害名誉权的可能。

（二）发布的言论内容是否具有客观真实性

判断村民行使监督权所发表的言论是否侵害他人名誉权，需要根据村民披露或反映的事实内容是否客观真实以及言论的内容是否针对村集体公共事务或村委会成员的履职情况，并综合考量言论内容的来源、发布言论的目的、受害人的过错、公共利益等因素作出认定。对于涉及公共事务的言论，若言论具有一定的事实依据，即使在细节上有所出入，言辞也较为激烈，但不存在明显的侮辱贬低性言辞的，应当认定未超过必要的限度。此时，并不要求村民言论所涉及的事实在所有细节上都准确无误，只要言论涉及的基本事实内容真实，有关他人名誉评价的事实部分基本准确，即应当认定言论内容具有客观真实性。

（三）发布的言论是否造成实际影响

侵害名誉权造成的损害后果是被侵权人品德、声望、才能、信用等名誉权客体社会评价的降低，社会评价不是自我评价，而是不特定人对被侵权人的评价。判断村民进行监督的言论是否超过必要的限度，可以结合言论的内容、被评论人的身份、言论措辞的激烈程度等因素进行认定。赵某某在案涉微信群发表的相关言论，基本属于合法行使对朱某某批评、质疑、建议及监督权利的行为，且言论中没有对朱某某个人使用羞辱、谩骂等带有明显侮辱性的词句，并不必然导致朱某某社会评价的降低。

村民进行监督与名誉权保护应存在相应的合理边界，在两种价值取向发生冲突时，特别要注意言论边界和表达方式，尤其要注意避免对成员个人进行攻击，否则将构成名誉权侵权。本案中，朱某某作为村委会主任，其在村委会的工作应受全体村民的监督。赵某某作为村民，有权以正当合理的方式行使监督权，对村委会及村委委员的工作提出意见。赵某某与朱某某乃至村委会产生纠纷，本应通过合法途径予以解决，但是赵某某在村民群等群聊中发布案涉信息，确实有失妥当。但结合事件起因、微信群聊性质以及发布言论的内容来看，案涉微信群聊所涉范围有限、涉及人群相对固定，案涉信息发布后未引起恶意评论或转发，微信中所涉内容亦不足以造成公众对朱某某的社会评价显著降低，故不应认定为侵害名誉权。

编写人：山东省淄博市博山区人民法院　袁媛　于莎莎

45

微信群聊发表言论构成名誉侵权的司法认定及道歉责任适用的审执衔接

——应某诉祝某名誉权案

【案件基本信息】

1. 裁判书字号

江西省南昌市中级人民法院（2023）赣01民终7371号民事判决书

2. 案由：名誉权纠纷

3. 当事人

原告（被上诉人）：应某

被告（上诉人）：祝某

【基本案情】

祝某系某公司的法定代表人兼执行董事，该公司开设了教育培训项目。2022年5月，应某通过招聘信息与祝某取得联系，应聘老师岗位。应某被录用后于5月20日在某公司担任书法老师，按每节课时费150元（每天450元）领取报酬。应某在工作期间多次向某公司请假，并协商由应某自行找代课老师，其中经同意由案外人黄某某作为应某的代课老师上课，应某自行向案外人支付每天200元代课费。后某公司工作人员以应某存在多次请假找人代课的事实为由，于2023年6月4日通过微信向应某发送了辞退通知并把应某踢出工作群，应某于当天离职。

应某离职后，祝某于2023年6月11日在工作微信群内发布信息，内容为"……有一位书法老师应某。在机构做兼职老师……屡次请假再让她的同事帮忙代课，赚差价……遇到这种人品德行有问题的老师，谨慎选择……"并发送应某照片及姓名的图片。同日，祝某所发信息被他人截屏后转发至另外两个微信群，并发表"警惕聘用无品德、无师德、无职业操守的人员"的文字信息。应某看到转发的截屏后得知祝某所发信息。

【案件焦点】

祝某在微信群内发表的言论是否侵害应某名誉权。

【法院裁判要旨】

江西省南昌市东湖区人民法院经审理认为：应某在祝某开办的公司任职老师期间，虽存在请假并找他人代课的情况，但均与校方管理人员沟通后得到同意，应某支付代课费并无长期盈利的主观意思，且祝某作为聘用方负责人对应某请假及代课费问题应当通过合同方式解决。但祝某在应某离职后未采取合理合法方式，而是在微信群中发布信息并附应某姓名及照片，文字表述主观片面，夸大事实，存在否认应某人品德行的言辞；且该短信内容经转发至其他两个微信群中。上述三个微信群人数众多，多为应某同行业人员，祝某在微信群中发布信息并引发他人转发，对应某的道德品质和职业操守等产生负面评价，降低他人对应某的社会评价，尤其在同行业人群中造成不良影响，确已导致应某名誉受损。故应某要求祝某立即停止侵犯其名誉权，赔礼道歉，符合法律规定，应当予以支持。祝某应在其发布信息的微信群中以文字形式向应某赔礼道歉，文字表述足以消除对应某名誉的不良影响。另案外人将祝某所发信息内容转发至另外两个微信群，并非祝某所为，且祝某本人未加入该两个微信群，他人转发行为仅作为本案对祝某侵权影响程度的判断因素，故应某要求祝某在转发的另外两个微信群向应某赔礼道歉，不予支持。祝某在微信群中发表的言论引发他人对应某的负面评价，而微信作为即时网络通信方式，一旦发出，将无法通过删除操作阻止其蔓延，其影响力较常规报纸等途径更强。在微信群中发布的内容更容易被更多人看到和转载，对应某正常生活及精神状态造成影响，故综合考虑祝某发布的信息内容、造成的影响程度和影响范围，酌情由祝某赔偿应某精神抚慰金 3000 元。审理中，考虑到微信群存在解散等原被告意志以外的客观情况，可能存在无法执行情形，经法院向应某释明，应某同意在祝某无法通过微信群发送赔礼道歉短信时，祝某以书面形式向应某赔礼道歉。

江西省南昌市东湖区人民法院依照《中华人民共和国民法典》第一百二十条、第一千零二十四条、第一千一百八十三条第一款，《最高人民法院关于适用〈中华人民共和国民事诉讼法〉的解释》第九十条规定，判决如下：

一、被告祝某于本判决生效后十日内以文字形式在微信群内发送信息向原告应某赔礼道歉，消除影响，恢复名誉。如被告祝某因意志以外的原因无法通过微信群发送短信，则被告以书面形式向原告赔礼道歉；

二、被告祝某于本判决生效后十日内赔偿原告应某精神抚慰金 3000 元；

三、驳回原告应某其他诉讼请求。

祝某不服一审判决，提起上诉。

江西省南昌市中级人民法院经审理认为：应某请假均事先与校方管理人员沟通并得到同意，校方也清楚其找他人代课的情况，相关代课人员对应某支付的费用并无异议，之后校方认为应某频繁请假违反学校管理规定，业已向应某发出通知解除双方合作关系。但之后祝某又通过在同行业人员组成的工作群中发布贬损应某的信息，已经超出正常解决双方兼职纠纷的范畴，对应某的名誉权造成损害，应当承担消除影响、恢复名誉、赔礼道歉等民事责任。一审认定祝某应在其发布信息的工作群中以文字形式向应某赔礼道歉，文字表述足以消除对应某名誉的不良影响。如无法通过微信群发送短信，则祝某以书面形式向应某赔礼道歉，予以维持。同时，因祝某的侵权行为对应某精神状态造成的不良影响，一审综合考虑发布的信息内容、造成的影响程度和影响范围，酌情由祝某赔偿应某精神抚慰金3000元，亦无不当，予以维持。

江西省南昌市中级人民法院根据《中华人民共和国民事诉讼法》第一百七十七条第一款第一项规定，判决如下：

驳回上诉，维持原判。

【法官后语】

社交媒体、短视频平台等将人们工作生活交织到一起，构建了受众庞大的公共空间，用户在这个公共空间里发布的信息兼具私密性和公共性。如何有效规制网络名誉侵权行为，促使行为人有效履行道歉义务，保障当事人胜诉权益的实现，是当前司法实践中需要关注的问题。

一、行为人是否构成名誉侵权行为的认定

（一）行为人是否具有侮辱、诽谤行为

一是对行为人发布的内容性质进行判断。如其发布内容客观真实，不存在捏造事实和丑化、贬损他人名誉，则不应认定为违法行为。二是信息发布者是否有证据证明其发布内容的真实性。如行为人能提供证据证明发布内容是对客观事实的阐述，则不应认定为侮辱、诽谤行为。

（二）行为人是否具有主观恶意

是否具有主观恶意实质上是判断侵权人对其发布的言论的虚假性和对他人名誉的贬损性是否明知或可能知晓。如行为人在发表言论时明知或很可能知道其内容是虚假的，或者对内容真实性有较大怀疑，依然散布，则应认定其主观方面具有恶意。

（三）受害者社会评价是否降低

是否降低应当以社会一般人的主观感受进行判断，不能仅以受害人的主观感受为标准。此外网络名誉侵权案件还应考虑两个方面：一是侵权人的违法行为是否为第三人所知悉；二是不当言论传播是否可控。

(四) 侵权行为和损害结果之间是否存在因果关系

司法实践中，因果关系的认定多遵循直接原因规则和相当因果关系规则。网络名誉权纠纷案件的认定中应当采用相当因果关系作为判定标准。首先对条件关系进行判断，即导致结果发生的行为是否为损害发生的必要条件；其次对相当性进行判断，即该行为是否在极大程度上增加了损害结果发生的可能性。

二、网络侵害名誉权案件中胜诉权益保障的困境

(一) 社交账号具有排他性

社交账号涉及使用者的个人隐私，具有很强的排他性。由于社交媒体账号系侵权人个人使用，赔礼道歉难以替代履行。即使法院采取训诫、罚款或拘留的强制措施，震慑被执行人，迫使其履行义务，却不能及时、有效解决履行方式及内容中存在的争议。

(二) 社交媒体具有不可控性

社交媒体的不可控性会导致无法履行。原告诉请被告在指定平台使用自身账号发布道歉内容时，有的判决直接以原告的诉请内容作为判项，忽略了群聊解散、应用软件下架、被告意志以外的因素，会导致无法实现原告胜诉权益的情况。即便是法院可以根据《中华人民共和国民法典》之规定，在报刊、网络等媒体上公开判决书进行强制执行，但在网络名誉权纠纷案件中，公布判决书的强制执行方式尚不能完全消除网络诽谤产生的负面影响，无法对受侵害权益给予有效补偿。

(三) 道歉内容具有争议性

道歉内容存在争议可能扩大不利影响。即便判决中写明道歉内容须经法院审核后发布，但未能完全解决双方当事人对于道歉内容存在的争议。在实际执行过程中，行为人若将其发布的言论内容在道歉声明中进行复述，会扩大不利影响。

三、优化道歉责任适用的审执衔接

本案审理过程中，法院就考虑到微信群解散等原被告意志以外的原因可能导致判决后被告无法履行，为防范和化解胜诉后执行困难和执行不能的风险，保证原告胜诉利益得到兑现，法官主动向原告释法说理，同执行法官进行沟通，

将当事人意志以外的原因导致无法按原告诉请履行的救济手段写入判项，加强审执衔接，将实质性化解矛盾纠纷的理念贯穿于办案始终。

编写人：江西省南昌市东湖区人民法院　刘芳　邹婷　游述文

46

自媒体“大咖”名誉权与言论自由的边界

——常某某诉邓某某名誉权案

【案件基本信息】

1. 裁判书字号

江西省赣州市中级人民法院（2024）赣07民终1390号民事裁定书

2. 案由：名誉权纠纷

3. 当事人

原告（上诉人）：常某某

被告（被上诉人）：邓某某

【基本案情】

常某某系微博账号“教育学×××”的主体，拥有粉丝数40余万。邓某某系微博账号“×××妹妹”的主体。2021年11月底，微博有用户发表自己的自创题及答案被盗用的言论，因此引发微博网友对抄袭者身份的猜测议论，常某某成为被猜测议论的对象。12月6日，微博账号“×××妹妹”发布微博正文：“一个好好的老师 还挺喜欢她的 还买了她的课参加了她的超话打卡 结果被她的粉丝洗的越来越败好感 她的粉丝还乱骂人 什么时候脾气差成了真性情了。”同日，“×××妹妹”在该微博下评论“家人们 想不到我玩了这么久的微博第一次被正主拉黑 咱就是说了句她自己对号入座 另一个老师说有人抄袭她的东西 她自己对号入座群里开骂 咱就离谱 害怕极了”。常某某认为微博账号“×××妹妹”发布的上述微博正文及下方评论侵犯其名誉权，遂提起诉讼，要求判决：（1）邓某某立即删除其在微博平台发布的贬损常某某名誉的不实言论，并在微博发布致常某某的道歉声明，并置顶一个月；（2）邓某某赔偿因侵权行为给常某某造成的经济损失 10000 元。

【案件焦点】

邓某某的微博言论是否超出言论自由的限度，是否构成对常某某名誉权的侵害。

【法院裁判要旨】

江西省瑞金市人民法院经审理认为：名誉分为主观名誉和客观名誉，作为名誉权客体的名誉是对民事主体的品德、声望、才能、信用等的社会评价，既不是权利人对自己的自我评价，也不是权利人本身的自我感觉，而是社会对权利人的客观评价。名誉权侵权需要符合四个构成要件：一是行为人实施了贬损他人名誉的违法行为，二是发生受害人的社会评价降低的损害事实，三是违法行为与损害事实之间有因果关系，四是行为人主观上有过错。常某某作为教育博主，拥有数十万粉丝，具有一定的社会知名度。其提供的教育课程内容、品质关系受众粉丝网友的切身利益。常某某作为具有一定知名度的教育博主，理应成为社会公众知情权、社会大众评论和媒体监督的对象。因常某某的课程被网友怀疑抄袭，陷入抄袭事件，引发网友的讨论和评价，即便公众的评论言辞激烈，但只要行为人并非出于主观恶意的攻击、谩骂，内容未明显偏离事实，常某某应负有容忍义务。邓某某作为普通微博用户主体，其就抄袭事件参与讨论、发表看法系行使言论自由，其发布的微博正文及评论无主观恶意的攻击和谩骂，内容上未明显偏离事实，其认为常某某“对号入座”的观点，以公众一般的辨别能力均不至于因此而认为常某某确实构成抄袭，不足以导致常某某的社会评价降低，未超出言论自由的限度，因此不构成对常某某名誉权的侵害。故对常某某提出停止侵害、赔礼道歉、赔偿损失的诉讼请求均不予支持。

江西省瑞金市人民法院根据《中华人民共和国民法典》第一千零二十四条,《中华人民共和国民事诉讼法》第六十七条规定，判决：

驳回原告常某某的全部诉讼请求。

常某某不服一审判决，提起上诉。

江西省赣州市中级人民法院经审理认为：常某某在本案审理期间提出撤回上诉的请求，不违反法律规定，予以准许。依照《中华人民共和国民事诉讼法》第一百八十条规定，裁定如下：

准许上诉人常某某撤回上诉。

【法官后语】

随着互联网技术的蓬勃发展，微博、微信公众号、短视频平台等各种自媒体社交平台进入人们的生活，给人们提供了丰富、便捷的交流互动平台。网络交流的开放性和匿名制极大地激发了人们表达自我的积极性，也给网络名誉侵权的发生提供了更大的空间。近年来，自媒体平台发生的名誉权纠纷案件逐年增多。特别是拥有一定粉丝数量和关注者的自媒体“大咖”，因其在一定领域凝聚了公众兴趣，其一言一行受到社会更多的关注和监督，也更易引发社会的讨论和批评，针对自媒体“大咖”的名誉侵权案件也因此频发。此类案件呈现出公民言论自由与名誉权两项基本权利的冲突，争议焦点大多集中表现为自媒体“大咖”的名誉权保护是否应有一定的限制，其容忍义务的限度如何界定等。如何正确划清两者的边界，准确把握权利协调和利益衡量尺度，更好地保护自媒体博主名誉权的同时，兼顾他人言论自由及可能涉及的社会公共利益是司法实践不能回避的问题。

有观点认为，公众人物因其相较于普通民众而言具有较高的号召力和影响力，享受了更多的社会资源和因知名度带来的利益，因此其也应当承载更多的社会责任和社会义务。为了平衡公众利益与私人利益，保护公众的知情权和舆论监督权，公众人物对于社会大众的批评和监督负有比普通民众更高的容忍义务。当前，我国法律对于公众人物的内涵和范围并未作出界定。王利明教授认为，公众人物是指在社会生活中具有一定知名度的自然人，担任社会共治和具有社会影响的自然人。[①] 洪波教授认为，公众人物客观上应当具有一定的知名度，主观上自愿进入公众视野。[②] 综合学界观点和司法实践来看，公众人物可以归纳为在某一领域或某一范围内为公众所知晓，具有一定知名度，自愿进入公众视野且其言行不仅与其个人利益密切相关，还影响社会公共利益的自然人。自媒体是互联网技术发展下催生的新兴载体，自媒体博主通过自媒体平台发表观点，形成强大的影响力，且自媒体群体趋于追求商业化、职业化方向发展，大多数自媒体是通过博取关注来获取利益，他们以社会关注度和影响力为变现资本，关注度越高他们拥有的流量及社会资源就越多，享受的利益也越多。从这个方面看，拥有一定粉丝数量和关注者的自媒体“大咖”在其相应领域具有公众人物的特性，其名誉权理应受到一定限制。

虽然自媒体“大咖”因其公众人物的特性，在面对社会评论时负有容忍义务，但是此种容忍义务也有限度，其限度的把握本质上属于言论自由与名誉权两项权利冲突解决的利益衡量问题。言论自由和名誉权都是法律赋予公民的基本权利，从权利位阶上看并无明显高低之分，因此单纯从权利位阶上寻求解决路径缺乏依据。如何区分公众人物名誉权保护与公民言论自由的边界，可从以下几方面来考虑：一是公众人物的容忍义务以人格尊严为限。人格尊严是民事主体作为“人”应得到最起码尊重的权利，是最基本的人权，公众人物亦不例外。公众陈述事实和发表观点不得损害他人的基本尊严，这一点是底线。二是容忍限度的高低应区分社会评论是涉及公众人物的公共事务还是纯粹的个人隐私而有所区别。公众人物涉及公共事务的言行与社会公共利益密切相关，且该部分言行系其自愿进入公众视野，公众对此发表言论应给予较高的自由度，即使存在轻微损害个人名誉的情况亦应予以容忍。而如果社会评论指向公众人物纯粹的个人隐私，则言论表述应当受到相应的限制，陈述事实要有一定的真实性，评论要有一定的妥当性。三是要审查行为人发表言论的主观心态。如果行

① 王利明：《公众人物人格权的限制和保护》，载《中州学刊》2005年第2期。

② 洪波、李轶：《公众人物的判断标准、类型及其名誉权的限制——以媒体侵害公众人物名誉权为中心》，载《当代法学》2006年第4期。

为人出于故意发表侮辱、诽谤性的语言侵害公众人物的名誉权，则毫无疑问应当选择保护公众人物的合法权益。如果行为人并非出于主观恶意，则公众人物对其言论评价应给予一定的容忍度，其容忍限度的高低与过失的程度成反比。本案中，常某某系教育博主，在考研辅导领域享有较高知名度，系微博“大咖”，具有公众人物的属性。邓某某就常某某考研课程发表评论未涉及常某某的个人隐私，而属于对常某某公共事务及行为的关注和监督，符合公众知情权和公共利益的要求，且无故意侮辱、诽谤常某某人格尊严的言论，故应认定邓某某未超出言论自由的限度，不构成对常某某名誉权的侵害。

编写人：江西省瑞金市人民法院　杨珊

47

消费者利用网络社交平台发布个人医美术后经历是否构成名誉侵权

——某公司诉蒙某某名誉权案

【案件基本信息】

1. 裁判书字号

广西壮族自治区南宁市中级人民法院（2023）桂 01 民终 1365 号民事判决书

2. 案由：名誉权纠纷

3. 当事人

原告（上诉人）：某公司

被告（被上诉人）：蒙某某

【基本案情】

蒙某某为进行假体隆鼻修复手术和面部脂肪填充手术到某公司，经过检验，双方于 2021 年 4 月 29 日签订《手术知情同意书》，术前须知载明：“手术是就医者的自愿行为，术前有充分的思想准备和必要的咨询，了解手术的适应症、禁忌症及并发症。”同日，某公司为蒙某某进行假体隆鼻修复手术，面部脂肪填充手术，蒙某某向某公司支付费用共 29535 元。手术三个月后蒙某某到某公司进行复查。2021 年 12 月 27 日，蒙某某到某医疗美容门诊部进行“鼻部异物取出（硅胶假体）+膨体肋骨鼻综合修复”手术，该门诊部亦与蒙某某签订提醒内容如上的《手术知情同意书》。2022 年 9 月 2 日，蒙某某使用“183××”的微信号在“某购物中心”的微信群（人数 215 人）发布“避雷这家医美机构《某整形医院》！×地址：某广场×栋×室”的图文内容；使用“××py”的微信号在名为“××优质生”的微信群（人数 499 人）发布上述图文内容，并配以文字“替朋友转发姐妹们避雷”和“垃圾医院”；在“××禁发”的微信群（人数 91 人）发布上述图文内容及“21 年 4 月在这家医美机构做的硅胶超助鼻+脂肪填充泪沟！花的不多，实际也就 2. 5 万元这样。然后做成以下这样……一个 21 岁的女生，因为两条大眼袋一下老了 10 多岁，重点这是不可逆！某某对外代理的分成是……选择曝光某整形医院……就是想告诫劝阻各位姐妹，某整形医院！不能去！不做小白鼠！”

某公司认为蒙某某的上述行为侵犯了其名誉权并造成经济损失，故请求：（1）蒙某某立即停止对某公司的侵权行为，删除全部侵权内容；（2）蒙某某就其侵权行为连续三十日在其朋友圈以及全国公开发行的省级媒体报纸上进行公开道歉，消除影响；（3）蒙某某赔偿经济损失 10 万元。

【案件焦点】

蒙某某是否侵犯某公司的名誉权。

【法院裁判要旨】

广西壮族自治区马山县人民法院经审理认为：法人享有名誉权。如蒙某某认为其合法权益受到侵害，应通过合法途径解决，其在三个人数众多的微信群里发布案涉图文的行为对某公司的声望、才能、信用等均构成负面的社会评价，故蒙某某对某公司构成名誉侵权。据此，广西壮族自治区马山县人民法院判决如下：

一、蒙某某于本判决生效之日起停止对某公司的名誉侵害，并于十日内通过书面方式（内容经本院审核）在案涉三个微信群里向某公司赔礼道歉；

二、驳回某公司的其他诉讼请求。

某公司不服一审判决，提起上诉。

广西壮族自治区南宁市中级人民法院经审理认为：蒙某某向三个微信群发布案涉图文信息，内容是对其医美的经历以及在某公司进行硅胶超肋鼻和脂肪填充泪沟及术后效果等陈述。从蒙某某提交的微信聊天记录可以看出，在发布案涉信息之前其就已经在他人处购买脂肪填充泪沟成形眼袋的溶脂产品，故可以认定蒙某某发布的图文信息为其本人真实经历。在医美术后效果不理想及效果认识不一致的情况下，双方当事人应及时沟通，采取相应的补救措施，消除隔阂和争议，达到认识和效果的统一，避免采取过激的手段和行为方式。虽然蒙某某采取的方式不合适，但本案现有证据不足以证明蒙某某发布的图文信息内容系以侮辱或诽谤的方式侵犯了某公司的名誉。一审法院认定蒙某某侵犯某公司的名誉不妥，二审法院予以纠正。因蒙某某未上诉，说明其对一审判决的处理结果并无异议，故对一审的判决结果，二审法院予以维持。因蒙某某未侵犯某公司的名誉权，故对某公司要求赔偿损失的主张，不予支持。

广西壮族自治区南宁市中级人民法院依照《中华人民共和国民事诉讼法》第一百七十七条第一款第一项规定，作出判决如下：

驳回上诉，维持原判。

【法官后语】

互联网时代，消费者已习惯在微博、微信等自媒体平台发布评价信息。与此同时，因消费者评价而引起的侵害经营者名誉权纠纷案件呈现增长之势。如何厘清消费者评价权与经营者名誉权的权利边界，妥善平衡企业法人与消费者之间的利益，对优化营商环境、促进理性消费及经济健康发展具有重要意义。

一、消费者评价权的法律依据

消费者评价权，是指消费者购买某种商品或享受某种服务后，对经营者的商品或服务进行评价的权利。其内容包括“事实陈述”与“意见表达”。虽然我国法律尚未明确规定消费者评价权，但该项权利在现有法律体系中具有一定依据。《中华人民共和国消费者权益保护法》第十五条第一款“消费者享有对商品和服务以及保护消费者权益工作进行监督的权利”之规定，明确了消费者评价作为监督方式也是其正当权益。

二、经营者的适度容忍义务

《中华人民共和国民法典》第一百一十条第二款规定：“法人、非法人组织享有名称权、名誉权和荣誉权。”但是消费者在评价过程中对商品质量或服务问题作出好评或差评的自由选择，不受他人误导、引诱、替代或强制，这必然涉及消费者评价与法人名誉的利益冲突。鉴于经营者与消费者之间经济地位、实力等方面存在差距，消费者个体对于商品或服务的认识程度、感受体验不一，即使消费者批评表达失范，情绪激动，言辞激烈，只要是基于自身实际体验对商品或服务作出合理差评，经营者应负有适度的容忍义务，听取消费者对其提供的商品或服务的意见，保障消费者相对言论自由的同时，促进经营者优化商品质量和提升服务水平。当然，消费者评价一旦超出合理范围，言词达到对经营者侮辱、诽谤的程度，实质降低经营者社会评价，应为此承担相应责任。

三、本案消费者的评价未以侮辱或诽谤的方式侵犯经营者的名誉

从消费者评价内容来看，一是事实陈述着重于真实性，包括消费者对经营者提供的商品和服务质量、消费经历等客观事实的具体描述；二是意见表达着重于能够为社会正常观念所接受，未使用贬损性言辞，是消费者基于已发生的事实，就经营者的经济实力、履约能力、服务态度、产品质量等作出合理的主观评价。本案中，蒙某某利用网络社交平台发布反映本人真实经历的图文信息，是对自身消费经历及医美术后效果的客观事实陈述，个别用词过激但是不具有明显的贬损性，不应认定为以侮辱或诽谤方式侵害他人名誉权。同时，本案也

提醒经营者和消费者，如果商品或服务效果不理想，或者双方对商品或服务效果认识不一致，应及时与经营者沟通，采取相应的补救措施，消除隔阂和争议，避免采取过激的手段和行为方式。

编写人：广西壮族自治区马山县人民法院　唐艳群

48

网络视频及言论侵害法人名誉权责任的认定

——胡某、某公司诉杨某、徐某名誉权案

【案件基本信息】

1. 裁判书字号

湖北省来凤县人民法院（2023）鄂2827民初2988号民事判决书

2. 案由：名誉权纠纷

3. 当事人

原告：胡某、某公司

被告：杨某、徐某

【基本案情】

胡某系某公司法定代表人。2023年8月19日，某公司（甲方）与徐某（乙方）签订《二手车买卖合同》一份，约定甲方将其旧机动车一辆转让给乙方，转让价格96000元。甲方在合同尾部手写保证“无重大事故，无水泡，无火烧……”合同签订前，胡某告知徐某该车系事故车以及该车交易前的历史报告。合同签订时，胡某将案涉车辆的历史报告以微信方式发送给徐某。报告载明：该车辆历史事故次数5次、历史最大损失金额7000元、历史损失部位数量3处、车辆损失部位为后部和右后部，报告重要信息提示为非“疑似全损车”

"疑似过火""疑似泡水"。合同签订后，徐某以按揭贷款方式向胡某支付了购车款，胡某将车辆交付给徐某，徐某对车辆进行了过户登记并正常使用。2023年11月10日，因双方对案涉车辆发生质量争议，徐某的丈夫杨某为此在车身张贴横幅"某二手车欺诈消费者重大事故车冒充小事故车售卖"，并将车开至公共场所，还发布至某短视频社交平台，陈述其购车和维权过程，视频中标注了"某二手车欺诈消费者"等背景标题。此外，杨某还在其微信朋友圈中对上述视频进行了转载。上述视频发布后，网友在视频评论区对某公司作出了诸如"黑心商家""无良商家"的评论，杨某也在评论区作出了类似评论。某公司认为杨某的行为已严重侵犯其名誉权并造成恶劣影响，故诉诸法院，请求杨某删除其在某短视频社交平台、微信中发表的所有损害该公司名誉的视频、图片、文字，停止侵害该公司名誉权及在某平台、微信中向该公司赔礼道歉并赔偿精神损失。

【案件焦点】

行为人发布的网络视频及言论是否侵害法人名誉权。

【法院裁判要旨】

湖北省来凤县人民法院经审理认为：是否构成侵害法人名誉权的责任应当根据受害人确有名誉被损害的事实、行为人行为违法、违法行为与损害后果之间有因果关系、行为人主观上有过错等因素来认定。本案中，徐某因购买车辆与某公司发生质量纠纷，其有权对消费过程进行评价和表达不满，但任何权利都有其边界，杨某在公众场所张贴横幅，并在网络平台中使用带有人格贬损性的语言文字，评价某公司为"黑心商家"，引发网友对该公司作出负面评价，客观上降低了该公司的社会评价，杨某的案涉行为超出了消费者批评、评论消费体验的合理限度，侵犯了某公司的名誉权，故对某公司主张杨某停止侵害其名誉权、下架侵权言论、图片，并通过网络媒体赔礼道歉、消除影响、恢复名誉的相关诉求予以支持。法人以名誉权遭受损害为由向法院请求精神损害赔偿的，人民法院不予支持，故对某公司诉请的精神损害抚慰金不予支持。

湖北省来凤县人民法院依照《中华人民共和国民法典》第一百一十条、第一百七十九条、第九百九十条、第一千零二十四条，《最高人民法院关于确定民事侵权精神损害赔偿责任若干问题的解释》第四条，《中华人民共和国民事诉讼法》第六十七条、第一百四十五条规定，判决如下：

一、杨某于判决生效后之五日内删除其在某短视频社交平台、微信中发表的所有损害某公司名誉的视频、图片、文字，停止侵害某公司名誉权；

二、杨某于判决生效后之五日内在某短视频社交平台、微信公开发表致歉声明（内容须经人民法院审核），向某公司赔礼道歉，致歉声明连续公示不少于三日；

三、驳回某公司的其他诉讼请求。

宣判后，双方当事人均未上诉，一审判决生效。

【法官后语】

名誉权是法律赋予自然人或法人、非法人组织的一项重要人格权。企业名誉是企业法人赖以生存和发展的重要基础，依法保护企业名誉权是构建法治化营商环境的应有之义。行为人通过抖音和微信朋友圈诋毁企业名誉，具有受众面广、传播速度快等特点，易造成企业社会评价降低、遭受经济损失等损害结果，行为人应该承担对法人名誉权的侵权责任。本案涉及行为人网络视频及言论侵害法人名誉权的责任认定，需要从以下方面进行考量。

一、认定网络视频及言论诋毁法人名誉侵权的实质标准和归责原则

名誉权以自然人和法人、非法人组织的名誉为保护对象，是民事主体就自身客观公正的社会评价所享有的排除他人对其贬损的权利。要准确认定网络视频及言论诋毁企业名誉对法人名誉权的损害事实，需注意区分名誉权的享有主体，关于网络视频及言论诋毁企业名誉是否存在损害事实，应具体考量其是否在客观上对特定的侵害对象造成社会评价的贬损。

网络视频及言论侵犯法人名誉权属于典型的过错侵权行为，适用过错归责原则。对该类案件的审理，应准确把握名誉权的法律属性与价值内涵，注重考量网络诋毁企业名誉的行为人对其发布信息真实的证明责任、案涉行为是否具

有可阻却违法性的事由、公民言论自由与名誉权的平衡保护等方面，紧扣侵权责任构成要件进行全面审查，对是否构成侵害名誉权作出准确认定。

二、名誉权侵权行为成立的构成要件

（一）侵权行为的事实认定

自然人在网络上发布涉及法人的视频及言论应当对其真实性负责，对于涉及法人名誉的言论，即便真实，但是如果使用贬损、侮辱性语言，造成法人社会评价降低的，也应当认定为侵害名誉权。本案中，杨某在网络视频及言论中使用带有人格贬损性的语言文字，客观上降低了某公司的社会评价，可以认定损害事实客观存在。

（二）行为的违法性审查

关于发布网络视频及言论的行为是否具有违法性，应审查发布内容是否属实，如发布者将不实内容公之于众，应认定行为具有违法性。本案中，徐某在知道案涉车辆系事故车的情况下，进行了试驾且未提出异议，难以认定某公司有欺诈行为。杨某对其案涉陈述所涉事实也未提供必要的证据以证明其内容的真实性，在发布内容真实性不能得以有效证实的情况下，其发布行为应认定为具有违法性。

（三）主观方面是否存在过错

过错是指侵权人在实施侵权行为时对于损害后果的主观心理状态，包括故意和过失。发布网络视频及言论侵犯法人名誉权的过错，主要表现为故意捏造虚假事实贬损法人名誉、未核实相关内容真实性发布网络视频及言论放任损害法人名誉的后果发生等。本案中，杨某在网络上公开以侮辱性语言指控某公司，目的就是降低某公司的社会评价，其主观显然为故意。

（四）网络言论与名誉贬损的因果关系认定

因果关系的判定多遵循直接原因的规则和相当因果关系的规则。目前对于侵权纠纷，往往需要运用相当因果关系的规则来判断。确定行为与结果之间有无因果关系，要依行为时的一般社会经验和智识水平作为判断标准，认为该行为有引起损害结果的可能性，而实际上该行为又确实引起了该损害结果，则该行为与该损害结果之间具有因果关系。杨某在抖音、微信群内发布侮辱、丑化某公司的视频，该视频被多次点评。因此，在侵权内容公开的情形下，应推定案涉网络视频及言论与名誉贬损的因果关系成立。

《中华人民共和国民法典》保护法人的名誉权，主要是为了保护法人名誉方面的利益，使其免受侮辱、诽谤等非法评价所带来的社会评价降低。因此，杨某在网络上使用带有人格贬损性的语言文字及图片，符合名誉权侵权行为成立的构成要件，损害了某公司的名誉权，应承担相应的侵权责任。

编写人：湖北省来凤县人民法院　杨静波

49

《民法典》[①] 语境下用工管理权的名誉权视角分析及动态系统论的适用

——吴某诉某超市名誉权案

【案件基本信息】

1. 裁判书字号

上海市普陀区人民法院（2023）沪 0107 民初 4475 号民事判决书

2. 案由：名誉权纠纷

3. 当事人

原告：吴某

被告：某超市

① 本案例《中华人民共和国民法典》统一简称为《民法典》。

【基本案情】

2020 年 8 月 18 日，吴某填写《职位申请表》，其中应聘职位为“招商副部长”，“工作情况”项下有表格五栏，吴某填写六栏。

吴某于 2020 年 11 月 2 日进入某超市工作，担任招商部副部长，双方签订了期限自 2020 年 11 月 2 日起至 2023 年 12 月 31 日止的劳动合同。吴某签署的《员工基础信息采集卡》中记载有“以往工作经历”。

2021 年 3 月 17 日，某超市向吴某出具《解除劳动合同的通知》，载明：“你在应聘过程中隐瞒工作经历，且没有通过试用期考核，不符合录用条件。根据公司《员工手册》第 3.2.2 条之第 6 点，第 3.6.2 条，以及第 3.9.2.1 条之第 1 点、第 5 点的相关规定，经公司总经理室批准，并征得工会同意，决定于 2021 年 3 月 18 日解除劳动合同……”嗣后，吴某向上海市普陀区劳动人事争议仲裁委员会申请仲裁，仲裁裁决后，某超市不服提起诉讼。案号为（2021）沪××××民初×××××号。普陀法院经审理后认定某超市构成违法解除双方劳动关系，但认为“劳动关系实际已无法恢复”，吴某可另行主张赔偿金。吴某不服向上海市第二中级人民法院提起上诉，上海市第二中级人民法院于 2022 年 9 月 28 日作出（2022）沪 02 民终××××号民事判决书，判决：驳回上诉，维持原判。

2022 年 11 月 24 日，原、被告在上海市普陀区劳动人事争议仲裁委员会主持下达成普劳人仲（2022）办字第××××号调解书，某超市支付吴某违法解除劳动合同赔偿金 26461 元。某超市已向吴某履行了上述付款义务。吴某诉至法院，请求：（1）判令被某超市向原告书面赔礼道歉，在文汇报或类似的上海市市级报刊上刊登道歉声明（内容经法院审核），为原告恢复名誉、消除影响，产生的费用由被告负担；（2）要求被告赔偿原告经济损失人民币 15000 元（以下币种均为人民币）以及律师费 5000 元；（3）被告赔偿原告精神损害抚慰金 10000 元；（4）被告承担诉讼费。

【案件焦点】

某超市向吴某作出《解除劳动合同的通知》是否构成名誉侵权。

【法院裁判要旨】

上海市普陀区人民法院经审理认为：首先，根据法律规定名誉权的范围结合原、被告在庭审中的陈述，法院将本案中《解除劳动合同的通知》所记载的“（吴某）在应聘过程中隐瞒工作经历，且没有通过试用期考核，不符合录用条件”这一内容纳入是否构成名誉侵权的审查范围。

其次，行为人是否应承担名誉权侵权责任，应根据行为人是否实施侮辱、诽谤等毁损名誉的行为、行为人是否存在过错、受害人的名誉是否受到损害、行为与损害结果之间是否存在因果关系等予以判断。就受害人的名誉是否受到损害而言，若行为人所实施的行为影响到社会公众对受害人的评价，并造成受害人社会评价降低时，则构成对名誉的损害。第一，法院认为，从本案查明的事实来看，吴某并未提供证据证明某超市将《解除劳动合同的通知》在公司范围内进行公布或向社会不特定公众散布，从用人单位管理权的角度看，正如《解除劳动合同的通知》中所记载的“经公司总经理室批准”，在单位行使劳动合同解除权的过程中必然会有使得一定范围的工作人员所知悉，但这并不构成“在公司内部扩散”。第二，法院认为，根据《中华人民共和国劳动合同法》的规定，用人单位单方解除劳动合同，应当事先将理由通知工会。用人单位违反法律、行政法规规定或者劳动合同约定的，工会有权要求用人单位纠正。用人单位应当研究工会的意见，并将处理结果书面通知工会。根据上述法律规定，某超市将《解除劳动合同的通知》中记载的解除理由通知工会，系法定程序，旨在通过工会给予意见的方式更全面地保护劳动者的合法权利，上述通知工会的流程并不构成公开宣扬。第三，根据已生效的（2022）沪 02 民终××××号民事判决书中查明的事实，法院已认定某超市对吴某构成违法解除劳动合同关系，在（2021）沪××××民初×××××号民事判决的“本院认为”中已说明“某超市称吴某在应聘过程中隐瞒工作经历缺乏依据”“原、被告并未明确约定有试用期业绩考核标准，亦未约定具体录用条件，某超市所提供的员工考评表以及试用期业绩考核数据并未得到吴某确认，亦无其他证据予以印证，故法院对某超市的诉称意见难以采信”，通过上述生效案件的审理，已明确了某超市对吴某构成违法解除劳动合同。法院认为，社会公众通过上述生效的民事判决书可明确知晓《解除劳动合同的通知》构成违法解除，不会对吴某产生负面评价，不会造成吴某的社会评价降低。故法院难以认定某超市向吴某作出的《解除劳动合同的通知》造成了吴某的社会评价降低。就因果关系而言，吴某称其与某超市发生劳动争议纠纷后失业十几个月，在应聘时招聘单位均会询问员工与前公司是否有纠纷，给吴某造成巨大伤害。法院认为，首先需要明确的是本案名誉权所涉及的因果关系，是针对某超市作出《解除劳动合同的通知》的行为与吴某所谓的损害后果之间的因果关系。吴某在庭审中所提出的是其与某超市存在劳动争议诉讼等纠纷，导致其失业。法院认为，吴某提及的上述情形并非本案名誉权纠纷所审查的因果关系的内容，故法院难以将吴某的上述诉称意见纳入因果关系的审查范围。其次，根据法院前述吴某名誉受损与否、社会评价降低与否的分析以及法院的民事判决书的充分说理，吴某不会发生社会评价降低的情况，故在此情况下，吴某在本案中亦未提供任何证据证明某超市作出《解除劳动合同的通知》的行为与其失业之间的因果关系，法院难以采纳吴某的诉称意见。最后，从现有证据来看，法院难以认定吴某已就因果关系提供相应的证据予以证明。

再次，《民法典》第九百九十八条规定，认定行为人承担侵害除生命权、身体权和健康权外的人格权的民事责任，应当考虑行为人和受害人的职业、影响范围、过错程度，以及行为的目的、方式、后果等因素。就本案而言，某超市对吴某是否构成名誉侵权，应当考虑双方履行劳动合同的情况、某超市作出《解除劳动合同的通知》的影响范围、目的等方面。从双方履行劳动合同的情况看，吴某在某超市已工作四个多月的时间，距离试用期结束尚有一月余；从某超市在（2021）沪××××民初×××××号案件审理中指出“隐瞒工作经历”所对应的内容看，吴某填写的《职位申请表》与吴某签署的《员工基础信息采集卡》在工作经历上确实存在差异（吴某对该差异已作出相应解释）；从（2021）

沪××××民初×××××号案件审理中关于“没有通过试用期考核，不符合录用条件”的分析看，在“本院认为”中载明“某超市所提供的员工考评表以及试用期业绩考核数据并未得到吴某确认，亦无其他证据予以印证”，即某超市单方就吴某试用期中的表现作出过考评；从影响范围来看，根据法院前述社会评价降低与否的论述，某超市并未对《解除劳动合同的通知》予以公开宣扬，且吴某的社会评价并未降低；从《解除劳动合同的通知》被认定构成违法解除的后续履行情况来看，双方在上海市普陀区劳动人事争议仲裁委员会主持下达成调解书，某超市已向吴某支付赔偿金 26461 元。综合考虑上述因素后，法院认为某超市向吴某作出《解除劳动合同的通知》的行为目的主要还是基于行使劳动合同的解除权，故法院难以认定某超市需承担名誉侵权的相应责任。

最后，根据法院的上述分析，吴某提供的证据不足以证明某超市符合侵害名誉权的构成要件，吴某据此向某超市主张的各项诉讼请求，缺乏足够依据，法院不予支持。上海市普陀区人民法院判决：

驳回原告吴某的全部诉讼请求。

宣判后，双方当事人均未上诉，一审判决生效。

【法官后语】

劳动者的就业权具有“人格权益”和“身份权益”的双重属性，用工管理权对劳动者直接产生影响，有必要引入《民法典》等民法对劳动者人格权等权益给予更全面、周延的保护。从劳动争议的视角予以评价，主要是对解除劳动关系合法与否的判断，用人单位需承担的责任是劳动合同法下的责任；从《民法典》名誉权（人格权）的视角予以评价，主要是对构成名誉权侵权与否的判断，用人单位需承担的责任是《民法典》下侵权的相应责任，主要可表现为赔礼道歉、消除影响、恢复名誉，由此保证劳动者权益得到更全面的保护。

在名誉权视域下审查劳动合同解除权仍应坚持行为人是否实施侮辱、诽谤等毁损名誉的行为、行为人是否存在过错、受害人的名誉是否受到损害、行为与损害结果之间是否存在因果关系等予以判断。用工管理权较为特殊，用人单位在行使用工管理权时有相应的流程，会有相关的工作人员参与到解除劳动合同的工作内容之中，衡量和判断“为第三人所知悉”“传播”或“宣扬”可作如下分析：一方面，有必要对用人单位自主行使用工管理权的流程予以必要保护，避免将为劳动者以外的“第三方”或“第三人”所知悉直接简单归结为名誉权视角下的“为第三人所知悉”，进而将上述《解除劳动合同的通知》归为导致社会评价降低的范畴。另一方面，如果用人单位在向劳动者送达《解除劳动合同的通知》的同时，在公司的网站上发布、公告栏内等场合张贴或者通过向客户单位发送的方式予以公开，此时可认定用人单位将《解除劳动合同的通知》予以公开，可认定产生散播或宣扬的效果。对是否存在社会评价降低的判断中，应当注意裁判文书公开对劳动者社会评价的正向导向价值，实现判断劳动者是否受到名誉侵权的准确判断。

为避免司法过度干预用人单位管理，影响企业的正常经营和发展，应引入动态系统论来实现个案裁判的平衡。在运用动态系统论衡量用工管理权是否构成名誉侵权时，应当考虑双方履行劳动合同的情况、某超市作出《解除劳动合同的通知》的影响范围、目的、后果和向劳动者履行相关应付款项情况等方面因素。实践中，我们须从用人单位的用工管理权与劳动者人格权保护这两个不同的维度，准确适用动态系统论在个案中寻找权利边界的“黄金分割点”实现利益平衡。坚持以劳动者人格权保障作为底线，以用人单位用工管理权行使为目标，审慎把握两者权利价值冲突之平衡，构建起和谐劳动关系。

编写人：上海市普陀区人民法院　刘力　吴文俊

50

期刊撤稿声明是否构成对作者的名誉侵权

——蔡某某诉某博物馆、某研究会名誉权案

【案件基本信息】

1. 裁判书字号

广东省江门市中级人民法院（2023）粤07民终2510号民事判决书

2. 案由：名誉权纠纷

3. 当事人

原告（上诉人）：蔡某某

被告（被上诉人）：某博物馆、某研究会

第三人：周某某

【基本案情】

周某某曾在某博物馆实习，实习后完成硕士毕业论文。周某某除将该论文提交学校存档外，还送交给某市博物馆交流，但从未公开发表该论文。蔡某某在周某某实习期间是某市博物馆的职员。在周某某将其论文交某市博物馆的四年后，蔡某某向某博物馆、某研究会共同主办的期刊投稿与周某某论文存在多处内容高度相似的论文，并被该期刊采用刊登。后周某某向该期刊的编辑部提交《举报信》，指控蔡某某抄袭其硕士学位论文，并要求编辑部对蔡某某的论文予以撤稿处理。因蔡某某没有充分举证其没有抄袭，编辑部通过中国知网“社科期刊学术不端文献检测系统（SMLC）”对蔡某某的论文与周某某的论文进行比对后发现存在高度相似，编辑部便在其期刊上作出《撤稿声明》，称对此类学术不端行为表示严正谴责，今后将不再受理蔡某某提交的稿件。蔡某某

认为上述撤稿声明侵犯其名誉权，遂提起诉讼，要求某博物馆、某研究会删除《撤稿声明》、赔礼道歉及赔偿损失等。

【案件焦点】

1. 蔡某某的论文是否侵犯周某某论文的著作权；2. 编辑部在刊物上发布《撤稿声明》是否构成对蔡某某的名誉侵权。

【法院裁判要旨】

广东省江门市蓬江区人民法院经审理认为：关于蔡某某论文是否侵犯周某某论文的著作权问题。案涉《撤稿声明》是否捏造并散布虚假事实，关键在于判断蔡某某的论文是否侵犯周某某论文的著作权。首先，某鉴定公司对蔡某某的论文与周某某的论文是否构成相同或相似作出的《司法鉴定意见书》认定，蔡某某的论文与周某某的论文构成实质性相似。某鉴定公司是具有资质的鉴定机构，鉴定程序合法，且鉴定结论已经各方当事人质证，可以作为认定本案事实的依据。其次，在周某某的论文终稿完成在先、两篇论文构成实质性相似的情况下，蔡某某应就其创作论文的过程进一步举证，但其所举证据不能证明两人论文除原始图片素材外其他实质性相似的部分具体是来源于哪些馆藏资料，或来源于其哪些研究成果，亦未就其论文从初稿、修改到最终定稿的整个创作过程进行合理解释及举证。再次，蔡某某于周某某实习期间在某市博物馆工作，不能排除其因工作关系接触到周某某论文的可能性。最后，蔡某某的论文引用周某某的论文内容并未得到周某某的同意，现有证据不足以证明蔡某某的论文属于《中华人民共和国著作权法》规定的合理使用范围。周某某的论文未公开发表，也不符合法定许可使用的范畴。

关于《撤稿声明》是否侵害蔡某某名誉权的问题。首先，根据《出版管理条例》相关规定，出版单位实行编辑责任制度，保障出版物刊载的内容符合本条例的规定。本案中，编辑部在收到周某某的投诉后，对蔡某某的论文是否侵权进行审查，属于依法履行其职责。其次，根据在案证据显示，编辑部通过中国知网“社科期刊学术不端文献检测系统（SMLC）”对蔡某某的论文与周某某的论文进行比对后发现存在高度相似，已向周某某核实其论文创作过程，并多次联系蔡某某，在认为蔡某某不能提供充分证据及合理解释的情况下作出撤稿决定，程序上并无不当。且相关法律法规没有规定必须以司法机关的裁决或执行机构的处理作为判断是否侵犯著作权的依据。

最后，蔡某某的论文侵犯了周某某的论文著作权，编辑部在《撤稿声明》中的表述是客观事实，并非捏造并散布虚假的事实。根据国家新闻出版署《学术出版规范 期刊学术不端行为界定》规定，剽窃指采用不当手段，窃取他人的观点、数据、图像、研究方法、文字表述等并以自己名义发表的行为，剽窃属于论文作者学术不端行为类型，故声明中“学术不端”的表述，符合上述行业认定标准。虽然声明中“严正谴责”“今后不再受理该作者提交的稿件”等言辞带有一定感情色彩，表达较为激烈，但综合本案事实，编辑部主观上不具有贬损他人人格的恶意，《撤稿声明》内容与客观事实基本一致，不存在严重失实的情形，故编辑部没有使用侮辱或者诽谤的言论对蔡某某实施名誉侵权。

综上，某博物馆、某研究会不构成对蔡某某的名誉侵权，蔡某某要求某博物馆、某研究会承担民事责任的各项请求，没有事实和法律依据，不予支持。

广东省江门市蓬江区人民法院依照《中华人民共和国民法典》第九百九十条、第一千零二十四条，《中华人民共和国著作权法》第二条、第四条、第二十四条，《出版管理条例》第五条、第二十五条，《最高人民法院关于适用〈中华人民共和国民法典〉时间效力的若干规定》第一条第三款，《中华人民共和国民事诉讼法》第六十七条、第一百三十七条规定，判决：

驳回原告蔡某某的全部诉讼请求。

蔡某某不服一审判决，提起上诉。

广东省江门市中级人民法院经审理认为：侵害名誉权的构成要件需要同时满足名誉权被损害的事实、行为人实施了违法行为、违法行为与损害后果之间存在因果关系、行为人主观上有过错这四个要件。本案中，编辑部主张蔡某某抄袭周某某的论文，且蔡某某未能向编辑部作出合理解释才发布《撤稿声明》，但蔡某某却认为编辑部的《撤稿声明》是以侮辱、诽谤的方式侵害其名誉权。

因此，厘清蔡某某的论文是否存在侵权的事实是证明编辑部是否存在侮辱、诽谤等违法行为的前提。

一、蔡某某的论文是否构成著作权侵权

关于著作权侵权认定，要求作品构成实质性相似，同时也要求侵权人具备接触作品的可能性。首先，判断被诉侵权的论文是否侵权，应先对比周某某的论文与蔡某某的论文是否构成实质性近似，在两者构成实质性近似情况下，若有证据证实蔡某某接触在先完成的论文，且并非合理利用，那么应认定被诉侵权的论文构成剽窃。本案中，周某某的论文创作于蔡某某的论文之前，诉讼中的司法鉴定结论表明二者“在论文的结构上稍有变化，但整体论文结构仍构成实质性相似”。且司法鉴定结论与某博物馆提交的人工比对和机器比对结果相一致，均表明蔡某某的论文与周某某的论文构成实质性相似。综合其他证据，蔡某某的论文在论文标题、论文结构、论文摘要、研究方法、选取的研究对象、论文具体内容等各个方面，均与周某某的论文高度相似，甚至还出现了部分同对同错的情况。即使蔡某某的论文在部分方面具有独创性，但不能推翻两篇论文整体实质性相似的结论，已构成著作权侵权的实质性相似情形。

其次，关于本案是否具备接触可能性。作品是否因抄袭构成侵权，被控侵权人与受保护作品之间的接触是前提和基础。如果被控侵权人在客观上没有接触作品的条件和可能性，也就不可能存在一作品抄袭另一作品的情形。接触可能性一般具有两种情形，一是作品已经公之于众，二是作品为包括被控侵权人在内的特定对象知晓。而认定是否对作品具有直接接触的可能性，往往需要考虑权利人与被控侵权人之间的联系程度。除了直接接触外，实践中还会采用推定的方式认定被控侵权人间接接触了受保护作品。基于著作权客体的无形性以及侵权行为的隐蔽性等特点，该接触可能性的判断应采用高度盖然性的一般标准。某市博物馆相关回复函及其工作人员相关笔录，能够证明蔡某某基于职务上的便利有充分的时间和空间条件接触周某某的论文，已达到高度盖然性标准，予以采信。故一审认定不能排除蔡某某因工作关系接触到周某某的论文的可能性，符合著作权侵权的接触可能性标准，并无不当，应予维持。

本案蔡某某的论文与周某某的论文存在实质性相似，且具备接触可能性，其对周某某的论文的使用不属于合理使用范畴，故一审认定侵权并无不当。

二、出版者对选用作品的内容负有审查义务

期刊编辑部对出版物的内容未尽到合理注意义务的，应当承担民事责任。在周某某提出口头申诉和书面举报时，编辑部有义务对其期刊所刊发的论文是否存在侵权情形进行查实。编辑部将相关论文提交知网，并送交某版权保护联合会，得到“重复率过高”的回复，构成实质性相似的结论。据此，编辑部多次要求蔡某某对重复率过高作出合理解释、提供证明材料，蔡某某负有举证责任，应当及时提供相应证据，证明对其论文享有独立著作权或其论文的形成时间早于周某某的论文，并就两论文的重复率过高的问题作出合理解释；蔡某某提供的证据对前述问题均未进行有效回应。基于前述论断，编辑部对蔡某某的论文剽窃事宜的处置方式合理妥当，属于行业惯常处理方式，不存在主观过错，编辑部不存在侵犯蔡某某名誉权的故意。本案中不足以证实编辑部实施了违法行为及其主观上有过错，不足以认定侵犯名誉权。

广东省江门市中级人民法院依照《中华人民共和国民事诉讼法》第一百七十七条第一款第一项规定，判决如下：

驳回上诉，维持原判。

【法官后语】

本案是一起因投稿论文被编辑部认定抄袭并撤稿而引发的名誉权纠纷。近年来，学术论文因造假、抄袭等原因遭撤稿的现象时有发生，但被撤稿作者提起名誉权侵权诉讼则较少有。因涉及著作权问题，故应有别于一般单一侵权纠纷的裁判规则，在对是否符合侵权基本要件进行审查时，还应结合案件的特殊情形予以更有针对性、更全面的考量。

一、在论文没有公开发表情况下，如何认定侵犯著作权

编辑部认为蔡某某的论文存在抄袭是其作出撤稿声明的主要依据，双方当事人的争议焦点也就集中于蔡某某投稿的论文是否侵犯周某某著作权，故审查蔡某某是否侵犯周某某著作权是评判该撤稿声明是否侵犯蔡某某名誉权所要解

决的首要且关键的问题。

首先，审查作品之间是否构成实质性相似。本案中，经司法鉴定的结论为蔡某某的论文与周某某的论文相比，在论文的结构上稍有变化，但整体论文结构仍构成实质性相似，且两篇论文甚至出现了部分同对同错的情况。即使蔡某某的论文在部分方面具有独创性，但不能推翻两篇论文整体实质性相似的结论，已构成著作权侵权的实质性相似情形。

其次，审查作品的形成过程。对于构成实质性相似且形成时间在后的作品，作者应举证证明其作品从构思到初稿到修改稿再到最终形成终稿的整个创作过程，并提交其作品素材的来源予以佐证。本案中，蔡某某并未对其论文写作过程进行合理解释。

再次，审查抄袭者是否具备接触原创作品的可能性。本案中，虽然周某某的论文没有对外发表，但周某某在某市博物馆实习期间，蔡某某一直在某市博物馆任职，且周某某还将其论文送交给某市博物馆交流，不能排除蔡某某因工作关系接触到周某某论文的可能性。

最后，审查是否属于合法使用。蔡某某的论文较高的重复率超出了适当引用的范围，且并无得到周某某的同意，故现有证据不足以证明蔡某某论文属于《中华人民共和国著作权法》规定的合理使用范围。另，周某某论文未公开发表，故不符合法定许可使用的范畴。

综上，应认定蔡某某的论文侵犯了周某某论文的著作权。

二、在投稿者论文存在抄袭的情况下，期刊撤稿声明是否构成对投稿者的名誉侵权

首先，审查期刊编辑部的行为是否依法履职。根据《出版管理条例》的相关规定，出版单位实行编辑责任制度，保障出版物刊载的内容符合本条例的规定。因此，期刊的编辑部在收到原创作者的投诉后，对涉嫌抄袭的论文是否侵权进行审查，属于依法履行其职责。

其次，审查期刊编辑部的处理程序是否违法。本案中，编辑部不是仅凭周某某的《举报信》即撤稿，而是通过相应的社科期刊学术不端文献检测系统对

两个作品进行比对，发现存在高度相似的情况下，进一步向周某某核实其论文创作过程，并多次联系蔡某某，在蔡某某不能提供充分证据及合理解释的情况下作出撤稿决定，程序上并无不当。

最后，考量编辑部在《撤稿声明》中的表述是否存在侮辱或诽谤言论。本案中，在认定蔡某某的论文因抄袭侵犯周某某论文著作权的前提下，编辑部在《撤稿声明》中表述两者论文高度近似，蔡某某存在抄袭行为是客观事实，并非捏造并散布虚假的事实。根据国家新闻出版署《学术出版规范 期刊学术不端行为界定》规定，剽窃指采用不当手段，窃取他人的观点、数据、图像、研究方法、文字表述等并以自己名义发表的行为，剽窃属于论文作者学术不端行为类型，故声明中“学术不端”的表述，符合上述行业认定标准。虽然声明中“严正谴责”“今后不再受理该作者提交的稿件”等言辞带有主观色彩，但应综合考虑学术批评的背景、批评者的主观意图、具体的语言环境及学者对批评负有一定程度的容忍义务等因素，编辑部主观上不具有贬损他人人格的恶意，《撤稿声明》内容与客观事实基本一致，不存在严重失实情形，也没有使用侮辱或者诽谤言论的情况下，应当认定编辑部的行为不构成对蔡某某名誉侵权。

学术界倡导诚信研究，本案的审理结果体现了对著作权的尊重和保护，有利于鼓励学者遵守学术道德，维护学术的公正性和可信度，保障学术研究的公平竞争环境。

编写人：广东省江门市蓬江区人民法院　梁珊　陈怡杏

51

学术批评构成侵害名誉权的司法裁量

——耿某某诉饶某名誉权案

【案件基本信息】

1. 裁判书字号

上海市第一中级人民法院（2022）沪01民终7382号民事判决书

2. 案由：名誉权纠纷

3. 当事人

原告（上诉人）：耿某某

被告（被上诉人）：饶某

【基本案情】

2019年9月6日，耿某某等26人署名的文章（中文翻译标题为：《××××肠道菌群××××》），即涉案论文发表在某英文学术期刊上。涉案论文注明耿某某为通讯作者。

2019年11月28日，饶某用其注册的微信名为“Y”个人微信在有30名成员的微信群“脑计划专家组”及492名成员的微信群“神经科学严肃讨论偶尔八卦群”中均发布了名称为“NSFC”的文件，该文件的内容为：“……（3）今年某研究所的耿某某研究员作为通讯作者的文章，号称其发明的药物GV××××能够通过从肠道菌群治疗小鼠的阿尔兹海默症。这篇文章，不造假是不可能的。现实名举报，请贵委做些好事，为中国科学界洗刷耻辱。”

之后饶某未将上述文件提交给国家自然科学基金会，但该文件被网络媒体广泛报道。媒体报道的内容主要为对上述文件内容的介绍和刊登以及向耿某某、饶某和国家自然科学基金会求证进展。

2020 年 7 月 7 日，饶某在某学术期刊刊登了题为《应该更正一位作者忽略引用以前文献》的文章。2020 年 7 月 13 日，包括耿某某在内的涉案文章的作者在某期刊发表了简讯予以回应。2020 年 7 月 14 日，饶某在“××科学”公众号上发表《评耿某某等有关 GV××××的回复》。

2021 年 1 月 21 日，科技部发布《有关论文涉嫌造假调查处理情况的通报》，主要内容为：“……对耿某某研究员论文的调查结论和处理意见：对网络质疑耿某某研究员的 5 篇论文，经调查未发现有造假，但发现论文存在少量图片误用，经联合工作机制审议，决定对其进行批评教育和科研诚信提醒谈话。”

二审查明，根据《某科学院关于贯彻落实调查论文造假事件的报告》记载，涉案论文不存在图片误用，图片误用是指的耿某某发表在 H××××××××刊物上的其他论文。

耿某某以饶某侵害其名誉权案向法院提起诉讼。

【案件焦点】

学术批评是否会构成侵害他人名誉权。

【法院裁判要旨】

上海市浦东新区人民法院经审理认为：饶某的言论属于学术批评行为，并且未造成耿某某的名誉损害。上海市浦东新区人民法院判决：

驳回耿某某的全部诉讼请求。

耿某某不服提出上诉。

上海市第一中级人民法院经审理认为：学术批评是否构成侵害名誉权，应当依据主客观侵权责任构成要件，结合学术批评的目的、方式、后果，学术批评的合理限度与容忍度、学术环境的保护等因素综合予以判断。本案的争议焦点集中在：饶某的言论是否构成学术批评并对耿某某的名誉造成损害；饶某的言论若构成学术批评是否超出了合理限度，是否具有侮辱、诽谤耿某某名誉的故意；涉案论文的结论真伪、学术价值是否影响到对饶某侵权责任的认定。

学术批评系针对学术问题提出不同的意见和观点，代表着学术批评者的主观学术见解或者学术立场，系学术批评者的意见表达。本案中，饶某的言论整体上系发表自己的一种学术观点，系通过学术观点的表达来进行学术批评。而且，耿某某无证据证明饶某的言论造成耿某某在学术领域的学术地位、学术影响力等社会评价有所降低。

学术批评不能超出合理限度，学术批评的言论不能具有侮辱或者诽谤他人的主观故意。本案中，虽然，饶某的言辞虽然尖刻，激进，但整体未上升到对耿某某人格的否定，并无对耿某某人格尊严具有贬损的故意。饶某的言论尚未超出学术批评的合理限度。当然，饶某确实存在言辞过激等问题，应当进行严肃指出与批评。

学术批评系学术批评者本身观点的表达，而学术研讨、科学探索本身亦允许容错，故学术观点及意见表达的对错、真伪无须由法院进行评判，最终将通过实践来检验。因此，涉案论文的学术结论的真伪，学术价值本身与判断饶某的言论是否构成侵害耿某某名誉权的侵权责任并无法律上的直接关联性。上海市第一中级人民法院判决：

驳回上诉，维持原判。

【法官后语】

学术批评是学者对他人学术观点表达异议的方式，学者通过语言与文章的方式表达学术观点，若言辞激烈，在外观上容易涉嫌侵害被批评者的名誉权而产生纠纷。对于此类案件的处理，应当基于侵权责任的构成要件，综合衡量学术批评与学术容忍度等因素来判断。

一、司法排除：人民法院无须要对学术观点的真伪与价值作出判断

人民法院在处理涉及学术批评所引发的侵害名誉权纠纷中，当事人双方基于学者的身份，往往都会纠结于所争议的学术文章、学术内容的真伪，往往均会争执于己方学术观点、学术价值的正确性，认为对方往往系错误的。比如：本案中，双方所争议的文章是发表在国际核心期刊上，所争议的 AD（老年痴呆症）治疗机制问题又是医学前沿问题。如果双方将这类问题的是与非、对与

错交给人民法院来判断，那么这类专业问题就明显超出了人民法院司法裁判的范围。而且即使学术批评是错误的，也不一定构成侵害他人的名誉权，二者系不同的判断的路径。所以，人民法院无须对争议的学术问题的真伪作出判断，学术问题的真伪与价值应留待实践来检验。

二、定性分析：学术批评的言行是否具有贬损他人的故意是司法审查的重点

学术批评一般系学者对于学术问题表达不同观点的方式，其根本上是属于学术研究的范畴，因此，学术批评行为一般并不会被认定侵权行为。但是，学术批评的方式、学术争辩的激烈程度以及相关用语的不当性，可能会对他人的名誉权造成侵害。对于此类案件，学术批评构成侵害他人名誉权的构成要件，一般仍是适用侵权责任法的法律四要件进行判断。其中，司法审查的重点应当集中于行为人是否借学术批评来达到其贬损他人人格的主观状态。

第一，学术批评人主观状态上是否属于善意。学术批评人是否基于学者的本性良知，对于学术问题以真诚、严肃的态度，表达自己对学术问题的理解。2013年英国《诽谤法案》新增的名誉权侵权特殊抗辩事由“科学或学术期刊上同行评价陈述”① 对理解该“善意”有参考价值，其将具有专业知识的学者发表在专业刊物上并经编辑审查的学术意见视为善意的学术行为。

第二，学术批评人主观状态上是否存在侮辱、诽谤他人人格的恶意。这种恶意的理解可以借鉴美国法的“真实恶意”原则，② 学术批评人是否明知其所陈述的系不真实或者是不知其是否真实的学术意见，那么这种故意的过错状态足以认定为其为恶意。

第三，学术批评目的是否正当。正当的学术批评行为受到法律的保护，但是学术批评的权利与自由不能滥用。学术批评应当出于加强学术交流、促进学

---

① 姜战军：《中、英名誉权侵权特殊抗辩事由评价、比较与中国法的完善》，载《比较法研究》2015年第3期。

② 王泽鉴：《人格权法：法释义学、比较法、案例研究》，北京大学出版社2013年版，第322~325页。

术发展或者学术监督的目的，人民法院应当审查“学术批评”是否出于不正当的目的。

三、定量分析：学术批评行为是否超出合理限度的综合衡量

对于学术批评行为是否构成侵害他人名誉权，除了需要适用侵权责任法的一般构成要件，还需要就学术批评是否超出合理限度来进行综合衡量。所谓合理限度的法源基础来自《中华人民共和国民法典》第九百九十八条人格权编的一般规定中，这是对于衡量是否构成侵害人格权的酌定因素，这表明对于侵害名誉权这类侵权责任的判断，除了法律构成要件的定性分析外，还需要进行定量分析。

本案中，耿某某对于治疗AD的药物机理提出其学术创新观点，那么其必然会由其他学者对其质疑，那么对于饶某的学术批评是否在合理限度内，是否在耿某某的学术容忍度内，是应当结合双方的学术背景、学术影响、学术批评的目的、方式、后果，学术批评的合理限度与容忍度、学术环境的保护等因素综合予以定量分析的。

最后需要特别指出的是：对于言词激烈的学术批评，虽然人民法院未认定其构成侵害名誉权责任，但是人民法院也应当对于这类过激的学术批评方式进行批评与指正，从而对于弘扬社会主义核心价值观，维护健康有序的学术批评环境起到引导作用。

编写人：上海市第一中级人民法院　凌捷

52

侵犯企业名誉权的司法认定

——某公司诉吴某甲名誉权案

【案件基本信息】

1. 裁判书字号

江西省景德镇市中级人民法院（2024）赣02民终342号民事判决书

2. 案由：名誉权纠纷

3. 当事人

原告（被上诉人）：某公司

被告（上诉人）：吴某甲

【基本案情】

吴某甲与吴某乙系兄弟关系。2021年1月，吴某乙与某公司签订运输协议，约定2021年1月1日至12月31日吴某乙为某公司送货。合同到期后双方未续签合同，吴某乙亦未再为某公司送货。2022年1月17日，吴某乙被发现死亡，经公安机关调查确认系正常身亡。吴某乙去世后，吴某甲与某公司就前述合同运费和押金进行结算，并处理完毕相关事宜。吴某乙之母徐某某以吴某乙与某公司之间存在劳动关系为由，向景德镇市劳动人事争议仲裁委员会提起仲裁，要求某公司支付未签订劳动合同双倍工资、丧葬补助金、抚恤金等，其请求被驳回。后该案经过法院一、二审审理，均未支持徐某某的诉请。

2023年2月16日，吴某甲到某公司门口贴举报信，称吴某乙之死与该公司管理人员诬陷吴某乙贪污所谓公款有关，某公司遂报警求助。11月，吴某甲在某短视频社交平台发布多个视频，标题为“员工活着的时候要不到工资和押金，死亡后一个月发给员工家人这是什么样的一个公司，早点关门”“某公司，运输承包合同到期老板不结算工资押金，第二天我哥就跳河自伤了，一个月后发给死者家属”“某公司37岁货运司机离职后跳河自伤，家属：生前多次讨薪未果”等视频，并使用“人间恶魔段某某”“良心被狗吃了”等措辞。

某公司遂诉至法院，要求吴某甲删除网络平台的不实视频，在报纸上发布向其赔礼道歉、消除影响、恢复名誉的信息并连续刊登七日以上，赔偿经济损失10000元。

【案件焦点】

吴某甲的行为和网络言论是否构成对某公司的名誉侵权。

【法院裁判要旨】

江西省景德镇市昌江区人民法院经审理认为：法人名誉权是指社会对法人的商业信誉、产品质量、服务态度等方面的综合社会评价，其中商誉是法人名誉权的核心。法人名誉权侵权的表现形式多为捏造、散布虚假事实，在公开媒体或自媒体上发表不实内容或者进行有失公允的评论，造成法人人格利益受损。对法人名誉权的保护，既要考虑到法人的社会影响力和知名度，也要考量行为人实施的行为是否符合社会公认的是非观，进而判断是否构成侵权。是否构成法人名誉权侵权的核心在于是否降低了公众对法人的社会评价，主要是对法人商誉的评价。在进行判断时，应当综合考虑公众的价值取向、业内标准、行业惯例、交易习惯等多种因素进行认定。吴某甲在网络平台发布多个视频，并在视频中使用了“人间恶魔”“良心被狗吃了”等措辞，属于社会公认的贬损之意。上述措辞超出了事实陈述和意见表达的合理限度，构成不当评论，贬损了某公司的企业形象。从网络信息传播的便利、广泛、快捷等特点来看，案涉视频确实引发了公众对某公司的猜测和误解，造成某公司的社会评价降低，吴某甲的行为与某公司名誉受损之间存在直接因果关系，故吴某甲的行为符合侵犯法人名誉权的构成要件。关于某公司要求吴某甲立即删除案涉视频并停止对某公司名誉权的侵害，以及为某公司恢复名誉、消除影响、赔礼道歉的主张符合法律规定，应予支持；某公司主张判令吴某甲赔偿经济损失 10000 元，因未提供相关证据证明，不予支持。江西省景德镇市昌江区人民法院判决如下：

一、被告吴某甲立即删除某短视频社交平台上的案涉视频；

二、被告吴某甲应于本判决生效之日起十日内在某短视频社交平台公开发表致歉声明，向某公司赔礼道歉（声明内容须事先经人民法院审查同意），该致歉声明至少连续保留五天；

三、驳回原告某公司其他诉讼请求。

吴某甲不服一审判决，提起上诉。

江西省景德镇市中级人民法院经审理认为：吴某甲的言行是否侵犯某公司的名誉权，需从行为是否违法、主观上有无过错、某公司是否存在名誉被损害的事实、侵权行为与损害后果之间是否存在因果关系四个要件进行判断。公民的言论自由和行为自由应当被限定在合理范围内。本案中，经公安机关认定吴某乙系自然死亡，仲裁委、法院确认吴某乙与某公司不存在劳动关系后，吴某甲仍然认为吴某乙的死亡与某公司有关，在网络平台发布案涉多个视频、前往某公司门口张贴举报信、烧纸、用音箱播放不实言论等，已超出陈述事实和表达诉求的合理范围，其行为具有违法性。吴某甲知晓自己发布的视频将导致某公司“社会评价降低”，且希望该状态持续，因而主观方面有选择、有针对，指向明确，存在过错。吴某甲在网络平台及线下针对某公司发布负面评价，并且使用“人间恶魔”“良心被狗吃了”等明显带有侮辱性的词汇，广泛的、不特定的第三人均能知悉，应认定某公司名誉受到损害。吴某甲发布的视频足以让社会一般公众对某公司产生猜疑、误解和不信赖感，且容易引发舆论关注，给该公司负责人带来较大精神压力，故吴某甲的损害行为与某公司名誉受损之间存在因果关系。吴某甲的行为符合上述四个侵犯名誉权的要件，已构成侵权。

企业名誉是企业赖以生存和发展的重要基础，良好的名誉能够为其赢得更多的交易机会，是企业在激烈竞争中赖以生存发展的基石。企业在经营过程中受到不当言论的困扰，果断拿起“法律武器”维权是正当之举，值得肯定。因此，加强对民营企业、民营企业家的人格权司法保护，及时制止侵害民营企业、民营企业家名誉权的违法行为，构建健康、清朗的网络环境，对于强化民营经济发展法治保障、持续优化法治化营商环境具有重要意义。

江西省景德镇市中级人民法院依照《中华人民共和国民事诉讼法》第一百七十七条第一款第一项规定，作出如下判决：

驳回上诉，维持原判。

【法官后语】

网络信息的传播具有瞬时性和无边界性，相关的损害后果也将被无限放大，因此，人格权侵权行为的预防显得尤为重要。从保护名誉权的角度出发，在追求自由、大胆发声的同时，应当对其真实性负责，不得违反法律、不得侵害公共利益以及其他主体合法权益。

名誉权侵权适用一般侵权责任的认定，即适用过错侵权归责原则，因而在认定个人言行是否侵犯法人名誉权时，一般从侵权责任的四要件即行为违法、主观过错、损害后果及因果关系进行分析。

一、侵权违法行为系认定侵权的核心

企业面向社会公众提供服务、销售产品、获取利润，因此在一定程度上需要接受公众对其进行监督和评价，但公众的言论自由和行为自由也有一定限度，不得脱离基本事实。《中华人民共和国民法典》第一千零二十四条虽对名誉权的侵害行为进行不完全列举，但实际上认定的重点应当落在行为是否具有违法性上。公民的言论自由和行为自由应当被限定在合理范围内，针对企业发表的言论也不应脱离基本事实，在超出陈述事实和表达诉求的合理范围，且不属于《中华人民共和国民法典》第一千零二十五条规定的三种免责情形时，行为则具有违法性。

二、行为人知晓自己行为可能导致企业社会评价降低则具备主观过错

侵害名誉权的过错，应当根据社会一般人的认知标准，结合个体认知差异，如果行为人知晓自己的行为将造成企业社会评价降低，或是社会公众对企业产生质疑，即可认定存在主观过错。但社会评价本身就具备一定的弹性，并非出现了社会评价降低就一定构成侵权，因此主观过错的认定需建立在行为违法的

基础上。行为人依据一定事实作出的负面评价，不具有过错；如果作出的负面评价与事实有偏差，则需要考量陈述事实与基本事实的符合程度，以及言论发表是否存在正当性基础等阻却违法性情形，如认定具备违法性则应审查行为人是否尽到了合理的注意义务，按照“合理人”或“善良管理人”的标准判断行为人是否具有过错。

三、企业名誉是否受到损害需从客观方面进行判断

名誉权的权利边界应当清晰，这也意味着判断社会评价是否降低必须有客观标准，而一个人内心的主观感受，即主观名誉（名誉感）应当排除在名誉权的保护范围。由于社会评价本身具有抽象性，应从行为人是否存在侮辱、诽谤他人的言论，对受害人生产经营是否造成了不利影响，是否使受害人社会评价降低等方面考虑。当行为人发表言论的场所（综合考量线上平台及线下空间的体量）将导致不特定的社会第三人知悉，且能够得到较大范围的传播，将对企业的信用、成本、产品或公司形象及服务质量等造成影响时，则应当认定该侵权行为造成企业社会评价降低。

四、因果关系的判断应当采取高度盖然性的标准

名誉权侵权中的损害事实，即社会评价降低这一后果本身往往是根据相关事实推定的结果，因此，在认定存在损害事实的情况下，通常也同时认定存在因果关系，在大部分案件中因果关系不会成为双方争议焦点。同时，企业的日常经营受到上下游供应链、成本调整、季节因素、产品质量等多重因素影响，在多因一果的情形下，难以得出行为人的行为是损害结果必要条件的结论。故对因果关系的判断应该采取高度盖然性的标准，只要能够证明违法行为引发损害的可能性高于不会引发损害的可能性，即可认为存在因果关系。

对于自然人而言，名誉权指向的是人格尊严，对于企业而言则表现为商誉，因此对企业名誉权的保护具备维护社会经济秩序的内涵。企业名誉是企业赖以生存和发展的重要基础，良好的名誉能够为其赢得更多的交易机会。企业的人格权和财产权对其发展同样重要，侵犯人格权可能在更深层次上对财产权产生侵害。民营经济作为推动中国式现代化的主力军，也是高质量发展的重要基础，

更是推动我国全面建成社会主义现代化强国、实现第二个百年奋斗目标的重要力量。促进民营经济发展离不开法治保障，良好的营商环境也离不开健康、清朗的网络环境。因此，人民法院加强对企业的人格权司法保护，及时制止线上线下侵害企业和企业家名誉权等人格权的违法行为，对于强化民营经济发展法治保障、持续优化营商环境具有重要意义。

编写人：江西省景德镇市中级人民法院　周杲

江西省景德镇市珠山区人民法院　彭璇璟

53

法人名誉权保护与劳动者表达自由的平衡

——某留学公司诉熊某某名誉权案

【案件基本信息】

1. 裁判书字号

江西省南昌市东湖区人民法院（2023）赣 0102 民初 2782 号民事判决书

2. 案由：名誉权纠纷

3. 当事人

原告：某留学公司

被告：熊某某

【基本案情】

2023 年 5 月 8 日，熊某某到某留学公司工作。2023 年 7 月 17 日，某留学公司（甲方）与熊某某（乙方）签订《劳动合同解除协议书》，其中，第六条：乙方在与甲方终止劳动关系后，不得进行有损甲方利益的言论行为；第七条：如乙方违反本协议第三条至第六条之一的，应退回本协议第一条约定的全部补偿金，并赔偿给甲方导致的一切损失。7 月 18 日，某留学公司向熊某某支付工资 2800 元。

2023 年 7 月 19 日，账号 74××××××5 的用户在某笔记分享社交平台上发布文章一篇，内容如下："试用期有一个客诉，导致公司损失、签约失败。公司要求扣除签约金，金额达 3000 元。关于这点，我在工作期间并不知道自己有投诉。公司对于该制度也从来没有公示过。包括在我提交社保后公司虽然反复跟我提及此事，但我要求出示相关证据说明后又不出示。我本人也无从判别。"某留学公司认为上述内容有损其公司名誉，因而成诉。

账号 74××××××5 的用户曾在某笔记分享社交平台上发布某留学公司出具的熊某某离职证明图片及熊某某与某留学公司工作人员就离职问题进行沟通的微信聊天记录截图。该用户曾在其他用户发布的文章下发表"千万别去×××""避开×××"等评论。

【案件焦点】

熊某某发表的案涉文章及有关评论是否侵害某留学公司名誉权。

【法院裁判要旨】

江西省南昌市东湖区人民法院经审理认为：名誉权侵权有四个构成要件，即受害人确有名誉被损害的事实、行为人行为违法、违法行为与损害后果之间有因果关系、行为人主观上有过错。在对行为人于自媒体平台发布的言论是否侵犯他人名誉权进行判断时，需要考察行为人主观上是否具有过错，特别是其注意义务程度或边界的判断，应根据行为人的职业、影响力及言论的发布和传播方式等进行综合判断。具体到本案中，熊某某因离职薪酬问题与某留学公司产生劳动争议纠纷，经协商后签订《劳动合同解除协议书》。虽某笔记分享社交平台账号 74××××××5 的用户未进行实名认证，但该用户于 2023 年 7 月 19 日在某笔记分享社交平台上发布的文章均系使用第一人称，发布的截图亦系某留学公司出具的熊某某本人的离职证明及熊某某与某留学公司工作人员的聊天记录，结合上述查明的事实，可以认定熊某某曾系某笔记分享社交平台账号 74××

××××5 的使用者。但从涉案文章整体内容来看，系熊某某对双方争议相关内容的陈述，并无侮辱、诽谤内容，并未超出正当社会交往评价的言论范畴，熊某某发表的案涉文章不具有贬损某留学公司商业信誉的违法性；熊某某在其他用户发布的文章下发表的“千万别去×××”“避开×××”等评论，措辞虽然尖锐，但属于表达自己对该企业的认识和评价，并不具有强烈的人身侮辱性，尚未达到侵害某留学公司名誉权需承担民事责任的程度。综上，某留学公司主张熊某某侵害了其名誉权，要求熊某某承担相关法律责任的诉讼请求，缺乏事实和法律依据，均不予支持。

江西省南昌市东湖区人民法院依照《中华人民共和国民法典》第一千零二十四条、第一千一百九十四条及《中华人民共和国民事诉讼法》第六十七条规定，判决如下：

驳回原告某留学公司的全部诉讼请求。

宣判后，双方均未提起上诉，一审判决已生效。

【法官后语】

劳动者与公司在工作过程中产生争执实属正常，“吐槽”也是发泄情绪和压力的一种方式。特别是自媒体的兴起，越来越多的“打工人”在职期间或离职后乐意在网络平台发布在公司的经历、对公司或公司人员的评价等。不可否认，网络技术迅猛发展之下，每个普通人作为用户都能成为信息发布者，充分享受着法律赋予的表达自由；特别是劳动者发表关于公司的评价，既有助于保护公司在职劳动者，也有助于为意欲入职的劳动者提供指引，更能对公司合规经营形成监督。但另一方面，表达途径的泛化，也导致表达自由与名誉权保护的界限更加难以区分。处理劳动者评价公司引起的名誉权纠纷，难以回避的主要问题是：侵犯法人名誉权的边界在哪里？在具体案件中究竟应优先维护行为人的表达自由，还是应偏重法人名誉权的保护？劳动者是否需承担禁言义务，或者说在什么条件下承担禁言义务？

表达自由，既是信息流通、思想碰撞的关键，也是舆论监督的重要手段，有利于促进社会进步、文明发展。表达自由的这种特殊性，使其具有法律上的优势地位、具有优位性的法价值。亦应承认，法人名誉权涉及法人尊严，关乎法人在经济社会中的立足，是可以凸显法人之人格的核心权利。而正如本案反映的，名誉权诉讼中表达自由与名誉权保护之间充满张力。故而在面对“说话自由”“监督必要”“法人尊严”相互冲突时，除结合《中华人民共和国民法典》第九百九十八条通过动态体系论协调好利益冲突外，实际上更亟须审慎而具体地对各种价值作比较衡量，以确定博弈界限。

第一，宏观层面的价值位阶判断。如果相互冲突的权利价值之间存在位阶区分，就可以通过判断权利位阶的高低，来确定应优先保障的权利，以作出相应处理调和冲突，这就是权利位阶理论的基本思路。但问题的难点恰恰就在判断位阶高低这个起始点。法律体系中的权利数量和种类之多，立法者不可能先行确定一个位阶“目录”，司法者也没有这个能力和权限来作先验判断。

从宏观层面看，有必要承认特定情境下某些权利种类具“有优先性”，但必须是在坚守权利之间整体上“平等性”原则的基础上。承认这种“不平等性”并不会违反平等原则，反而是平等原则的重要体现，因为平等原则并非要求形式上的绝对平等，其也追求权利保护中的实质平等。法律追求价值多元，不存在绝对处于优先位阶的权利，法律价值的位阶秩序具有一定的流动性，必须在具体的条件和事实下才能最后确定，表达自由与名誉权保护亦应如是。

第二，中观层面的个案具体衡量。个案中具体探究民事权利的位阶，要在平等原则指导下，根据具体情况对某些权利予以优先保护，对与之冲突的权利予以适当克减或进行合理限制。《最高人民法院关于在审判执行工作中切实规范自由裁量权行使保障法律统一适用的指导意见》第七条规定，人民法院在审判中应“综合考量案件所涉各种利益关系，对相互冲突的权利或利益进行权衡与取舍，正确处理好公共利益与个人利益、人身利益与财产利益、生存利益与商业利益的关系，保护合法利益，抑制非法利益，努力实现利益最大化、损害最小化”。因此，裁判者应当在现行法规定中探寻利益的层次结构，分析问题的真实图景，进行利益衡量。

以言论消费者作为发布主体为例。司法实践中，对于消费者与法人发生的名誉权纠纷，会给予消费者更大的宽容，即对消费者的表达自由进行较小的限制。在进行具体衡量时，第一，考虑到就交易信息而言，消费者相对经营者属于信息劣势方，为调和利益，不应对消费者作更严格的要求。比如在广西壮族自治区浦北县人民法院的某商贸公司、谭某名誉权纠纷民事一审判决书①中，消费者看见蚝油里有蛆便认为是质量问题，即使实际上是因为保存不当所致，也不能因此认为消费者故意捏造事实。第二，应注意衡量消费者群体知情权的社会价值，在价值判断上对其倾斜保护，有利于保护消费者、提高消费者权利意识、督促商家诚信经营。

以言论发布主体为新闻媒体为例。新闻表达的自由度决定了媒体舆论监督权的行使，直接关涉公共利益。在一些事关重大公共利益的事件中，新闻媒体总是扮演着重要的角色。相应地，对于新闻媒体表达自由的限制也应有所减弱，如果对新闻媒体的表达自由过分限制，则会产生“寒蝉效应”——新闻媒体为避免构成侵权，需权威机关作出定论后才予以报道，媒体舆论监督的积极性和时效性将大为降低。如河南省郑州市中级人民法院的某置业公司、某报社名誉权纠纷二审民事裁定书②认为，只要新闻工作者发表报道和评论依据的主要事实是真实的，即使细节上存些出入或遣词造句不妥，也不能认定为侵权。

将视角聚焦劳动者作为言论发布主体。劳动者的言论既有类似消费者言论保护同类群体知情权的功能，使得在职劳动者和欲入职的劳动者能够更清楚地了解公司相关情况；也有类似新闻报道舆论监督的功能，内部揭露在效果上要更强、也更直接。《中华人民共和国民法典》第一千零二十五条的意义也在于此，劳动者发布言论可以参照适用该条规定。《中华人民共和国民法典》第九百九十八条通过动态体系论设定考量因素，协调人格利益和其他利益的冲突，结合该条规定从维护公共利益的角度出发，分析具体案件中劳动者言论动机和

---

① 参见（2022）桂0722民初2796号民事判决书，载中国裁判文书网，2025年3月25日访问。

② 参加（2019）豫01民终9182号民事裁定书，载中国裁判文书网，2025年3月25日访问。

实际后果，考量社会价值，有利于维护社会公平正义以及劳动者合法权益。

第三，微观层面的抗辩事由认定。在案件具体处理中，抗辩事由的认定是平衡表达自由与法人名誉权保护的路径。根据《中华人民共和国民法典》第一千零二十五条的规定，行为人为公共利益实施新闻报道、舆论监督等行为，影响他人名誉的，不承担民事责任。即，为公共利益实施新闻报道、舆论监督都是抗辩事由。结合“舆论监督”的语义，劳动者发表关于对公司的认识和评价，从其言论指向性和具体内容看涉及公共利益时，可以认为劳动者言论属于舆论监督，除存在捏造歪曲事实、对他人提供的严重失实内容未尽到合理核实义务或者使用侮辱性言辞等情况外，不承担侵权责任。

本案裁判以“价值优位性”与“言论实质合规性”双重维度，解构了劳动者表达自由与法人权益保护的冲突难题。法院立足于名誉权侵权构成要件与动态利益衡量规则，在确认熊某某“客诉扣薪制度存疑”等言论具有事实基础（离职证明、工资记录佐证）且未使用侮辱性措辞的基础上，认定案涉网络言论属于劳动者正当诉求表达与公众知情权保障范畴，排除其违法性。劳动者对企业管理瑕疵的披露，本质上承载着《中华人民共和国民法典》第一千零二十五条所保护的舆论监督价值——其既是维护同行劳动者知情权的“预警机制”，亦构成促进企业规范运营的“倒逼装置”。因此，针对案涉“禁言义务”的约定，裁判结果隐含作出契约合目的性限缩解释：协议虽设定离职后言论限制义务，但未依《中华人民共和国劳动合同法》第二十三条同步配置经济补偿对价，导致权利义务显著失衡；同时，熊某某案涉言论指向的“客诉扣薪”争议，因涉及薪酬规则不透明等劳动权益核心事项，已具备社会监督的公共属性，可豁免于单纯合同约束。

编写人：江西省南昌市东湖区人民法院　赵明华　游述文

54

金融机构侵犯免除担保责任的连带保证人个人征信问题的认定

——杨某诉某银行名誉权案

【案件基本信息】

1. 裁判书字号

河南省安阳市中级人民法院（2023）豫05民终1537号民事判决书

2. 案由：名誉权纠纷

3. 当事人

原告（被上诉人）：杨某

被告（上诉人）：某银行

【基本案情】

2015年4月30日，案外人马某某向某银行借款300000元，期限一年，月利率10.2542‰，马某某仅偿还利息8416.27元，到期后本金300000元及剩余利息未偿还。杨某为马某某的借款合同承担连带责任保证。某银行向安阳县人民法院提起诉讼，要求马某某承担还款责任，杨某等人承担连带责任，法院审理后于2019年12月30日作出（2019）豫××××民初××××号民事判决，认为某银行在保证期间内未要求杨某等人承担保证责任，担保人杨某等人免除担保责任，该判决已经生效。因某银行将杨某的贷款逾期行为报送中国人民银行，致使征信系统显示杨某信用不良，杨某诉至法院，要求删除其在人民银行系统的不良信息。

【案件焦点】

金融机构将免除担保责任的连带保证人信息录入人民银行征信系统的不良信息是否构成侵权。

【法院裁判要旨】

河南省安阳县人民法院经审理认为：自然人个人金融信用是其本人特定经济能力的表现，个人金融信用的优劣，直接影响其从事商业交易和社会活动的机会，并影响社会对其本人的评价，故自然人个人的金融信用应当属于公民名誉权的范畴。杨某为案外人马某某 300000 元的借款进行担保，该笔借款未偿还的事实客观存在。法院生效民事判决已经认定杨某免除担保责任，保证责任免除后，杨某即无义务再承担代偿款项的保证责任。从社会公平角度来看，保证责任免除后，某银行上报杨某的不良保证信息便不再符合客观事实，且现代社会个人征信对公民的经济生活影响极大，构成侵权，故某银行应当消除杨某的不良征信记录。

河南省安阳县人民法院依照《中华人民共和国侵权责任法》第二条、第三条、第十五条第一款第一项，《最高人民法院关于适用〈中华人民共和国民法典〉时间效力的若干规定》第一条，《中华人民共和国民事诉讼法》第六十七条规定，判决如下：

某银行于本判决生效之日起十日内消除杨某在中国人民银行征信中心的个人征信不良记录。

某银行不服一审判决，提起上诉。

河南省安阳市中级人民法院经审理认为：《征信业管理条例》第十五条规定："信息提供者向征信机构提供个人不良信息，应当事先告知信息主体本人。但是，依照法律、行政法规规定公开的不良信息除外。"第二十九条第二款规定："从事信贷业务的机构向金融信用信息基础数据库或者其他主体提供信贷信息，应当事先取得信息主体的书面同意。"《个人信用信息基础数据库管理暂行办法》第六条规定："商业银行应当遵守中国人民银行发布的个人信用数据库标准及其有关要求，准确、完整、及时地向个人信用数据库报送个人信用信息。”本案中，某银行在明知杨某的保证期间已超期、生效判决认定杨某免除担保责任的情况下，未及时消除杨某在中国人民银行征信系统上的不良信用记录，导致对杨某的个人信用及生活产生影响，该行为对杨某的名誉权构成侵害，应当予以消除。

河南省安阳市中级人民法院依照《中华人民共和国民事诉讼法》第一百七十七条第一款第一项之规定，判决如下：

驳回上诉，维持原判。

【法官后语】

担保有风险，当贷款人本身不能偿还贷款时，担保人不但要承担贷款人未偿还的债务，还有可能因还款不及时产生不良信用记录。个人金融信用会影响社会对其本人的评价。

一、连带责任保证人在主债务到期后没有主动清偿主债务与债务人在债务到期后不清偿债务法律属性是不同的

主债务人在债务到期后不清偿债务违反的是合同约定的义务，是当然的失信行为。而连带责任保证人在主债务到期后，债权人不向其主张保证责任，其没有义务去履行清偿债务的责任。所以保证人在保证期间内不主动履行债务并非失信。债权人在保证期间没有向保证人主张保证责任，则保证人无须向债权人承担履行债务的义务，也不存在失信的问题。在上述情况下，作为债权人的金融机构仍将保证人视同债务人并予以“失信”申报，是没有依据的，构成侵权。本案中，案外人马某某是某银行的债务人，杨某等人为该借款的连带责任保证人。但是某银行未在保证期间内行使担保债权，杨某的担保债务已经免除且为生效判决所认定，而某银行未及时消除杨某在中国人民银行征信系统中的不良信用记录，导致对杨某的个人信用及生活产生影响，该行为对杨某的名誉权构成侵害，应当予以消除。

二、金融机构是否可以在未向保证人主张债务时，直接依据订立的担保合同把保证人列入征信系统

在有担保的债权债务关系中，主债务人不按期履行债务的，不能直接认为

担保人失信，债权人应当在保证期间内请求担保人承担保证责任，担保人拒绝承担清偿责任的，才可认定其失信。本案中，在生效判决已经认定杨某的担保责任免除之后，杨某打印的个人信用报告的相关还款责任信息一栏中显示其案涉担保责任及金额。某银行陈述是债权到期时按合同约定向中国人民银行上报杨某的信息。

根据《征信业管理条例》之规定，信息提供者向征信机构提供个人不良信息，应当事先告知信息主体本人；从事信贷业务的机构向金融信用信息基础数据库或者其他主体提供信贷信息，应当事先取得信息主体的书面同意。同时，《个人信用信息基础数据库管理暂行办法》规定，商业银行应当遵守中国人民银行发布的个人信用数据库标准及其有关要求，准确、完整、及时地向个人信用数据库报送个人信用信息。法院生效民事判决已经认为某银行在保证期间内未要求杨某等人承担保证责任，担保人杨某等人免除担保责任，在该民事判决生效时，某银行应准确提供杨某的信息，将杨某不再承担担保责任的信息告知中国人民银行。某银行未按照《征信业管理条例》的规定申报信息，造成杨某个人征信有不符合实际的不良记录，某银行应承担消除杨某不良征信的责任。

三、保证债权经过保证期间和债权经过诉讼时效期间对不良征信上报的区别

对于经过诉讼时效的债权，债权人可以对不良金融信息进行申报，经过诉讼时效的债权并不产生权利效力灭失的效果，债务人欠债的事实不可消灭，即使经过诉讼时效，债权只是成为自然之债，法律不予保护，但不影响债权人对债务人的信用评价。也就是说债务人可以对债权人进行时效抗辩，但这并不能说明债务人是一个诚信的人，仍然可以对其进行不良金融信用的申报。而保证人则相反，在选择承担保证责任时，保证人处于被动地位，因此经过保证期间债权人没有主张担保债权的，担保责任消灭，债权人不能再主张保证债权，也不能因此认为担保人失信。本案中，杨某即属于担保责任已经消灭的情形，其提起撤销不良金融信息的名誉权纠纷诉讼，对其请求依法应予支持。

编写人：河南省安阳县人民法院　常丹丹

55

消费者对快递服务的投诉是否构成侵犯名誉权的认定

——王某某诉郑某某名誉权案

【案件基本信息】

1. 裁判书字号

北京市第二中级人民法院（2024）京02民终3625号民事判决书

2. 案由：名誉权纠纷

3. 当事人

原告（上诉人）：王某某

被告（被上诉人）：郑某某

【基本案情】

王某某是一家大型快递公司的快递配送员，负责某区域的收派件工作。郑某某是王某某提供快递服务的客户。

2022年12月23日，郑某某通过某平台对其网购的商品申请退货并预约快递员上门取件。郑某某为寄送该快递下了三次订单，王某某均未在规定时间内取件。其间，郑某某向王某某所属某快递公司官方投诉热线投诉王某某，表示王某某对其有威胁辱骂行为。当日，该快递最后由王某某的同事徐某取件并寄送。2023年2月，郑某某多次向某快递公司客服热线投诉王某某，要求快递公司对王某某威胁辱骂他的行为予以处理，并赔偿未按时取件给其造成的误工损失。某快递公司客服均对郑某某的投诉予以回复。因郑某某的持续投诉，某快递公司以王某某存在辱骂客户等行为对其予以单位内部处罚，后将王某某退回劳务派遣单位，该单位因此与王某某解除劳动关系。

王某某否认存在对郑某某的辱骂行为，称其取消订单系因郑某某所预留联系方式均为空号、预留的寄件地址与实际取件地址不一致，增加了快递员的工作负担及沟通成本，第四次订单改由徐某取件系因郑某某实际所处位置位于徐某的快递辖区内。郑某某不能提供王某某有威胁、辱骂行为的证据，且持续投诉，拒不停止侵权行为，迫使某快递公司出于“安抚”客户的目的将王某某辞退，导致王某某遭受巨大的经济损失和精神痛苦，郑某某的恶意诽谤行为严重损害了王某某的名誉权，故请求判令郑某某向王某某书面赔礼道歉，赔偿王某某精神损害抚慰金10000元、经济损失50000元、律师费10000元。

【案件焦点】

被告郑某某作为消费者对原告王某某的服务质量进行投诉的行为是否导致原告王某某的名誉受到损害。

【法院裁判要旨】

北京市丰台区人民法院经审理认为：首先，在行为性质方面，郑某某的行为自始至终均系作为快递公司的消费者采用的正常投诉渠道，并在该渠道进行表达，因此，其行为具有外观上的合法性。

其次，在过错认定方面，关于郑某某长达数月就其存在被威胁、辱骂事实的持续投诉是否存在过错的认定。消费者对其所接受的服务有提出建议、表达意见的权利，投诉是消费者表达意见的重要渠道、企业提升市场化服务的沟通路径，企业对消费者抱怨的倾听本身也是消解对立情绪、建立良好互动体验的过程；但囿于消费环境现实场景的复杂性，难以苛求消费者对其投诉行为在举证、认识、评判方面达到法律流程的严谨性。因此，仅在消费者对工作人员的投诉系故意为之的诋毁、将投诉作为针对特定人员的攻击手段的情况下，方足以认定有侵权故意并实施了侵权行为。本案中，郑某某所提交的电话通话记录中虽未显示在冲突发生时间段内有与王某某的通话记录，但郑某某对此解释其作为消费者系因事发突然而未能录音固定证据，符合日常生活常识，属于合理辩解。因此，在证据层面，难以判断王某某在快递取件过程中存在威胁、辱骂郑某某的事实。但是，投诉事实的无法确定与故意捏造事实系不同情形，王某某未就郑某某系故意捏造事实进行投诉予以举证，应承担举证不能的后果。综上，难以认定郑某某存在捏造事实并将消费者的投诉渠道作为侵权路径的主观故意。

最后，在因果关系方面，本案中王某某所主张的损失，主要体现在用人单位与其解除劳动关系存在法律上的因果关系。从对投诉的处断权来看，如何对待、调查、处理消费者的投诉一般系企业的自主经营范畴，在无外力介入的情况下，消费者的投诉与企业的投诉应对一般仍属于市场活动的范畴，企业即便选择无视消费者的投诉，更多影响的是企业的经营信誉和消费者的消费体验；从企业管理权来看，用人单位享有自主用工权利，无论其用工管理行为是否妥当，均具有法律因果关系的独立性及完整性。因此，无论郑某某投诉的证据是否充分，其投诉行为仅系用人单位解除劳动关系这一用工管理的起因，王某某的损失结果系用人单位自身的用工管理所导致，与郑某某的投诉行为并无直接的因果关系，故就该部分损失，王某某应另循法律路径解决。

综上，郑某某关于其系采取正常渠道投诉、王某某的损失与其投诉没有直接因果关系等辩称，有事实及法律依据，予以采信。因此，在案证据不足以认定郑某某系故意捏造王某某威胁客户的事实进行投诉，故对王某某的诉讼请求，不予支持。

需指出的是，本案纠纷的起因系郑某某多次下单但未能成功寄送快递的矛盾激化所导致。快递公司基于算法逻辑、企业效率和利益最大化的追求等原因，所承诺响应的时间、系统安排的工作人员取件时间或派件时间，在实践中经常发生难以达成的情况，王某某作为一线快递人员，实际上承担了系统承诺与实际服务差距之间的冲突后果。作为企业服务人员，理应在工作中最大限度与客户进行有效沟通，并提升服务质量以减少矛盾冲突的产生；作为消费者，亦应在合理限度内善意行使自身权利，依法维护自身权益；作为企业，应对内部深层次管理问题予以反思，共同营造良好的消费市场环境。

北京市丰台区人民法院依照《中华人民共和国民法典》第一千零二十四

条、第一千一百六十五条，《中华人民共和国民事诉讼法》第六十七条之规定，判决如下：

驳回王某某的诉讼请求。

王某某不服一审判决，提起上诉。

北京市第二中级人民法院经审理认为：王某某主张郑某某侵犯其名誉权，要求郑某某承担相应赔偿责任，应从郑某某是否实施侵权行为、是否存在过错、是否造成损害结果、侵权行为与损害结果之间是否存在因果关系进行考察。关于郑某某的行为及其是否存在过错。郑某某作为某快递公司的消费者，有权表达切身体验感受、就其接受的服务进行评价，其通过某快递公司提供的渠道，就王某某提供的快递服务作出投诉，主要内容为对此次服务过程的感受性描述，虽具有一定的主观性，但以合理第三人的标准判断，同时整体性地参考表达内容的背景，考虑郑某某行为时的具体环境，不足以认定其表达出于主观恶意、捏造虚假事实，丑化王某某人格、损害王某某名誉。关于损害后果及其与行为之间的因果关系。本案王某某主张的主要为经济损失，即无法获得的工资收入，虽郑某某进行投诉，以及王某某已无法从原任职公司获取工资收入均客观存在，但郑某某的投诉行为并不一定导致王某某失去工资收入的损害结果，王某某失去获取工资收入因用人单位与其解除劳动关系而产生，故王某某主张的损失与郑某某的投诉行为并无直接的因果关系，就该部分损失，王某某可另循合法途径解决。另，王某某并未提交其遭受精神损害的证据。综上，王某某主张郑某某侵害其名誉权，依据不足。

北京市第二中级人民法院依照《中华人民共和国民事诉讼法》第一百七十七条第一款第一项规定，作出如下判决：

驳回上诉，维持原判。

【法官后语】

民法上的名誉，是对民事主体的品德、声望、才能、信用等的社会评价。构成名誉权侵权需具备以下四个要件：（1）一方实施了毁损名誉的行为，如侮辱、诽谤、传播失实信息等；（2）毁损名誉的行为指向了特定的自然人或法人，若该不当行为指向具有不确定性，也即不能被公众辨别出指向的是谁，则不存在受害人；（3）一方实施的毁损名誉的行为需为第三人知悉，比如通过公开平台发布、通过社交软件进行群聊等；（4）毁损名誉的行为导致他人的社会评价降低，这是侵害名誉权的核心构成要件，如未造成他人社会评价降低也即没有损害后果，不能认定行为人侵犯了名誉权。从上述四个构成要件可以看出，名誉权侵权认定的尺度和界限比较明晰。但是消费者的投诉、监督、评价权利界限在法律上没有明确规定。根据消费者权益保护法，国家鼓励、支持一切组织和个人对损害消费者合法权益的行为进行社会监督。消费者享有对商品和服务以及保护消费者权益工作进行监督的权利。消费者有权检举、控告侵害消费者权益的行为，有权对保护消费者权益工作提出批评、建议，而服务提供者负有必要的容忍义务。所以消费者投诉中涉及的评价评论是否会侵犯商家或自然人的名誉权，应当依据侵犯名誉权的构成要件，具体结合消费者消费及投诉的实际情况来判断。

首先，关于实际消费者投诉权利的法律依据。实际消费者是指对商品或者服务已经进行了消费的客户群体。《中华人民共和国消费者权益保护法》第十五条、第十七条规定了消费者对商品、服务及消费者权益工作享有监督权。原《最高人民法院关于审理名誉权案件若干问题的解释》虽已失效，但其相关意见在司法实践中仍具指导意义，比如该解释第九条规定，消费者对生产者、经营者、销售者的产品质量或者服务质量进行批评、评论，不应当认定为侵害他人名誉权。但借机诽谤、诋毁，损害其名誉的，应当认定为侵害名誉权。根据该规定精神，仅在消费者对商品或服务提供者的投诉系故意诽谤、诋毁，或者将投诉作为针对特定人员的攻击手段的情况下，方可认定有侵权故意并实施了侵权行为。实际消费者在消费现实场景下、正常的言论范围内根据事实情况对相关商品、服务和商家或工作人员进行主观描述性评价时，难以认定具有侵犯名誉权的主观故意。

其次，本案审理的关键在于违法行为以及违法行为与损害事实因果关系的认定，即关于消费者投诉评价与员工被辞退的因果关系认定。从对投诉的处断权来看，企业如何对待、调查、处理消费者的投诉属于市场自发活动的范畴，系企业自主经营权的行使；从企业管理权来看，用人单位享有自主用工的权利，员工是否被辞退属于用人单位自身的用工管理范畴，即使消费者的投诉可能引发企业对员工工作态度、工作能力等方面的负面评价，也并非一定导致员工被辞退的损害后果，故也不能认定员工被辞退与消费者投诉之间具有直接的因果关系。本案中，被告郑某某的行为自始至终均系作为某快递公司的消费者采用的正常投诉渠道表达，原告王某某未能就郑某某系故意捏造事实进行投诉予以举证，且王某某亦无法举证其损害后果与郑某某的投诉行为之间存在因果关系。因此，郑某某作为实际消费者其投诉行为具有合法性，且法院难以认定郑某某存在捏造事实并将消费者投诉渠道作为侵权路径的主观故意。

最后，需指出的是，良好的消费市场环境是多方主体参与营造的结果，需要各方共同经营维护，消费者应在合理限度内善意行使自身权利，经营者应注重提升商品质量和服务质量。作为企业，面对消费者的投诉，如果仅是对工作人员进行职业道德、服务意识的一般强调或简单批评，并无助于问题的解决，而是应对企业内部深层次管理问题予以反思，只有让消费者对消费内容、消费过程、消费环境满意，才能让企业在激烈的市场竞争中立于不败之地。

编写人：北京市丰台区人民法院　全敏敏　陈名利　李坤

56

网络名誉侵权责任中网络服务提供者连带责任的认定

——刘某诉毕某、某网络公司网络侵权责任案

【案件基本信息】

1. 裁判书字号

上海市第一中级人民法院（2023）沪01民终3761号民事判决书

2. 案由：网络侵权责任纠纷

3. 当事人

原告（被上诉人）：刘某

被告（上诉人）：毕某

被告：某网络公司

【基本案情】

2022 年 1 月 8 日，微博账号“××××618”发布题为《某大学某学院党委书记刘某利用婚姻骗取财产诋毁利用校长杨某某》的文章（以下简称“案涉文章”）。1 月 9 日，某大学向某网络公司发送《关于删除网络不实言论的函》，要求删除案涉文章。某网络公司随后删除了案涉文章。

2022 年 1 月 10 日至 2 月 21 日，“××××618”多次发布案涉文章，并@××新闻、××日报、某大学微博协会、××校园等微博号。2 月 22 日，“××××618”将微博昵称更改为“世道×××”。3 月 18 日，昵称为“墨笔××××”的微博账号在微博平台注册。3 月 20 日，“墨笔××××”发表案涉文章、案涉文章截图等，同时“微×校园”“××校园”“××校园那×××”等微博号，将案涉文章的封面截图作为其微博头像。

“世道×××”“墨笔××××”发布案涉文章期间，刘某多次向某网络公司投诉要求删除案涉文章，并自 2022 年 2 月 14 日起除要求删除侵权言论文章或链接外，还要求某网络公司对微博账号禁言并关闭账号。某网络公司每次只删除案涉文章及言论，始终未采取禁言、关闭微博账号以及披露微博账号注册人信息的措施。

“世道×××”的注册手机号为 173××××××××，“墨笔××××”的注册手机号为 191××××××××。上述两个手机号的产权人、使用人姓名均为毕某。

根据刘某提供的微博截图显示，“××××618”发布的案涉文章的阅读数曾达到 112 次，“墨笔××××”发布的案涉文章的阅读数曾达到 114 次。

【案件焦点】

1. 毕某应否承担侵害刘某名誉权的责任；2. 某网络公司应否承担侵权责任。

【法院裁判要旨】

上海市徐汇区人民法院经审理认为：毕某通过案涉两个微博账号发表案涉文章，在案涉文章中指称刘某“利用婚姻骗取财产”“诋毁和利用老校长”“道德沦丧”等，因毕某未能举证证明案涉文章中指称的情况属实，故上述指称属于捏造刘某虚假事实的行为，构成对刘某的诽谤，可据此认定毕某客观上实施了侵犯刘某名誉权的行为。同时，结合毕某先后注册两个微博账号，并多次发表案涉文章以及“我不会放弃的，一定坚持揭发她的恶行”等言论来看，毕某侵犯刘某名誉权的故意明显，主观上具有过错。再根据刘某提供的微博截图可知，案涉两个微博账号发表案涉文章的阅读量曾分别达到112次和114次，可证明案涉文章内容已为第三人所知悉，且毕某通过@相关媒体微博号，客观上进一步扩大了案涉文章的传播范围，可认定案涉文章造成刘某社会评价的降低，其名誉受损害的事实存在。综上，毕某在微博上发表案涉文章诽谤刘某，构成对刘某名誉权的侵害，应承担相应的侵权责任。

根据法律规定，网络用户利用网络服务实施侵权行为的，权利人有权通知网络服务提供者采取删除、屏蔽、断开链接等必要措施。网络服务提供者接到通知后，未及时采取必要措施的，对损害的扩大部分与该网络用户承担连带责任。本案中，某网络公司作为微博平台的运营主体，在刘某通知其案涉文章及相关言论侵害其名誉权后均及时履行了删除义务，尽到了网络服务提供者的义务。目前尚未有法律规定网络服务提供者对实施侵权的微博账号采取禁言及关闭账号的义务，据此，某网络公司在本案中无侵权行为，故不承担民事责任。

法律规定侵害人格权的民事责任，应当考虑行为人和受害人的职业、影响范围、过错程度，以及行为的目的、方式、后果等因素。对于刘某要求以书面形式赔礼道歉的诉请，未超出案涉侵权行为的影响范围，可予以支持，内容经本院审核；维权发生的合理开支，本院根据案件实际情况酌情支持律师费6000

元、取证费用560元；精神损失费，出于对加害人惩戒、对受害人抚慰的考量，酌情支持8000元；对于刘某要求关闭案涉微博账户的诉请，因超出合理、必要范围，且无法律依据，故不予支持。

上海市徐汇区人民法院依照《中华人民共和国民法典》第九百九十八条、第一千零二十四条、第一千一百九十四条、第一千一百九十五条，《中华人民共和国民事诉讼法》第一百四十七条规定，判决如下：

一、毕某于本判决生效之日起十日内以书面形式向刘某赔礼道歉（内容经法院审核）；

二、毕某于本判决生效之日起十日内赔偿刘某律师费6000元、取证费用560元、精神损失费8000元；

三、驳回刘某的其余诉讼请求。

毕某不服一审判决，提起上诉。

上海市第一中级人民法院经审理认为：关于争议焦点一。首先需明确案涉文章的发布主体。案涉微博账号的注册手机号对应的产权人、使用人姓名均为毕某。毕某提供的证据材料不足以推翻前述事实，且其主张的两个手机号码均丢失其也未采取注销等风险防范措施亦不符合一般常理。基于在案事实及外观主义，有理由认为案涉两个微博账号均由毕某实际控制和使用。

至于发布案涉文章的行为是否构成对刘某名誉权之侵害。本案属于网络用户利用信息网络侵害自然人名誉权的纠纷，此类侵权相较于传统名誉侵权的区别在于其发生场域在网络，而网络空间绝非法外之地，若符合侵权构成要件的，行为人仍应承担侵权责任。名誉权作为人格权的重要组成部分，对其侵权责任的认定需满足法律规定的一般构成要件：即行为人有侵害他人名誉权的行为、受害人有名誉损害的事实、加害行为和损害后果之间存在因果关系、行为人主观上具有过错。本案中，对于毕某应否承担损害刘某名誉权的责任，也应重点审查毕某的行为是否满足上述名誉侵权的构成要件，对此本院分述如下：

关于侵害名誉权的行为，《中华人民共和国民法典》第一千零二十四条第一款采取列举加兜底的方式予以规定。依据法条文义之逻辑，可以推断出只要认定行为属于侮辱或诽谤，即属于侵害名誉权之行为。其中诽谤是指以语言、文字、图画等方式散布针对民事主体的虚假陈述，并致使对方社会评价降低的行为，其核心在于虚假陈述。本案中，毕某通过案涉两个微博账号发表的案涉文章中存在“刘某利用婚姻骗取财产，诋毁某高校老校长并利用其晋升”“建立情人关系”“靠欺骗婚姻敛财”等内容，而毕某未能举证证明上述内容的真实性，故应认定属于虚假陈述，构成诽谤。关于损害结果，综合案涉两个微博账号发表案涉文章的阅读量分别达到 112 次和 114 次，且其通过@ 相关媒体等微博号的行为进一步扩大了案涉文章的传播范围和影响力等因素，可以认定造成了刘某社会评价降低的客观事实。关于因果关系问题，一般认为，侵权法上因果关系的成立，应同时具备两项要件：其一，若无此行为，则不会产生损害；其二，依社会通常之判断，若有此行为，则通常产生此种损害后果。就本案而言，一方面，若没有毕某于微博上发表案涉文章诽谤刘某的行为，则刘某在相应方面的社会评价不会降低；另一方面，毕某发表案涉文章、虚假陈述使得两个微博阅读量均达到 100 多人次的行为，依社会通常之判断，足以造成刘某社会评价降低的后果。因此，毕某的加害行为和刘某社会评价降低的损害结果之间存在直接的因果关系。至于主观过错，毕某通过两个手机号先后注册案涉两个微博账号，多次发表案涉文章陈述虚假内容，从其发帖内容及频率来看具有积极追求侵犯刘某名誉、使其社会评价降低的目的，主观故意至为明显。综上，毕某的行为构成对刘某名誉权的侵害，应承担相应的侵权责任。

关于争议焦点二。刘某诉请的书面形式赔礼道歉与本案侵犯名誉权的行为和造成的影响范围相当，应予以支持。关于精神损害赔偿，一审法院根据《中华人民共和国民法典》第九百九十八条，运用了动态系统论的方法，综合侵权的影响范围，侵权人的过错程度，侵权行为的方式、场合，侵权行为所造成的后果等各项因素，酌情支持 8000 元，并无不当。关于维权发生的合理开支，在案证据显示相关费用因本案诉讼而真实发生，一审法院亦酌情予以支持，无明显不当。至于刘某要求关闭案涉两个微博账户的诉请，则属于某网络公司行使平台自治管理权限或某网络公司与毕某之间服务合同履行的范畴，且此项诉请超出合理、必要的范围，不符合比例原则的要求，结合刘某亦未就此提出上诉的情况，故对一审该项判决亦予以维持。

上海市第一中级人民法院依照《中华人民共和国民事诉讼法》第一百七十七条第一款第一项规定，判决如下：

驳回上诉，维持原判。

【法官后语】

微博、微信朋友圈等新型网络平台的出现极大降低了个体发布信息、言论的门槛，包括名誉侵权在内的人格侵权现象也呈现出从线下大量转移至线上的情况。审判实践中，网络名誉侵权与一般名誉侵权的区别、网络名誉侵权构成要件的厘清、网络服务提供者连带责任的认定、过错的判断、所负注意义务的范围和程度、采取"必要措施"的限度以及网络名誉侵权责任形式和范围的确定等，均是亟待解决的难点问题。

一、价值理念：网络名誉侵权中的价值衡平

网络名誉侵权是网络用户利用网络服务提供者的网络服务实施的侵害他人名誉权的行为，其往往涉及网络用户和权利人之间以及网络用户与网络服务提供者之间的利益冲突，关乎当事人权益的保护和网络活动自由的维护之间的冲突和平衡。法官在个案中既要维护网络用户在网络活动中的自由、保护民事主体的名誉权，又要关注网络服务提供者的自由、合理限制其责任的承担，尽可能实现不同利益和价值的衡平，从而达到政治效果、社会效果和法律效果的有机统一。

二、责任认定：网络服务提供者过错的判断

网络名誉侵权中，适用《中华人民共和国民法典》第一千一百九十五条认定网络服务提供者就损害扩大部分承担连带责任，需分两步走：第一步，网络用户利用网络服务提供者的网络服务实施的行为构成侵权行为，网络用户应对此承担侵权责任。第二步，网络服务提供者在接到网络用户的通知后，未及时采取必要的措施，造成了损害的扩大。其中，第一步是前提和基础，如果网络用户利用网络服务提供者的网络服务实施的行为本身不构成侵权，那么自然不可能发生网络服务提供者要与网络用户承担连带责任的问题。

在认定网络用户利用网络服务提供者的网络服务实施的行为构成侵权的前提下，网络服务提供者与网络用户承担连带责任的理据仍在于过错责任，即须证明网络服务提供者存在过错。《中华人民共和国民法典》第一千一百九十五条对此设置了“通知规则”，当权利人将侵权的初步证据及权利人的真实身份信息通知网络服务提供者后，可以推定网络服务提供者知道网络用户利用其网络服务实施了侵权行为。在此情况下，网络服务提供者就负有法定的义务去制止侵权行为、防止损害的扩大，此时若网络服务提供者无动于衷、坐视不理，则其行为属于违反了法定作为义务的不作为，可认定其主观上存在过错，由其与网络用户连带承担因未及时采取必要措施而导致损害扩大部分的责任，符合过错责任原则的要求。

三、比例原则：“必要措施”的确定标准

关于网络服务提供者采取的措施，应以“必要”为限，同时遵循比例原则的内在要求。比例原则体现出适度、均衡的价值理念，通过对“手段”和“目的”之关联性分析，旨在禁止逾越目的所必要的程度而对他人的权利和自由进行过度干预，以求尽可能实现各方利益的衡平。具体到网络侵权情形，在能够采取对于网络用户损害较小、限制较少的方式就足以达到保护权利人目的时，就不应当选择其他对当事人损害更大、限制更多的措施。因此，法官在判断网络服务提供者采取的措施是否“必要”时，应综合考量构成侵权的初步证据和服务类型，如侵害权益的类型、侵权行为的严重程度、紧迫性、可能造成的损害大小、技术条件、服务类型等因素予以确定。

编写人：上海市第一中级人民法院　卢颖　王晓翔

57

对网络服务提供者应否披露网络用户信息的认定

——李某诉某互联网公司、某科技公司名誉权案

【案件基本信息】

1. 裁判书字号

湖北省荆门市中级人民法院（2023）鄂 08 民终 1707 号民事判决书

2. 案由：名誉权纠纷

3. 当事人

原告（上诉人）：李某

被告（被上诉人）：某互联网公司、某科技公司

【基本案情】

某科技公司系某社交平台网站的运营方，为网络提供服务。

2023 年 7 月 26 日，ID 名为“××实事”的网络用户在某科技公司运营的某社交平台发布图文，图片背景为某餐馆门面照片，照片配文：“李某开的餐馆生意挺红火的……”7 月 27 日，李某向某社交平台投诉。7 月 28 日，某科技公司删除该用户发布的图文。李某提供的截图显示，该图文有 13 个点赞，3 个评论，0 个收藏，1 个转发。

某餐馆工商登记的经营者系李某姐姐。

李某以网络用户“××实事”在某科技公司运营的某社交平台上发表的言论侵害李某名誉权为由，主张某科技公司披露该用户的姓名或者名称、联系方式等信息。

【案件焦点】

某科技公司是否应当披露网络用户“××实事”的信息。

【法院裁判要旨】

湖北省钟祥市人民法院经审理认为：《中华人民共和国民法典》第一千零二十四条第二款规定，名誉是对民事主体的品德、声望、才能、信用等的社会评价。因此，名誉是一种社会评价，名誉权的侵权行为应以贬损民事主体的社会评价为构成要件。本案中，案涉图文未使用侮辱、贬损、诋毁他人的语言，且在发布后第三天即已删除，转发评论数量较少，发布该图文的行为并未达到降低李某社会评价的程度，李某亦未提供相关证据证明其名誉因此受到损害，故对李某的诉讼请求法院不予支持。

湖北省钟祥市人民法院依照《中华人民共和国民法典》第一千零二十四条，《中华人民共和国民事诉讼法》第六十七条、第一百四十七条规定，判决：

驳回李某的诉讼请求。

李某不服一审判决，提起上诉。

湖北省荆门市中级人民法院经审理认为：网络用户在网络活动中往往采取匿名的方式，导致被侵权人在实践中难以确定侵权人的真实身份，因此《最高人民法院关于审理利用信息网络侵害人身权益民事纠纷案件适用法律若干问题的规定》第三条第一款规定，网络服务提供者以涉嫌侵权的信息系网络用户发布为由抗辩的，人民法院可以根据原告的请求及案件的具体情况，责令网络服务提供者向人民法院提供能够确定涉嫌侵权的网络用户的姓名（名称）、联系方式、网络地址等信息。实践中，当客观上存在某个侵权行为时，人民法院可以责令网络服务提供者提供能够确定涉嫌侵权的网络用户的个人信息，以便被侵权人向侵权人主张权利。但如果侵权行为本身并不成立时，网络服务提供者就不具备提供相关信息的义务，人民法院也不应当再责令网络服务提供者披露网络用户的具体信息。本案中，用户“××实事”虽然发言存在一定主观性，但尚未达到对李某恶意实施侮辱、诽谤的程度，同时，因转发量甚微，亦未导致李某社会评价降低的后果，因此“××实事”的发言尚未构成对李某名誉权的侵权。鉴于在案的证据不能证明案涉言论构成对李某的名誉权的损害，因此，李某主张某科技公司披露用户信息的诉讼请求不能成立。湖北省荆门市中级人民法院判决：

驳回上诉，维持原判。

【法官后语】

由于网络空间的匿名化，当侵权人在网络社交平台上发布侵权信息时，权利人无法直接获得侵权人的身份信息。对此，权利人通常会请求网络服务提供者披露侵权人的信息，以便向侵权人主张权利。但根据《中华人民共和国网络安全法》和《电信和互联网用户个人信息保护规定》的相关规定，网络服务提供者对于网络用户负有信息保密义务。因此，权利人往往通过诉讼的方式主张网络服务提供者披露网络用户信息。司法实践中，值得探讨的问题是如何判断网络服务提供者是否应当披露网络用户的信息，如何平衡权利人的利益与网络用户的隐私。本案的争议焦点在于，网络服务提供者是否应当披露网络用户的信息。

《最高人民法院关于审理利用信息网络侵害人身权益民事纠纷案件适用法律若干问题的规定》第三条第一款规定："原告起诉网络服务提供者，网络服务提供者以涉嫌侵权的信息系网络用户发布为由抗辩的，人民法院可以根据原告的请求及案件的具体情况，责令网络服务提供者向人民法院提供能够确定涉嫌侵权的网络用户的姓名（名称）、联系方式、网络地址等信息。"该司法解释规定了人民法院可以根据原告的请求以及案件的具体情况，责令网络服务提供者披露涉嫌侵权的网络用户的信息，但是对于认定网络服务提供者披露网络用户信息的具体标准、披露信息的范围尚无具体规定。

《中华人民共和国民法典》第一千一百九十五条第二款规定："网络服务提供者接到通知后，应当及时将该通知转送相关网络用户，并根据构成侵权的初步证据和服务类型采取必要措施；未及时采取必要措施的，对损害的扩大部分与该网络用户承担连带责任。"据此，网络服务提供者应当"根据构成侵权的初步证据和服务类型采取必要措施"，其目的在于防止侵权行为的继续和损害的扩大，而协助权利人维权是防止侵权行为继续和损害扩大的应有之义。据此，审判实践中，应当注意：在已有初步证据证明构成侵权的情况下，网络服务提供者应当披露涉嫌侵权的网络用户的信息，以便权利人向侵权人主张权利。即判断网络服务提供者披露网络用户信息的标准为是否有初步证据证明构成侵权。如果侵权行为本身并不成立时，网络服务提供者就不具备提供相关信息的义务。本案中，李某主张其名誉权因案涉网络信息受损，虽然案涉网络用户发布的言论存在一定的主观性，但并未使用侮辱、诽谤的语言，且发布时间短，转发评论数量较少，其行为并未达到降低李某社会评价的程度，因此不能认定该网络用户的行为构成对李某名誉权的损害，李某主张某科技公司披露网络用户信息的诉讼请求依法不能成立。

编写人：湖北省钟祥市人民法院　刘夏云

五、荣誉权纠纷

58

荣誉权侵权行为形态界定与权利救济

——胡某某诉某研究院荣誉权案

【案件基本信息】

1. 裁判书字号

北京市第一中级人民法院（2023）京 01 民终 959 号民事判决书

2. 案由：荣誉权纠纷

3. 当事人

原告（上诉人）：胡某某

被告（被上诉人）：某研究院

【基本案情】

胡某某于 1985 年 8 月入职某研究院，从事科研岗位，2019 年 3 月 30 日退休。胡某某主张某研究院存在故意藏匿其获奖证书之情形，其中三个证书至今未给，一个于 2020 年其退休后才给，故主张某研究院侵犯了其荣誉权，并要求某研究院返还其三个证书原件并向其公开赔礼道歉。

胡某某向法院提交了日期分别为 1996 年 10 月、1997 年 12 月、2001 年 2 月相关国家机关颁发的荣誉证书复印件。胡某某主张当时其作为团队第一业务人及主笔人参与评比，以某研究院名义报送，后以某研究院名义获奖，但其对于获奖事宜以及相关证书情况毫不知情，直至2002年因某研究院领导以上述奖项评上研究员，其才得知获奖一事。后其曾多次向单位领导要求出示上述证书原件，但单位领导拒不提供，导致其直至2012年才获评研究员。某研究院认可上述获奖情况及胡某某作为作者之一参与上述科研活动，但主张上述评比系以单位名义报送，获奖者为单位并非胡某某个人，故上述证书应当由单位负责保管。因人员变动等原因，现无法核实获奖事宜的通知以及获奖证书的具体保管、持有情况，但某研究院在考核以及评审胡某某研究员职称时参考了上述获奖情况。

胡某某另向法院提供日期为2012年2月某国家机关颁发的奖状原件一份。胡某某主张当时其作为团队第一业务人及主笔人参与评比，以单位名义报送，后每个成员均有一个获奖证书，其他成员证书早已发放，但他的证书直至2020年才发放。某研究院主张最初获奖时已将上述证书给予给胡某某，但不知什么原因在2020年单位发现上述证书原件仍在单位，因上述证书中载明了个人名字，故将证书原件返还给胡某某。

胡某某另主张当时按照单位的规定有物质奖励，但其上述四个获奖均未获得物质奖励，故主张按照其2020年获奖的标准要求某研究院赔偿其损失，共计30万元。某研究院表示胡某某获奖时未规定对荣誉有物质奖励，自2017年出台新的政策后才有物质奖励。

【案件焦点】

某研究院的行为是否构成侵犯胡某某的荣誉权。

【法院裁判要旨】

北京市海淀区人民法院经审理认为：民事主体享有荣誉权。任何组织或者个人不得非法剥夺他人的荣誉称号，不得诋毁、贬损他人的荣誉。获得的荣誉称号应当记载而没有记载的，民事主体可以请求记载；获得的荣誉称号记载错误的，民事主体可以请求更正。本案中，胡某某主张某研究院存在故意藏匿其获奖证书之情形，故侵犯了其荣誉权。经查，上述奖项的获得系胡某某作为团队成员以团队形式申报，获奖主体为某研究院，且胡某某在 2011 年参评研究员时亦申报了所获得的上述荣誉并于当年评为研究员、于 2012 年考核为优秀，另某研究院明确表示该单位已记载并认可胡某某所获得的上述荣誉，故某研究院不存在剥夺、诋毁或贬损胡某某所获得的上述荣誉之行为，现胡某某以某研究院侵犯其荣誉权为由提出返还证书原件、赔礼道歉、恢复荣誉、重新表彰等诉请，均不予支持。因某研究院不存在相应侵权行为，且胡某某未就存在相应损失向法院充分举证，故对其上述诉请亦不予支持。

北京市海淀区人民法院依照《中华人民共和国民法典》第一千零三十一条、第一千一百六十五条，《中华人民共和国民事诉讼法》第六十七条之规定，判决如下：

驳回原告胡某某的全部诉讼请求。

胡某某不服一审判决，提出上诉。

北京市第一中级人民法院经审理认为：胡某某主张某研究院故意藏匿其获奖证书，但其认可某研究院对前三个奖项开会进行了表彰，2012 年 2 月的某奖奖状原件亦在胡某某手中。胡某某 2011 年 11 月填写专业技术职务资格评审表中的工作业绩载明了上述前三项获奖情况，该表格另载明 2011 年度胡某某考核成绩为优秀，2011 年 12 月被评为研究员；其 2012 年年度考核登记表载明的获奖情况包括上述第四项获奖情况。因此，无法认定某研究院存在故意藏匿胡某某的获奖证书侵犯其荣誉的情形。争议三个证书的申报及获奖主体均为某研究院，胡某某要求在拿到三个获奖证书原件后复印三个彩色复印件作为自行留存的材料，鉴于某研究院称无法找到上述证书，在某研究院未侵犯胡某某的荣誉的情形下，胡某某的请求权基础及现实情况均无法支持其诉讼请求。故，法院对胡某某要求某研究院公开赔礼道歉并对其重新表彰的诉讼请求不予支持。胡某某要求某研究院按照 2012 年《某研究院表彰奖励工作管理办法》，赔偿其因延迟发放案涉奖励造成的损失 30 万元。但《某研究院表彰奖励工作管理办法》系单位内部管理文件，且用人单位内部对表彰奖励亦有相应流程，在此情况下，法院不应通过判决直接确认相应物质奖励，故法对胡某某要求某研究院赔偿其损失30万元的诉讼请求亦不予支持。应当指出的是，案涉证书的申报及获奖主体均为某研究院，某研究院为案涉获奖证书的合法持有人。不论胡某某诉讼请求中主张的是返还案涉三份证书的原件还是复印件，以及某研究院是否给胡某某发放奖金，均属于用人单位的内部管理事项，不属于法院的受案范围，法院不予处理。

北京市第一中级人民法院依照《最高人民法院关于适用〈中华人民共和国民事诉讼法〉的解释》第三百三十二条、《中华人民共和国民事诉讼法》第一百七十七条第一款第一项规定，作出如下判决：

驳回上诉，维持原判。

【法官后语】

《中华人民共和国民法典》人格权编规定了“荣誉权”这项独立的人格权利。在司法实践中，荣誉权纠纷案例数量较其他人格权利纠纷案例数量而言相对较少，但案例情形往往更为复杂，加之目前《中华人民共和国民法典》对于荣誉权侵权的行为形态以及救济手段规范较为原则，故仍需在不断摸索中形成统一的认定标准和裁判尺度。

一、荣誉权的内涵及权利要素

关于荣誉权的内涵，一般认定路径为先界定荣誉的内涵，再进一步确定荣誉权的内涵。关于荣誉的内涵，目前学界存有“评价说”“奖励说”等多种观点，但是究其本质而言，可以抽象出三个要素，即“特定单位”“特定对象”以及“特定评价”。“特定单位”指颁发荣誉的国家权威机关或者有关单位、社会团体；“特定对象”指接受荣誉的主体，该主体可以是自然人、法人或者其他非法人组织，也可以是上述主体的联合体；“特定评价”指正式的积极的评价。综上，荣誉一般可以认为是国家权威机关或者有关单位、社会团体对特定对象的正式的积极的评价。由此，荣誉权的内涵可以理解为是获得荣誉的主体保持、支配荣誉的权利，性质上属于一项具体的人格权。从上述定义与内涵来看，荣誉权保护的法益为精神层次的评价与感受，实践中常见的如奖励证书、奖状、奖章等应属于荣誉的外在表现与物质载体。

二、荣誉权侵权形态的界定

结合《中华人民共和国民法典》第一千零三十一条关于荣誉权侵权形态的基本规定以及相关案例，荣誉权侵权形态通常存在如下几种类型：(1) 侵犯荣誉取得的行为，如在荣誉评选或者审批过程中采取非法手段予以破坏妨害，导致应当获得荣誉的主体未获得荣誉。(2) 非法剥夺荣誉的行为，如荣誉颁发机关未经正当程序剥夺他人已获得的荣誉。(3) 诋毁、贬损荣誉的行为，如当众撕毁荣誉证书、在公开场合发表诋毁荣誉的言论等。(4) 侵犯荣誉记载与更正的行为，如对应记载在册的荣誉未予记载或者记载错误的行为。另外，在实践中仍存在一些特殊的荣誉权侵权行为形态存在性质界定与法律适用的困难。以本案为例，胡某某作为某研究院获得荣誉项目的主笔人，其主张某研究院未予发放其证书以及相应物质奖励，本案一审、二审法院在裁判说理中均认为荣誉权主体为某研究院而非胡某某，且从单位内部管理角度来说，某研究院已经对胡某某进行过表彰并对其贡献予以记载，故未认定某研究院存在侵犯胡某某荣誉权之行为。故从本案裁判逻辑来看，对于荣誉权侵权行为形态之认定还应秉持以保护精神利益为原则，结合具体行为形态认定是否侵犯荣誉权主体的外界评价以及主观感受。

三、荣誉权侵权的权利救济

对荣誉权侵权的权利救济手段应围绕对精神利益和物质利益的救济两方面展开：关于对精神利益的救济，通常表现为恢复荣誉、赔礼道歉、消除影响、支付精神损害赔偿等；关于对物质利益的救济，一般为对应发放的物质奖励予以补发。如果对本案情形进行延伸思考，比如有关机关对某研究院和胡某某均认定为特定对象予以颁发荣誉并提供物质奖励，那么如果双方就荣誉证书的占有以及物质奖励的分配产生纠纷，权利应当如何救济？笔者认为，此时双方作为荣誉联合体就荣誉证书以及物质奖励等荣誉外在表现形式的分配产生纠纷的，首先应由双方协商解决，如果协商不成的，荣誉证书可由法院参照荣誉发放情况、双方贡献情况以及双方隶属关系等因素决定原件由一方保存，另一方保存证书副本；相关物质奖励则应首先考虑获奖主体内部是否有物质奖励分配相关的制度规范，如有则应依之分配，人民法院不宜以司法权力干涉单位内部管理，如未建立相关制度规范的，人民法院可以尝试参照《中华人民共和国民法典》物权编关于共有的相关规定予以分配。

编写人：北京市海淀区人民法院　秦纳杰　魏择旭

六、隐私权、个人信息保护纠纷

59

百科词条名誉权、隐私权侵权责任的认定

——胡某某诉某科技公司网络侵权责任案

【案件基本信息】

1. 裁判书字号

北京互联网法院（2023）京 0491 民初 6404 号民事判决书

2. 案由：网络侵权责任纠纷

3. 当事人

原告：胡某某

被告：某科技公司

【基本案情】

胡某某曾任某学院教师，在其任职期间，因实施失德行为受到相应处分，当地官方部门对胡某的上述行为进行了公开通报，官方媒体也对通报进行了转载。2021 年，某用户在某科技公司运营的词条平台中创建案涉词条，该词条内容记载有胡某某的失德行为以及处罚结果。经比对，案涉词条记载的内容与官方部门公开通报的内容一致，该词条末尾附有官方通报内容的报道链接。

胡某某认为，案涉词条以其名字创建，其中有关失德事件的表述，影响其

在教育领域的再就业。在多次向词条运营平台投诉，要求删除该词条无果后，胡某某将词条运营平台起诉到法院，以侵害其名誉权、隐私权为由，请求法院判令某科技公司删除案涉词条。

【案件焦点】

某科技公司作为词条运营平台，是否存在侵害胡某某名誉权、隐私权的行为。

【法院裁判要旨】

北京互联网法院经审理认为：首先，案涉词条明确提及的姓名及工作单位等信息，均明确指向胡某某，故其有权针对案涉词条提起本案诉讼。

其次，案涉词条中的用语是否构成名誉权侵权。根据某科技公司提交的词条编辑用户的信息、收录编辑规则等，可以证明某百科是以某科技用户创建、编辑的词条内容作为基础，向互联网用户提供知识的开放平台。某科技公司作为某百科平台的运营者，应承担作为网络服务提供者的相应责任。本案中，首先，案涉词条的内容均来源于官方部门对胡某某行为的通报，后依据胡某某提供的处分决定的内容，修改个别用语，亦存在明确的事实依据，故并不存在捏造或者编造相关事实的情形，某科技公司作为网络服务提供者，并不存在过错，不构成对胡某某名誉权的侵害。

最后，案涉词条中的用语是否构成隐私权侵权。隐私是自然人的私人生活安宁和不愿为他人知晓的私密空间、私密活动、私密信息。本案中，案涉词条中的用语来源于相关权威部门对胡某某行为的定性，并非其个人隐私。同时，在一定意义上某百科具有使社会公众检索相关信息，确定相关主体及事件详细情况的公共服务属性。案涉词条内容所涉及的是弱势群体权益保护的问题，在相关部门已对胡某某行为作出明确定性及处罚、权威媒体对外通报胡某某所涉事实的情形下，应当保证社会公众的知情权，故案涉词条不构成对胡某某隐私权的侵权。

综上，案涉词条并不构成对胡某某名誉权及隐私权的侵害，胡某某要求某科技公司删除案涉词条的主张，缺乏事实和法律依据，不予支持。

北京互联网法院依据《中华人民共和国民法典》第一千零二十四条、第一千零三十二条、第一千一百九十四条，《中华人民共和国民事诉讼法》第六十七条规定，判决如下：

驳回原告胡某某的全部诉讼请求。

宣判后，双方当事人均未上诉，一审判决生效。

【法官后语】

词条是一个内容开放的具有海量讯息的公共知识平台，是互联网时代公众获取资讯的重要渠道。与此同时，因词条记载内容所引发的纠纷也时有发生。本案作为判断词条运营平台所记载的词条内容是否构成名誉权、隐私权侵权的典型案例，对于指引行业健康发展，弘扬社会主义核心价值观具有重要意义，对类案审理也具有一定的参考价值。

一、词条内容构成名誉权、隐私权侵权的判定

首先，应就词条运营平台的法律身份进行判断。词条运营平台作为词条内容的直接编辑发布者，或是仅提供发布平台的网络服务提供者，其所应承担的相应责任存在较大的区别。具体而言，词条的直接发布者应当承担较为严苛的注意义务，即其应当对词条内容真实性承担直接责任。而对于词条服务提供者而言，其只有在存在应知或者明知的过错，未采取必要措施时才需承担网络服务提供者侵权责任。以本案为例，案涉词条内容系用户编辑上传，词条运营平台仅作为网络服务提供者，不直接参与词条内容的编辑整理，其只有在知道案涉词条内容构成侵权却没有采取必要措施时，才构成侵权。

其次，就词条内容是否构成侵权进行判断。词条中所发布的对特定主体的负面评价信息，应当具有可靠的信息来源，即不得凭空捏造、道听途说，否则在没有事实依据的基础上发布的词条内容，极有可能构成名誉权侵权。以本案为例，需要判断词条中所称的负面描述和评价是否有可靠来源，因相关用语来源于官方通报，故并不存在编辑者捏造或者编造相关事实的情形，词条运营平台作为网络服务提供者，经核实词条内容属实，来源可靠，不予删除该词条，

不存在过错，词条运营平台不构成对胡某某名誉权的侵害。同时，因相关用语来源于权威部门对胡某某违法行为的定性，已对外公开通报，并非其个人隐私范畴，故某百科运营者亦不构成隐私权侵权。

二、词条类内容侵权的价值判断

司法裁判的重要作用在于价值判断，即通过明确裁判规则对于社会公众的行为能够给予价值指引。在词条类名誉权、隐私权侵权案件中，词条运营者除了作为一般意义上的网络服务提供者外，其所提供的词条本身亦具有向社会公众提供检索服务和知识传递的社会责任，因此应当在公共利益的视角下结合词条本身所载明的内容，作出综合价值判断。以案涉词条为例，词条所涉及的负面事实与公众利益密切相关，且涉及学生权益，公众具有知情权，与培养学生、教书育人的教育本质密切相关，只有保障高校管理人员及领域内其他从业人员对相关案例的知情权，才能防范类似事件发生，切实保护学生利益。因此，案涉词条内容应当予以保留，以保障社会公众的知情权，同时对词条运营企业今后的词条管理提供了指引，亦有利于弘扬社会主义核心价值观。

编写人：北京互联网法院　刘承祖

60

在自家房门安装智能门铃超出合理限度构成侵权

——胡某诉赵某某隐私权案

【案件基本信息】

1. 裁判书字号

湖北省武汉市中级人民法院（2023）鄂01民终13811号民事判决书

2. 案由：隐私权纠纷

3. 当事人

原告（被上诉人）：胡某

被告（上诉人）：赵某某

【基本案情】

胡某与赵某某系邻居，双方分别居住于某小区某栋某层03号和04号房屋，双方门前过道十字交叉，胡某回家时必经过赵某某房门正对的过道。赵某某在自家房门上安装了智能门铃，该门铃具有逗留监测功能（赵某某陈述未开启）。胡某发现该门铃后，认为赵某某记录了自己及家人、亲友的行动轨迹，侵害了自己的隐私权，故起诉至法院，请求判令赵某某拆除智能门铃或调整智能门铃的方向。

【案件焦点】

在自家房门上安装智能门铃所摄范围涵盖他人回家必经之路的，是否构成对他人隐私权的侵害。

【法院裁判要旨】

湖北省武汉市硚口区人民法院经审理认为：隐私是自然人的私人生活安宁和不愿为他人知晓的私密空间、私密活动、私密信息。任何组织和个人不得以刺探、侵扰、泄露、公开等方式侵害他人的隐私权。胡某及其亲属进出住宅的时间及其规律等信息，与家庭和财产安全、私人生活习惯等有高度关联，应视为具有隐私性质的人格权益。赵某某安装的智能门铃所摄范围涵盖了胡某及其亲属出行的必经之路，赵某某可能会掌握胡某的日常进出全部行动轨迹，有泄露该信息的隐患和风险，且胡某发现该智能门铃后多次与赵某某协商未果，使胡某及其家人的部分行踪信息，可能处于被他人知悉的状态并造成一定影响，一定程度上干涉了胡某的私人生活的安宁，应视为民事侵权。根据《中华人民共和国民法典》第九百九十一条、第一千零三十二条的规定，赵某某作为理性的民事活动主体，采取保护住宅和财产安全时，也负有不妨害他人合法权益的义务，赵某某安装智能门铃未能履行注意义务，在行使自己的权利时，超出了合理限度，致使他人隐私处于随时可能暴露的状态，一定程度损害他人的合法权益，应承担民事侵权的责任。根据《中华人民共和国民法典》第一百七十九条规定的承担民事责任的主要方式，考虑周围条件及胡某的诉求，法院支持赵某某应调整安装于某小区某栋某层 04 号房屋门上智能门铃的方向，使其门铃摄像头拍摄范围避开胡某必经范围。胡某主张的律师费，不属于直接损失范围，法院不予支持。湖北省武汉市硚口区人民法院判决如下：

一、赵某某于本判决生效之日起三日内某小区某栋某层 04 号房屋门上智能门铃的方向，调整后门铃摄像头拍摄范围应避开胡某回家的必经范围；

二、驳回胡某的其他诉讼请求。

赵某某不服一审判决，提起上诉。

湖北省武汉市中级人民法院认同一审法院裁判意见，依照《中华人民共和国民事诉讼法》第一百七十七条第一款第一项规定，判决如下：

驳回上诉，维持原判。

【法官后语】

邻里间相处要恪守公德，在方便自身的同时，也要注意权利行使的边界，不能损害他人的利益。本案系一起因安装智能门铃引发的邻里之间的隐私权纠纷，生效判决认为，在自家房门上安装具有逗留监测功能的智能门铃，如果门铃所摄范围涵盖他人回家必经之路，构成对他人隐私权的侵害，主要是从以下方面进行考量。

一、自然人的出行情况是否受隐私权保护

隐私是自然人的私人生活安宁和不愿为他人知晓的私密空间、私密活动、私密信息。关于自然人在住宅门前出行与活动情况是否受到隐私权保护的问题，应予肯定。首先，自然人在住宅门前的个人活动，是与公共利益无关的社会交往活动，应属于私密活动。其次，自然人的出行情况被摄后，会形成具有规律性的数据信息，该类信息与自然人的人身、财产安全息息相关，应属于私密信息。最后，当自然人发现其出行情况被摄，也将对其造成一定的心理负担，影响其私人生活安宁。本案中，赵某某安装的智能门铃所摄范围涵盖了胡某及其亲属必经之路，赵某某可能会掌握胡某日常进出的全部行动轨迹，胡某及其亲属进出住宅的时间及其规律等信息，与家庭和财产安全、私人生活习惯等有高度关联，应视为隐私信息，该隐私信息存在被泄露的隐患和风险，会对胡某的私人生活安宁造成影响，应受到隐私权的保护。

二、安装智能门铃是否构成侵犯他人隐私权

行为人为了保护自身及私有财产的安全，有权采取必要的措施，法律也未对行为人在其居住环境安装智能门铃等设备加以禁止。但是，权利的行使不应超过一定的限度，行为人在安装智能门铃时负有合理的注意义务，不应妨害相邻方的利益。判断行为人是否尽到了这一注意义务，可从以下方面进行审查判断。一是在安装位置上，行为人在安装具有摄录功能的智能门铃时，应将其附件安装在与自身区域紧密相连的位置，不适宜安装在公用走廊、同层楼道等位置。二是在拍摄角度上，为了适应市场的需要，大多数具有摄录功能的智能门铃可以根据用户的需求调整摄像头的角度，行为人在使用时应尽可能将视野局限于实现合理目的的必要角度。三是行为人应对相邻方进行善意说明，提前告知自己行为的目的及可能存在的损害风险。本案中，赵某某作为理性的民事活动主体，安装智能门铃保护住宅和财产安全时，也负有不妨害他人合法权益的义务，虽然赵某某将智能门铃安装于其自家房门，但该智能门铃所摄范围涵盖了胡某及其亲属必经之路，且胡某发现后多次与赵某某协商未果，赵某某未能履行合理的注意义务，构成对胡某权利的侵犯。

邻里间礼让友善、和谐相处方能安居乐业，一方面，行为人在安装智能门铃行使自身权利时，不应超出合理限度，应履行注意义务，选择合适的安装位置、拍摄角度，并与相邻方积极沟通；另一方面，行为人基于正当理由安装智能门铃，且未对相邻方的权利造成损害时，并不构成侵权，相邻方对此也应负有一定的容忍义务，以此维护和谐的邻里关系和正常的生活秩序。

编写人：湖北省武汉市硚口区人民法院　刘信　张月盈

61

住宅内安装可360度旋转摄像头致使他人有被持续监控拍摄的现实危险的，应认定为侵害隐私权

——杨某诉刘某隐私权案

【案件基本信息】

1. 裁判书字号

重庆市第一中级人民法院（2023）渝01民终2956号民事判决书

2. 案由：隐私权纠纷

3. 当事人

原告（上诉人）：杨某

被告（被上诉人）：刘某

【基本案情】

杨某、刘某居住于同一小区，杨某的房屋为A幢15号，刘某的房屋为B幢16号，二人的房屋之间由小区干道间隔。刘某在其房屋的外墙、露台、雨棚等位置安装了可360度旋转的摄像头。

杨某诉称：刘某安装的摄像头监控范围涵盖杨某家中的花园、卧室等处，侵犯杨某隐私权，要求刘某拆除上述监控装置。

审理过程中，法院组织双方实地查看，双方一致确认：刘某家别墅一至四楼面向杨某家一侧的9个摄像头，均为云台摄像头，可上下左右旋转，其中有5个摄像头经旋转可以拍摄到杨某家的花园、卧室窗户等部分区域，其余摄像头经旋转到极限亦不能拍摄到杨某家。法院现场调取刘某手机中已存储的摄像头录像视频并随机选取摄像头和时间，未发现摄像头的拍摄位置有变化，也未

发现摄像头有朝向杨某家录像的情况。

【案件焦点】

刘某在住宅内安装可 360 度旋转云台摄像头是否侵犯杨某的隐私权。

【法院裁判要旨】

重庆市渝北区人民法院经审理认为：本案系侵权纠纷，侵权纠纷的构成要件为：（1）有侵权行为；（2）有损害后果；（3）侵权行为与损害后果之间存在因果关系。本案中，虽然刘某在其私人房屋外安装的摄像头均可 360 度旋转，但根据公安局出具的案（事）接报回执、某社区人民调解委员会出具的社区调解记录、小区物业服务中心出具的情况说明，以及刘某当庭通过本人手机提供的实时监控画面均能证明刘某安装的摄像头均未对着杨某的房屋，不能看到杨某卧室、花园等活动情况。故刘某安装的摄像头的监控范围仅限于自己居住的房屋，并未涉及杨某的私人领域，刘某没有实施侵权行为，杨某要求刘某拆除监控装置并赔偿损失等诉讼请求无事实和法律依据。

重庆市渝北区人民法院依照《中华人民共和国民事诉讼法》第六十七条第一款，《最高人民法院关于适用〈中华人民共和国民事诉讼法〉的解释》第九十条规定，判决：

驳回杨某的全部诉讼请求。

杨某不服一审判决，提起上诉。二审中，经法院沟通协调，双方当事人均表示为改善邻里关系，愿意互谦互让，妥善化解矛盾纠纷。后刘某主动将经旋转能够拍摄到杨某家部分区域的 5 个摄像头打胶固定了角度。经法院组织双方查看刘某手机中的摄像头操作系统，双方确认：前述 5 个摄像头均已不能再旋转，且未拍摄到杨某家区域。

重庆市第一中级人民法院经审理认为：刘某安装的摄像头为 360 度可旋转的云台摄像头，其中 5 个摄像头可能拍摄范围包括杨某家的院子、小阳台窗户及部分卧室窗户，而涉及杨某房屋的前述范围属于杨某的私密活动空间，杨某在上述空间内进行的相关活动与杨某及家人的私人生活习惯、作息规律、家庭财产安全等直接关联，具有一定的私密性，属于法律规定的隐私范畴，杨某就上述活动及信息具有不被他人知晓的权利。虽然现有证据显示刘某安装的摄像头未对杨某家进行拍摄，但案涉摄像头的功能及属性已致杨某的隐私处于可能被侵害的危险之中，对杨某的生活造成了不必要的困扰，刘某安装的部分摄像头已超出自身安全防范的合理限度，构成对杨某隐私权的侵害。因刘某已主动采取措施停止侵权，将摄像头打胶固定角度至不能拍摄杨某家的相应空间，故判决拆除案涉摄像头已无必要。

重庆市第一中级人民法院依照《中华人民共和国民事诉讼法》第一百七十七条第一款第一项规定，判决：

驳回上诉，维持原判。

【法官后语】

公众在自有住宅内安装摄像头用于保护自身及家庭成员人身安全和财产安全具有正当性，但在行使自身权利时不得损害社会公共利益及他人的合法权益。案涉摄像头具有不间断拍摄、存储记录信息及360度调整拍摄范围等功能属性，即便摄像头实际未对他人空间进行拍摄，亦致使他人隐私处于可能被侵害的危险之中，造成他人心理负担，影响其生活安宁，应认定为侵害了他人隐私权。

一、个人在住宅空间内的活动信息属于隐私权保护范畴

《中华人民共和国民法典》第一千零三十二条规定："自然人享有隐私权。任何组织或者个人不得以刺探、侵扰、泄露、公开等方式侵害他人的隐私权。隐私是自然人的私人生活安宁和不愿为他人知晓的私密空间、私密活动、私密信息。"因此，隐私主要包括私人生活安宁、私密空间、私密活动、私密信息四个方面，其核心属性在于被自然人隐藏或不欲为外人所知晓。住宅空间系个人享有的私密空间，个人在此空间内生活、活动，产生的相关活动信息关涉私人生活习惯、作息规律、家庭成员交往、财产等情况，具有一定的私密性，系私密活动信息。同时，在住宅内个人享有充分的生活安宁权，即独立生活并不被他人打扰、知晓的权利，若可被人随意知晓上述私密活动信息，恐致使该个人产生忧虑、影响安宁。故个人在住宅空间内的活动信息应属于隐私权保护范

畴，任何组织和他人不得加以侵害。

二、安装360度旋转摄像头可能致使他人处于持续被监控拍摄的现实危险中，构成对隐私权的侵害

本案中，刘某安装的摄像头为360度可旋转的云台摄像头，该种类型摄像头的拍摄范围可通过操作系统随时调整，且其具有持续拍摄、上传拍摄录像至云端系统等功能。经法官现场勘查，虽然此前刘某监控录像显示其并未对杨某家进行拍摄，但案涉5个摄像头经旋转调整角度后，仍有可能拍摄到杨某家的院子、小阳台窗户及部分卧室窗户。因上述摄像头的操作及控制权在刘某处，对于杨某来说，其对于摄像头是否调整、如何调整、将如何拍摄记录杨某的住宅空间，均不能掌握控制，故杨某及其家人可能处于持续被监控拍摄的现实危险中，其在住宅空间内的私密活动信息具有被窥视暴露的可能性，使得杨某时刻处于隐私可能被侵害的担忧和困扰之中，影响了其私人生活的安宁，故应认定刘某安装360度可旋转摄像头的行为构成对杨某隐私权的侵害。

三、安装摄像头等监控设备保护自身权益的合理限度

随着公众安全意识的提升，越来越多人选择在住宅内安装摄像头等监控设备以及时查看安全隐患、拍摄记录生活信息，用以保护自身及家庭成员人身安全和财产安全。该行为具有正当性，系私权范畴，但公众在行使自身权利的同时不得损害社会公共利益及他人的合法权益。一方面，法律对此有明确的限制性规定，如《中华人民共和国民法典》第一千零三十三条规定："除法律另有规定或者权利人明确同意外，任何组织或者个人不得实施下列行为：……（二）进入、拍摄、窥视他人的住宅、宾馆房间等私密空间；（三）拍摄、窥视、窃听、公开他人的私密活动……"如若公众安装的摄像头等监控设备可拍摄他人的住宅等私密空间或私密活动，则将违反法律的限制性规定，应承担相应的侵权责任。另一方面，从利益衡量的角度来看，虽然公民的人身安全、财产安全等民事权益应当受到法律的保护，且一般而言，应当遵循人身权优先于财产权、生命权优先于其他人身权保护的顺序。但上述顺序并非绝对，还应根据权益保护的紧迫性、所采取措施的合理性与可替代性等具体情况进行衡量。

公众安装摄像头等监控设备在一定程度上可以起到安全防范作用，但在其无证据证明存在保护生命安全的紧迫性或系为保护重大社会公共安全、公共利益的情况下，其通过安装监控设备所欲维护的自身安全利益与他人的隐私权益之间并无高下之分，且其尚有其他方式达到生活安全防范目的，故不能以此为由侵害他人隐私权，亦不能损害社会公共利益及他人的其他正当权益。综上，公众安装摄像头等监控设备保护自身权益须限定在合理限度内，不得损害社会公共利益，不得造成对他人权益的侵害，或者造成可能侵害他人权益的现实危险，否则将承担相应侵权责任。

四、处理邻里因安装摄像头产生纠纷的思考

实践中，因安装摄像头等监控设备而产生纠纷的当事人之间多为邻里关系，而邻里关系的好坏，将直接影响当事人的生活质量，故法院处理该类纠纷时须秉持沟通协调的原则，促使双方互谅互让，采取取消摄像头的旋转功能、将摄像头角度固定至不能拍摄他人的相应空间或安装不可旋转、方向固定的摄像头等合理方式，以达到保护当事人自身人身、财产安全权益与保护他人隐私权等合法权益之间的衡平处理，促进邻里和睦，有效化解矛盾纠纷。本案中，经法院沟通协调，刘某主动将经旋转能够拍摄到杨某家部分区域的5个摄像头打胶固定了角度，杨某亦予以接受配合，双方至此握手言和，该案处理充分弘扬了文明、和谐、友善的社会主义核心价值观。

编写人：重庆市第一中级人民法院　刘静　杨韵加　李俊冰

62

自然人在公共空间与私人空间之间的“过渡空间”享有隐私权

——袁某诉王某甲等隐私权案

【案件基本信息】

1. 裁判书字号

山东省临沂市中级人民法院（2023）鲁13民终1463号民事判决书

2. 案由：隐私权纠纷

3. 当事人

原告（上诉人）：袁某

被告（被上诉人）：王某甲、李某甲、王某乙、李某乙

【基本案情】

袁某的房产与王某甲、李某甲的房产分别是某小区×号楼×单元的601室和701室，701室房产现由王某乙、李某乙居住。该楼0A3号车库属于袁某所有，0A4号车库由被告王某乙、李某乙管理使用，两车库相邻，0A3号车库在0A4号车库的东边。

2022年3月2日，王某乙报警称其车辆在车库门口被损坏，因该区域属于监控盲区，案件至今未侦破。后王某乙在0A4号车库东西两侧安装两个摄像头，东侧摄像头位于0A3号与0A4号车库外侧墙壁0A4号车库一侧，西侧摄像头位于0A4号与0A5号车库外侧墙壁0A4号车库一侧。两摄像头支持录音，影音同录，高效红外灯，夜视红外距离可达30米，支持云联，随时随地远程查看，能手动旋转，分辨率为200万（1080P），具有存储功能。袁某认为王某乙安装摄像头时没有经过自己同意，侵犯了其个人信息权益及隐私权，为此诉至

法院请求法院判决王某甲、李某甲、王某乙、李某乙拆除监控设备。

【案件焦点】

王某乙在车库安装摄像头的行为是否构成对袁某隐私权的侵犯。

【法院裁判要旨】

山东省沂水县人民法院经审理认为：袁某与王某甲、李某甲的车库东西相邻，双方车库门前区域均为公共区域，双方各自对自己车库门前区域的使用应以不损害公共使用为前提。被告王某乙以自己所有的车辆在车库门前损坏且车库门前区域处于小区物业监控盲区为由安装涉案摄像头，其目的是保护个人财产安全，但其监控的区域包含与其相邻的袁某所有的车库门前区域，其应事前征得袁某的明确同意。王某乙未征得原告袁某的同意，擅自安装摄像头的行为存在不当之处。王某乙安装在其车库东侧即与袁某车库相邻处的摄像头距离袁某车库最近，存在侵害袁某个人信息及隐私权的行为，故应拆除该摄像头。王某甲、李某甲作为涉案房产的所有人、李某乙作为共同居住人，负有同等拆除义务；而王某乙安装在其车库西侧即与其他人车库相邻处的摄像头距离袁某车库较远，其主要拍摄范围为王某乙车库门前区域，其目的是保护个人财产安全及相应的公共安全，可不予以拆除。

山东省沂水县人民法院依照《中华人民共和国民法典》第二百八十八条、第一千零三十二条、第一千零三十三条，《中华人民共和国个人信息保护法》第二十六条，《中华人民共和国民事诉讼法》第一百五十一条的规定，判决：

一、被告王某甲、王某乙、李某甲、李某乙于本判决生效之日起十日内拆除其安装于沂水县某小区×号楼 0A3 号与 0A4 号车库之间的一个摄像头；

二、驳回原告袁某的其他诉讼请求。

袁某不服一审判决，提起上诉。

山东省临沂市中级人民法院经审理同意一审法院裁判意见，依照《中华人民共和国民事诉讼法》第一百七十七条第一款第一项规定，判决如下：

驳回上诉，维持原判。

【法官后语】

本案主要涉及自然人在公共空间与私人空间之间的“过渡空间”的隐私权保护问题。随着经济社会的发展，人们的安全意识不断增强。为了保护个人生命和财产安全，很多人会在自己不动产上安装摄像装置。该行为初衷是为了保护自身的合法权益，但是客观上有可能侵害他人的隐私权，如何把握这种平衡，显得尤为重要。

一、隐私权与个人信息保护

传统对于隐私权的保护基于两个基本价值理念，即人的尊严不受侵犯以及对个体独特性的尊重，这意味着隐私权实际上意在追求和维护的是一种“平等下的差异”。《中华人民共和国民法典》第一千零三十二条第二款将隐私界定为“自然人的私生活安宁和不愿为他人知晓的私密空间、私密活动、私密信息”，同时第一千零三十四条第二款规定：“个人信息是以电子或者其他方式记录的能够单独或者与其他信息结合识别特定自然人的各种信息，包括自然人的姓名、出生日期、身份证件号码、生物识别信息、住址、电话号码、电子邮箱、健康信息、行踪信息等。”该条第三款明确了私密信息适用有关隐私权的规定，但是没有对私密信息与一般个人信息的界分作进一步说明。现实生活中，个人信息与隐私在客体上存在交叉，有些个人信息属于隐私，如私密信息适用有关隐私权的规定；但有些个人信息不属于隐私，如姓名、性别等一些已经公开的信息，其被保护的法益受制于个人信息条款的规范。将私密信息与一般个人信息相区分的关键是对“隐私利益”的判断，“隐私利益”可以拆分为“隐”和“私”两种属性。前者强调不为他人所知的秘密性，后者则突出与公共利益和他人利益无关的私人性。

二、隐私权保护的范围不应作限缩解释

根据《中华人民共和国民法典》第一千零三十二条第二款规定，隐私是指自然人的私人生活安宁和不愿为他人知晓的私密空间、私密活动、私密信息。现实生活中，很多人对于个人信息理解较为狭窄。笔者认为，对个人信息中私密信息的界定可以遵循识别性、秘密性、私人性的思路，给予其隐私权的高位阶保护。识别性是指反映自然人活动情况的各种信息必须达到能够单独识别或者与其他信息结合能够识别特定自然人身份的目的，比如健康信息、行踪信息等；私密性是指自然人个人生活中不愿意为他人公开或者知晓的秘密，判断的依据在于自然人本人是否愿意他人知晓；私人性是指私密信息与公共利益和他人利益无关，《中华人民共和国民法典》对于为了维护公共利益或自然人合法权益，合理实施的收集、处理自然人个人信息的行为，不认定为侵犯个人隐私的行为。

与传统以身份为原则保护隐私权的制度相比，现阶段隐私权的保护应当更加侧重行为所侵害的法益，而非锚定当事人的身份属性，即只要侵权行为给被侵权人带来不必要的担忧，构成对个人私密空间、私密活动、私密信息的侵犯，就构成对隐私权的侵犯。

三、自然人在公共空间与私密空间之间的过渡区域是否享有隐私权

公共场所是供公众进行工作、学习、经济、文化、社交、娱乐、体育、参观、医疗、卫生、休息、旅游的。私人空间是指每个人属于自己的空间，不被任何人了解、知道的属于个人的空间。通过以上对比，传统观点将公共场所通过列举的形式予以明确，公共场所和私人空间的区别较为绝对，基本上是非此即彼的关系，但是随着生活水平的提高和科技的进步，很多场所或者空间的性质需要人们重新界定，比如网络空间是否属于公共场所的问题。判断的标准应当是该区域是否能为外人随意进出，而非机械适用。

本案纠纷发生于车库门前的区域，就一般人的理解，社会公众均可以随意进入，所有者对于车库门前的区域采取的监控行为应当不会构成对他人隐私权的侵犯。但是该区域的特殊之处在于，它属于公共空间与私人空间之间的“过渡空间”，并非外人所常至，且往前跨越一小步就会进入自然人的私人空间，它承载着大量的个人信息，比如日常生活出行信息、日常会客信息等，上述信息如果被他人不合理安装监控设备予以窥探，会给被窥探者的安宁生活带来不必要的困扰，会对他人的隐私和个人信息造成侵犯。

当然，对于“过渡空间”的使用问题，应当遵循当事人意思自治原则。对

此，《中华人民共和国个人信息保护法》第二十六条规定："在公共场所安装图像采集、个人身份识别设备……所收集的图像、身份识别信息只能用于维护公共安全目的，不得用于其他目的；取得个人单独同意的除外。"也就是说为了公共利益或者当事人单独同意，是可以对"过渡空间"乃至私密空间进行必要限制的，除此之外构成对隐私权的侵犯。

随着社会交往的日益密切，隐私权的保护范围在逐渐加大，需要在实践中不断探索。对于隐私权的保护应当重点关注隐私权所保护的法益，而非执着于身份区别，同样对于公共场所的外延也应当不断完善，判断某一行为是否侵害他人的隐私权，不应仅局限在这一行为发生的空间，而重点应当关注该行为是否侵害了他人的私人生活安宁和不愿为他人知晓的私密空间、私密活动、私密信息。只有这样，才能够在个人和他人权益保护之间找到平衡点。

编写人：山东省沂水县人民法院　杜正波　高沙

63

诉讼中隐私权与名誉权的界定与区分

——刘某某诉宋某某隐私权案

【案件基本信息】

1. 裁判书字号

山东省东明县人民法院（2023）鲁1728民初4844号民事判决书

2. 案由：隐私权纠纷

3. 当事人

原告：刘某某

被告：宋某某

【基本案情】

宋某某系某保险公司业务部经理。案外人焦某甲系某保险公司业务员，其为了方便开展保险业务在其客户间建立了微信保险咨询群，当时该微信群有群员 51 人。宋某某受焦某甲的邀请也加入了该微信群。该微信群尚没有解散。

刘某某于 2013 年 3 月 9 日在某保险公司投保了终身寿险，附加提前给付重大疾病保险，保险期间为自 2013 年 3 月 9 日零时起至终身止或本合同列明的终止性保险事故发生止。刘某某提交的其在某医院住院病历载明：其因患有脑梗死、左侧大脑中动脉闭塞、高血压等疾病于 2023 年 4 月 29 日入住该医院治疗，做了“经皮颅内动脉取栓术+脑血管造影+单根血管操作”手术，于 2023 年 5 月 5 日出院。刘某某的妻子王某某于 2023 年 4 月 29 日通过宋某某向某保险公司报案理赔，于当日通过微信方式将刘某某的身份证复印件传给了宋某某，并通过微信聊天方式向宋某某说明了刘某某患病的情况。后刘某某在某保险公司获得 11783.99 元的理赔金。宋某某在庭审中称刘某某不是自己发展的保险客户，其只是给刘某某帮忙理赔。

2023 年 4 月 29 日，宋某某与其在某保险公司理赔的客户焦某乙在微信保险咨询群里聊天中谈到刘某某，并将刘某某的身份证复印件及其与刘某某妻子的微信聊天截图发到该微信群，并说：“刘某某才 40 岁，我还说叫他加百万医疗保险，总觉得没事，不想加，现在后悔晚了……”宋某某还在该微信群与焦某乙语音聊天称：“那一年刘某某骑摩托车撞着一个老人，抓到了里面，赔人家 20 万元……王某某发微信说做完了手术，很成功，说理赔的事，写好资料等公司审核，刘某某有住院医疗险。”焦某乙说：“你要是今天不往群里边发，都不知道这事。”

宋某某在庭审中称愿意给刘某某道歉。

【案件焦点】

1. 宋某某在案涉微信群里发送的相关信息是否侵害了刘某某的名誉权；2. 刘某某要求宋某某公开道歉及赔偿精神损失费是否有事实和法律依据。

【法院裁判要旨】

山东省东明县人民法院经审理认为：首先，关于宋某某的行为是否侵害了刘某某的名誉权。侵害自然人、法人等的名誉是指以书面或口头等形式侮辱、诽谤自然人、法人等的名誉，使自然人、法人等的社会评价降低的行为。刘某某突发疾病入院治疗属实，宋某某在案涉微信群中与焦某乙进行聊天时，不经意间谈到刘某某在外地突发疾病需要开颅手术及其多年前驾驶摩托车发生交通事故赔偿等事项。案涉微信群的其他群员应该都能看到宋某某发布的上述信息。《中华人民共和国民法典》第一千零三十二条规定："自然人享有隐私权。任何组织或者个人不得以刺探、侵扰、泄露、公开等方式侵害他人的隐私权。隐私是自然人的私人生活安宁和不愿为他人知晓的私密空间、私密活动、私密信息。"针对本案，刘某某所患疾病及其发生交通事故赔偿等事项，应该属于其不愿意让别人知道的隐私。显然宋某某在案涉微信群中发布刘某某生病等事项的行为侵犯了刘某某的隐私权。

其次，关于刘某某要求宋某某给其公开道歉及赔偿刘某某精神损失费 25000 元是否有事实根据和法律依据。由于宋某某通过微信方式发布刘某某隐私的行为，侵害了刘某某的隐私权，刘某某要求宋某某公开道歉于法有据。《中华人民共和国民法典》第一千条第一款规定："行为人因侵害人格权承担消除影响、恢复名誉、赔礼道歉等民事责任的，应当与行为的具体方式和造成的影响范围相当。"本案中，宋某某是在案涉微信群里发送了刘某某的隐私信息，一般情况下其还应在上述微信群里给刘某某赔礼道歉，消除影响。《中华人民共和国民法典》第一千一百八十三条第一款规定："侵害自然人人身权益造成严重精神损害的，被侵权人有权请求精神损害赔偿。"刘某某要求宋某某赔偿其精神损失 25000 元的主张缺乏事实根据，故不予支持。

山东省东明县人民法院依照《中华人民共和国民法典》第一百七十九条、第一千零二十四条、第一千一百六十五条、第一千一百八十三条第一款、第一千一百九十四条，《中华人民共和国民事诉讼法》第六十七条、第一百三十七条规定，作出如下判决：

一、宋某某于本判决生效之日起十日内向刘某某赔礼道歉。赔礼道歉的方式为：由宋某某在案涉微信群中发布赔礼道歉声明（赔礼道歉的内容需要先经本院审核）；

二、驳回刘某某的其他诉讼请求。

宣判后，双方当事人均未上诉，一审判决生效。

【法官后语】

根据《中华人民共和国民法典》关于隐私权的规定，自然人对他人在何种程度上可以介入自己的私生活，对自己的隐私是否向他人公开以及公开的范围和程度等具有决定权。《中华人民共和国民法典》第九百九十条将隐私权与生命权、身体权、健康权、名誉权等人格权利并列进行了规定，同时设专章对隐私权的定义、保护范围等进行了界定。上述规定确立了隐私权作为一项独立人格权的地位，体现了国家对隐私权的重视和保护，彰显了“以人为本”的法治理念。作为独立的权利，当隐私权受到侵犯时，权利主体可以隐私权相关规范作为请求权基础直接寻求法律保护，而无须依赖于其他权利如名誉权获得间接保护。

根据《中华人民共和国民法典》第一千零二十四条和第一千零三十二条规定，名誉是对民事主体的品德、声望、才能、信用等的社会评价；隐私是自然人的私人生活安宁和不愿他人知晓的私密空间、私密活动、私密信息。显然，隐私和名誉是两个完全不同的概念，隐私权和名誉权也是两种不同的人格权利。但实践中存在二者竞合的情况，如公开的隐私内容虚假，可能同时构成隐私权和名誉权侵权。由于存在二者竞合交集的情形，容易造成对两种权利的混淆，审判实践中应当对两种权利进行准确区分界定。

一、两种侵权行为的表现形式及侵权人的心理状态不同

隐私权侵权行为在实践中主要表现为非法获取、披露、公开或利用他人的私密信息（如偷录、窃听、擅自公开他人健康信息等）。例如，未经同意或授权公开他人健康状况、窃听他人通话、非法跟踪他人行踪。显然侵权人实施侵权行为的心理状态可能是出于故意，也可能是出于过失，其主观上可能不具有

特定目的。名誉权侵权行为在实践中主要表现为通过虚假事实诽谤或用侮辱性言辞损害他人人格，从而达到毁损、贬低他人人格、降低社会评价的目的。例如，散布谣言、捏造虚假事实诽谤他人、在公开场合侮辱他人人格。显然侵权人实施侵权行为的心理状态一般是直接故意，其主观上具有毁损、贬低他人人格的恶意目的。

二、两种权利保护的对象不同

隐私权保护的是私密信息、私生活安宁以及个人空间不被非法侵扰的权利，其核心在于“私密性”，即个人不愿为他人知晓的信息或活动。例如，个人健康状况、家庭生活、行踪轨迹等。名誉权保护的是个人或法人、其他组织的社会评价不被贬损的权利，其核心在于“社会评价”，即他人对个人或法人、其他组织的客观评价。例如，捏造事实诽谤他人、散布不实言论导致受害人社会评价降低。

三、两种权利受到侵害的损害结果及其证明要求不同

隐私权损害结果更侧重于“精神损害”，如因隐私披露导致焦虑、社会排斥等。法院可基于侵权行为直接推定损害存在，无须原告提交证据证明存在损害结果，即只要隐私被侵犯即可构成侵权。如医院员工泄露患者艾滋病史，法院即可认为隐私泄露本身即构成患者精神损害，无须患者提供相关证据证明。名誉权损害结果更侧重于“社会评价降低、名誉受损”，不仅需要证明存在损害结果（如社会评价降低），而且还要证明侵权行为与损害结果二者之间的因果关系。即必须证明不实或侮辱言论导致权利人社会评价降低，才能构成名誉侵权。证明社会评价变化实践中常通过证人证言、网络评论等证据证明，亦可结合案涉言论的传播范围、言论性质等综合推定社会评价是否降低。

四、两种侵权责任承担方式（保护方式）不同

侵害隐私权以“停止侵害、赔礼道歉、精神损害赔偿”为主要责任方式，通常不适用消除影响、恢复名誉，因为隐私一旦公开难以完全消除。侵害名誉权更强调“恢复性救济”，如责令侵权人删除不实信息、发布更正声明，或者在媒体上公开赔礼道歉。但是网络名誉侵权中信息扩散快，判决的执行需要平

台配合删帖或屏蔽关键词。

五、两种侵权免责抗辩事由不同

隐私权案件中被告要免责，需要提供证据证明权利人同意或授权公开、信息已合法公开、基于公共利益或法律授权公开（如司法机关依法调查），不适用“真实性抗辩”，即使公开的私密信息属实，仍可能构成隐私权侵权。譬如公布他人患病信息、曝光他人婚外情等，这些信息内容属实，仍可能构成隐私权侵权。名誉权侵权行为人要想免责，需要提供证据证明言论真实性或者是合理评论、舆论监督、受害人同意等，适用“真实性抗辩”。基于事实的批评不构成诽谤，在没有使用侮辱言辞的情况下也就不构成名誉权侵权。譬如媒体曝光企业产品质量问题，若内容属实，则不构成名誉权侵权。但若公开私人生活细节，即使真实，亦构成隐私权侵权。

针对本案，自然人的健康状况应该属于不愿意让别人知道的私密信息。未经同意或授权公布他人的健康状况信息，侵犯了他人的隐私权，所以本案应为隐私权侵权纠纷。

编写人：山东省东明县人民法院　李福忠

64

金融机构自行查询储户信息是否构成侵权的认定

——任某某诉某银行隐私权、个人信息保护案

【案件基本信息】

1. 裁判书字号

北京市第二中级人民法院（2023）京 02 民终 8736 号民事判决书

2. 案由：隐私权、个人信息保护纠纷

3. 当事人

原告（上诉人）：任某某

被告（被上诉人）：某银行

【基本案情】

任某某系某银行客户，其在另案中诉称，2012 年 3 月，其在某银行高级理财顾问李某和业务部托管部的负责人王某的介绍下，购买了某投资理财产品，年化率 11%，共投资 1000 万元。2013 年产品到期后并未收到投资款本金及收益。后多次找某银行处理未果，故起诉请求某银行赔偿购买理财产品投资款损失 1000 万元本金及利息。审理中，某银行提交了任某某名下三个银行账户交易明细，任某某认为某银行既未向法院申请调查令，也没征求本人意见，私自查询并打印出来提供给第三人构成侵权，故提起本案之诉，请求：（1）判令某银行立即停止侵权，不得再继续违规查询、使用个人银行账户信息、交易明细或将信息提供给他人；（2）判决某银行对侵犯隐私权、个人信息安全的行为公开赔礼道歉；（3）判决某银行支付精神损害赔偿金 1 万元。

某银行辩称，任某某在另案中主张某银行造成其投资损失 1000 万元，某银行查询其账户流水显示，其投资行为与某银行无关。某银行在另案中负有举证责任，在相对人明确的情况下，查询任某某的账户流水，意在完成举证责任，是合理范围内的使用。故某银行不存在侵权行为，请求驳回任某某的全部诉讼请求。

【案件焦点】

金融机构自行查询储户信息是否构成侵权。

【法院裁判要旨】

北京市西城区人民法院经审理认为：某银行对于其所管理的任某某账户信息查询、标记及提交给法院的行为，是当事人在诉讼中举证的行为。当事人向人民法院申请调查收集证据的前提是因客观原因不能自行收集，如果一方当事人能够自行完成取证，则无须向法院申请。因此，某银行在诉讼的举证环节，为证明自己提出主张的合理性，提交关于任某某账户信息明细，证据来源合法，不属于违法向第三方提交个人储户账户信息的行为。因此，任某某要求确认某银行存在侵权行为的诉请，于法无据，不予支持。

北京市西城区人民法院依据《中华人民共和国商业银行法》第二十九条、《中华人民共和国民事诉讼法》第六十七条规定，判决如下：

驳回原告任某某的诉讼请求。

任某某不服一审判决，提起上诉。

北京市第二中级人民法院经审理认为：某银行在另案诉讼中查询任某某的银行账户信息，系为证明与该案争议焦点有关联的事项的举证行为。根据相关法律规定，当事人对反驳对方诉讼请求所依据的事实，应当提供证据加以证明，某银行在另案中为反驳任某某的诉讼请求而进行举证，目的具有合理性；并且，本案中任某某未能提供证据证明某银行将查询到的其银行账户信息用于另案诉讼之外的用途，亦无证据证明危害到任某某的个人信息安全，抑或给任某某造成实际损失。综上，任某某主张某银行侵犯其隐私权及个人信息安全并要求某银行承担相应侵权责任，缺乏充分的事实及法律依据，一审法院未予支持，并无不当。

北京市第二中级人民法院依照《中华人民共和国民事诉讼法》第一百七十七条第一款第一项规定，判决如下：

驳回上诉，维持原判。

【法官后语】

个人金融信息是个人信息在金融领域围绕账户信息、身份识别信息、金融交易信息、个人身份信息、财产信息、借贷信息等方面的扩展和细化。个人金融信息是金融机构在提供金融产品和服务的过程中积累的重要基础数据，也是个人隐私的重要内容。个人金融信息一旦泄露，不但会直接侵害金融消费者的合法权益、影响金融机构的正常运营，甚至可能会带来系统性金融风险。当前，个人信息保护成为金融机构保护客户利益、维护金融秩序以及实现自身健康发展的关键一环。

根据《中华人民共和国个人信息保护法》《个人金融信息保护技术规范》相关规定，个人金融信息主体是个人金融信息所标识的自然人，个人金融信息控制者是有权决定个人金融信息处理目的、方式等的金融机构（包括银行业金融机构、非银行金融机构、类金融机构）。作为上述信息提供者和使用者，金融机构在个人信用信息的采集、提供、使用环节，应遵循国家标准《信息安全技术 个人信息安全规范》（GB/T 35273-2020）的要求，按照“权责一致、目的明确、选择同意、最少够用、公开透明、确保安全、主体参与”原则，实施覆盖个人金融信息全生命周期的安全保护策略。

在具体金融实践中，金融机构作为信息提供者向个人采集信息，需要注重以下要点：(1) 向个人履行告知义务并取得同意。在信用信息的采集过程中，金融机构等在采集个人信用信息时应履行告知义务并取得信息主体的同意。其中，如若采用格式合同条款取得个人信息主体同意，应当在合同中作出足以引起信息主体注意的提示，并按照信息主体的要求作出明确说明。(2) 遵循合法正当、最小必要原则。根据《征信业务管理办法》采集个人信用信息，应当采取合法、正当的方式，遵循最小、必要的原则，不得过度采集。该要求与《中华人民共和国个人信息保护法》对于个人信息保护的“最小必要”“正当合法”原则一致。金融机构向征信机构提供个人信用信息，需要注重以下要点：(1) 向个人履行告知义务。在向征信机构提供其采集的个人信用信息时，作为信息提供者的金融机构等应当向信息主体履行告知义务。(2) 取得个人书面同意。《征信业管理条例》规定，从事信贷业务的机构向金融信用信息基础数据库或者其他主体提供信贷信息，应当事先取得信息主体的“书面同意”。“书面同意”一般通过《授权书》《告知同意函》等书面签字形式体现。金融机构向征信机构查询个人信用信息，需要注意以下要点：(1) 取得个人书面同意。金融机构等向征信机构查询个人信息的，应当取得信息主体本人的书面同意并约定用途。此外，亦需采取必要的措施，按照约定用途使用个人信用信息。(2) 查询授权书。金融机构在实务中一般采取查询授权书的形式取得个人信息主体的同意，授权书至少包括被授权人、征信机构、授权事项及用途、授权期限、个人签名、授权日期等要素。实践中，常有金融机构因违反信用信息采集、提供、查询相关管理规定的会被处以罚款的案例。

根据上述分析，金融机构在合理范围内对个人金融信息的采集、提供及查询行为，符合法律规定情形的，属于正当合理利用。对个人金融信息的不当收集、泄露、滥用等使用行为，则可能构成侵权，情节严重的，依法应当承担刑事责任。具体到本案中，作为金融信息主体的任某某，对其个人金融信息享有保密权，金融机构不得将其交易信息公布或进行约定以外的使用。某银行作为金融信息提供者，应当遵循商业银行法及个人金融信息保护相关法律规定，不得向外泄露其个人金融信息。那么某银行对于其所管理的任某某账户信息进行查询、标记及提交法院进行举证的行为，是否构成侵权呢？

笔者认为，侵害个人金融信息权，给个人金融信息主体造成损失的，应当承担民事责任。根据侵权责任的构成要件，该类侵权以过错责任为原则，构成要件包括加害行为、主观过错、损害事实、因果关系。判定某银行是否构成侵权可以从是否符合上述要件进行论证。根据《中华人民共和国民事诉讼法》的相关规定，当事人向人民法院申请调查收集证据的前提是因客观原因不能自行收集，如果一方当事人能够自行完成取证，则无须向法院申请。某银行在与任某某的另案诉讼的举证环节中，为证明自己提出主张的合理性，查询宋某某储蓄账户的交易明细等金融信息，其证据来源合法，使用目的在于完成举证，未作他用，具有法律正当性。故此，某银行不存在违法向第三方提交个人金融信息的行为，不具有侵权的主观要件。任某某要求确认某银行存在侵权行为的诉请，于法无据。

编写人：北京市密云区人民法院　陈玉霞

65

调取病历资料共同侵权的责任认定与承担

——徐某诉王某、某医院隐私权、个人信息保护案

【案件基本信息】

1. 裁判书字号

北京市第三中级人民法院（2023）京03民终15621号民事判决书

2. 案由：隐私权、个人信息保护纠纷

3. 当事人

原告（上诉人）：徐某

被告（被上诉人）：王某、某医院

【基本案情】

王某、徐某曾系夫妻关系。2022年，在王某与徐某离婚纠纷案中，王某向一审法院提出诉讼请求：（1）判令王某、徐某离婚；（2）判令婚生女徐某甲、婚生子徐某乙归王某抚养，徐某每月支付抚养费4500元，每三年递增10%，直到子女大学毕业为止，抚养费支付至女方账户；（3）判令某房屋归王某所有；（4）判令王某名下的小客车归王某所有。

王某曾提交徐某的住院病历材料作为证据，以证明徐某患有心脏类疾病，不适宜照顾孩子，两个孩子一直是外公、外婆照顾。王某表示，其调取徐某病历资料时，出示了自己的身份证，并陈述调取病历资料是为了向专家进行咨询，但此后并未咨询专家，也没有将病历资料给其他人看。某医院表示，王某调取病历资料时，王某提交了身份证原件，某医院询问了王某跟患者之间的关系，因调取病历资料时王某属于徐某的家庭成员，就没有让她提交其他材料。对于

王某调取徐某病历资料的时间，某医院表示无法明确。

【案件焦点】

1. 王某是否侵害徐某的个人信息权益及隐私权；2. 某医院是否侵害徐某的个人信息权益及隐私权；3. 如王某、某医院侵害徐某的个人信息权益及隐私权，二者应如何承担侵权责任。

【法院裁判要旨】

北京市顺义区人民法院经审理认为：某医院未经徐某同意，也未要求王某提供法定证明材料和授权委托书，便向王某提供了徐某的病历，侵犯了徐某的个人信息，某医院、王某应赔偿徐某精神损害抚慰金；而王某与徐某离婚纠纷一案中，王某虽然出示了徐某的病历，但该病历并未对法院处理子女抚养问题产生影响。综上，法院酌情确定其精神损害抚慰金的金额。考虑到本案涉及个人信息，若采取在媒体上道歉的方式，反而会损害到徐某的个人信息，对此不予准许。

北京市顺义区人民法院依照《中华人民共和国民法典》第一百一十一条、第一千零三十五条、第一千零三十六条、第一千一百六十八条，《中华人民共和国个人信息保护法》第四条、第十三条、第四十五条，判决：

一、某医院、王某连带赔偿徐某精神损害抚慰金5000元，于判决生效之日起七日内履行；

二、驳回徐某的其他诉讼请求。

徐某不服一审判决，提起上诉。

北京市第三中级人民法院经审理认为：关于争议焦点一。徐某的病历资料涉及徐某本人的生理健康，既属于徐某的敏感个人信息，受个人信息保护法的保护；也属于徐某的私密信息，受《中华人民共和国民法典》关于隐私权规定的保护。处理徐某的敏感个人信息应当取得其单独同意；而隐私权作为绝对权，只要徐某没有言明放弃自己的禁止权，任何人均无权刺探、泄露、公开其隐私。根据查明的事实，王某调取徐某的病历资料，未告知徐某或征得其同意或授权。

在此情况下，王某在某医院处径行调取徐某的病历资料并将其非法使用，可以认定侵害了徐某的个人信息权益及隐私权。

关于争议焦点二。徐某在某医院的病历资料，记载了其就诊及住院的相关信息，关乎其病情和健康状况，属于其敏感个人信息和隐私，某医院负有严格管理、保存、保密义务，不得随意泄露给他人。王某在向某医院申请调取徐某病历资料时，仅提供了王某本人的身份证，并未提供徐某的有效身份证明及相关授权委托书，故王某并不符合某医院应当受理并提供病历复印件的身份条件，而某医院在王某不具备调取徐某病历资料的法定身份条件，且未经徐某本人同意的情况下，直接向王某提供徐某的病历资料，不仅未尽到法定的审查义务，亦违反了其作为医疗机构的保密义务，某医院的行为存在过错，违反了《中华人民共和国民法典》第一千二百二十六条的规定，构成对徐某个人信息权益及隐私权的侵害。

关于争议焦点三。一方面，王某去某医院调取徐某病历资料的行为与某医院将徐某病历资料提供给王某的行为存在时空统一性，如缺失任一行为，则无法造成徐某病历资料在其不知情的情况下被泄露的后果。另一方面，现有证据虽然无法直接证明王某与某医院存在主观的意思联络，但是在一、二审期间，某医院均未向法院提交明确的证据证明王某调取病历资料的时间、提供的材料等。某医院作为专业的医疗机构，对于调取患者病历资料应提供的身份证明及相关授权手续应是明知的，而其仅凭王某本人的身份证，就将徐某的病历资料直接提供给王某，其行为不符合相关规定，亦违背常理，明显存在过失。王某作为心智成熟的自然人，应知晓徐某的病历资料属于徐某本人的医疗健康信息，与徐某本人密切相关，如其确系需要将其作为证据提交，应以合法的方式收集和提供证据，征得徐某本人同意或授权，而其在未向徐某告知且未经徐某允许的情况下，径行在某医院调取徐某的病历资料，其行为亦存在过错。因此，王某在某医院调取徐某病历资料的行为与某医院将徐某病历资料提供给王某的行为，直接结合造成了徐某病历资料被泄露的损害后果，属于共同侵权，二者应向徐某承担连带赔偿责任。

北京市第三中级人民法院依照《中华人民共和国民事诉讼法》第一百七十七条第一款第二项规定，判决如下：

一、撤销北京市顺义区人民法院（2023）京0113民初6771号民事判决；

二、王某于判决生效后七日内就侵害徐某个人信息权益及隐私权向徐某进行书面赔礼道歉，道歉内容须经北京市顺义区人民法院审核（如王某不履行前述义务，北京市顺义区人民法院可在全国发行的报刊上刊登判决主要内容，相关费用由王某负担）；

三、某医院于判决生效后七日内就侵害徐某个人信息权益及隐私权向徐某进行书面赔礼道歉，道歉内容须经北京市顺义区人民法院审核（如某医院不履行前述义务，北京市顺义区人民法院可在全国发行的报刊上刊登判决主要内容，相关费用由某医院负担）；

四、王某、某医院于判决生效后七日内共同赔偿徐某精神损害抚慰金8000元，王某、某医院相互承担连带责任；

五、驳回徐某的其他诉讼请求。

【法官后语】

在数字化时代，医疗信息的存储、传输和使用变得更加方便，但也带来了医疗信息被泄露的风险。本案系隐私权、个人信息保护纠纷典型案例，涉及行为人私自调取患者病历资料情形下调取者及医疗机构的责任认定问题。本案的特殊之处在于调取者系患者亲属，调取目的为在另案诉讼中将患者病历资料作为证据提交。在此情况下，调取者调取患者病历资料是否侵害患者个人信息权益及隐私权？如构成侵权，调取者与医疗机构之间系共同侵权抑或分别侵权，司法实践中存在一定争议。

一、调取病历资料侵权行为的认定

病历资料范围包括门诊病历、住院志、体温单、医嘱单、检验报告、医学影像检查资料、特殊检查（治疗）同意书、手术同意书、手术及麻醉记录、病理资料、护理记录、出院记录以及国务院卫生行政主管部门规定的其他病历资料。病历资料与自然人人身、健康密切相关，其作为医疗健康信息，既属于敏感个人信息，也属于私密信息。当敏感个人信息与私密信息发生交叉时，相关信息具有了双重属性。此时，对于法律规范的适用存在不同观点。有学者主张，在对个人信息处理行为的合法性进行判断时，适用敏感个人信息规范；在确定法益侵害类型时，进一步适用私密信息规范。亦有学者主张，私密信息本身即应优先适用隐私权规范，在没有规定的情况下，可以适用个人信息的相关规定。笔者认为，上述两种主张均有不妥之处。第一，两种规范均可有效作用于违法性与法益侵害类型的判断。实际上，承认交叉存在本身已对法益侵害类型进行了判断，在此基础上选择适用个人信息保护规范或隐私权规范，方可进一步判断信息处理行为的违法性。第二，虽然《中华人民共和国民法典》第一千零三十四条第三款规定："个人信息中的私密信息，适用有关隐私权的规定；没有规定的，适用有关个人信息保护的规定。"然而，敏感个人信息与私密信息的交叉部分属于《中华人民共和国民法典》没有明确规定的内容。在《中华人民共和国民法典》中，隐私以权利的形式进行规范，保护强度高于个人信息。此时优先适用隐私权规定，能更有效地保护私密信息。然而，在《中华人民共和国个人信息保护法》中，适用敏感个人信息的保护规范也可能更为有效地保护交叉部分的私密信息。例如，《中华人民共和国个人信息保护法》第二十九条、第三十条[①]分别对敏感个人信息的特殊告知事项以及单独同意/书面同意进行专门规定，强于《中华人民共和国民法典》第一千零三十三条[②]中明确同意的要求。因此，交叉部分的个人信息受到侵害时，侵害了双重法益，既侵害了隐私

① 《中华人民共和国个人信息保护法》第二十九条规定："处理敏感个人信息应当取得个人的单独同意；法律、行政法规规定处理敏感个人信息应当取得书面同意的，从其规定。"《中华人民共和国个人信息保护法》第三十条规定："个人信息处理者处理敏感个人信息的，除本法第十七条第一款规定的事项外，还应当向个人告知处理敏感个人信息的必要性以及对个人权益的影响；依照本法规定可以不向个人告知的除外。"

② 《中华人民共和国民法典》第一千零三十三条规定："除法律另有规定或者权利人明确同意外，任何组织或者个人不得实施下列行为：（一）以电话、短信、即时通讯工具、电子邮件、传单等方式侵扰他人的私人生活安宁；（二）进入、拍摄、窥视他人的住宅、宾馆房间等私密空间；（三）拍摄、窥视、窃听、公开他人的私密活动；（四）拍摄、窥视他人身体的私密部位；（五）处理他人的私密信息；（六）以其他方式侵害他人的隐私权。"

权也侵害了个人信息权益。

本案即为此种情况，徐某的病历资料涉及其生理健康，既属于徐某的敏感个人信息，受《中华人民共和国个人信息保护法》的保护；也属于徐某的私密信息，受《中华人民共和国民法典》关于隐私权规定的保护。处理徐某的敏感个人信息应当取得徐某的单独同意；而隐私权作为绝对权，只要徐某没有言明放弃自己的禁止权，任何人均无权刺探、侵扰、泄露、公开徐某的隐私。王某调取徐某病历资料并未征得徐某的同意或授权，某医院作为专业的医疗机构，未尽到对患者隐私和个人信息的保护义务，直接向王某提供徐某的病历资料，双方共同侵害了徐某的个人信息权益及隐私权。

二、调取病历资料共同侵权的责任认定

《中华人民共和国民法典》第一千一百六十八条规定，二人以上共同实施侵权行为，造成他人损害的，应当承担连带责任。共同侵权是指二人以上共同不法侵害他人权益造成损害的行为。在司法实践中，共同侵权兼采意思共同和行为共同两种类型，分为三种形式：一是共同故意致人损害。此属典型的共同侵权，共同的意思联络是其基本特征，意思共同将行为分担结合为一个整体，从而免除了受害人对每一侵权行为人的个别侵权行为与损害后果之间是否存在个别因果关系的举证责任。二是共同过失致人损害。共同过失是指对损害发生的可能性有共同的认识，但均有回避损害的自信。三是行为竞合致人损害。二人以上虽无共同故意、共同过失，但加害行为直接结合发生同一损害后果的，亦构成共同侵权。其中，第一种方式和第二种方式为主观共同侵权，第三种方式为客观共同侵权。①

具体而言，构成共同侵权需满足以下要件：一是侵权主体的复数性。即侵权主体为二人或者二人以上。二是共同实施侵权行为。包括主观共同侵权致人损害即共同故意致人损害、共同过失致人损害，以及客观侵权致人损害即行为竞合致人损害。三是损害结果同一不可分。在主观共同侵权的情形，损害结果

① 最高人民法院民法典贯彻实施工作领导小组主编：《中华人民共和国民法典侵权责任编理解与适用》，人民法院出版社2020年版，第51~52页。

同一不可分主要强调观念上或逻辑上不可分，即须损害结果在共同意思的统一意志支配之下，超出共同意思范围的损害，属于行为人的单独侵权，不具有同一性。客观共同侵权的情形，损害结果同一不可分主要指逻辑上不可分，要求每一侵权行为与损害结果均具有直接的因果关系，且各自构成损害结果发生的充分条件及该充分条件的必要因素。四是因果关系同一不可分。在主观共同侵权情形，因果关系同一是指在统一意志支配之下的行为与损害结果的因果关系同一，但不要求每一行为与损害结果均具有直接的因果关系。客观共同侵权的情形，则是指每一侵权人的行为作为加害原因与损害结果的发生具有不可分割性（时空统一性），系各方原因力的直接结合。

具体到本案中，(1) 就共同侵权的主体要件而言，王某、某医院均侵害了徐某的个人信息权益及隐私权，故本案的侵权主体为二人，符合共同侵权的主体要件。(2) 就共同侵权的行为要件而言，王某去某医院调取徐某病历资料的行为与某医院将徐某病历资料提供给王某的行为存在时空统一性，如缺失任一行为，则无法造成徐某病历资料在其不知情的情况下被泄露的后果。因此，王某在某医院调取徐某病历资料的行为与某医院将徐某病历资料提供给王某的行为，直接结合造成了徐某病历资料被泄露的损害后果，属于客观共同侵权，符合共同侵权的行为要件。(3) 就共同侵权的损害结果要件与因果关系要件而言，徐某的病历资料作为敏感个人信息与私密信息，在未经其本人同意的情况下，被泄露本身就是一种损害，亦会给徐某本人造成一定的精神损害。而王某去某医院调取徐某病历资料的行为与某医院将徐某病历资料提供给王某的行为均与徐某病历资料被泄露具有直接的因果关系，且各自构成损害结果发生的充分条件，系两种行为原因力的直接结合，故符合共同侵权的损害结果要件与因果关系要件。综上分析，应当认定王某、某医院侵权的责任形态为共同侵权。

三、调取病历资料共同侵权的责任承担

根据《中华人民共和国民法典》第九百九十五条的规定，承担侵害人格权民事责任的方式主要有：停止侵害、赔偿损失、赔礼道歉等。同时，《中华人民共和国民法典》第一千一百六十八条规定，二人以上共同实施侵权行为，造成他人损害的，应当承担连带责任。

本案中，王某、某医院的共同侵权行为，构成对徐某个人信息权益及隐私权的侵害，给徐某造成一定精神损害，故徐某有权要求王某、某医院向其赔礼道歉并主张精神损害抚慰金。赔偿精神损害抚慰金作为财产责任，王某和某医院应当承担连带清偿义务。但是，因赔礼道歉属于非财产责任，体现的是行为人对自己不当行为的认识并向权利人表示的歉意，不具有连带履行的基础和可能，应由侵权人分别向被侵权人进行赔礼道歉。同时，考虑到目前徐某的病历资料仅在徐某某与王某离婚诉讼中作为证据使用，现无证据证明通过其他方式传播或使用，故法院判令王某、某医院分别通过书面方式向徐某进行赔礼道歉。

编写人：北京市第三中级人民法院　陈晓东　樊思迪

66

冒用他人房产信息注册营业执照是否侵犯个人信息权益的认定

——吴某某、臧某某诉郁某某、朱某某个人信息保护案

【案件基本信息】

1. 裁判书字号

江苏省苏州市虎丘区人民法院（2023）苏 0505 民初 394 号民事判决书

2. 案由：个人信息保护纠纷

3. 当事人

原告：吴某某、臧某某

被告：郁某某、朱某某

【基本案情】

吴某某、臧某某欲将其案涉房屋出租，查询房屋工商登记情况时，发现某

建材经营部曾未经其同意使用该房屋作为营业执照登记住所地。

某建材经营部于 2019 年 9 月前两次注册登记并注销，2019 年 9 月 26 日再次登记，住所地为案涉房屋，2020 年 5 月 8 日变更住所地，后注销。

法院调取某建材经营部营业执照办理材料发现，该营业执照为朱某某办理。办理过程中，朱某某提交郁某某委托其办理营业执照的委托书、吴某某与郁某某签订的租赁合同，该租赁合同显示吴某某真实姓名及房屋所在地址，签名处有吴某某、郁某某签字。同时，朱某某还提交经营场所使用承诺书，承诺书载明申请人使用城镇住宅作为经营场所，已经业主同意，承诺书下方有郁某某签名。

对上述材料，吴某某、臧某某称未签过字也不知情，郁某某除对身份信息无异议外，对其他材料不知情且表示未签过字。郁某某还称，其不认识朱某某，未在该地址实际经营，营业执照办理系交由朋友代办，但无法提供具体身份信息。

因某建材经营部已注销，吴某某、臧某某将其原经营者郁某某、营业执照办理人朱某某诉至法院。庭审中，吴某某、臧某某称其了解市场上营业执照代办费用仅为 500 元，如需提供虚假注册地址则会增加至 4000 元左右。

【案件焦点】

1. 朱某某未经吴某某、臧某某同意使用虚假租房合同注册个体工商户是否侵犯他人个人信息权益；2. 郁某某应承担何种责任；3. 如何认定赔偿损失金额。

【法院裁判要旨】

江苏省苏州市虎丘区人民法院经审理认为：关于争议焦点一。首先，从个人信息的识别来看，《中华人民共和国民法典》第一千零三十四条从信息本身出发，将“单独或者与其他信息结合识别特定自然人”作为判断个人信息的标准。《中华人民共和国个人信息保护法》第四条则从信息主体出发，将“与已识别或者可识别的自然人有关的各种信息”作为判断个人信息的标准。故判断某项信息是否属于个人信息，应考虑以下两条路径：一是识别，即从信息到个人，由信息本身的特殊性识别出特定自然人，个人信息应有助于识别出特定个人；二是关联，即从个人到信息，如已知特定自然人，该特定自然人在其活动中产生的信息即为个人信息，如个人位置信息、个人通话记录、个人浏览记录等。符合上述两种情形之一的信息，即应判断为个人信息。本案中，朱某某在为某建材经营部办理工商登记时，使用伪造《租房合同》，合同披露了房产所有人为吴某某、房产地址同案涉房屋，并以该地址为住所地成功办理了营业执照，而该房屋实际上亦登记于吴某某、臧某某名下，办理过程中，吴某某、臧某某的姓名、房产信息、办理结果三者相互印证，信息与个人互相关联、具备可识别性，属于个人信息。其次，从个人信息敏感程度来看，房产信息属于个人敏感信息。个人信息在流动中呈现两种类型，一种是强调自然人对信息的控制，与人格尊严相联系，体现为人格权益，如隐私权；另一种则与商业化利用有关，目的是通过对个人信息的使用来实现财产利益，类似于财产权。本案中的情形属于第二种，吴某某、臧某某的个人敏感信息被用来注册个体工商户属于商业化利用，给某建材经营部带来了经济利益。最后，从个人信息使用方式来看，朱某某未经吴某某、臧某某同意即将案涉房屋作为某建材经营部的注册经营场所，且提交虚假材料骗取注册登记，违反诚实信用原则，属于不当使用个人信息。综上，朱某某未经吴某某、臧某某同意使用虚假租房合同为某建材经营部注册个体工商户，侵犯了吴某某、臧某某的个人信息权益。

关于争议焦点二。郁某某系某建材经营部的经营者，其委托朱某某代办营业执照，代办过程中使用伪造的租房合同，代理中存在违法行为，而郁某某此前曾办理过两次个体工商户登记，其对于办理个体工商户的登记住所地来源理应非常清楚，在第三次委托他人办理个体工商户登记过程中，郁某某作为被代理人的花费远超正常代办费用，应当知道其注册所使用的地址未经房产所有人同意，系明知代理行为违法未作反对表示，应与朱某某承担连带责任。

关于争议焦点三。本案中的实际情况是，第一，从代办费用来看，郁某某自称花费 3500 元委托他人代办个体工商户，该费用中应包含代办费用及非法使用他人信息的费用。第二，从侵权结果持续时间来看，注册时间自2019年9月26日起至2020年5月8日，持续时间约7个半月，郁某某冒用吴某某、臧某某信息注册个体工商户进行商业化利用，实现了一定经济利益。第三，从周边业态来看，案涉房屋周边多数用于设立市场主体从事商业活动，经走访，目前一般出租价格约每月2000元，案涉房屋已经注册了个体工商户，可能对吴某某、臧某某另行向其他有商业租房需求的客户出租房屋造成一定不便。第四，从社会治理角度来看，个体工商户注册的经营场所是市场主体从事经营活动的所在地，是确定行政管理的重要依据，也是个体工商户经营活动中确定合同成立地、债务履行地、诉讼管辖地、法律文书送达地等的重要依据，对市场主体交易安全起到重要作用。而郁某某、朱某某使用虚假租房合同注册个体工商户并对外开展营业活动，扰乱了正常市场管理秩序。第五，从杜绝此类侵权行为的角度来看，侵权人通常会权衡侵权行为的成本与收益后认为不法行为的获益将超过赔偿金额，因此本案赔偿金额应超过侵权人预期成本及收益，方能达到震慑侵权人再次从事此类违法行为的目的。综合上述因素，本院酌定郁某某、朱某某连带赔偿吴某某、臧某某损失3000元。

江苏省苏州市虎丘区人民法院依照《中华人民共和国民法典》第一百六十七条、第一千零三十四条、第一千零三十五条，《中华人民共和国个人信息保护法》第四条、第二十八条第二款、第六十九条，《中华人民共和国民事诉讼法》第六十八条、第一百四十七条规定，判决如下：

被告郁某某、朱某某于本判决生效之日起十日内共同赔偿原告吴某某、臧某某损失3000元。

宣判后，双方当事人均未提起上诉，一审判决已经生效。

【法官后语】

随着网络技术的发展，买卖、盗取个人信息的违法犯罪现象层出不穷，个人信息泄露原因也繁多复杂，平台操作失误、信息存储载体丢失、工作人员盗取贩卖等都可能导致个人信息泄露。本案系通过非法手段获取他人房产信息并冒用注册营业执照的典型案例，人民法院依法认定冒用个人房产注册营业执照属于侵犯个人信息并应承担相应赔偿责任，为类似案例审理提供了新的思路。本案争议关键在于，冒用他人房屋地址注册营业执照是否侵犯业主个人信息权益及其损害赔偿应如何认定。

一、冒用他人房产信息注册营业执照的定性

司法实践中，对冒用他人房产信息注册营业执照行为系侵犯房屋所有权还是房屋所有人个人信息权益存在争议。但侵权人并未实际使用该房屋，房屋仍在所有权人占有控制之中，未实际影响所有权人占有、使用等权能，难以成立侵犯所有权。同时，侵权人实际使用的是房屋所有人的地址信息。从侵权来源看，这类侵权行为源自业主房产等个人信息遭泄露，侵权人利用泄露所有权人姓名及房产地址信息伪造租赁合同注册登记营业执照，故以个人信息权益遭侵害作为诉讼标的更为妥当。

《中华人民共和国民法典》与《中华人民共和国个人信息保护法》分别形成“单独识别+结合识别”与“已识别+可识别”的概念结构，[①] 将“可识别性”作为个人信息核心特征。但“可识别性”本身就存在“不确定性”，仅就识别主体而言，也存在“客观说”“主观说”和“任一主体说”的争论，即究竟应当以一般公众、特定信息控制者还是社会中任何法律主体识别能力作为判定基准。[②] 有学者提出以“场景化个案分析”原则确定“可识别性”的内涵，即个人信息的识别目标、识别主体、识别概率、识别风险以及识别的合理限度等问题都要置于其所处的案件情形中具体审视。[③] 这一原则也为实践中个案处理提供了有益方向。

具体到本案，原告房产地址等个人信息确遭泄露并被非法使用，如采取“客观说”，认为国家企业信用信息公示系统等公开途径仅对该经营部登记地址即原告房产住址信息予以公示，难以识别到个人，进而将原告房产信息排除在

① 曹博：《个人信息可识别性解释路径的反思与重构》，载《行政法学研究》2022年第4期。

② 韩旭至：《个人信息的法律界定及类型化研究》，法律出版社2018年版，第41~43页。

③ 丁晓东：《论个人信息概念的不确定性及其法律应对》，载《比较法研究》2022年第5期。

"个人信息"之外，显然无法实现对自然人个人信息权益以及其背后所蕴含的人身、财产、隐私权益的周全保护。本案裁判对于案涉信息识别采取"任一主体说"更为适宜，被告朱某某在办理工商登记时伪造《租房合同》，其中披露房产所有人为吴某某、房产地址同案涉房屋，办理过程中原告姓名、房产信息、办理结果三者相互印证，信息与个人互相关联，且已经流转至其他识别主体，具备"可识别性"，属于法律所保护的"个人信息"。朱某某违反"告知同意"原则，违背信息主体的自主意愿，提交虚假材料骗取注册登记，属于非法使用原告敏感信息。

二、侵犯个人信息损害赔偿责任的认定

《中华人民共和国个人信息保护法》第六十九条第二款将信息主体"受到的损失"和个人信息处理者"获得的利益"作为侵害个人信息权益损害赔偿主要依据。由于个人信息系无形权益，被侵权人很难证明遭受财产损失、存在严重精神损害，更无法获知个人信息处理者因此获得的利益。为此，《中华人民共和国个人信息保护法》适用"根据实际情况确定赔偿数额"这一兜底条款来确定个人信息权益损害赔偿数额。

对于本案的损害赔偿，法院借鉴法经济学分析方式，从风险预防理论逻辑出发，在行为人预防不足的情况下，可通过令其承担足够大比例的事故损失来激励其提高预防水平。简言之，因侵权人通常会权衡侵权行为的成本与收益，本案赔偿金额应超过侵权人预期成本及收益，方能达到震慑侵权人再次从事违法行为的目的。故本案判决结合合理代办费用与被告使用虚假注册地址花费代办费用差额，综合考量个人信息类型、侵权结果持续时间、信息主体可能损失、社会治理等因素，酌定被告赔偿原告的数额。

目前，侵犯公民个人信息形成黑灰产业链。就本案而言，冒用他人房产信息注册营业执照的费用远高于正常代办费用，已然形成"产业化代办"链条。个人信息的买卖，从购买一方来看，一定有特殊用途，也正是由于此类灰色产业的需求，个人信息泄露才会越发严重。相较于侵权行为主体为网络平台、应用软件设计者的案件，本案被告更为"终端"，其作为个人通过非法手段获取原告个人信息后，直接进行商业化使用，原告无从得知自己的房产信息从何处泄露。本案将冒用个人房产注册营业执照认定为侵犯个人信息行为并要求冒用人承担相应赔偿责任，可以有效保护信息主体权益，源头打击个人信息“黑灰产业”，并达到规范登记注册秩序和市场管理秩序的社会治理功能。

编写人：江苏省苏州市虎丘区人民法院　赵建荣　刘琼

67

第三方为他人订票的模式下，第三方身份信息构成个人信息的来源信息

——蔡某诉甲航空公司等个人信息保护案

【案件基本信息】

1. 裁判书字号

广东省广州市中级人民法院（2023）粤 01 民终 25721 号民事判决书

2. 案由：个人信息保护纠纷

3. 当事人

原告（上诉人）：蔡某

被告（被上诉人）：甲航空公司、乙公司、某票务处

【基本案情】

蔡某提交的一张甲航空公司登机牌载明，蔡某为乘机人，航班号为×××226，目的地为青岛，日期为 7 月 9 日。蔡某提交邮件信息载明，上述航班日期为 2012 年 7 月 9 日，自上海起飞到达青岛。蔡某称该邮件是当时其所在公司的员工转发给他的，通知蔡某按邮件中的机票信息出差。蔡某已实际乘坐上述航班。

2021 年 12 月 24 日，蔡某电话联系甲航空公司客服，要求查询订购案涉飞

机票的第三方（订票人）信息被拒。蔡某遂提起诉讼主张，甲航空公司在未取得蔡某同意的情形下，向乙公司出售了乘机人为蔡某的一张机票；乙公司和某票务处在未取得蔡某个人同意的情形下，使用蔡某个人信息向甲航空公司订购机票。因擅自处理蔡某个人信息（订票出票），诉讼请求为要求甲航空公司、乙公司、某票务处提供订票人的身份信息、付款金额、付款时间、付款方式等信息。

甲航空公司提交其公司电子客票管理系统截图和情况说明，表明案涉机票由其代理商某票务处订票，订票人并非直接向甲航空公司购买机票，故甲航空公司不具有订票人的信息。

乙公司、某票务处主张，事情发生在2012年，不适用《中华人民共和国民法典》（本案例以下简称《民法典》）及《中华人民共和国个人信息保护法》（本案例以下简称《个人信息保护法》），蔡某的诉请没有相应请求权基础，且已过诉讼时效。

二审中，因甲航空公司已提供相关信息，蔡某放弃对甲航空公司的诉讼请求。

【案件焦点】

1. 本案是否适用《民法典》和《个人信息保护法》；2. 蔡某要求乙公司、某票务处披露的信息是否属于个人信息；3. 蔡某的诉讼请求是否已过诉讼时效；4. 乙公司、某票务处应否披露相关信息。

【法院裁判要旨】

广东省广州市黄埔区人民法院经审理认为：关于本案是否已过诉讼时效。根据《中华人民共和国民法通则》第一百三十五条、第一百三十七条规定，向人民法院请求保护民事权利的诉讼时效期间为二年，法律另有规定的除外。诉讼时效期间从知道或者应当知道权利被侵害时起计算。蔡某已于2012年7月9日乘案涉航班前往青岛，可见，其当时即知晓第三方为其订票，其于2022年10月27日向法院提起诉讼已超过诉讼时效。

关于甲航空公司、乙公司、某票务处是否存在侵害袁某个人信息权益的行为。个人信息是以电子或者其他方式记录的能够单独或者与其他信息结合识别特定自然人的各种信息，包括自然人的姓名、出生日期、身份证号码、生物识别信息、住址、电话号码、健康信息、行踪信息等。自然人的个人信息受到法律保护，任何组织、个人不得侵害自然人的个人信息权益。侵害个人信息权益的行为必须有两个构成要件：一是行为人实施侵害个人信息权益的行为，二是发生了损害他人权利的后果。本案中，蔡某提交登机牌及载明行程单的邮件，并确认已实际乘坐了上述航班，其在本案中要求甲航空公司、乙公司、某票务处提交能够证实上述事实的载体，该诉请无法律依据，且因该航班距今已逾十年之久，某票务处辩称无法提供亦合乎情理。且现有证据无法证实甲航空公司、乙公司、某票务处存在侵害蔡某的个人信息权益或者隐私权的情形。

广东省广州市黄埔区人民法院依照《中华人民共和国民法通则》第一百三十五条、第一百三十七条，《中华人民共和国民事诉讼法》第六十七条规定，判决：

驳回蔡某的全部诉讼请求。

蔡某不服一审判决，提起上诉。

广东省广州市中级人民法院经审理认为：关于法律适用问题。案涉订票行为发生在2012年，早于《民法典》和《个人信息保护法》开始施行的时间，根据法不溯及既往的原则，对当时的个人信息处理行为不应适用前述法律。但蔡某诉求的本质，并非对当时的信息处理行为主张权利，而是基于个人信息权益，要求个人信息处理者向其“披露”个人信息。“披露”实质是在主张行使其个人信息查阅复制权。经查明，甲航空公司对于蔡某个人信息的存储延续至《民法典》和《个人信息保护法》施行后。乙公司、某票务处对蔡某请求的拒绝也发生于《民法典》和《个人信息保护法》施行后。因此本案关于个人信息查阅复制权的纠纷可以适用《民法典》和《个人信息保护法》。

关于蔡某要求某票务处、乙公司披露的信息是否为个人信息。根据《民法典》和《个人信息保护法》，“识别性”与“关联性”是个人信息的主要特征，有载体记录的与已识别或者可识别的自然人有关的各种信息属于个人信息。参考国家标准《信息安全技术个人信息安全规范》（GB/T35273-2020），附录 A 载明“判断某项信息是否属于个人信息，应考虑两条路径：一是识别，即从信息到个人，由信息本身的特殊性识别出特定自然人，个人信息应有助于识别特定个人；二是关联，即从个人到信息，如已知特定自然人，由该自然人在其活动中产生的信息（如个人位置信息、个人通话记录、个人浏览记录）即为个人信息”。本案中，蔡某要求某票务处和乙公司披露的信息是案涉机票订票付款信息，包括向其订票付款之人的身份信息、付款金额、付款时间、付款方式、付款事由等信息。该机票是以蔡某为乘机人进行订购的，在某票务处、乙公司的系统中，蔡某是已知的可识别的自然人，系统中记录的与蔡某有关的信息在宏观上可纳入个人信息的保护范围。但个人信息的界定高度依赖场景，保护范围应综合考虑场景特点、信息处理目的与处理行为风险等因素。

本案的场景是，第三方通过乙公司、某票务处为蔡某购买了案涉机票，蔡某成为机票代买服务的对象和航空服务的对象，是该交易不可或缺的当事人。一方面，订票第三方信息与蔡某之间形成了很强的“关联性”，此种关联性体现在：第一，信息来源的关联性，第三方使用了蔡某身份信息为其购买机票，是票务系统中关于蔡某一切个人信息的来源；第二，主体的关联性，蔡某作为服务对象，该服务的订票付款信息与服务对象不可分割；第三，权利义务的关联性，相关服务与蔡某的合法权益产生了直接联系，如果不知情可能对蔡某带来不可预知的风险。另一方面，客观上订票付款信息与蔡某之间的“识别性”较弱，单纯的订票付款信息无法起到直接识别的作用，但与其他信息结合，通过分析时间、空间、现实社会关系仍存在识别可能。

综上，订票付款信息本质上是系统中个人信息的来源信息，同时具备“关联性强”“识别性弱”的特点，可以请求查阅和复制。基于“关联性强”，根据《个人信息保护法》的规定，可以认定为个人信息；基于“识别性弱”，应严格认定个人信息保护范围。本案中，蔡某个人信息来源的主体信息、时间信息具有较强的“关联性”，属于个人信息保护范围。

关于诉讼时效问题。蔡某作为个人信息主体，针对曾经收集、处理过其个人信息的某票务处和乙公司，有权请求查阅、复制其个人信息。个人信息保护有关内容规定在《民法典》的人格权编，个人信息具有人格权益，个人信息处理者拒绝查阅复制请求的，个人根据《个人信息保护法》和《民法典》的规定，有权提起诉讼。

蔡某为信息主体，要求行使信息查阅复制权的行为发生在《民法典》和《个人信息保护法》施行后，并在遭拒绝后一年内提起诉讼，故其起诉不应被认定为超过法定诉讼时效。一审法院对此认定有误，本院予以纠正。

关于某票务处、乙公司应否披露相关信息。《公共航空运输旅客服务管理规定》第二十一条规定："承运人、航空销售代理人、航空销售网络平台经营者、航空信息企业应当保存客票销售相关信息，并确保信息的完整性、保密性、可用性。前款规定的信息保存时间自交易完成之日起不少于 3 年。法律、行政法规另有规定的，依照其规定。"本案中，蔡某乘机的时间距今已过 10 年，远超过合理保存期限，且蔡某没有证据证明乙公司、某票务处仍保留相关信息。在此种情况下，要求乙公司、某票务处仍保留并提供 11 年前的有关信息，是对其施加了过重的义务，也与个人信息保护的必要性原则不符。因此蔡某要求乙公司、某票务处提供相关信息的请求没有事实和法律依据，不予支持。

关于蔡某提及的 1984 年《会计档案管理办法》第九条第一款"各种会计档案的保管期限，根据其特点，分为永久、定期二类。定期保管期限分为三年、五年、十年、十五年、二十五年五种"之规定。该《会计档案管理办法》属于行政管理规范，是对单位在进行会计核算等过程中接收或形成的会计资料的管理。蔡某作为接受服务人员，并非交易相对方，本案中尚无证据证明原始凭证必然记载了作为乘客的蔡某个人信息，也无证据证明会计原始凭证的内容具有"识别性"和"关联性"，因此蔡某要求通过会计原始凭证提供其所需信息，没有事实和法律依据。此外，根据 2015 年《会计档案管理办法》第十四条"会计档案的保管期限分为永久、定期两类。定期保管期限一般分为 10 年和 30 年"之规定，如果要求经营者对 30 年间的每一次交易都承担通过查询原始凭证来提供信息的义务，经营者需要付出极不相称的成本，显属于过重的责任，也与常理不合。

广东省广州市中级人民法院依照《中华人民共和国民事诉讼法》第一百七十七条第一款第一项规定，判决：

驳回上诉，维持原判。

【法官后语】

个人信息查阅复制权是数字时代矫正信息主体和信息处理者之间不对等状态的重要权利，是落实知情权的保障，也是其他信息权益得以实现的前提。实践中，权利实现成本过高、权利客体范围仍不明确，导致个人信息查阅权的实现存在困境。本案作为个人信息查阅复制权的典型案例，创新地将第三方信息认定为个人信息的来源信息，澄清了实践中关于查阅复制权的常见误区，对深化司法对个人信息权益保护的深入探索，推动第三方订票模式健康发展，促进对外规则联通具有积极意义。

一、第三方订票模式下的个人信息来源构成个人信息

个人信息是指有载体记录的与已识别或者可识别的自然人有关的各种信息。如何认定个人信息是理论和实践中的难点问题。实践中，应根据个人信息的主要特征“识别性”与“关联性”予以认定，同时个人信息的界定高度依赖场景，其保护范围应综合考虑场景特点、信息处理目的与处理行为风险等因素。

以本案为例，在航空公司的系统中，蔡某是已知的可识别的自然人，系统中记录的与蔡某有关的信息在宏观上可纳入个人信息的保护范围。具体范围应结合场景而定。第三方订票模式的场景是，第三方通过航空公司或者航空公司的代理机构，为特定当事人购买机票，个人成为机票代买服务的对象和航空服务的对象，是该交易不可或缺的当事人。一方面，第三方信息与个人之间形成了很强的关联性，此种关联性体现在：第一，信息来源的关联性。第三方使用了个人身份信息为其购买机票，是票务系统中关于一切个人信息的来源。作为信息主体，个人有权知悉其个人信息的流向。第二，主体的关联性。个人作为机票代买和航空服务的对象，该服务的订购信息与服务对象不可分割。第三，

权利义务的关联性。相关服务与个人的合法权益产生直接联系，如果对第三方订票人不知情，可能对个人带来不可预知的风险与损害。另一方面，客观上第三方信息与个人之间的识别性较弱，单纯的第三方信息无法起到直接识别的作用，但与其他信息结合，通过分析时间、空间、特定社会关系仍存在识别之可能。

综上，第三方为他人订票模式下，第三方身份信息构成个人信息的来源信息，属于个人信息范畴，可以请求查阅复制。本案的认定意见在比较法上亦有类似规定，可促进规则联通。如欧盟《通用数据保护条例》第十五条规定，信息主体有权从信息处理者处知晓其个人信息是否正在被处理，如果正在被处理，则有权查阅个人信息如下信息：（g）当个人信息不是从数据主体那里搜集的，关于来源的信息。

二、诉讼时效问题

本案的诉讼时效是另一个关键问题。一审认为已过诉讼时效。但二审认定，在个人信息领域，应详细分析当事人的诉讼请求、请求权基础和相关案件事实，不应简单以侵权诉讼时效已过为由驳回实体权利。权利人蔡某虽在事实与理由中提及人格权侵权，但其诉求的本质，并非对当时的信息处理行为主张权利，而是基于个人信息权益，要求个人信息处理者向其“披露”个人信息。“披露”实质是在主张行使其个人信息查阅复制权。因《民法典》和《个人信息保护法》生效前发生的个人信息处理行为，可能延续至该两部法律生效之后，根据《最高人民法院关于适用〈中华人民共和国民法典〉时间效力的若干规定》第一条第三款“民法典施行前的法律事实持续至民法典施行后，该法律事实引起的民事纠纷案件，适用民法典的规定，但是法律、司法解释另有规定的除外”之规定，权利人可以请求法律保护其相关个人信息权益。

三、个人信息查阅复制的合理限制

个人信息保护应兼顾各方利益，查阅复制权亦不是绝对权，不应对经营者施加过重的信息保护义务。基于以下几种情形，信息处理者无须响应个人信息主体查阅复制的请求：（1）信息主体已经明确获取该信息；（2）提供这种信息是不可能的，或者信息处理者需要付出不相称的成本；（3）为了实现特定公共利益；（4）根据国家规定需要保密等。基于利益平衡的考虑，实践中如果能够明确个人信息处理者对相关个人信息已超过合理保存期限，且无相反证据证明个人信息处理活动的存续，可认定个人信息处理者不再存储个人信息，对于个人查阅复制的请求不予支持。本案中，没有证据证明个人信息处理者某票务处仍存储、处理蔡某主张的第三方个人信息，在这一前提下，参考保存旅客有关信息的期限规定，蔡某向某票务处主张披露第三方信息，没有事实和法律依据。

编写人：广东省广州市中级人民法院　康玉　衡张钊

七、一般人格权纠纷

68

事业单位根据公务员体检标准对劳动者不予录用，是否构成就业歧视

——梁某诉某医院平等就业权案

【案件基本信息】

1. 裁判书字号

福建省厦门市中级人民法院（2024）闽02民终945号民事判决书

2. 案由：平等就业权纠纷

3. 当事人

原告（上诉人）：梁某

被告（被上诉人）：某医院

【基本案情】

2023年5月10日，市卫生健康委员会（以下简称“市卫建委”）于市卫生健康事业单位招聘考试系统发布《厦门市卫生健康委员会所属事业单位补充工作人员考试简章（2023年5月）》。其中，附件1为《厦门市卫生健康委员会所属事业单位补充工作人员考试报考须知（2023年5月）》，载明：“本次公开招聘体检参照《公务员录用体检通用标准（试行）》《公务员录用体检操

作手册（试行）》《关于修订〈公务员录用体检通用标准（试行）〉及〈公务员录用体检操作手册〉（试行）的通知》（人社部发〔2016〕140号）等文件的要求，特殊岗位有相应体检标准的可另行要求。体检结论以体检医院出具的体检报告为准。”

梁某报名参加某医院的某科中医师招聘。6月29日，厦门市卫生健康事业单位招聘系统对进入体检人员名单进行公示，梁某进入该公示名单。

梁某先后于7月3日和7月19日到某医院进行体检和体检复检，某医院超声检查报告单提示“×××弥漫性病变”。后某医院出具《某医院体检报告》，载明：“根据《公务员录用体检通用标准（试行）》第十条及第十六条，梁某体检不合格，可申诉复检。”收到体检报告后，梁某未申诉复检。7月21日，某医院通知梁某体检结果不合格。庭审中，梁某对其患有×××炎的事实无异议。

梁某请求判令：（1）确认某医院拒绝录用梁某至报考岗位的行为侵犯梁某的平等就业权，构成就业歧视；（2）某医院赔偿梁某交通费、体检费、住宿费、精神损失费共计10573元。

【案件焦点】

某医院不予录用梁某的行为是否构成就业歧视。

【法院裁判要旨】

福建省厦门市湖里区人民法院经审理认为：事业单位具有服务性、公益性、不以营利为目的等特征，其经费来源于国家财政收入，因此决定了其招聘应该更加严格、依法、合规。事业单位招聘适用体检标准，应以具体的规范为依据，以保证体检的公平公正。现行法律、法规对事业单位招聘的体检标准并未有具体统一的规定。《事业单位公开招聘人员暂行规定》第六条规定：“政府人事行政部门是政府所属事业单位进行公开招聘工作的主管机关。政府人事行政部门与事业单位的上级主管部门负责对事业单位公开招聘工作进行指导、监督和管理。”某医院是市卫健委所属事业单位，市卫健委系某医院该次公开招聘工作的主管机关，故某医院参照《公务员录用体检通用标准（试行）》等文件的标准进行体检工作并无不当。梁某的体检结果与《公务员录用体检通用标准（试行）》中关于×××炎的认定标准相符，梁某亦对其患有×××炎的事实没有异议，故某医院判定梁某体检不合格，依据充分。

某医院在招聘之初，即由市卫健委对其体检依据进行了网上公示；梁某在明知上述体检标准的情况下，仍报名参加招聘，表明其自愿接受该体检标准；因梁某体检被查出患有×××炎，某医院决定对其不予录用，系依据《公务员录用体检通用标准（试行）》的相关规定，理据合法充分，不构成就业歧视行为。

福建省厦门市湖里区人民法院依照《中华人民共和国民事诉讼法》第六十七条第一款规定，判决如下：

驳回梁某的诉讼请求。

梁某不服一审判决，提起上诉。

福建省厦门市中级人民法院经审理认为：首先，梁某系根据市卫健委于2023年5月10日发布的《厦门市卫生健康委员会所属事业单位补充工作人员考试简章（2023年5月）》，报名参加某医院某科中医师招聘，即应视为其接受该考试简章的相关要求。因此，梁某上诉主张其报考的为事业单位而非行政机关，认为不应适用《公务员录用体检通用标准（试行）》，缺乏依据。其次，梁某对患有×××炎无异议，也与某医院的相关体检情况相符，而由于《公务员录用体检通用标准（试行）》中明确将×××炎列举为体检不合格的情形，某医院依据《公务员录用体检通用标准（试行）》的相关规定判定梁某体检不合格并不予录用，系执行市卫健委所发布的招考简章规定，不宜认定某医院存在就业歧视。

福建省厦门市中级人民法院依照《中华人民共和国民事诉讼法》第一百七十七条第一款第一项规定，判决如下：

驳回上诉，维持原判。

【法官后语】

平等就业权是劳动者依法享有的一项基本权利，包括劳动者平等获得职业、取得报酬、享受社会保险和福利的权利等。享有平等就业权是劳动者人格独立和意志自由的表现，侵害劳动者的平等就业权会极大地伤害劳动者的人格尊严，进而对人的精神健康、身体健康造成损害。《中华人民共和国就业促进法》第三条也规定，劳动者就业，不因民族、种族、性别、宗教信仰等不同而受歧视。明确将“民族、种族、性别、宗教信仰”列为认定用人单位是否构成不合理差别对待的事由。那么平等就业权中的“平等”是否意指毫无差别？是否所有的差异都构成就业歧视？实践中，由于用人单位的特殊性质、工作种类的特殊化等因素，用人单位需要设置差异化录用标准，此类行为是否构成就业歧视，应具体考量以下因素：

一是用人单位自身的特殊性。以本案为例，用人单位某医院系事业单位，与一般的用人单位相比，其招聘工作对平等、合法、合规有更严格的要求，其体检标准应以具体的规范为依据。在现行法律、法规对事业单位招聘的体检标准并未有具体统一规定的前提下，事业单位招聘体检参照适用公务员标准，使得招聘体检工作有章可循，保证了招聘工作的有序开展。此外，某医院根据其主管机关的招聘工作要求，参照《公务员录用体检通用标准（试行）》等文件的标准进行体检工作并无不当。要将用人单位自身是否存在特殊性，作为判断用人单位是否存在就业歧视的重要考量因素，去判断用人单位的区别对待行为是否合理，而非将用人单位的所有区别对待行为均视为就业歧视。

二是招录条件及流程是否合理合规。用人单位的招录标准必须依法告知劳动者，向劳动者明确招录的具体要求，流程必须公开透明。本案中，市卫健委于事前一定期限内明确向社会公众告知其适用公务员体检标准，梁某亦据此报名参加某医院的招聘，应视为其接受相关招聘要求。在能够认定梁某患有×××炎，且其明知《公务员录用体检通用标准（试行）》将此列举为体检不合格的情形，某医院据此判定梁某体检不合格并不予录用，系执行市卫健委发布的招考简章规定，不属于就业歧视。

三是职业本身的内在要求。部分职业对劳动者的体质、专业技能、工作技能、职业资格等有特殊的要求。例如，高强度的矿井地下作业要求为男性，医生、律师从业需要有相应的职业资质等。在此基础上，用人单位实施的区别对待行为，系从职业本身的内在要求出发，其要求与工作岗位具有内在关联性，不构成就业歧视行为。

四是用人单位是否存在主观过错，劳动者是否因用人单位的区别对待行为遭受了不利的侵害后果。如用人单位简单基于劳动者的性别、地域等原因而在劳动者就业时给予区别对待，使得劳动者无法获得平等的就业机会，阻碍其合法地获得社会资源、参与分配，劳动者感到人格受到排斥和侮辱，乃至于产生精神损害，在此种情形下，劳动者享有停止侵害、消除影响、赔礼道歉、精神损害赔偿等请求权，有权要求用人单位承担相应的民事责任。

编写人：福建省厦门市湖里区人民法院　陈辉峰　谢逸萱

69

声音利益的法律性质及侵权形态的认定

——邢某某诉龙某某网络侵权责任案

【案件基本信息】

1. 裁判书字号

广州互联网法院（2023）粤0192民初2432号民事判决书

2. 案由：网络侵权责任纠纷

3. 当事人

原告：邢某某

被告：龙某某

【基本案情】

邢某某系电商主播。2022年11月至12月，龙某某使用案涉账号在某短视频平台发布含邢某某姓名、肖像、声音的视频102个，视频标题为《#邢某#KN95口罩#n95口罩#……》《#邢某#优质农产品#助农#五常大米……》等，内容为经剪辑的邢某某在直播间介绍口罩、大米等商品的口述解说直播视频片段。视频内设置有“同款”商品链接，消费者点击链接后会进入不同短视频平台商户运营的商品购买页面。购买页面显示：售价28.9元至29.9元的口罩销量约2万；售价为29.9元至118元的大米销量达到数十万。现案涉视频均已被删除。邢某某认为龙某某未经其授权或同意，擅自在短视频平台账号发布含有邢某某姓名、肖像、声音的直播切片，以达到吸引用户流量、增加商品销量的目的，严重侵害其姓名权、肖像权、声音利益，请求龙某某赔偿经济损失（含合理开支）45000元。

【案件焦点】

龙某某是否侵害了邢某某的姓名权、肖像权及声音利益。

【法院裁判要旨】

广州互联网法院经审理认为：

一、龙某某是否侵害了邢某某的姓名权、肖像权、声音利益

关于姓名权。自然人有权依法许可他人使用自己的姓名，未经自然人许可，他人不得擅自使用其姓名。案涉视频虽然未直接使用邢某某的姓名，而是以“邢某”代称邢某某，但邢某某作为有一定知名度的电商直播带货主播，其长期使用“邢某”作为网络昵称并以此称号进行带货，一般社会公众会将“邢某”与邢某某联系起来，认为“邢某”即指向邢某某。案涉视频使用“邢某”作为视频标题销售商品，会让社会公众认为案涉销售的商品即为邢某某推荐，造成公众混淆。龙某某未经许可使用邢某某网名，侵害了邢某某的姓名权。

关于肖像权。肖像权人具有依法制作、使用、公开、许可他人使用肖像的积极权能，同时有禁止他人未经本人许可使用肖像的消极权能。龙某某未经邢某某许可，在案涉商品链接中使用含有邢某某肖像的直播视频剪辑片段用以推广类似商品，构成对邢某某肖像的商业使用，侵害了邢某某肖像中包含的商业

价值利益，不属于法律规定的合理使用情形，构成对邢某某肖像权的侵害。

关于声音利益。自然人的声音是一种人格利益，受人格权保护。每个自然人个体的声音都具有一定特殊性，声音也因此具有一定的身份识别功能，可以对外展示个人行为和身份，具有一定的人格属性。在互联网时代，声音不仅承载精神利益，也包含一定的经济价值，能够成为商业化利用的对象。邢某某作为电商直播带货主播，在直播过程中通过其独特的嗓音、流畅的表达、声音中传递的饱满热情等展示商品，提高消费者的购买欲望，其声音不仅承载其个人的精神利益，也因其特有的感染力而具有一定的经济价值。龙某某未经许可在案涉短视频中使用邢某某的声音，通过“搬运”邢某某推荐同类商品时的声音到案涉视频中，以达到邢某某为其销售的案涉商品做推荐的目的，使得邢某某可因许可其声音使用而获得的经济利益减少，也可能会让社会公众对邢某某的形象产生质疑，侵害了邢某某的声音利益。

综上，龙某某侵害了邢某某的姓名权、肖像权及声音利益。

二、龙某某应如何承担民事责任

邢某某作为具有一定知名度的电商主播，其肖像、姓名、声音利益具有相应的经济价值。龙某某对邢某某肖像权、姓名权、声音利益的使用会让不明真相的社会公众误认为邢某某为龙某某销售的商品作推荐，致使邢某某人格权权能中包含经济利益的部分受损，应当对非法使用邢某某肖像、姓名、声音利益造成的经济损失予以赔偿。邢某某提交了其因本案诉讼支付的律师费凭证，综合考虑龙某某对邢某某肖像、姓名、声音的具体使用方式、数量、商品销量、侵权持续时间、邢某某的知名度等因素，依法酌定龙某某赔偿邢某某经济损失8000元（含合理开支）。

广州互联网法院依照《中华人民共和国民法典》第一千零一十二条、第一千零一十四条、第一千零一十七条、第一千零一十八条、第一千零一十九条第一款、第一千零二十三条第二款、第一千一百八十二条，《最高人民法院关于审理利用信息网络侵害人身权益民事纠纷案件适用法律若干问题的规定》第十二条第一款规定，判决如下：

一、被告龙某某赔偿原告邢某某经济损失8000元（含合理开支）；

二、驳回原告邢某某的其他诉讼请求。

宣判后，双方当事人均未上诉，一审判决生效。

【法官后语】

本案系网络领域中行为人为提高自己的商品销售量，未经许可擅自“搬运”他人直播片段，侵害他人声音利益的新型纠纷。声音利益作为一项“新型权利”，虽然《中华人民共和国民法典》第一千零二十三条为裁判此类新型案件提供了规范依据，但仅是对声音利益的保护作出参照适用的规定，缺乏具体化指引。本案基于自然人声音作为独立人格利益之地位，明确声音受法律保护应以该声音具备可识别性为基础前提，参照肖像权保护规定确立声音利益侵权成立的裁判规则，为在司法实践中认定声音利益侵权提供参考，并补强论证了声音的财产利益具有保护上的正当性，可为类似声音利益侵权纠纷之审查认定提供参考。

一、自然人的声音是具有相对独立性的人格利益

从法解释论的视角对《中华人民共和国民法典》第一千零二十三条予以解读可知：第一，自然人声音尚不属于独立的具体人格权。《中华人民共和国民法典》未采用“声音权”的术语，可见并未将声音利益确立为独立的人格权，而是通过类推适用有名权利的保护规范，以达到保护与有名权利客体相似的“新型权利”客体的目的。第二，自然人声音不同于一般人格权。声音具有明显的特征标识与侵害方式，其所涵盖的内容能够与一般人格权形成明显区分。而一般人格权的抽象程度更高、侵害方式不明，其所涵盖的人格利益具有大体相似的内容，欠缺独立性。故对声音的保护应当参照肖像权的保护模式，使自然人的声音利益获得更妥当、充分的保护。第三，自然人声音具有获得独立保护的价值。声音与姓名、肖像等同属标表型人格权，是能够标识自然人身份的人格标识。就人格利益而言，声音具有独特性和识别性，足以成为一项独立的人格利益；就经济价值而言，声音侵权导致的损失具有可计算性，声音被侵权导致权利人财产利益受损的应当也能够得到合理赔偿。故即使自然人声音尚不

属于具体人格权，但将自然人声音视为独立人格利益进行保护具备正当性和实操性。

本案中，邢某某系具有一定知名度的直播电商主播，龙某某未经许可“搬运”邢某某推荐同类商品时的良好形象、独特声音到案涉视频中，致使听众混淆，以期获得更大的经济利益。龙某某的该侵权行为虽然同时涉及邢某某的姓名、肖像及声音等多种人格权益，但不可否认邢某某的独特声音是影响其带货能力的关键因素，应单独得到保护。本案从司法实践的角度明确自然人的声音是一种独立的人格利益，受人格权制度保护。

二、声音保护以可识别性为前提

声音利益之所以能够作为一种人格利益，彰显自然人个体所具备的特殊性，在于声音具备可识别性，即该声音能够指向特定主体。针对声音的侵害行为均以该声音具备可识别性为基础前提，若声音混淆，难以区分声音归属主体，则相关声音的权益主张无疑沦为空谈。对于识别性的标准可从两个角度考虑：第一，区分名人和非名人声音的可识别性标准。名人的声音传播范围较为广泛，影响力更强，具有的商业价值也更高，因此，在认定其可识别性时，需要适用较为严格的普通人识别标准。而一般人的声音在普通大众面前很难具有可识别性，只有在其社交范围内的特定人耳中，才会是“特别”的存在。为了保护每个人的声音，非名人的声音宜适用社交特定人识别标准。第二，区分特定行业领域声音的可识别性标准。如果某个自然人的知名度仅限于某一行业（如主播行业），则以该业界的普通听众能否识别来加以判断，而不是以社会一般听众能否识别来判定。唯有如此，才可以对声音的可识别性进行合理的认定。

本案中，邢某某系某短视频平台主播，在电商领域拥有一定知名度，但其知名度尚未达到众所周知程度，而是限于观看其直播的特定群体中，故应以该业界的普通听众能否识别邢某某的声音来判断其声音的可识别性。从业界听众角度，邢某某在直播过程中通过其独特的嗓音、流畅的表达、声音中传递的饱满热情等展示商品，提高消费者的购买欲望，其声音具有可识别性。

三、恶意嫁接主播带货口播属于擅自利用他人声音的侵权行为

因声音不属于具体人格权，声音利益的侵害方式未得到法律明文规定，仅参照适用肖像权保护的有关规定。因此，较为典型的声音利益侵害方式有：擅自录制他人声音；擅自利用他人声音；擅自公开他人声音；非法剪辑他人声音。

行为人实施上述侵权为的，还要考虑是否存在合理使用阻却行为违法性的问题。《中华人民共和国民法典》第九百九十九条规定了人格权的合理使用规则，即为公共利益实施新闻报道、舆论监督可以合理使用民事主体的姓名、名称、肖像、个人信息等。在解释上，应认为这里的"等"包括声音；第一千零三十六条规定了肖像权合理使用的补充与细化制度，声音也需要依据其特殊用途设置细化的合理使用规则。具体来说：第一，以个人学习、课堂教学、艺术欣赏、科学研究为目的，使用他人已经公开的声音，不具有利用该声音所蕴含经济利益的高度可能性的情况下，该声音使用行为构成合理使用。第二，与肖像权相似，基于新闻报道和履行职务的目的，可以录制、使用或公开声音，无须权利人的同意。第三，对于维护公共利益或其本人利益的情形，使用或公开其声音，无须权利人的同意，但在维护其本人利益的情形，其范围要比肖像权更窄，因为声音的可识别性要弱于肖像。第四，对于《中华人民共和国民法典》第一千零二十条第四项关于展示特定公共环境的规定，更多地适用于名人，而不适用于普通人，因为一般而言普通人声音的可识别性比名人要弱。

恶意嫁接主播带货口播显然不构成对声音的合理使用。本案中，龙某某未经许可将邢某某推荐同类商品时的直播切片"搬运"至其销售页面，伪造成邢某某为其销售的商品带货的假象，以达到增加商品销售量、提高商品销售额等目的，构成擅自利用他人声音，侵害了邢某某对其声音享有的财产性利益。而且，案涉邢某某带货的直播切片虽然是已合法公开的音视频，但龙某某以营利为目的进行使用，让人产生邢某某与其产品之间存在关联的错觉，贬损了邢某某声音的广告价值，不属于合理使用范畴，构成侵害邢某某的声音利益。

编写人：广州互联网法院　麦应华　许燕玲

70

可标识个人身份的影视原声受声音权益保护的法律适用和认定标准

——孙某某诉甲科技公司、乙科技公司声音保护、一般人格权案

【案件基本信息】

1. 裁判书字号

成都铁路运输中级法院（2023）川71民终839号民事判决书

2. 案由：声音保护纠纷、一般人格权纠纷

3. 当事人

原告（上诉人）：孙某某

被告（上诉人）：甲科技公司、乙科技公司

【基本案情】

孙某某系影视演员。某电视剧系由孙某某主演的一部警匪电视剧，“某某买瓜”是其中的一段情节，剧中孙某某饰演的角色“某某”未使用配音演员。

2021年8月31日，甲科技公司开发完成“某游戏软件V1.0”。甲科技公司在T××游戏平台上注册账号为“某工作室”，该账号系案涉游戏在T××游戏平台的供应商；乙科技公司系案涉游戏在应用程序商店中的供应商。某游戏内存一段长约29秒的游戏视频内容，孙某某举示的取证保全视频中，分别包含应用商店和T××游戏论坛中案涉游戏的预览视频与下载游戏后在应用程序内的游戏视频，其中平台预览视频与游戏应用程序内视频声音语速、音色存在明显差异。孙某某主张其中游戏应用程序内视频声音系其本人声音。案涉游戏在T××游戏平台中“开发者的话”界面显示“众所周知，我们喜欢玩梗，万物皆可游

戏是我们的理念，这次某某买瓜的梗这么经典我们又忍不住玩了起来……”玩家评论页面中多次提到“某哥”“孙某”等称呼。

【案件焦点】

1. 案涉游戏中的声音是否具有可识别性；2. 原告孙某某是否享有依法受保护的声音权益；3. 被告是否构成对原告声音权益的侵害；4. 被告的案涉行为是否侵害原告孙某的一般人格权。

【法院裁判要旨】

成都铁路运输第一法院经审理认为：

一、甲科技公司、乙科技公司是否侵害孙某某的声音权益

（一）案涉游戏中的声音是否具有可识别性

基于对声音保护系参照适用肖像权保护的有关规定，依法受声音权益保护的声音应具备“可识别性”。孙某作为知名影视演员，对其声音的识别应当以一般社会公众认知作为识别标准，将识别范围确定为一般社会公众而非特定人群范畴。在案涉游戏评论区中游戏玩家留言多次提及“某哥”“孙某某”。在一般社会公众的认知范围内，普通玩家可以识别出案涉游戏音频系孙某某的声音。此外，通过将案涉音频与某电视剧原音进行比对，结合甲、乙二公司关于“识别指向的是某电视剧中的角色”等抗辩意见，能够确认案涉音频来源于某电视剧中的原音片段，在排除存在配音演员的情况下，声音的主体可以对应到剧中角色的演员，综上，案涉音频可以与孙某某产生对应联系，具备可识别性。

（二）孙某某是否享有依法受保护的声音权益

自然人的声音，是自然人利用发声器官振动所产生的能够被听觉识别的波，因音色、音调、音量不同，具有唯一性和稳定性。声音作为特定人的外在表征，同肖像一样，系标表自然人的人格标志，具有人格权属性。参照肖像权保护的规定，自然人声音权益是以声音所体现的人格利益为主要内容的民事权益，关系着自然人的人格尊严及形象评价，其权利内容包括声音的制作、声音的使用、声音的公开以及声音的许可等。应当注意的是，对于自然人声音保护的客体系

能够识别指向某个具体自然人的声音本身，既非声音的载体形式，也非声音所表现出来的内容。声音本身作为特定人的外在表征，特定人所享有的人格利益通过声音这一表现形式得以体现，该种表征一方面承载着自然人的精神利益，另一方面又包含着一定的经济利益，故孙某某享有受保护的声音权益。

本案中，甲、乙二公司抗辩其案涉行为应属于《中华人民共和国著作权法》中“表演者权”的权利规制范畴，不应适用人格权保护的规定。首先，无论是影视剧作品或是公开的代言广告，声音权益主体对于能够经过比对识别、联系到其自身的声音，都依法享有受保护的权益；其次，声音权益与表演者权在保护客体中存在明显区分，表演者权和声音权益是单独且分开的权利，应当平等获得保护；最后，甲、乙二公司未经孙某某本人同意、未取得孙某某许可使用其表演作品的著作权人授权同意，制作或发布带有孙某某声音的游戏，孙某某有权就其声音权益请求法律保护。

（三）甲、乙二公司是否构成对孙某某声音权益的侵害

案涉游戏声音源于影视原声，被告甲科技公司既未取得影视作品著作权人的同意，亦未取得孙某某本人的同意，在其开发的游戏中使用了带有孙某某声音的音频用作游戏配音，通过“玩梗”的方式吸引玩家流量，用于商业化使用，明显不属于对声音合理使用的范畴，构成对孙某某声音权益的侵权。乙科技公司在未取得影视作品著作权人或表演者本人同意的情况下，将案涉游戏在应用商店上架发布的行为亦构成声音权益侵权。

二、关于甲、乙二公司的案涉行为是否侵害孙某某的一般人格权

一般人格权是相对于具体人格权而言的法律概念，具备高度的抽象性与概括性，属于对自然人人格保护的“兜底”性权利，既是孕生具体人格权的土壤，亦独立于具体人格权之外，为社会发展中可能出现的新型人格利益上升为独立的权利形态预留法律空间。在现行法未就相关权益保护作出具体规定时，当事人基于人身自由与人格尊严为基础的其他人格利益受损而寻求法律保护的，应当适用一般人格权保护的规定。因此，就一般人格权保护的适用，应当基于发生侵害不能为具体人格权所包含的人格利益的行为为前提，且受侵害的人格

利益符合一般人格权所承载的价值。权利人行使的请求权无法被具体人格权规定所涵盖的，应当适用一般人格权保护的规定。案涉游戏的人物形象要素设计实际来源于电视剧中的角色“刘某某”的设定，在游戏制作中也未明显偏离原剧设定，从行为后果看，虽在游戏画面中插入了包含孙某某本人声音的影视原音，但该游戏角色指向的是电视剧中人物“刘某某”。无法将案涉游戏角色形象中的反派人格形象定义为对孙某某本人的社会认识与评价，即对案涉游戏中反面角色的价值评价，并不当然等同于对孙某某的人格价值和社会价值的认识和评价。基于此，因识别指向的关系中断，孙某某关于一般人格权侵权的主张不能成立。

三、甲科技公司、乙科技公司应当承担何种民事责任

甲科技公司作为案涉游戏制作者、发布者，乙科技公司作为案涉游戏的发布者，孙某某主张其承担共同侵权责任成立。关于甲、乙二公司责任承担的具体方式，本院评析如下：

关于赔礼道歉。综合考虑案涉游戏的发布平台及影响范围，本院酌定由甲、乙二公司在T××游戏论坛中使用案涉游戏发布账号“某工作室”发布对孙某某赔礼道歉的声明，保留期限酌定为十五日，道歉内容须经本院审核。

关于赔偿损失。本案当事人未举证证明被侵权人因侵权行为受到的损失或者侵权人因此获得的利益。基于本案系声音权益侵权，在衡量经济赔偿时仅需考虑声音本身，即声音对应自然人的知名度、声音可识别性、声音本身的商业化利用价值。对于声音的载体即某电视剧的知名度、商业价值，声音的内容即剧本台词、网络热梗不属于本案衡量经济损失的考量因素。基于此，综合考量孙某某个人的知名度、侵权人的主观过错、侵权行为的持续时间、案涉声音对游戏商业化使用的影响程度、侵权行为的表现形式、侵权行为的影响范围及后果等因素，酌定甲科技公司、乙科技公司赔偿孙某某经济损失30000元。

成都铁路运输第一法院依照《中华人民共和国民法典》第一百零九条、第一百一十条、第一百七十九条、第九百九十条、第一千条、第一千零一十八条、第一千零一十九条第一款、第一千零二十三条第二款、第一千一百六十八条、

第一千一百八十二条、第一千一百八十三条，《中华人民共和国民事诉讼法》第十三条第二款、第六十七条第一款规定，判决如下：

一、被告甲科技公司、被告乙科技公司于本判决生效之日起十日内在 T×× 游戏论坛中使用账号“某工作室”发布对原告孙某赔礼道歉的声明（道歉声明保留时间不得少于十五日，赔礼道歉内容须事先经本院审查）；

二、被告甲科技公司、被告乙科技公司于本判决生效之日起十日内赔偿原告孙某经济损失 30000 元；

三、驳回原告孙某的其他诉讼请求。

孙某某和甲科技公司、乙科技公司均不服一审判决，提起上诉。

成都铁路运输中级法院经审理认为：关于本案适用声音权益是否恰当。著作权项下的“表演者权”和人格权属性的“声音权益”各自具有独立的内容，声音作为特定的外在表征，自然人是否享有声音权益，关键要考察作品中的声音是否“可识别”，如果作品中的声音具备可辨认性、能够指向具体自然人，则声音权益主体就享有受保护的民事权益。在案涉游戏评论区中游戏玩家留言多次提及“某哥”“孙某某”，说明在案涉游戏场景中，普通游戏玩家能够将案涉游戏音频中的声音与孙某某声音建立指向关系，案涉游戏音频声音具有可识别性，故孙某某享有受保护的声音权益，有权基于该人格利益主张民事权益。

关于案涉行为是否构成对孙某某声音权益的侵害。甲科技公司未取得孙某某本人的同意，在其开发的游戏中使用了带有孙某某声音的音频用作游戏配音，构成对孙某某声音权益的侵权。乙科技公司在未取得权利人同意的情况下，其发布行为亦构成声音权益侵权。

关于案涉行为是否侵害孙某某的一般人格权。一般人格权是相对于具体人格权而言的法律概念，在民事主体主张的人格权益无法归入生命权、身体权、健康权、姓名权、名称权、肖像权、名誉权、荣誉权、隐私权等具体人格权时，民事主体可以基于人格尊严、人格利益在一般人格权项下寻求救济。结合案涉游戏场景、人物特征、语言内容等，案涉游戏人物设定指向的是剧中人物“刘某某”，孙某某虽曾出演该影视角色，但作为表演者孙某某是通过自身肢体、表情、声音等塑造“刘某某”这一影视角色，并非展现孙某某本人人格形象。故，无论是否完全复刻原影视台词，若游戏角色未偏离影视作品“刘某某”角色设定，则一般公众认知并不会将游戏角色形象中的负面人格与孙某某本人产生直接的对应关系，案涉行为不构成对孙某某一般人格权侵权。

关于一审酌定赔偿金额是否恰当。本案当事人未提交证据证明被侵权人因侵权行为受到的损失或者侵权人因此获得的利益。一审法院根据本案侵权的认定情况，行为人过错程度，侵权行为持续时间、方式、场合以及因侵权行为造成的后果，依法酌定甲科技公司、乙科技公司赔偿孙某某经济损失30000元并无不当，依法予以维持。

成都铁路运输中级法院依照《中华人民共和国民事诉讼法》第一百七十七条第一款第一项规定，判决如下：

驳回上诉，维持原判。

【法官后语】

《中华人民共和国民法典》将自然人声音权益纳入人格权体系予以保护，实践中有关声音权益的纠纷案件越来越多。本案裁判提示，对于声音权益侵权纠纷，首先应当明确声音权益获得法律保护以可识别性为前提，这种可识别性不受声音载体的表现形式或者内容影响，此外还需要平衡声音权益保护与合理使用的界限。

一、声音权益属于人格权的保护范畴，应当以可识别性为前提

首先，声音具有人格属性。声音作为特定人的外在表征，同肖像一样，系标表自然人的人格标志，具有人格权的属性。作为人格特征之一的自然人的声音，也是特定自然人可以被识别的外部（声音）形象，因此享有人格权的保护。其次，声音的保护客体应当为声音本身。声音权益的客体中并不需要特定的内容，声音权益保护的仅为声音本身，并不包括声音的内容或形式。涉及声音内容或形式的部分可以寻求隐私权、个人信息权益、著作权等其他民事权利请求权基础予以保护。最后，“可识别性”是声音受保护的前提。特定自然人的声音能否受到法律保护，取决于该特定自然人的声音是否具有可识别性，即

通过该声音特征能否识别出与之对应的特定自然人。由于公众人物具有一定知名度和曝光度，普通大众对其声音的识别较为容易，因此，应以普通大众能否识别为标准。

二、声音权益的保护不受声音载体的表现形式影响，亦无关乎声音表现的具体内容

自然人的声音既可以作为声音人格权益受到保护，也可以受到著作权、表演者权、录制者权的保护，两种权利之间仅仅是聚合，而非吸收。究其比较，(1) 在保护客体方面，表演者权保护的是权利主体在表演作品过程中的创造性劳动，其保护的是表演。声音权保护的内容是基于音色、音调、分贝等形成的不同变化特色的声音本身，而非声音所表现出来的内容和形式。(2) 在保护范围上，表演者权保护的范围较小，因表演的使用形式较为单一，所以表演者权的内容包括现场直播、录音录像、录音录像制品复制发行、信息网络传播的许可权，但表演声音的商业化使用以及其他使用方式将难以受到表演者权的保护。而声音权益的保护并不受到声音使用形式、使用途径的限制。(3) 在法律关系性质上，表演者权是知识产权的保护范畴，其侧重体现财产价值。而声音权益保护的是权利人的人格利益，其侧重体现人格属性。(4) 在法律适用上，《中华人民共和国民法典》规定了在肖像作品涉及他人肖像时，肖像作品权利人不得随意行使著作权。若作品中包含自然人的声音，则声音作品权利人不经声音权利人的同意，不得以行使著作权的方式公开或使用他人的肖像及声音，否则即构成侵权。[①] 表演者权和声音权益可能发生竞合，但究其本质二者是不可混同的。《中华人民共和国著作权法》对单独使用他人声音或模拟使用他人声音的违法行为尚未作出明确规定，基于《中华人民共和国民法典》对声音保护系参照适用肖像权保护的规定，可以参照肖像权利和肖像作品权利行使的规则以及优先保护肖像权利的规则，寻求声音权益的保护路径，使之与表演者权保护形成互补。

---

① 严佳颖：《人工智能时代声音参照肖像权保护之适用研究》，载《海南开放大学学报》2024 年第 1 期。

三、平衡声音权益的保护与合理使用的界限，促进文化产业的繁荣

在互联网经济的大环境下，许多传播行为或多或少能带来经济效应。在界定特定主体声音权益法律保护边界上，既要遵循既有法律对自然人人身权益的保护规则，也不能忽视附着于这些特定对象上的公共利益。只有在切实保障影视名人等公众人物人格利益的同时，维护个人权益背后更深层的文化创新、文化分享与表达自由等社会公共利益，才能促进不断演进的新技术环境下的文化创新与文化产业健康发展，提高文化强国建设的司法保障。

编写人：成都铁路运输第一法院　吴婷　周相君

71

具有人身意义的特定物及其权利归属的认定

——伍某甲诉麻某某等一般人格权案

【案件基本信息】

1. 裁判书字号

广东省广州市中级人民法院（2023）粤01民终19273号民事判决书

2. 案由：一般人格权纠纷

3. 当事人

原告（被上诉人）：伍某甲

被告（上诉人）：麻某某、伍某乙、伍某丙

【基本案情】

伍某甲为伍某丁与邓某某的女儿，邓某某于2013年死亡。2015年，伍某丁与麻某某未办理结婚登记，举办结婚仪式后共同生活。2020年8月，伍某丁因病死亡。伍某乙、伍某丙分别为伍某丁的兄、姐，伍某丁的父母均先其去世，

除伍某甲外，伍某丁未有其他子女。伍某丁的遗体火化后，骨灰存放于广州市某陵园。2020 年 8 月 20 日，麻某某、伍某乙、伍某丙在未告知伍某甲的情况下，自某陵园取走伍某丁骨灰并于同年 10 月 29 日进行撒海处理。伍某甲称希望父母团聚，但亦尊重父亲的选择。父亲去世后，麻某某、伍某乙、伍某丙将父亲骨灰撒海，事实上无法挽回，对其造成严重的精神痛苦。麻某某、伍某乙、伍某丙称伍某丁生前在不同场合多次口头表示去世后骨灰进行撒海，但未有相关的证据予以证实。伍某甲诉请判令麻某某、伍某乙、伍某丙向其支付精神损害抚慰金 10 万元、书面道歉。

【案件焦点】

麻某某、伍某乙、伍某丙将伍某丁骨灰进行撒海的行为是否侵犯伍某甲的合法权利。

【法院裁判要旨】

广东省广州市荔湾区人民法院经审理认为：骨灰虽客观上属于物品，但包含着遗属对逝者的情感寄托，对遗属具有重要的精神价值，其安置方式必然影响遗属的精神利益，必须审慎妥善。对于骨灰的安置方式，应以逝者生前意愿优先；如逝者生前无明确意思表示，应由其近亲属协商处理；如协商后无法达成一致意见，则宜由顺位靠前的近亲属决定。本案中，未有证据证明伍某丁生前对于其骨灰的安置方式有明确的意思表示，而麻某某并非伍某丁法律意义上的配偶，伍某丁第一顺位近亲属仅有伍某甲，在近亲属之间未进行协商或者协商无法达成一致的情况下，伍某丁的骨灰安置应由伍某甲处理较为合适。麻某某、伍某乙、伍某丙未与伍某甲协商一致，在骨灰已妥善存放于殡仪馆的情况下，擅自采用不可逆的海葬方式处置骨灰，并非当地丧葬习俗，又阻断传统祭奠可能，该行为确有不妥，客观上侵犯了伍某甲对其父亲骨灰安置的权利和祭奠追思权益，造成了伍某甲的精神痛苦，构成侵权，故麻某某等人应向伍某甲书面赔礼道歉，并赔偿伍某甲精神损害抚慰金。结合侵权人的过错程度、侵权行为的方式、侵权行为发生的原因及对伍某甲所造成的精神损害后果等因素，综合麻某某、伍某乙、伍某丙与伍某丁之间的实际身份关系等情况，本院酌定麻某某、伍某乙、伍某丙向伍某甲赔偿精神损害抚慰金 10000 元。

广东省广州市荔湾区人民法院依照《中华人民共和国民法典》第九百九十四条、第一千条、第一千一百六十八条、第一千一百八十三条，《中华人民共和国民事诉讼法》第六十七条第一款，《最高人民法院关于适用〈中华人民共和国民事诉讼法〉的解释》第九十条、第九十二条规定，判决如下：

一、被告麻某某、伍某乙、伍某丙在本判决发生法律效力之日起十五日内向原告伍某甲书面赔礼道歉；

二、被告麻某某、伍某乙、伍某丙在本判决发生法律效力之日起十五日内连带向原告伍某甲支付精神损害抚慰金 10000 元；

三、驳回原告伍某甲的其他诉讼请求。

麻某某、伍某乙、伍某丙不服一审判决，提起上诉。

广东省广州市中级人民法院经审理认为：近亲属对逝者进行祭奠，是中华民族传统文化的传承，是生者表达对逝去亲人哀悼与怀念的一种方式，也是对逝者精神寄托的情感表达形式。伍某甲在伍某丁生前即使未尽充分的赡养义务，但其作为伍某丁唯一的女儿，其享有的吊唁权和祭奠权应受到法律保护，不因亲属间的矛盾纠纷而被剥夺。伍某甲因自身原因或其他考虑未参加伍某丁火化和出殡，但从未明确表示对于伍某丁后事安葬放弃作为女儿的责任。麻某某、伍某乙、伍某丙在决定将伍某丁骨灰撒海前，并未征求伍某甲意见，也未向其作任何告知。退一步讲，即使骨灰撒海是伍某丁生前的愿望和要求，麻某某、伍某乙、伍某丙也应在作出该行为前通知伍某甲，使其能够有机会表达对伍某丁最后的悼念。一审法院结合双方过错程度和侵权方式，判令麻某某、伍某乙、伍某丙承担赔礼道歉和 10000 元精神损害抚慰金支付义务并无明显不当，予以维持。

广东省广州市中级人民法院依照《中华人民共和国民事诉讼法》第一百七十七条第一款第一项规定，判决：

驳回上诉，维持原判。

【法官后语】

本案系侵害自然人具有人身意义的特定物引发的人格权纠纷，在涉及具有人身意义的特定物的权利保护方面具有一定的代表性和典型性。具有人身意义的特定物属于物的一种，其人身意义依附于该特定物，权利人依法享有对该特定物进行支配和排他的权利不受侵害。

一、骨灰对于权利人而言是否为具有人身意义的特定物

是否属于自然人具有人身意义的特定物，核心标准在于该特定物对于权利人而言是否具有特殊的人格利益或身份利益。同一物品，对于不同的个体，所蕴含的精神利益或象征的人身权益是不相同的。

具体到骨灰，在主体关系方面，逝者一般为骨肉至亲，与作为权利人的在世亲属存在最近的血亲关系，具有天然的亲密情感联系；在客体要素方面，亲人的骨灰是权利人寄托情感、表达哀思的承载物；在特征属性层面，亲人骨灰具有不可复制、无法再生的属性，需要专门保管；在经验法则层面，亲人骨灰特别是父母的骨灰对于子女来讲，具有更大的精神意义，是为民众普遍理解、认可的一种精神利益，也是中华民族孝道文化所弘扬、传统习俗普遍存在的一种价值共识。故，本案将涉诉骨灰认定为《中华人民共和国民法典》所保护的自然人具有人身意义的特定物。

二、具有人身意义的特定物的权利归属认定

《中华人民共和国民法典》赋予自然人对具有人身意义的特定物的权利，是一种对该特定物直接支配和排他的权利，包括占有、使用、处分的内容。该特定物基于物的属性而具备的物权，是包含在其中的人身意义的依存基础。即自然人享有特定物所承载的人格身份利益的前提，是依法取得对该特定物的直接支配及排他的权利。具有人身意义的特定物的权利来源主要有原始取得、继受取得和基于身份关系的推定三种方式。

（一）原始取得权利的情形

原始取得权利的类型，主要是在重大人生仪式或重要人生经历等特定场景中产生的特定物，且权利人一般是主要参与人。例如，记录结婚仪式的录像、

与已逝亲人仅存的唯一合影等，这类特定物往往是代表着至亲至爱关系的信物、人生重大仪式节点的见证物。

（二）基于意思表示而继受取得权利的情形

继受取得权利的情形主要是指特定人通过赠与等方式将对该特定物的物权让渡给权利人，权利人由此取得该特定物的物权及特定物包含的人格身份权益。这类情形一般体现在具有深厚感情基础的亲人、恋人、友人之间，一方将承载其形象、风貌、品行等抽象价值的特定物赠送给权利人，主要包括寄托珍贵情感的承载物，家族祖辈传承的身份象征物，重大灾难经历中付出了生命、重大健康代价的恩人的留念物，具有励志意义的精神支撑物等。此种类型下，权利归属主体的变更一般以一方作出特定物赠与意思表示且完成特定物交付之时为标志。

（三）基于身份关系而推定享有权利的情形

这里的推定，主要解决已逝特定人的遗体、遗骨、骨灰及留赠物的权利归属。以本案为例，裁判认为原告享有对涉诉骨灰的支配权及排他权，是基于其与逝者之间存在女儿与父亲的身份关系所作的推定。本案中，逝者生前未对其骨灰处理预先作出安排，亦未作出明确意思表示指定骨灰的权利归属主体，基于家庭伦理，应提倡由逝者近亲属间协商一致确定权利人；在近亲属间未能进行协商或无法达成一致时，可参照适用《中华人民共和国民法典》关于法定继承顺位的规定，结合与逝者生前情感关系亲疏远近，确定权利归属主体及其顺序，一般推定由法定顺位在前的成员取得骨灰的支配权及排他权，如同一顺位存在多位权利人，则推定为共同享有权利。如特定物仅有单一权利人，则由该权利人单独行使权利，同时亦提倡与其他近亲属间协商处理；如存在多位同一顺位的共同权利人，则由共同权利人共同决定；如同一顺位权利人之间仍存在争议，则应结合与逝者生前共同生活家庭成员的意见、同一顺位权利人的多数意见以及当地传统习惯等多重因素进行综合考量。

编写人：广东省广州市荔湾区人民法院　李超彬　何涵晗

72

墓碑建造者不能以未支付费用为由剥夺逝者其他亲属的墓碑署名权益

——周某甲诉周某乙一般人格权案

【案件基本信息】

1. 调解书字号

重庆市第三中级人民法院（2023）渝03民终1474号民事调解书

2. 案由：一般人格权纠纷

3. 当事人

原告（上诉人）：周某甲

被告（被上诉人）：周某乙

第三人：周某丙、周某丁、周某戊

【基本案情】

周某某（已过世）与熊某某婚后生育周某甲、周某乙、周某丙、周某丁、周某戊五个子女。周某某过世后，周某甲、周某乙、周某戊决定共同为周某某和熊某某修建合葬墓，三人同意平均分摊坟墓修建费及相关费用，并由周某乙、周某戊具体实施修建坟墓篆刻墓碑，共计花费2.6万元。在坟墓修建过程中，因周某甲经周某乙催促后未支付分摊的修建费用，周某乙在墓碑上未篆刻周某甲及其家人的姓名。周某甲遂以周某乙该行为侵犯其人格权为由向法院提起诉讼，请求法院判决周某乙更换墓碑，并加刻周某甲及其家人的名字；判决周某乙停止侵害，消除影响，恢复名誉，赔礼道歉和赔偿精神损失2000元。庭审中，周某甲还请求周某乙重新篆刻墓碑并分摊刻碑费用。

【案件焦点】

1. 周某乙未在墓碑上篆刻周某甲及其家人姓名的行为是否构成侵犯人格权；2. 对周某甲更换案涉墓碑加刻名字及精神损害赔偿等请求应否支持。

【法院裁判要旨】

重庆市丰都县人民法院经审理认为：本案系当事人之间因在墓碑上篆刻姓名而产生的争议。根据我国传统的伦理观念和长期形成的民间风俗习惯，祭奠是生者对逝者悼念和寄托哀思的方式，符合我国的善良风俗，相应权利应受法律保护。民间所谓祭奠权属于人格权中的“其他人格利益”，依法应当受法律保护。周某甲作为周某某的子女，依法享有对已故父亲进行祭奠的权利，按传统风俗，墓碑上一般均应篆刻逝者的子女及其家人的姓名，因此周某甲要求在其父亲的墓碑上篆刻上自己及家人的姓名符合法律规定。因周某甲没有支付分摊的修建父亲坟墓的费用，存在过错，周某乙亦同意在分摊坟墓修建费用后由周某甲加刻姓名并自行承担费用，故应由其自行刻碑并承担刻碑费用，周某乙应予以协助。又因周某甲过错在先，且其无证据证明遭受了损失，其主张赔偿精神损失、停止侵害等请求不应得到支持。对于周某某坟墓修建费用的问题，因周某甲、周某乙、周某戊三人明确表示同意在本案中一并处理并由其三人平均分摊，不要求其他人承担，系对自己权利的处分，不违反法律规定，故对修建周某某坟墓费用 10000 元由周某甲、周某乙、周某戊均摊。关于在熊某某墓碑上篆刻姓名及分摊费用的问题，因熊某某在世，为其修建坟墓违反相关政策规定，违背公序良俗，故周某甲主张在熊某某墓碑上加刻姓名的请求不能得到支持。

综上，重庆市丰都县人民法院依照《中华人民共和国民法典》第八条、第九百九十条、第九百九十一条以及《中华人民共和国民事诉讼法》第一百四十七条规定，判决如下：

一、周某乙协助（不阻挠）周某甲在逝者周某某墓碑上篆刻周某甲及其家人的姓名，费用由周某甲自行负担；

二、周某甲分别支付周某乙、周某戊各 1666.5 元；

三、驳回周某甲的其他诉讼请求。

周某甲不服一审判决，提起上诉。

重庆市第三中级人民法院经调解，双方当事人按照一审判决内容达成调解协议，该案调解结案。

【法官后语】

一、墓碑署名权属于人格权，应当受到法律保护

本案系逝者亲属之间因一方未在逝者亲属墓碑上篆刻对方姓名而产生的争议，其实质为因祭奠权引发的纠纷，祭奠权的权益现实表现形式包括对亲人死亡情况的知情权、悼念权、安葬权、墓碑署名权、保持墓碑及坟墓完整权等。中华民族历来有强烈的自我身份确认的意识，墓碑属于逝者坟墓的标识物，是坟墓的重要组成部分，标识和记录着逝者的身份、生平及逝者亲属姓名等。在墓碑上刻名是满足亲属认祖归宗的情结，是对逝去亲人进行悼念和寄托哀思的传统习俗，墓碑上刻名是祭奠权物化的一种体现，能化解亲属逝世带来的痛苦，是一种满足精神需求的纪念性载体。虽然墓碑署名权尚未成为一种类型化的法定权利，但自然人的人身权益范围并不局限于法律明确规定的民事权利。如前所述，墓碑署名权系基于特定身份关系的生者对逝者的哀悼、追思的权利，其客体是一种精神利益，体现了权利人对逝者悼念的行为自由和可能产生的社会道德评价，符合我国社会生活中基本的伦理道德观念和善良风俗，符合一般人格权的内涵，因此，墓碑署名权属于人格权中的"其他人格利益"，应当受到法律保护。

二、享有墓碑署名权的权利主体范围确定应尊重逝者遗愿，并参照法律和民俗习惯

墓碑不仅是逝者墓地的标志，也是承载亲属哀思的纪念物，墓碑上署名具有一定的公示性与长久性。根据我国传统的殡葬礼仪，亲属通过立碑、进行各种祭奠活动来表达对逝者的哀痛和悼念，一般应由逝者子孙或其配偶为其立墓碑。我国传统丧葬文化注重"逝者为大"，墓碑如同逝者的"名片"，行使墓碑署名权的主体及墓碑的内容应充分尊重逝者生前的遗愿。比如，没有形成抚养

关系但尽了赡养义务的继子女等亦可遵照遗嘱在墓碑上署名。在没有逝者遗愿的情况下，为体现孝道和表达哀思，彰显孝悌，墓碑署名权的权利主体可由当事人协商，一般是与逝者有特定的身份关系，尤其是近亲属，通常是按照家族长幼顺序和身份关系远近在墓碑上篆刻姓名。《中华人民共和国民法典》规定，民事主体从事民事法律行为没有法律规定的，可以适用习惯，但是不得违背公序良俗。对于亲属关系复杂、争议较大的，墓碑署名权的主体及权利行使顺位也可以参照《中华人民共和国民法典》关于法定继承顺位的规定，或者参考民俗习惯，根据祭祀、宗谱中亲属关系亲疏远近，确定墓碑署名人员及其顺位。本案中，周某甲作为逝者周某某的长子，周某某并无遗愿排除其祭奠权利，根据法律规定和良善民俗，周某甲及其家人均能参与祭奠逝者，有权在逝者的墓碑上署名，此种民事利益受法律保护。

三、墓碑建造者未在墓碑篆刻其他亲属名字的行为构成侵权

墓碑是逝者最后的身份证明，墓碑署名是身份认同和彰显孝道的重要方式，有着丰富的人格内涵。中华民族传统文化注重代际传承，在现实生活中，若亲属及其家人未在逝者墓碑上署名，会使得社会普遍认为其与逝者有较大的矛盾或者被冠以“不孝”的标签，对未署名人来讲，不仅侵害其家族身份的归属感，也会对其人格产生负面评价，这种评价长久且持续。祭奠与孝善通常联系在一起，墓碑承载着重大的精神寄托，带有道德性质，墓碑漏刻名字不仅是对逝者的不敬，也侵害了祭奠权人的祭奠利益。因此，保护墓碑署名权不仅保护了权利主体对逝者祭奠的行为自由，维护了权利主体的社会评价和身份认同感，还在一定程度上保护了逝者的人格尊严。从违法行为、损害事实、因果关系和过错程度来分析，本案中，周某乙故意在墓碑上未篆刻周某甲及其家人名字的行为违反法律规定，又有悖公序良俗和伦理道德规范，属于违法行为，该行为侵害了周某甲及其家人的墓碑署名权及相应的精神利益，影响了周某甲及其家人对逝去亲人祭奠权的行使，还可能造成他们的社会评价降低，且行为与损害之间具有直接的因果关系。周某甲未实际分摊修坟费用属于兄弟姐妹之间的经济利益纠纷，本可协商解决，协商不成可寻求法律途径解决，而周某乙通过影

响周某甲及其家人权利的行使来报复周某甲未履行义务的行为，具有明显过错，应当依法承担相应的侵权责任。

四、侵害墓碑署名权的责任承担

侵害墓碑署名权的责任属于一般侵权责任，根据《中华人民共和国民法典》第九百九十五条规定，人格权受到侵害的，受害人有权依法请求停止侵害、排除妨碍、消除危险、消除影响、恢复名誉和赔礼道歉等民事责任。侵权方式具有多样性，不同人格权纠纷案件，应根据不同侵权类型适用相应的责任承担方式。类似于本案的墓碑未署名纠纷，可以采取更换墓碑并篆刻名字的补救措施，周某乙有责任协助周某甲更换墓碑并在墓碑上篆刻名字，消除不良影响，抚慰周某甲及其家人。同时，因周某甲自身对纠纷的发生存在一定过错，应由其自行篆刻墓碑并承担费用，周某乙不能阻挠，并应当提供相应的协助。本案还特别指出，当事人为在世母亲修建的坟墓属于活人墓，违反相关政策规定，亦违背公序良俗，周某甲主张在熊某某墓碑上篆刻姓名的请求不能得到支持。本案最终通过调解确定由周某乙协助周某甲篆刻姓名，有利于兄弟姐妹之间相互理解尊重，和谐友爱，共塑文明家风，弘扬中华民族优秀传统文化和社会主义核心价值观。

编写人：重庆市丰都县人民法院　湛野　付春杰　高鹏

ISBN 978-7-5216-5058-7

9 787521 650587 >

图书在版编目（CIP）数据

中国法院2025年度案例. 人格权纠纷 / 国家法官学院，最高人民法院司法案例研究院编. -- 北京 ：中国法治出版社，2025. 4. -- ISBN 978-7-5216-5058-7

Ⅰ. D920.5

中国国家版本馆CIP数据核字第20255DS923号

策划编辑：李小草　韩璐玮　白天园

责任编辑：白天园　　　封面设计：李宁

中国法院2025年度案例．人格权纠纷

ZHONGGUO FAYUAN 2025 NIANDU ANLI. RENGEQUAN JIUFEN

编者/国家法官学院，最高人民法院司法案例研究院

经销/新华书店

印刷/三河市紫恒印装有限公司

开本/730毫米×1030毫米　16开　　　印张/24.25　字数/296千

版次/2025年4月第1版　　　2025年4月第1次印刷

中国法治出版社出版

书号 ISBN 978-7-5216-5058-7　　　定价：79.00元

北京市西城区西便门西里甲16号西便门办公区

邮政编码：100053　　　传真：010-63141600

网址：http：//www.zgfzs.com　　　**编辑部电话：010-63141792**

市场营销部电话：010-63141612　　　**印务部电话：010-63141606**

（如有印装质量问题，请与本社印务部联系。）

中国法院 2012~2025 年度案例系列

国家法官学院　最高人民法院司法案例研究院　编

简便易用、专业实用——打造“好读有用”的案例

1. 专业的作者：国家法官学院自 2012 年起推出“中国法院年度案例丛书”，至今已有 14 年，旨在探索编辑案例的新方法、新模式，以弥补当前各种案例书的不足。自 2020 年起，丛书由国家法官学院与最高人民法院司法案例研究院共同编辑，每年年初定期出版。

2. 强大的规模：23 个分册含传统和新近的热点纠纷，收录案例是从全国各地法院报送的上一年度审结的近万件典型案例中挑选出来的，具有广泛的选编基础和较强的代表性。

3. 独特的内容：高度提炼案情和裁判要旨，突出争议焦点问题，主审法官撰写“法官后语”，展现裁判思路方法。

4. 数据库增值服务：2025 年继续推出数据库增值服务，凡购买本系列丛书，扫描腰封二维码，即可在本年度免费使用往年同类案例数据库。

《中国法院 2025 年度案例系列（全 23 册）》

1. 婚姻家庭与继承纠纷
2. 物权纠纷
3. 土地纠纷（含环境资源纠纷）
4. 房屋买卖合同纠纷
5. 合同纠纷
6. 买卖合同纠纷
7. 借款担保纠纷
8. 民间借贷纠纷
9. 侵权赔偿纠纷
10. 道路交通纠纷
11. 提供劳务者受害责任纠纷
12. 人格权纠纷
13. 劳动纠纷（含社会保险纠纷）
14. 公司纠纷
15. 保险纠纷
16. 金融纠纷
17. 知识产权纠纷
18. 行政纠纷
19. 刑事案例一（犯罪、刑罚的具体运用、刑事证据、程序）
20. 刑事案例二（危害公共安全罪、破坏社会主义市场经济秩序罪）
21. 刑事案例三（侵犯公民人身权利、民主权利罪，侵犯财产罪）
22. 刑事案例四（妨害社会管理秩序罪、贪污贿赂罪、渎职罪）
23. 执行案例